ラーニング・アロン

通信教育のメディア学

佐藤卓己・井上義和 編

新曜社

ラーニング・アロン——通信教育のメディア学＊目次

装幀——虎尾　隆

はじめに――通信教育のメディア幻想を超えて

情報社会ともメディア社会とも呼ばれる現在、高校では教科「情報」が講じられ、大学ではｅラーニングの活用がさかんに喧伝されている。今では新聞（news）はインターネットのサイトで読むものだと考える学生も珍しくない。つまり、新聞紙（Newspaper）を「新聞」と略称できた時代は終わろうとしている。当然ながら、「通信教育」のイメージも大きく変わった。教材も冊子からＣＤやＤＶＤに比重が移ったし、「通信と放送の融合」により旧来の放送教育と通信教育を区別する境界も消えつつある。こうしたＩＴ技術による「通信」の変容は、「教育」にも大きな影響を及ぼしている。

本書は、こうした「通信」と「教育」の転換期にのぞんで、これまでの「通信教育」を総括し、新しいメディア教育のあり方を模索すべく企画された共同研究の成果である。近代日本における通信教育の歴史的変遷を洗い出す（「第Ⅰ部　学校教育の周辺」）とともに、現代社会における通信教育の社会的機能を分析し（「第Ⅱ部　メディア社会の教育」）、モデルとされてきた英米の通信教育とその未来（「第Ⅲ部　越境の可能性」）について論じている。

各執筆者は歴史学、メディア学、教育学、社会学、社会心理学、広告学、宗教学など専門を異にするが、通信教育というテーマをめぐって二年間の慎重な議論を続けてきた。各章の内容は、講義録の明治からｅラーニングの平成まで、宗教教育から技能資格まで、あるいは受験競争からゆとり学習まで広範な領域に及んでいる。共同研究のはじまりについては、「あとがき」でふれるが、各執筆者は次の一点については関心を等しく共有していた。つまり、通信教育という「孤独な学習」（Learning Alone）が社会関係資本《ソーシャル・キャピタル》（人と人のつながりが生み出す一般的信頼性・関係積極性）にどのような影響を及ぼすのか、という問いである。それは本書のタイトル『ラーニング・アロン』が示すように、ロバート・パットナム『ボウリング・アロン』(邦題『孤独なボウリング』柴内康文訳、柏書房、二〇〇六年)に由来する問題系である。

『ボウリング・アロン』では膨大なデータと絶妙な事例から、パーソナル・メディアが普及した一九七〇年代以降アメリカ社会がどれほど「つながりに乏しい社会」となったかが見事に描き出されている。こうした社会的信頼や市民参加の衰退が問題なのは、それが社会全体の経済的停滞、不平等拡大、犯罪率増加から個人レベルの健康不安や学力低下までに深刻な影響を及ぼしているからである。かつての大衆化から現在の情報化までアメリカを追いかけてきた日本社会でも、当然ながら似たような事態が注目されている。実際、昨今の論壇を賑わしている「格差社会」「下流社会」「ニート」「少年犯罪」「ゆとり教育」「高齢者介護」「公共放送」「個人情報」「愛国心」……など、すべて社会関係資本の問題として論じ直すことができるだろう。

メディアのパーソナル化と不可分な通信教育も、社会関係資本との関係で再検討する必要があるだろう。ちなみに、パットナムは双方向性のメディア特性からつながりを増大させるはずのインターネット普及が、社会関係資本減退の歯止めとはならなかったことを次のように指摘している。

> コンピュータ・コミュニケーションは情報の共有、意見の収集、解決策の議論にはよいが、サイバースペースにおいて信頼と善意を構築することは難しい。……社会関係資本は、効果的なコンピュータ・コミュニケーションにとっての前提条件なのであって、それがもたらす結果ではないということかもしれない。
>
> (邦訳二一二頁)

もちろん、教育も「信頼と善意」によってはじめて成り立つコミュニケーションといえるだろう。とすれば、eラーニングなど現行の通信教育の前提条件も「社会関係資本」ということになるが、こうした問題にメディア論から取り組んだ研究は意外にも少ない。この意味では、本書の意図は通信教育を社会関係資本のメディア論としてとらえ直すことだともいえる。

文化細分化のメディア論

通信教育とは、何らかの事情から学校など教育施設に行けない個人がメディアを利用して行なう「孤独な学習《ラーニング・アロン》」とされてきた。それゆえ、「いつでも・どこでも・だれでもできる」という通信教育の理念が、時間と空間と集団を超えるメディアと結びつくのは自然である。つまり、通信教育とはメディア教育なのである。

ところで、「マス・メディア」と「マス・コミ」を意識的に使い分けている人はどのくらいいるのだろうか。多くの人はメディアとコミュニケーションを同義語と理解しているようである。コニュニケーションはラテン語のcommunis（共同）を語源とする言葉だから、教育的な文脈のみならず「連帯」や「共有」のニュアンスを強く帯びている。それを「中間」を意味するメディウム（medium）の複数名詞であるメディア（media）に重ねてよいのだろうか。確かに「中間物」は間に入って媒介的機能を果たしもするが、それは本来一体であった人間関係に割り込んで個人に細分化する機能も備えている。居間に置かれて家族団欒のシンボルだったラジオは、一九五〇年代のトランジスター化によって個室利用の細分化メディアとなった。同様に一九六〇年代のお茶の間テレビは家族に共通の話題を提供したが、一九七〇年代には家族の会話を奪うメディアと糾弾された。ＮＨＫの人気アナウンサー鈴木健二の「テレビを消しなさい」（『朝日新聞』一九七二年二月二三日付）は典型だろう。

夕食の時にせっかくみんなが集ってすわったのに、顔だけはテレビの方を向いているのである。中の一人は首をねじ曲げて後ろを見て食べているのがいるのである。これが家族であろうか。

結論からいえば、対面的つながりを不要にするメディアの細分化機能への理解不足が通信教育、今風にいえばメディア教育の躓きの石であった。つまり、書物、雑誌、新聞からラジオ、テレビ、インターネットまでメディアに対する人々の誤解のうちで最大のものは、「メディアがコミュニケーションを豊かにし、連帯を促進させる」という教育的幻想である。とりわけ通信教育の現場では、「メディアは教師と生徒を結びつける」と素朴に信じている人も少なくない。しかし、メディア普及は不登校やいじめや学級崩壊を減少させただろうか。

メディアの文化統合機能としては、ベネディクト・アンダーソンの出版資本主義論がよく引用される（『想像の共同体——ナショナリズムの起源と流行』白石さや・白石隆訳、NTT出版、一九九七年）。俗語（国語）印刷物が見ず知らずの人間を同じ国語をよむ「国民」と想像する前提となった、と一般には説明されている。しかし、それは国民国家成立期の事例のため、活字メディアの統合機能を過度に強調していないだろうか。ヨーロッパ近代史の文脈ではまったく逆の見方も可能である。つまり、異なる国語印刷物の登場は、中世教会のラテン語使用によって統一されていた神聖ローマ帝国（ヨーロッパ共同体）を解体し、数多くの民族国家に細分化した。アンダーソン的視点はもっぱらメディアの統合機能に注目しており、その細分化機能を見ていない。それは、インターネット普及前の情報化社会を論じた「『遠隔地ナショナリズム』の出現」（『世界』一九九三年九月号）でも一貫している。アンダーソンはファックスやビデオで出身国の情報にアクセスし続ける移民が国家の空間的枠組みを超えて新しい「遠隔地国民主義」（long-distance nationalism）を形成していると論じた。だが、いうまでもなく移民たちの「遠隔地国民主義」は受け入れ国で多文化主義を必然化させ、その国民的統合を破綻させている。同じことが、通信教育の最近の呼び名である「遠隔教育」（distance education）についていえないだろうか。

結局、メディアの本質的機能は結合化ではなく細分化なのではあるまいか。メディア史を紐解けば、メディアの発展とはメディア自身の機能分化、すなわち細分化であることも一目瞭然である（拙稿「国民化メディアから帝国化メディアへ——文化細分化のメディア史」、野田宣雄編『よみがえる帝国——ドイツ史とポスト国民国家』ミネルヴァ書房、一九九八年)。公共性の名において現在も規制がある放送、国家権力により整理統合された歴史をもつ新聞と異なり、公的規制が比較的少ない雑誌の例がメディアの「純粋」機能としてわかりやすい。「国民雑誌」や「婦人雑誌」は、その発展とともに年齢、階級、地域ごとに新たな雑誌に枝分かれし、今日ではスポーツや音楽の趣味ごとに細分化された「スペシャル・インタレスト・マガジン」となっている。この数千種を数える雑誌は人々を結びつけ、国民に共通の話題を提供しているとはいえない。メディアは自ら細分化しつつ、人々の関心を細分化する。こうした文化細分化のメディア論は、「ラーニング・アロン」の機能を考察する上でも有効だろう。たとえば第一章(井上論文)で描かれた立身出世をめざした近代日本の青年たちは、講義録というメディアによって地域共同体や職場仲間から、すなわち故郷や日常から脱出を試みた。その通信教育の成功は、想像の共同性より関係性の切断において達成されたのではないだろうか。もちろん、講義録による「孤独な学習」がやがて農村改良や労働運動の知的基盤になったことは明らかであり、それが「再結合のための細分化」だったか否かを含め、細分化機能を見つめ直すことが必要である。しかし、これまでの通信教育論は「結合」という目的だけが強調され、「細分化」の意味が十分に考察されてきたとはいえない。

こうした文化的細分化のメディア特性をふまえつつも、各執筆者は通信教育の「それにもかかわらず」の可能性を検討している。

第Ⅰ部「学校教育の周辺」では、正規の通学教育システムからもれた学習者の救済策として誕生した通信教育の歴史を、講義録、ラジオ、テレビというメディアから考察する。

第一章(井上義和「蛍雪メディアの誕生――勉強立身熱と講義録ブーム」)は、明治・大正期の職業資格(試験)と教育資格(学歴)の関係史を軸に、「講義録」という独学メディアの成立から展開に至る歴史的社会的条件を考察する。近代化の初期には必要な人材を学校卒業者だけで賄えないため、相当部分を国家試験による資格認定に頼らざるを得なかった。ここから、受験準備教育を担う私立専門学校が生まれ、その教育資源を地方青年や勤労青年にも提供するための講義録が生まれ、社会的上昇移動を夢見る野心的な若者＝蛍雪青年たちが集まった。彼らは尋常小学校または高等小学校を卒業後、昼間は働いて家計を支えながら、早朝や夜中に講義録で勉強して、「不遇からの一点突破」を目指した。学歴社会化とともに独学ルートは閉塞化するが、他方で講義録は、さまざまな職業領域に浸透しつつ、勉強立身熱の「冷却」と生涯学習社会への「加熱」を同時に果たしていく。

第二章（石田あゆう「ジェンダーでみる通信教育――女子講義録から男女平等教育まで」）は、戦前戦後の日本女子大学の通信教育事業をはじめ、一九四五年一〇月二日に設立されたＣＩＥ（民間情報教育局）の日本の民主化政策としての女性の社会教育番組「婦人の時間」など、女性に特化された通信教育の特徴を、時代ごとに考察する。戦前、高等教育は女性に対しては不完全で、また教育を修めたからといって職業の選択の自由があるわけではなかった。だがそうした教育システムであったため、女性の通信教育には、いち早く「生涯学習」「社会教育」としての意義が見いだされることとなった。一方戦後は、男女平等の教育システムが導入されたが、通信教育におけるジェンダーは失われなかった。占領期にはＣＩＥによる「新しい家政学」の普及活動があり、家政学は男女平等を実現する学問としていち早く通信教育が実施された。だが当初の理念とは異なり、女子大・短大を中心とする典型的な女性の学問となっていく。さらに、家政学の実践的部分は放送番組、通信講座でも実施され、受講に男女の制限はなくとも、家庭内の女性に歓迎されるものも少なくなかったからである。

第三章（佐藤卓己「《放送＝通信》教育の時代――国防教育国家から生涯学習社会へ」）は、日本通信教育研究会の創設者である「放送教育の父」西本三十二《みとじ》の足跡を軸に、「放送」と「通信」の融合プロセスを教育システムの変化から考察する。国民教化メディアとして始まったラジオは、戦時体制のなかで学校教育に組み込まれ、アメリカ占領体制の民主化宣伝でも活用された。「教育の機会均等」というラジオ教育の理念は戦中―戦後で連続しており、それが通信教育と結びつくのは当然であった。こうした「放送＝通信」教育運動はテレビにも引き継がれ、その成果は高度経済成長下に「一億総博知化」を目指して開設されたＮＨＫ教育テレビ局や民間教育専門局、あるいはＮＨＫ学園、放送大学として結実する。だが、一九七〇年代に機会均等の社会教育より「ゆとり」ある生涯学習が重視され始め、「孤独な学習者の連帯」を幻視させた「放送＝通信」教育運動は限界に直面することになった。

第四章（河崎吉紀「福祉としての通信教育――勤労青年から引きこもりへ」）は、国会議事録の分析を通して、戦後日本の教育政策における通信教育の位置づけを明らかにする。教育の機会均等という理念を達成するため、通信教育は定時制とともに勤労青年の救済に乗り出した。高等学校の進学率が九〇％を超えるのは一九七〇年代なかばである。「働きながら」学べる通信教育は、戦後教育の民主化を象徴するものと考えられた。学歴が要件とされる場合、職業資格においても通信教育は学校に代わるものとして歓迎を受ける。しかし、教授方法である「通信」は、いつしか政策において制度と混同され、学校教育のほころびを繕う便利な飛び道具と化してしまう。税吏の養成をめぐる答弁に利用され、看護師の不足を解消する一助にたとえられた。その後も、不登校や引きこもり、高齢者など、対象は異なれど学校に通うことのできない人々を救済するものとみなされ続けている。

第Ⅱ部「メディア社会の教育」は、狭義な学校教育を超える通信教育の社会的機能を、宗教、会社、受験産業、市場から分析する。

第五章（濱田陽「日本宗教と通信教育――佛教大学と創価大学の躍進」）は、日本の各宗各派の通信教育への関わり方を宗教家・信者養成、宗教知識教育、一般通信教育の三形態から考察している。とくに、宗教系大学中三分の二を占めるキリスト教系大学が一般通信教育にほとんど関心を示してこなかったのに対し、浄土宗系の佛教大学と日蓮正宗系新宗教の創価学会を母体とする創価大学が早くから通信教育部を導入、在籍者数第一位、第二位を占めるに至った事実を指摘する。前者は僧侶養成専門学校を前身とする校風を維持しつつ社会の現世利益的要請に柔軟機敏に応えようとしたこと、後者は創価学会創始者・牧口常三郎の教育思想や社会を変革する民衆の力に期待する『法華経』の教えが背景にあることが原動力となった点が分析されている。さらに、全人格的救済を本旨とする宗教と比較することで、この世での限定的救済をめざす通信教育の利点と危うさを逆照射している。

第六章（福間良明「社会通信教育の変容と「改善の知」の系譜――「地方改良」から「ビジネス・キャリア」へ」）では、職業実務に関する社会通信教育の戦後史を扱っている。戦後初期において圧倒的な受講者数と修了者数を誇ったのは、ラジオ工学講座だった。しかも、それは地方において需要が高かった。通信教育は「地方改良の知」を提供するものとして機能していたのである。だが、その後、都市化の進展に伴い、これらの知の必要性は低下し、代わって、工場の生産効率を高めるための「改善の知」が多く扱われるようになった。それは戦時期には、生産性向上を通じて総動員体制を支えるものであったわけだが、高度経済成長を加速すべく、再び有用性が見いだされた。とはいえ、これらの講座の修了率は低く、受講者に十分な知識を定着させ得たとは言いがたい。むしろ、知識獲得を通じた職業人の社会上昇意欲を「挫折＝冷却」させるものとして機能した。職業実務通信講座におけるこうした機能変化を、ここでは議論している。

第七章（井上義和「螢雪時代からベネッセの時代へ――受験生的公共性の構造転換」）は、一九二〇年代以降の受験産業興亡史を軸に、勉強のインデックス・メディア（受験雑誌・ラジオ講座・通信添削）からラーニング・アロンの形態変化を考察する。旺文社と増進会は同じ昭和六（一九三一）年に創業した出版社であるが、戦後の歩みは対照的であった。前者は『螢雪時代』と大学受験ラジオ講座を両輪として「参加と共感」の大衆路線を進み、後者は広告露出を抑え東大合格実績を黙々と積み上げる秘教的なエリート路線を進んだ。これにより裾野を広げ頂点を押し上げられた大衆受験社会は、しかし一九七〇年代に転換を迎える。浪人生の増大が受験情報の拠点を予備校へと移し、さらに高校低学年の学園生活にシフトした福武書店（後のベネッセコーポレーション）が急成長を始める。入れ替わるように旺文社の雑誌とラジオは衰退していき、ラーニング・アロンは「ベネッセの時代」を迎える。

第八章（青木貞茂「通信教育市場の広告論――ブランド化競争のゆくえ」）は、広告論の観点からビジネスとしての通信教育市場の特質とその将来について分析している。通信教育市場は、受験サポート産業であると同時に、生涯教育の掛け声のなかでアメリカ型の趣味と実利をかねたプラグマティックなサービス業として巨大化している。しかし、市場としてはメジャーでありながら官公庁統計でも扱われないマージナルな存在であり、さまざまな矛盾の受け皿、解消役である。通信教育によって何らかの技能、資格証明を獲得したり、よい趣味を持つことによって高等教育の正規ルートからもれた大衆を救済し、オンリーワン幻想の維持をサポートしている。「ベネッセ」と「ユーキャン」に代表される通信教育各社は、このような市場特性に対応し、巨額の広告費を使い、ブランド確立を生き残りの鍵として熾烈な市場競争を戦っている。

第Ⅲ部「越境の可能性」は、日本でモデルとされてきた英米の事例を大学教育、初等中等教育に絞って考察し、さらに現在進行中のeラーニングの可能性を検討する。

第九章（本田毅彦「イギリス高等教育におけるオープン大学——エリート主義とオープン性の相克」）は、遠隔高等教育に関する斬新なアイディアにもとづいて広い地平を開いたとされるイギリスのオープン大学に焦点を合わせ、同大学の「成功」の秘密を探っている。ひたすらエリート主義的と考えられがちなイギリス社会の高等教育には、ラーニング・アロンによって野心ある若者が「成功」し「抜け出す」ことを可能にする「オープンな教育」の伝統がもう一方で存在していた。しかし、学問的共同体のなかでの親密な接触、社会関係資本蓄積の価値を称揚する「エリート主義的教育」の伝統は、ラーニング・アロンの対極にある。オープン大学が行なおうとしたのは、これら二つの、一見したところ背馳する伝統を両立させるという「離れ業」であり、それを可能にしたのがいわゆる「ブレンディッド・ラーニング」だった。オープン大学は現在、eラーニングの活用が同大学のそうした手法をさらに充実させ、高等教育の普遍化という同大学の「使命」のグローバルな展開に寄与する、と考えている。

第十章（松下慶太「ホーム・スクールの伝統とヴァーチャル・スクールの革新——アメリカの初等中等教育に

おける通信教育」）は、主に九〇年代以降のデータを用いながらアメリカにおけるホーム・スクールとヴァーチャル・スクールに焦点を当て、初等中等教育における通信教育について考察する。ホーム・スクールは既存の学校制度に対するオルタナティヴとして登場した。一方でヴァーチャル・スクールは既存の学校制度をより「高密度」で行なうことを目指している。この両者は一見、その立場が相反するものでありながら、現代においてインターネットとの「つながり」という点でクロスオーバーしている。特に対面による直接コミュニケーションを重視してきた初等中等教育において、今後これらの通信教育がメインストリームとなるか、既存の学校に替わるオルタナティヴとなるか、はインターネットを中心とした電子的な「つながり」の評価で意見の分かれることになろう。

第十一章（柴内康文「テクノロジーは孤独な学習を可能とするか――「ｅラーニング」の登場とその展開」）は、通信教育の最新系であるｅラーニングを取り扱う。ｅラーニングは言葉としては内外で二〇〇〇年前後に登場したものだが、そのルーツとしては三十年以上前から始まるＣＡＩ（Computer-Assited Instruction）以来の系譜が存在する。「いつでもどこでもだれでも」「個人に応じた」学習を、と現在に至るまで大きな期待が持たれ、普及・開発の進んでいるｅラーニングであるが、ユーザーの利用という観点からは期待通りの成長を必ずしも伴っていたわけではなく、ｅラーニングの理解のされ方自体がおよそ二〇〇四―〇五年を境に大きな変化を示していることが、各種の統計や資料の検討から明らかにされる。それはｅラーニングにおける対人的相互作用の重要性の再確認であり、いわば「いつでも」一人《アローン》の学習を、の困難さであった。教育の情報化がたどってきたプロセスについて、「情報化社会」をめぐる問題との共通性も踏まえて考察する。

なお、通信教育に関する総合的な研究が乏しい現状に鑑み、巻末に年表と各章執筆者による初学者向け文献解題を付けた。通信教育の新しい地平を、読者とともに見つめてゆきたいと考えている。

著者を代表して　佐藤卓己

第Ⅰ部　学校教育の周辺

第一章　蛍雪メディアの誕生——勉強立身熱と講義録ブーム

井上義和

1　蛍雪の功とラーニング・アロン

ほたるのひかり、まどのゆき、
書《ふみ》よむつき日、かさねつゝ、
いつしか年も、すぎのとを、
あけてぞけさは、わかれゆく。

社会移動の蛍雪モデル

「螢の光」は卒業式の定番として最も多くの日本人に親しまれてきた唱歌のひとつである。ＮＨＫ紅白歌合戦のエンディングや閉店の合図にも使われており、われわれはこのメロディが流れると条件反射で独特な感情がこみ上げてくる。まずは通信教育の前史として、「螢の光」を手がかりに、日本のラーニング・アロンの古層を流れる持続低音に耳を傾けてみたい。それは決して別れや終わりを告げるだけの歌ではない。

そもそも「唱歌」というのは新しい国民国家の担い手たるにふさわしい「徳性の涵養と情操の陶冶」を目的として、明治五（一八七二）年の学制で定められた小学校の正式教科目である。邦楽の伝統ではそれに対応できないため、当面は洋楽のリズムと音階をベースに一から創造するしかなかった。そうした使命を帯びて設置された文部省音楽取調掛（東京藝術大学の前身）によって最初に編集された唱歌教材が『小学唱歌集初編』（明治一四年）であり、「螢の光」もここで発表された（当初の表題は「螢」）。スコットランド民謡「オールド・ラング・サイン」（*Auld Lang Syne*）を原曲としているが、東京師範学校教員の稲垣千穎《ちかい》によって完全にオリジナルな歌詞が与えられた。原曲は旧友と遠い昔（old long since）の思い出話をしながら変わらぬ友情に乾杯するという内容だが、もちろん「螢の光」はそんな甘ったるい情緒とは無縁である。それを最も象徴するのが表題にもなった歌詞冒頭の一節であり、これが「蛍雪の功」という故事成語に由来していることは周知の通りである。「中国、東晋（三一七−四二〇）の車胤《しゃいん》は、家が貧しく、勉学のための灯油が買えないので夏は絹の袋に数十匹もの蛍を入れて読書し、のち吏部尚書《りぶしょうしょ》（文官の人事をつかさどる吏部の次官）になった。また、孫康《そんこう》も貧しく、冬に窓辺の雪明かりで勉学にいそしみ、御史大夫《ぎょしたいふ》（検察庁の長官）に出世した」（『成語大辞苑』主婦と生活社、一九九五年）。

同様の蛍雪シーンは「あおげば尊し」（小学唱歌集第三編、明治一七年）の三番にも登場する（「朝ゆうなれにし、まなびの窓。／ほたるのともし火、つむ白雪」）。この故事のポイントは、①貧しい家庭の若者が、②寝る間も惜しんで勉強に励み、③高級官僚への出世を遂げた、という点にある。暗闇の中かすかな光を頼りにおこなう孤独な勉強と、それを媒介として貧困から脱して栄達を勝ち取る社会的上昇移動、ここには厳しい教師も優しい友達も登場しなければ楽しいグループ学習も存在しない。まさに将来の栄光を目指して黙々と孤独に積み重ねる勉強——ラーニング・アロン（learning alone 独学）の説話に他ならない。停滞する東洋にあって独り西洋の列強に伍していこうとする明治国家の悲壮な決意を読み込んでもいいだろう（「螢の光」三番と四番は国土防衛がテーマである）。これらの象徴的な意味を踏まえるなら、「螢の光」の情景は原曲のように和やかな団欒に弛緩する夕べではなく、澄みきった冷気に引き締まる早朝でなければならない。

ただし、この勉強立身の価値は「螢の光」の歌によってのみ刷り込まれたわけではない。個人のキャリアを拘束していた封建身分が明治維新によって解体され、職業選択の幅は広がり、社会的資源の配分基準は属性（ascription）から業績（achievement）へと転換した。すなわち能力次第で高い社会的地位に就くことも可能になったが、それは同時に能力なきものの没落を意味した（それはとくに元武士階級の子弟には切実な問題だった）。ではどうすれば能力を獲得できるのか。すでに学制頒布に先駆けて初編が発表された福沢諭吉『学問のすゝめ』（明治五－九年）が、生来平等なはずの人間に雲泥の差異をもたらすのはズバリ学問の有無である!と説き、自助努力と勤勉こそが成功の鍵だ!と説くサミュエル・スマイルズ『西国立志篇』（原題 *Self Help*、中村正直訳、明治四年）と並んでベストセラーとなっていた。人一倍勉強することこそが立身出世を可能にする。明治一〇（一八七七）年創刊の青少年向け投稿雑誌『穎才《えいさい》新誌』には、それらに影響を受けた作文が全国から寄せられ、勉強立身言説が反復強化されていた[1]。

したがって、「螢の光」（明治一四年）が作詞される頃には、勉強立身はあるべき生き方として受容される下地ができていた。「螢の光」の役割は、巷の勉強立身熱に改めてお墨付きを与え、小学校の唱歌指導を通じて幅広い社会階層に国民的規範として浸透させようとした点にある。当時は他に唱歌教材がなかったこともあり、『小学唱歌集初編』は一年足らずの間に八千部を重版し、小学校だけでなく師範学校や中学校、女学校でも使用された[2]。

若い読者のなかには、蛍雪の功を現実離れした「ありえない」お話としか思えない人もいるかもしれない。たしかに「親の社会的・経済的地位が高いほど、子供の学業達成も高い」という命題は——それを説明する教育社会学的な因果モデルはいろいろあるにしても——それ自体は誰もが知っている経験的な真実である。いくら教育の機会均等を謳っていても、実際の達成可能性は出身階層に大きく左右される。ここに政策的介入の余地がある。

例えば、貧しい家庭の子供の学業達成が低いのは、劣悪な家庭環境のために、または将来に希望が持てず、勉強に専念できないからだ。出自によらない子供の学力保障のために必要な措置を講ずることが政治の責任である、と。われわれは電気代を節約しなければならないほど貧しくもなく、睡眠時間を削るほどの勉強もせず、高級官僚になりたいとも思っていないが、こうした因果モデルで達成可能性や教育政策を論ずる思考に慣れてしまっている。明治一〇年代の勉強立身熱を煽った蛍雪モデルはそれと真っ向から対立する。何しろ「不遇だから勉強ができない」と理解するのではなく、「不遇だからこそ勉強せよ」と叱咤するのだから。しかしながら、蛍雪モデルに「のせられて」勉強に励んだ結果、因果モデル的には「ありえない」社会的上昇移動を達成してしまうことは十分に「ありえる」のである。

　蛍雪モデルは政策論議のなかではあまり表に出ることはないが、今でもわれわれが受験勉強に対してもつイメージの根底にはこれが生きている。明治一〇年代の勉強立身熱をリアルに想像できるのも、われわれ自身が「暗闇の中かすかな光を頼りにおこなう」ラーニング・アロンを経験してきたからだ。本章では、この蛍雪モデルを日本のラーニング・アロンの古層に位置づける。時代とともにラーニング・アロンの形が変化しても、これは持続しているのではないか。本章と第七章では講義録や受験雑誌や通信添削といった受験勉強のメディア史の変遷を辿りながら、ラーニング・アロンをめぐる社会的文脈とそれら独学メディアの機能がどのように変化してきたのかを分析していく。第七章のタイトル（「蛍雪時代からベネッセの時代へ」）が予告するように、現代では蛍雪モデルの影響力は限定的になり、新しいラーニング・アロンのモデルが主流になりつつある。いまや「螢の光」は過ぎ去りし蛍雪の時代への挽歌でもあるのだ。なお、本章では明治という時代区分の歴史的意義を考慮して、年号表記は元号を主とする。

勉強と立身をつなぐルート

ところで、明治一〇年代の蛍雪モデルには重要な情報が書き込まれていない。それは「勉強（手段）と立身（目的）をつなぐルートがどのように制度化されているか」という情報である。それを欠いてはラーニング・アロンの具体的な形態（何をどう勉強すればよいのか？）は決まらない。あるいはこうもいえる。ラーニング・アロン（独りで何かを学ぶこと）それ自体は、いつの時代もどの社会にも存在しうる。しかしそれが一定の方向性と動員力をもった社会現象になるには、そして独学メディア＝通信教育と結びつくには、固有の歴史的社会的条件が重なる必要があるのだ。

例えば、本場中国の「蛍雪」に登場する車胤や孫康はいったいどんな勉強をしていたのかを想像してみてほしい。「中国といえば科挙では？」と連想する人がいるかもしれない。科挙というのは儒教的教養を問う競争試験の成績によって官僚を任用する制度で、中国の歴代王朝の皇帝たちはこれを利用して貴族による官職の世襲や独占を排除しようとした。しかしその科挙制度が始まるのは「蛍雪」より二世紀も後の隋の時代（五八七年）である。[3]科挙以前の人材登用は能力ではなく家格が重視されていたから、同時代の若者が車胤や孫康の勉強法をいくら真似ても、成功する可能性は低い。それに対して科挙制度の下では、出題範囲や方法が明示され過去問も蓄積されるから受験対策が技術的に可能である。ちなみに、旺文社『螢雪時代』のホームページ上のコラムで、[4]雑誌名の由来となった蛍雪の功を「昔、中国に車胤と孫康という人がいました。この二人はとても貧しい実家だったので、明かりを灯す油が買えず、夏は蛍の光で、冬は雪に反射する月の明かりで勉強しました。そのかいあって、「科挙（官吏登用試験）」に合格し、ついには中央官庁の長官にまで登りつめました（後略）」と説明しているのは、無意識のうちに〈昔の中国の勉強＝科挙の受験対策〉と短絡してしまったためだろうか、興味深い「勇み足」である。

では明治一〇年代初めの日本はどうだったか。『穎才新誌』（前掲）の投稿作文を分析した竹内洋は、そこでの勉強立身説が抽象的なものにとどまったことを指摘し、その理由を「上昇移動の熱気はすさまじかったが、明治一〇年代までは人材選抜の合理化が不十分であり、具体的な上昇移動行路が不透明だったから」[5]と説明している。勉強と立身をつなぐルートが未整備なため、勉強立身熱は現実との接点を見いだせずに空回りしていたのである。この段階ではまだ独学メディアとしての通信教育が登場する余地はない。

2　試験の世界と学歴の世界

職業資格試験というバイパス

前途有為な若者たちが勉強立身熱を持て余していた頃、明治政府は各分野で近代化を急いでいた。それは法律・政治・軍事・経済・教育といった社会システムを西洋文明の標準仕様に合わせて全面的に組み替えていく作業である。なかでも重要なのは、医師・弁護士・教員・軍人・官僚など、近代部門の中枢を担う専門的な知識技能をもつ人材の調達であった。いつまでも旧体制からの人材で遣り繰りするわけにはいかない。そこで官立学校を作って効率的かつ計画的に人材を養成していく必要があるが、卒業生を待っていたのではとても間に合わない。この需要と供給の著しいアンバランスを解消するために導入されたのが、国家試験による資格認定制度である。

弁護士・医師・教員という三つの代表的な専門的職業（profession）について、職業資格制度がどのように整備されてきたのかをみておこう[6]。

【弁護士】「代言人規則」（明治九〔一八七六〕年）により代言人＝弁護士の開業免許は代言人試験によることが規定されたが、法制度が未整備なため試験も簡略なものだった。明治一三（一八八〇）年、ようやく近代法としての刑法と治罪法が制定されると「代言人規則」も大幅に改正され、試験科目が予め明示され、司法省作成の試験問題によって全国一律に実施されることになった。受験には教育資格（学歴）は要求されなかった。他方、東京大学法学部と司法省法学校の卒業生には無試験免許の特権が与えられた。

【医師】「医制」(明治七〔一八七四〕年)により医師の開業免許は医術開業試験によることが規定され、受験資格として医学を一定期間学んだ証明書が要求された。当初試験の実施は各府県に任されていたが「医師試験規則」(明治一二年)により内務省の統制下に置かれた。他方、東京大学医学部の卒業生には無試験免許の特権が与えられた(「医学校通則」〔明治一五年〕以後は文部省の定めた基準を満たす「甲種医学校」にも)。

【教員】「学制」(明治五〔一八七二〕年)により小学校教員は師範学校または中学校の卒業証書、中学校教員は大学の卒業証書をもつものと規定されたが(教育資格＝教員資格)、学校制度が未整備で教員数が確保できないので、間もなく試験による資格認定制度を導入することになった。これは「小学校教育免許授与方心得」(明治一四年)および「中学校師範学校教員免許規程」(明治一七年)により制度として確立した。

こうして明治一〇年代後半の蛍雪青年の前には、勉強と立身をつなぐルートが二通り用意された。ひとつは「正規」の学校に入学して教育資格(学歴)を取得する道である。東京大学法学部→弁護士、医学校→医師、師範学校→小学校教員という具合に学歴が職業資格に直結していたが、何しろお金と時間がかかる。ここで「戦前の師範学校は授業料が無償で生活費も支給されたはずでは?」と疑問を持つ人がいるかもしれない。確かに自分一人だけならそれで問題ないように見えるが、蛍雪青年はしばしば自ら家計を支える勤労青年でもあった。学校教育を受けるということは、その間は労働に従事する機会を放棄することを意味する。子供に即戦力を期待する親にとっても、一家の貴重な労働力を上級学校に奪われることの機会費用(opportunity cost)は決して小さくない。この問題は生活費込みで修学の面倒を見てやろうという篤志家(奨学金制度)が現われたとしても解決しない。

もうひとつは試験に合格する道である。これは長期間の専門教育を迂回するバイパスでもある。どこでどんな勉強をしてきたかは不問で、とにかく試験に合格しさえすれば正規の学校卒業者と同じ資格で近代部門の専門的職業に就ける。働きながらでも勉強はできるから、さまざまな事情から進学が叶わなかった者にも一点突破の可能性が残されている。こうして多くの蛍雪青年が後者の道を選んでいった。働きながら、といえばやはり「手本は二宮金次郎」[7]だろうか。金次郎（二宮尊徳）は両親を早くに亡くして伯父の家に預けられ、昼間は農作業に精を出し夜は勉学に励んだ。夜遅くまで行燈の明かりで勉強していると伯父から「百姓に学問は要らない、油がもったいない」と叱られた。それならば、と金次郎は（車胤や孫康とは違い）荒地を耕して菜種をまき、収穫した種を菜種油と交換して、それを燃やして勉強を続けたという。金次郎の徹底ぶりは、もはや蛍雪の悲壮感を突き抜けて痛快ですらある。明治天皇と並ぶ戦前期の修身アイドルになった所以である。[8]

私立専門学校と講義録

職業資格試験が制度化されるのにともない、受験準備教育を担う「予備校」として私立専門学校が幾つも作られた。その学生数の八割近くを占めたのが法学系の私学である。[9]明治一三（一八八〇）年に代言人試験制度が確立すると、フランス法系では司法省法学校ＯＢが中心となり、明治一三年に明治法律学校（明治大学の前身）、一四年に東京法学校（法政大学の前身）が、また英米法系では東京大学法学部ＯＢが中心となり、一三年に専修学校（専修大学の前身）、一五年に東京専門学校（早稲田大学の前身）、一八年に英吉利法律学校（中央大学の前身）が、それぞれ設立された。東京大学に代表される「正規」の官立学校では外国人教師が西欧言語で書かれたテキストを使って行なう授業に暫らくは頼らざるを得なかったのに対して、これら私立専門学校では日本語による専門教育を行なうことで人材の「簡易速成」を目指した。[10]後者が短期間・低コストで済んだのは、語学教育が不要だったからである。現職の司法官や行政官、大学教授や代言人がアルバイト講師として教えることが多く、授業は必然的に早朝や夕方からになるが、この形態は、働きながら受験勉強をする苦学生にも都合がよかった。

試験の道を選んだ蛍雪青年にとっては、これら東京の私立専門学校で勉強するのが最も効率的である。しかし居住地や就業状況や経済的な事情などによって上京遊学できない場合はどうすればよいか。そうなると通信教育事業が開始されるのは時間の問題である。需要は確実にあった。先に述べた経緯から、私立専門学校は日本語で系統的・体系的に独学自修できるようなテキストの作成にも積極的だった。テキストはまず講義内容を活字化した「講義録」の形で編集された。天野郁夫によれば、最も早かったのは英吉利法律学校（中央大学）であり[11]、明治一八（一八八五）年七月の設立時から講義録の発行が計画され、同年九月には第一号が発行された。その理由は、第一には正規の在学者（校内生）のための教科書としてだが、第二には「遠隔ノ地方ニ在リ又ハ業務ノ為メ参校シテ親シク講義ヲ聴ク能ハザル者」（校外生）のための通信教育の教材として使用することが想定されていた。同校の明治二一（一八八八）年当時の在籍者をみると校内生二四六二人に対して校外生は三一二三人と上回っており[12]、後者の需要が大きかったことがわかる。

遠隔地の受講生を講義録によって組織する「校外生」制度は、明治二〇（一八八七）年前後に他の私立専門学校にも急速に広がった（逆に有力私学のなかで講義録を発行しなかったのは慶應義塾ぐらいである）。その普及プロセスにおいては、学校側には広報手段や購読料収入、他校との競争という経営戦略上の動機もあったが、蛍雪青年たちからは勉強立身熱に応える画期的な独学メディアとして歓迎された。その講義録とはどんなものだったか。私立大学の学校史から講義録・校外生制度を丹念に調査した天野郁夫によるまとめが簡潔で要領を得ている。「共通しているのは、一定の知識・情報を予約登録した購読者・受講者に、書物形式で定期的に、一定の購読料と引き代えに送付し、必要に応じて質疑の機会を設ける、というあたりにあるといえばよいだろうか。現代の通信教育と違って、通信添削など受講者の学習効果を高めるための、直接的なやりとり（コレスポンデンス）もなければスクーリングもない。また修了者に、社会的に通用する教育資格（学歴）を賦与するのでもない。講義録は、まさに雑誌と書籍の中間的な、しかもその時代のきわめて効率的な、新しい知識の伝達・普及メディアとして出現したのである」[13]。

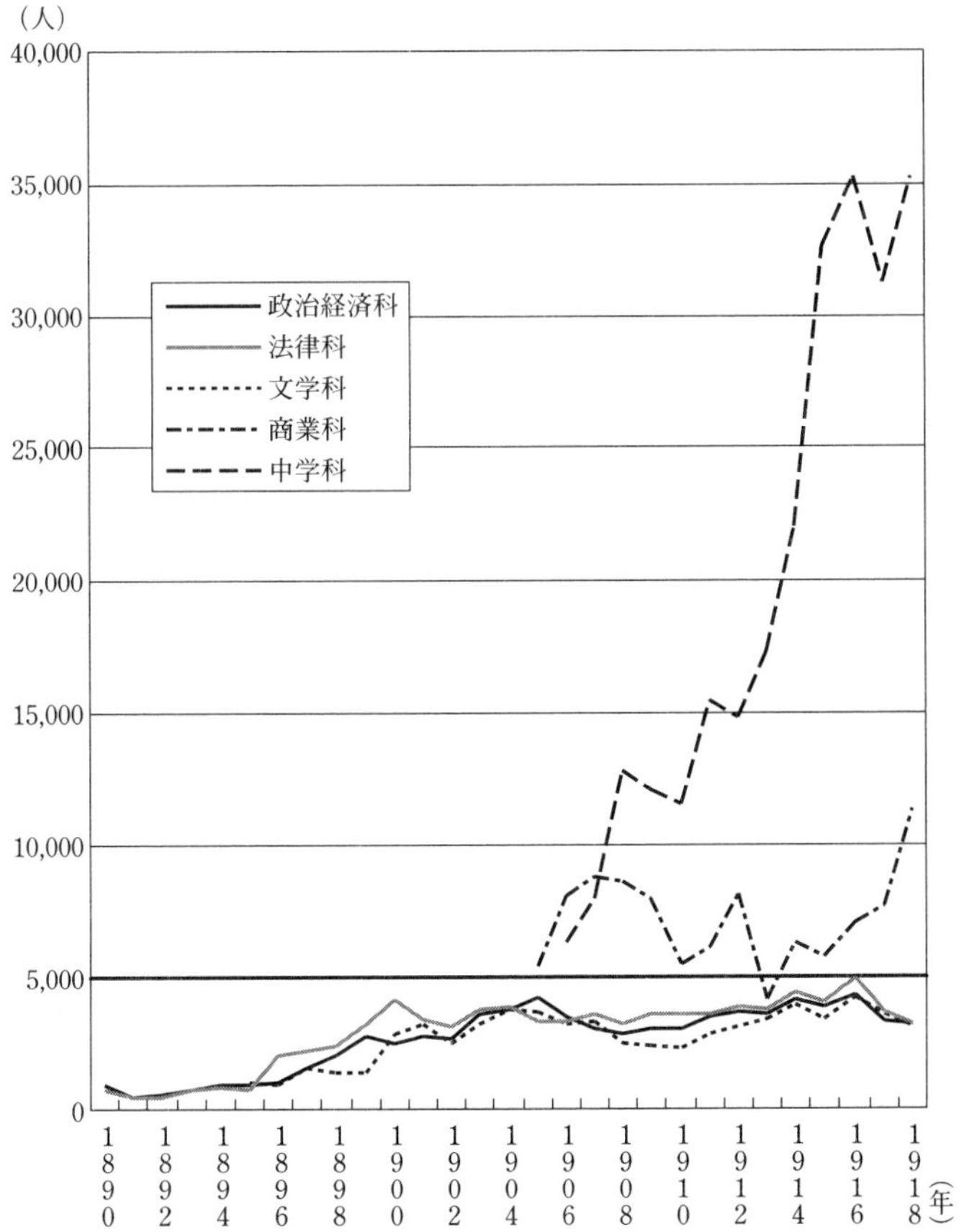

図1　早稲田大学・校外生数の推移

出典：天野郁夫『教育と近代化』玉川大学出版部、1997年、377頁および384頁の数表をもとに作成（一部省略）。

講義録という新しいメディアの可能性を縦横に展開したのが早稲田大学（東京専門学校）である。早稲田大学の講義録は資格試験のための準備教育というだけでなく、大学拡張（university extension）の理念にもとづいており、法律学だけでなく政治経済学・行政学、さらに文学・教育学など多様な学科で開講された点で独自性をもつ。校外生から校内生への編入の途も開けていた。日本古代史研究の津田左右吉（一八七三－一九六一）や第四代早稲田大学総長の田中穂積（一八七六―一九四四）は校外生として講義録で学んだ後、邦語政治科に編入して頭角を現わした早稲田の立志伝中の人物である。

図1は早稲田大学の校外生の推移をあらわしたグラフである。[14] これを見ると「講義録の時代」がどのように変化していったのかがわかる。高等レベルの校外生数の伸びは明治三〇年代はじめ（一九〇〇年前後）に頭打ちとなり、日露戦争後に創刊した中等レベルの商業科と中学科がそれに取って代わる。前者はそれでも校内生の数倍から一〇倍近くに達した。[15] しかし後者の伸びはとりわけ顕著であり、大正一二（一九二三）年には校外生数一三万六千人のうち中学科で五万七千人を占めるに至った。[16] 講義録の中心が高等教育から中等教育に移行しているのは明らかである。なぜか。

教育資格への目標転換

早稲田以外の法学系私学も、講義録＝校外生制度の事業はだいたい明治二〇年代にピークに達した後は縮小・衰退の道をたどり、大正期の半ばまでには廃止されてしまう（早稲田の大学講義録は例外的で、傍流に追いやられながらも昭和三三（一九五八）年まで続いた）。最も早く撤退したのは専修大学（専修学校）で、明治二〇（一八八七）年に開始したものの二四年には本体の法律科が志願者減により廃止されて理財科だけになったのにともない、講義録も校外生方式をやめて自由購読の雑誌形式となった（二八年に完結して終了）。法政大学（和仏法律学校）は明治二三（一八九〇）年に開始してから二八年に校外生数八五〇〇人に達したものの、その後減少し続け、明治三五（一九〇二）年頃には一五〇〇―二〇〇〇人程度まで落ち込んだ（大正五年廃止）。明治大学（明治法律学校）、中央大学（英吉利法律学校）も大正八（一九一九）年に廃止した。明治三〇年代以降に何が起こったのか。まさか蛍雪青年の勉強立身熱が冷めてしまったのだろうか。その謎を解くヒントは図1に示された「中学科」の伸びにある。

そもそも国家試験による資格認定制度は、近代化に対応した人材の需要に対して、正規の学校卒業者の供給が追いつかない、という消極的な理由で（やむを得ず！）設けられたものだった。逆にいえば、専門的な知識技能は正規の学校で教育されること――教育資格を職業資格に直結させる学歴主義（credentialism）――が、政府にとっての本来あるべき姿なのだ。弁護士・司法官僚と医師については、すでに東京大学法学部と医学部の卒業生に試験免除の特権を与えていたが、しかし政府のお膝元である行政官僚についてはいまだ任用の規則がなかった（藩閥による情実人事が続いていた）。

明治一九（一八八六）年の「帝国大学令」「師範学校令」「中学校令」「小学校令」により、帝国大学を頂点とする学校制度が整備されると、それとセットで「文官試験試補及実習規則」（明治二〇年）が制定された。これにより、ようやく高級行政官僚（高等文官）の任用資格は高等試験によることが規定され、同時に帝国大学の卒業生だけに試験免除の特権を与えることとなった。私学の場合は、特別の認可を受けた私立専門学校の卒業生だけが、中級官僚についてのみ無試験任用の特権を与えられ、高級官僚については受験資格だけが認められた（「特別認可学校規則」明治二一年）[17]。それまで自由放任だった私立専門学校にとって、これは特権（アメ）と引き換えの統制（ムチ）を意味する。この特権の有無は他校との学生獲得競争の行方を大きく左右する。特権を得るためには、とくに入学者の学力や資格を厳しく管理して卒業生の「品質保証」をしなければならない。それまで一定年齢に達していれば誰でも入学させていたのを、中学校卒業者およびそれと同等の学力試験の合格者にのみ入学資格を認めるコースを設置するようになる（もちろん学歴不問コースも残して従来型ニーズにも対応）。

私立専門学校における学歴主義の浸透は、明治三六（一九〇三）年の「専門学校令」と「専門学校入学者検定試験」によって決定的となった。これにより私学のなかで、各種の試験免除に加えて徴兵猶予など官立に準ずる特権を認められた「専門学校」とその他の「各種学校」が区別され、さらに専門学校のなかで、中学校卒業または同程度の学力を入学資格として要求する「本科」と、入学資格を問わない「別科」が区別された。すなわち職業資格の取得にあたっては、帝国大学をはじめとする官立学校が最も優遇され、次いで中学校卒業資格を前提とする私立専門学校の本科が有利で、低学歴の勤労青年が通う別科や講義録で学ぶ地方青年＝校外生は最も不利という、学歴主義的な秩序が完成したのである。これは独学ルートの閉塞化を意味する。

　専門学校入学者検定試験（専検）の合格証書は「本科」に入学するのに必要な、中学校卒業程度の学力を認定する準学歴的な教育資格である。現在の高等学校卒業程度認定試験（旧大検）[18]に相当するが、合格するのは桁違いに難しい。図2より、昭和初期には一万人以上の出願者に対して全科目合格するのは一割に満たず、さらに合格率は年々低下しているのがわかる[19]。しかし、ともかく専検さえ突破すれば職業資格試験や上級学校進学などへ道は大きく開かれる。蛍雪青年にとっては、いきなり職業資格を狙うよりも、学歴主義的な階梯を一段でも上がるべく、まずは中卒程度の教育資格を得るほうが現実的な選択となる。

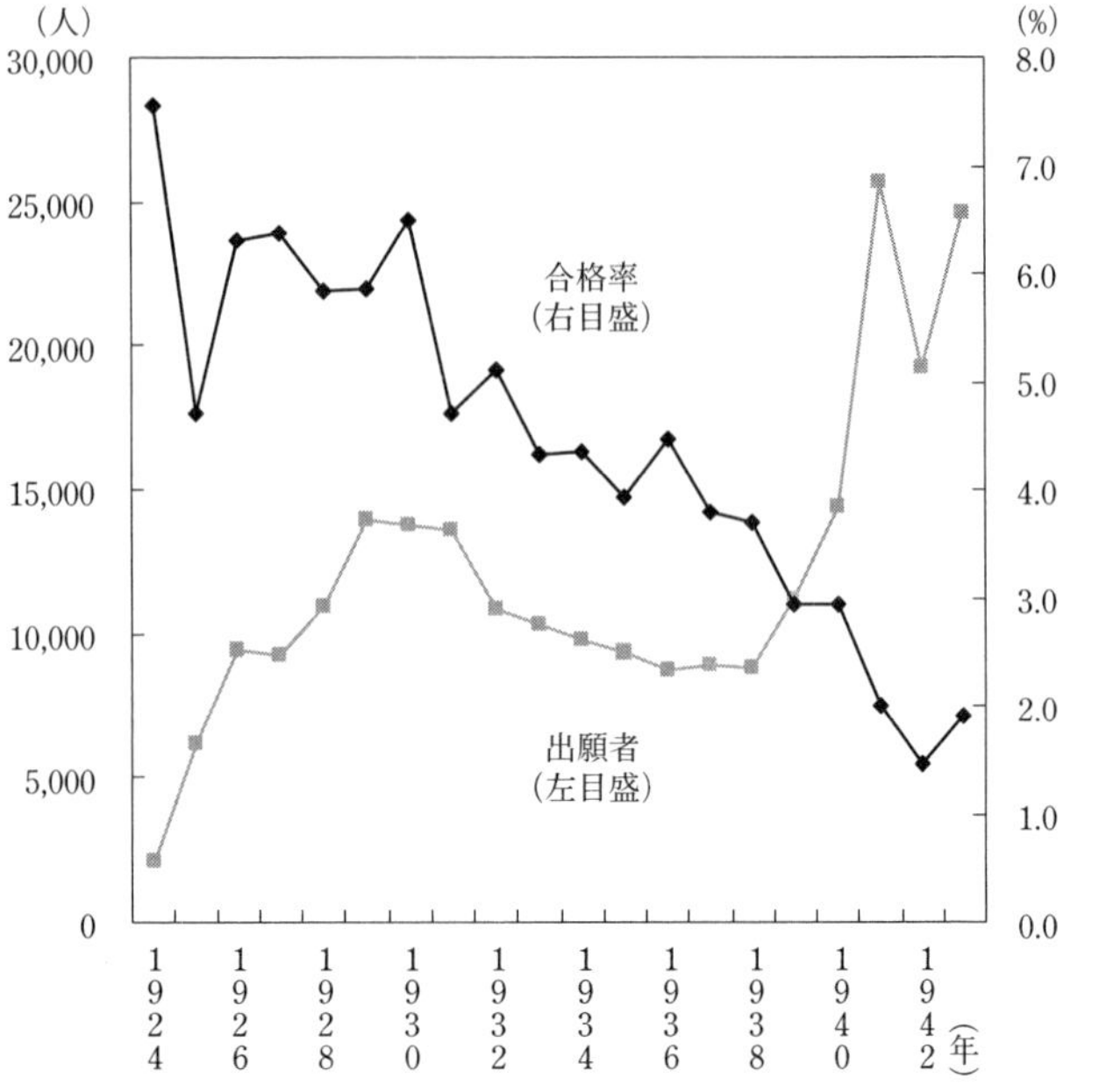

図2　「専検」試験出願者と合格率
出典：菅原亮芳「中学講義録の世界」『近代化過程における遠隔教育の初期的形態に関する研究』放送教育開発センター研究報告67号、1994年、81頁の数表をもとに作成。

　早稲田大学が中学講義録を創刊したのは専検ができてすぐの明治三九（一九〇六）年であった。図1が示していたのは、たんに中学講義録へのメディアの乗り換え（教育資格への目標転換）という以上に、中学講義録ブームの爆発であり、新たな学習需要の創出である。蛍雪青年の勉強立身熱は冷めるどころか、逆に職業資格（試験）以上に教育資格（学歴）への欲望を膨らませていたのである。

3　講義録ブームの背景と帰結

蛍雪モデルの大衆化

蛍雪青年の数は、明治三〇年代後半から大正期にかけて、爆発的に増大した。なぜか。先に述べたように制度史的な観点から「学歴主義的な秩序が完成したから」というのは確かに大きな理由のひとつではあるが、それだけではない。尋常小学校の就学率は明治二〇年代後半から急上昇して、明治三三（一九〇〇）年には男子九割、女子七割に達した。[20] そのうち六割以上が高等小学校に進学したが、高等小学校卒業者の七－八割は進学せず就職した。[21] 竹内洋は、この高等小学校こそが蛍雪青年培養器となり、彼らはここで「学校化によって勉強立身の「目標」を内面化させられながら上級学校進学のための「手段」を欠いたブロッキング状態による鬱屈」を抱え込んでいた、とみる。[22] 明治一〇年代はじめとよく似た勉強立身熱の空回りがここでも反復されている。かつて『穎才新誌』が勉強立身熱を煽ったように、明治三五（一九〇二）年創刊の雑誌『成功』が田舎で煩悶する蛍雪青年たちを励ます。[23] しかも今回は規模と広がりが全然違う。

さらに、日露戦争後の資本主義経済の発展が、出稼ぎ型の女子労働力に代わる男子労働力への需要を高め、農村から都市へ青少年の移動を促した。この動きは第一次大戦期の景気拡大によって加速した。この時期に学歴主義的な秩序は職場の中にも浸透し、中等学校卒は社員になれるが小学校卒は工員にしかなれないといった学歴による身分格差が生じた。中等学校進学率は都市部のほうが高かったから、地方出身者はなおさら学歴の壁を痛感したはずだ。大門正克は、一九二〇年代に働きながら夜学校（苦学）や講義録（独学）で学び上位の教育資格を目指す蛍雪青年の裾野が広がった、とみる。(24) 低学歴の年少求職者においては最初から就学可能な就職口を求める傾向さえあった。「勉強するためにこそ働く」のであって、「勉強できないから働く」のではない。これは家計補充と社会的上昇の両立を可能にする道でもあり、(25) 先述の機会費用問題へのひとつの解となる。

新たな学習需要に対応するべく、多くの中等レベルの講義録が現われては消えていった。(26) そのなかにあって明治三五（一九〇二）年に設立されてから昭和戦前期まで長期にわたり業界トップの地位にあったのが大日本国民中学会であり、それに続く早稲田の中学講義録と合わせた会員数は、正規の中学校生徒数を遙かに上回る規模に達した。また「大学講義録、中学講義録に匹敵する第三の講義録」として、中等レベルの職業資格や実用知識のための実業講義録もあった。西野（吉田）文は少年雑誌に掲載された広告を分析して、実業講義録は（中学講義録からやや遅れて）大正期から増加して一九二〇年代にピークを迎えたと推定する。(27) 戦後の大学・高校通信教育が戦前の講義録とは無関係にスタートしたのとは対照的に、実業講義録の系譜は戦後の社会通信教育に引き継がれた（第六章参照）。

ちなみに、蛍雪モデルの大衆化過程を説明する「都市流入層の増大」は、他方で、同時期の新宗教の発達過程を説明する独立変数でもある。大村英昭が指摘するように、「その宗教伝統の系譜がいかようであれ、近代日本に発展した「新宗教」は、おしなべて「禁欲的ガンバリズム」を正当化し、その「現世利益」とは、つまるところ、このガンバリズムによる中間層へのはい上がりにすぎなかったことは強調されてよい」(28)（傍点原文）とするならば、土着の共同体から離脱して現世利益的な救済を求める点で、新宗教と講義録のユーザーが重複していても全く不思議ではない（第五章参照）。

講義録の「冷却」機能

このような蛍雪青年の大量発生は、下手をすると深刻な社会不安を引き起こしかねない。彼らの目指す試験の世界では成功するのはごく少数に限られ、その他大勢の失敗者が年々量産されている（図2を参照）。ところが、そのような厳しい選抜社会にもかかわらず人々が暴れたりしないのは、失敗者の心のダメージを緩和して怨念に転化しないような手当て――「冷却」（cooling-out）の作用が働いているからである。むしろ選抜社会は自らの存続のために「冷却」を機能的必要物としている、と言い換えてもよい。[29] 蛍雪モデルが、失敗者の量産にもかかわらず社会的に棄却されることなく、それどころか逆に社会の隅々にまで浸透していった秘密は、実はここにある。それを講義録という独学メディアの潜在的機能（latent function）として指摘したのは竹内洋である。「講義録は学歴／上昇移動の仮装をとりながら、実は時間をかけながら漸次、勉強立身価値をクール・アウトしていく冷却媒体（クーラー）だった、というのが本当の機能である」。[30]

大学講義録から中学講義録、さらには実業講義録へ――講義録はあらゆる領域に用意され、一点突破の可能性をエサに勉強立身熱を「加熱」（warming-up）する。しかし講義録を頼りにいざ独学を始めてみると恐ろしくしんどいことにすぐに気がつく。「一定業務の傍ら、僅《わず》かの余暇を利用して学問し、殊に中学全科を修めて、中学卒業者と同等の学力を得るには、どうしても宵衣旰食《しょういかんしょく》、精力の続く限り、刻苦勉励せねばならぬ。朝は人より遅くて一時間、早くて三時間以上は早く起床し、夜は如何に眠くても、十二時迄は勉強せねば、迚《とて》も比較的短い年月の間に、自己の志望を満たす事は望まれないのである」。[31] 大日本国民中学会の場合、正規の中学校の五年分のカリキュラムを二年半（三〇ヵ月）でマスターする。テキストは全部で一万五〇〇〇頁だから一ヵ月当たり五〇〇頁（一日約二〇頁）をこなさなければならない。[32] 勉強の習慣も身についていない小学校卒には酷な要求だ。挫折するのは目に見えている。しかし誰かがきっぱりと引導を渡してくれるわけではない。勉強立身熱を徐々に鎮め、現実のなかに軟着陸していく「緩慢な挫折」しかない。講義録の勉強はそれに必要な時間稼ぎになる。

「不遇だからこそ勉強せよ」と叱咤する蛍雪モデルは、それだけでは大量の人を持続的に動員することはない。講義録という独学メディアと結びつくことで初めて、顕在的には「加熱」、潜在的には「冷却」という二重の機能を発揮するのだ。あるいはこう言い換えてもよい。講義録そのものが備える加熱／冷却の機能は、「不遇だから」というもともとの文脈から離れて、「勉強せよ」というメッセージを自己展開させる。これは蛍雪青年を「次のステージ」に導くだろう。勉強の目的は立身出世ではなく人生修養である、否、勉強は何かの手段ではなしにそれ自体が目的なのである、と。大日本国民中学会は、先に引用したように「専検合格のために人より三時間早起きせよ」と煽る一方で、次のように「これは一段高いステージに到達するための修行である」と説くのだ。

独学するものは、他に依頼する心がなく、自奮自発自彊の裡に、独立の精神を養ひ、逆境に立つて失望せず、落胆せず、不平を起さず、煩悶せず、常に大なる抱負と根気とを以て奮闘心を鞭撻し、所謂負けじ魂が強くなり、処世上大なる好影響を得るやうになつて、其の精神が常に堅実なるときには、竟《つい》には社会の先導者、社会の木鐸者となることが出来るのは、更に疑を容れないのである。何となれば、吾人の修学は、決して学校時代に限られたものではなくして、修学の理想は、吾人の才能を遺憾なく発達せしめるにあるので、此の理想を達するには、生涯修学を続けて、以て極力才能の発達を計らなければならぬからである。[33]

この境地に達すると、蛍雪モデルの「蛍雪」は後景に退き（古層に沈殿し）、生涯学習社会のイデオロギーとして現代でも立派に通用する。ただし、自分の能力をあくまで社会のために役立てようとする点で、現代のそれより遙かに志が高い。大門正克が正しく指摘するように、地域社会にとどまった蛍雪青年のなかからは、「講義録での勉強をきっかけに自己形成の力をたくわえ、大正デモクラシーの時代に呼応しながら、農村改造の担い手になった人びとも登場した」[34]。この事実は、ロナルド・ドーアの次の指摘と重ね合わせると、一九二〇年代以降の農民運動・労働運動の指導層の知的ポテンシャルを考えるうえで、まことに示唆的である。

運動における意思疎通と協力を容易にした階級同盟――（中略）日本でいえば、さしずめ片山哲（一八九七―一九六〇）と西尾末広（一八九一―一九八一）――を結び付けた事情の一つは、小学校しか出ていなくて独学でたたき上げた労働者階級出身の指導者が中産階級の同志と同じくらい、あるいはそれ以上に、頭がよくて見識も才能も高い人たちであったことです。しかしますます学歴主義になった二〇世紀の後半には、教育機会が完全に均等でなくても、大いに拡大されるようになり、かつては労働組合のリーダーになったかもしれないような貧しい家庭出身の優秀な者が、今では学校を楽々と卒業し中産階級の一員として成功することができるようになりました。[35]

蛍雪メディアによる自己形成と知的底上げは、一九二〇年代以降の社会運動のみならず、戦後復興期から高度成長期のある時期まで――一九七〇年前後か？――政治経済領域における「階級同盟」の基盤となったはずだ。「放送＝通信」技術の発達とともに「孤独な学習の連帯」（learning alone together）というメディア幻想が膨らんでいく陰で（第三章参照）、その基盤は静かに消滅していった。こうした変化は、しかし正規の学校の進学率や教育費のＧＤＰ比といった政府の公式統計の死角にある。

註

（1）Ｅ・Ｈ・キンモンス『立身出世の社会史』（玉川大学出版部、一九九五年、六三頁）、竹内洋『立志・苦学・出世』（講談社現代新書、一九九一年、三八頁）。

（2）堀内敬三・井上武士「解説」『日本唱歌集』岩波文庫、一九五八年、二四一―二四三頁。ただし現在のように卒業式の定番となるのは大正期以降だという（江崎公子「「螢の光」と卒業式」『蛍の光のすべて』ＣＤ解説）。

（3）科挙については、宮崎市定『科挙』（中公文庫、一九九〇年）、平田茂樹『科挙と官僚制』（山川出版社、一九九七年）などを参照。

(4) http://passnavi.evidus.com/keisetsujidai/「螢雪とは?」(二〇〇八年一月時点)。
(5) 竹内『立志・苦学・出世』五一頁。
(6) 以下の記述については、天野郁夫『学歴の社会史』(平凡社ライブラリー、二〇〇五年)、同『教育と選抜の社会史』(ちくま学芸文庫、二〇〇六年)、同『[増補]試験の社会史』(平凡社ライブラリー、二〇〇七年)を参照。
(7) 文部省唱歌「二宮金次郎」『尋常小学唱歌(二)』明治四四(一九一一)年六月より。
(8) 二宮尊徳(金次郎)は明治二〇年代から修身教科書に登場し、国定修身教科書(明治三七〔一九〇四〕年以降)では明治天皇とならぶトップ・スターとなっていた(竹内洋『立身出世主義〔増補版〕』世界思想社、二〇〇五年、二一四頁)。小学校の校庭の金次郎像については井上章一『ノスタルジック・アイドル二宮金次郎』新宿書房、一九八九年を参照。
(9) 天野『学歴の社会史』一二一頁。また天野郁夫『教育と近代化』(玉川大学出版部、一九九七年)によれば「明治二一年の私立専門学校在学者約六〇〇〇人のうち、法政経系の学生が五〇〇〇人近くを占めたが、その大多数は法学を専攻する学生であった」(三六一頁)。
(10) 天野『学歴の社会史』一一七頁。
(11) 天野『教育と近代化』三五三頁。天野は「法学系私学の講義録発行については、明治義塾法律学校をもって嚆矢とする見方もある」としながらも、明治一四(一八八一)年に設立された同校が一八年には廃校になり講義録が実際に発行されたかどうか明らかでないこと、別の研究によれば廃校後分身して一部が英吉利法律学校になった際に講義録事業も引き継がれたこと、などから英吉利法律学校説に軍配を上げている。
(12) 天野『教育と近代化』三六二頁。
(13) 天野『教育と近代化』三六〇頁。
(14) 天野『教育と近代化』三七七頁、三八四頁の表のうち、行政科(一八九〇—一九〇六年)、歴史・地理科(一九〇二—一九〇六年)、高等国民教育科(一九〇八—一九一〇年)のデータは省略した。また文学科は一九〇二年から一九〇六年まで文学教育科だった。
(15)『早稲田大学百年史』第一巻、一九七八年、一〇二三—一〇三〇頁に、明治二三(一八九〇)年から三四年の校内生・得業生(卒業生)・校外生のデータがある。
(16) 天野『教育と近代化』三八三頁。また中西敬二郎「早稲田大学出版部史(二)」『早稲田大学史紀要』第四巻、一九七

一年、「校外生（講義録購読者）数一覧表」には一八九〇年から一九二六年までのデータがある。
(17)帝大卒業生の無試験任用の特権は、とくに私学関係者の強い批判をあびて一八九三（明治二六）年に廃止され、新たに「文官任用令」が制定される。しかし文官高等試験は予備試験と本試験に分かれ、帝大卒業生の特権は予備試験免除という形で温存される（天野『学歴の社会史』二七〇頁）。
(18)高等学校を卒業できなかった者が高等学校卒業者と同等以上の学力があるかどうかを認定する試験。合格者には、大学・短大・専門学校の受験資格が与えられる。これまでの大学入学資格認定試験（大検）が、二〇〇五年度より高等学校卒業程度認定試験（高認）となった。
(19)一九二四（大正一三）年に専門学校入学者検定規程が改正され、官報で告示されるようになった。それ以前は各実施地が地元新聞や県の広報を通じて告示していただけなので、改正以前の実態は断片的にしか分からないが、菅原亮芳は合格率一〇％内外だったと推定している（「中学講義録の世界」『近代化過程における遠隔教育の初期的形態に関する研究』放送教育開発センター研究報告第六七号、一九九四年）。また改正前は一度の試験で全科目を及第しなければならなかったが、改正後は「科目保留制度」が導入されたことで何年かかけて及第科目を増やしていくことが可能になった。菅原論文には一九五〇（昭和二五年）度を最後に「大検」に統合されるまでのデータがあるが、「聞き取り調査によれば昭和十九年度は試験を実施していない可能性が高い」（八一頁の表注）。
(20)『日本近代教育百年史』第四巻、一〇〇八頁。実質就学率をあらわす「通学率」でいえば、明治三三（一九〇〇）年は男女合わせてまだ六割、これが九割を超すのは大正期に入ってからである。
(21)竹内『立身出世主義［増補版］』一二七頁。
(22)竹内『立志・苦学・出世』一三四頁。
(23)竹内洋「日露戦争前後の成功ブームとその変容――雑誌『成功』（一九〇二―一九一五）にみる」『日本人の出世観』学文社、一九七八年。
(24)「大戦を機とする労働市場の拡大や少年職業紹介事業の開始などが「苦学熱」を一般の青少年にまで押し広げる有力な契機となったのであり、そこでの「苦学」とは、農村や地方出身の青年が、家計補助と社会的上昇の両方をめざして出郷し、都会で働きながら学ぶ場合をもっぱら指すようになった」（大門正克「学校教育と社会移動――都会熱と青少年」中村正則編『日本の近代と資本主義』東京大学出版会、一九九二年所収、一六九頁、傍点原文）。大門正克「農村から都市へ――青少年の移動と「苦学」「独学」」（成田龍一編『近代日本の軌跡9　都市と民衆』吉川弘文館、一九九三年所収）も参照。

（25）大門「学校教育と社会移動」一六五―一六八頁。また天野郁夫は、教員の世界では小学校教員が独学に適合的な職業であったと指摘している。「小学校を卒業したあと代用教員として、わずかではあっても給料を得ながら准教員、さらには正教員の資格取得を目指して、中学講義録や受験参考書によりながら勉強する。小学校教員という職業は、そこでの仕事の内容と受験準備のための勉学とがほぼ重なりあう、その意味で独学者にとってきわめて有利な職業であった」（『日本の教育システム』東京大学出版会、一九九六年、二七二頁）。

（26）発行主体が商業出版社であり、大学講義録のように学校組織を母体としていないので実態把握は困難であるが、『少年世界』『中学世界』『少年倶楽部』『実業之日本』などの雑誌に掲載された広告からその一端を知ることができる。雑誌広告を用いた分析として、『近代化過程における遠隔教育の初期的形態に関する研究』（放送教育開発センター研究報告第六七号、一九九四年）の第二章「中学講義録の世界」（菅原亮芳）および第三章「実業講義録の世界」（西野〔吉田〕文）がある。

（27）「明治三〇年代には、数えるほどしかなかった実業講義録は、大正期にはいって増加をはじめ、大正一一年頃から昭和五年までの間は――この期間は講義録広告の掲載量のピークに相当するが――、中学講義録を凌駕する。（中略）また、時代が下がるほど、具体的職業名を付した講義録が増加する傾向がみられる」（西野〔吉田〕文「実業講義録の世界」九九頁）。同論文で具体的に紹介されているのは、商業講義録（学力向上・実用的知識）、航海員講義録（逓信省海員試験）、鉄道講義録（鉄道省鉄道局教習所入学試験）、逓信講義録（逓信講習所入学試験）、普通文官講義録（判任官任用試験）である。

（28）大村英昭・野口裕二編『臨床社会学のすすめ』有斐閣、二〇〇〇年、二三六頁。

（29）竹内洋『選抜社会――試験・昇進をめぐる〈加熱〉と〈冷却〉』メディアファクトリー、一九八八年、三〇頁。竹内によれば、選抜社会における「冷却」機能には、代替的価値に移行する cooling-out と、同じ価値のまま次善の達成で満足する cooling-down という二つの異なる形態がある。本章が注目する生涯学習や農村改造への移行は前者である。

（30）竹内『立志・苦学・出世』一五八頁

（31）大日本国民中学会編纂『講義録による勉強法』国民書院、一九一七年、三一頁。

(32) 竹内『立身出世主義〔増補版〕』一三六頁。
(33) 大日本国民中学会、前掲書、一二五頁。
(34) 大門「農村から都市へ」一九一頁。
(35) ロナルド・ドーア『働くということ』石塚雅彦訳、中公新書、二〇〇五年、一四四―一四五頁。

第二章　ジェンダーでみる通信教育——女子講義録から男女平等教育まで

石田あゆう

「無学は女の大きな恥です!!」（図1）。これは、大日本国民中学会『高等女学講義録』の広告文である。講義録とは、戦前の代表的通信教育メディアで、たとえ学校教育を受けることができなくても、これを定期購入すれば独学できた。戦前には「女性のため」を謳うさまざまな講義録が発行されていた。目的はなんといっても、女性に高等女学校卒業レベルの教養を身につけさせることである。この大日本国民中学会の女学部『高等女学講義録』、そして、牧口常三郎を中心とする大日本高等女学会『高等女学講義』の発行が有名である。

近代日本の教育システムでは、刻苦勉励し、学業をおさめ、「立身出世」するのは男性にのみ開かれた道であった。[1] 社会という公的領域と家庭という私的領域の分化が進む近代日本社会において、家庭での家事・育児を専ら担当する女性には、子供に対する教育者としての役割が期待された。教養のない母では育児は困難であるとして、女性の教育は必要とされた。結果、最低限これだけは学んでいないと子供に対する「恥」となるとの呼びかけが説得力を持ったのであろう。女性の美徳を損なわず伸張していくことが婦人教育だったのであり、通信教育でもそれは同様だった。逆にいえば、「とりあえず」通信教育を受けて、女性には最低限の教養・教育だけがあればよかった。もちろんかつては、向学心があっても、女性たちを受け入れる高等教育機関は少なかった。戦前の女子の高等教育就学率は一%にも満たない。教員、医療従事者ほか数少ない職業以外には、教育を受けてもその後の社会的活躍を保障する場もなかった。
戦後、男女平等の教育が導入されても、通信教育をめぐって男女の格差は存続した。戦前の女子専門学校が大学となり、女性の進学率は高まったが、社会的に性別役割分業は解消されなかったからである。それゆえに女性だからこそ必要とされた知識や技能が通信やメディアを利用して学習されることになる。とはいえ、通信教育におけるジェンダー格差の存在は、単に女子教育の遅れを意味しない。女性向け通信教育は、長らく学歴取得や仕事につながる専門知識の獲得を第一の目的としてこなかったため、いち早く、生涯学習や社会教育の側面からその意義が見いだされたのみならず、孤独な学習《ラーニング・アロン》であるところの通信教育が、かえって家に留め置かれる女性たちに社会的交流の場を与えることも少なくなかった。それは戦後のみならず戦前にも見られた現象であった。女性向け通信教育は単に婦徳の涵養のみを目指してきたわけではないのである。

本章では、高等女学校講義録以外の戦前から続く女性向け通信教育として、大学を中心とする教育機関によるものと、メディアを利用した民間主導のものとに大別した。前者を推進した団体としては、日本女子大学がその代表的な存在である。戦後いち早く通信教育課程を設けたのみならず、戦前にもすでに二度の通信教育事業を同窓会組織を利用して展開している。本章では、この日本女子大学の戦前と戦後との対比から、時代が要請した女性向け通信教育とその社会的機能について考察する。とはいえ、学校という母体を持たないで展開された女性向け通信教育事業も大正期には存在した。当時を代表する知識人は大学普及運動として女

図1 「無学は女の大きな恥です!!」
出典：『新国民』1933年２月号の大日本国民中学会『高等女学講義録』広告。

性向け通信教育を展開した。そこでは、大学という場にとどまらない教育として通信という手段が採用された。受講者として想定されたのが、社会改良の中心的担い手となると見なされた中間階層の女性であった。

他方、メディアを利用した通信教育としては、戦前のラジオの婦人講座や、テレビ時代の料理や洋裁番組など「女性向け」番組が数多く生み出されてきた。[2]だがそれらとは一線を画す、戦後の教育番組・NHK「婦人の時間」がある。これは女性の不平等な地位の解消を目指したGHQの意向を反映する形で行なわれた。このメディア教育も、単に家庭にいる女性の視聴を前提としないところに大きな特徴があった。

以上の観点から、女性を対象とした日本での通信教育の歴史を概観していきたい。

1　通信教育と家政学

戦時の家政科から戦後の家政学へ

戦後、それまで女性が学ぶべきとされてきた生活技術としての家政学が、大学での正規科目となった。それに伴い、いち早く通信による家政学教育を提供したのが、日本女子大学であった。日本女子大学の通信教育の歴史は、「新しい家政学」の普及を目指してはじまった。「新しい家政学」とは、CIE（Civil Information and Education Division 民間情報教育局）の指導のもと導入された家政学のことである。[3]GHQは、裁縫技術の伝授を中心とした「旧い」家庭科教育を変革しようとしていた。家庭生活についての理念なき家政教育が日本人の戦争協力を促したと考えたからである。

戦後他に先駆けて家政学を大学での専攻設置しようしたのは、東京女子高等師範学校（現お茶の水女子大学）であった。しかし家政学は実技教育にすぎないとする戦前のイメージは強かった。一九四五（昭和二〇）年一一月、新生日本の女子教育振興の教育機関として家政学部の設置案を提出したが、認可されなかった。大蔵省（現財務省）当局の予算問題もあったためだが、家政学は学問として成立しているとは言いがたく、実技重視の学科は中等教育で十分とされたことが大きかった。さらに、一九四七年の学制改革時には、家政研究を大学の学部として認めるか否かが論議されたが、学会が組織されていないことが問題となった。

「家政」や「家庭科」という名称はすでに戦前の日本の教育現場においても存在していた。一九四三年の学制改革により、それまで独立の教科であった「家事科」と「裁縫科」が一つにまとめられ、「家政科」と改称されている。「家政」「育児」「保健」「被服」の四科目からなっていたが、その内容は裁縫偏重、実技重視の家政教育であったため、CIEには、遅れた日本の教育の象徴とみなされた。

一九四七年夏に新制大学の設置が確定すると、その設置基準のなかに、家政学は一般教養科目中社会科学関係科目として法学、政治学などとともに採用された。また自然科学関係科目として生活科学が物理学、化学などとともに採り上げられた。そして、専門科目として大学教育における独立の科目としても認められた。CIEの要請を受けてのことである。

一九四九年には、「家政学ならびにその教育に関する研究の促進と普及を図ることを目的」とした「日本家政学会」も設立された。新制大学として発足したお茶の水女子大学と日本女子大学の関係者が中心となり、全国の家政研究者が一丸となって誕生させたのである。同年一〇月二九日、三〇日には、第一回総会が日本女子大学にて開催され、初代会長には日本女子大学学長・大橋広が選任された。こうして、大学での学部設置に成功し、履修科目としても認められ、学会も成立したことで、家政学は高等教育における学問として認知されたのである。

なぜ家政学を通信教育で行なうのか

この「新しい家政学」をいち早く通信教育科目として採用したのが日本女子大学である。日本女子大学は、女性のための私立専門学校として一九〇一（明治三四）年に創立された。創立当初は日本女子大学校と呼ばれた。

戦後一九四八年、女性のみを受け入れる新制大学「日本女子大学」となり、通信教育課程を家政学部において一九四九年五月に開講した。慶応義塾大学、法政大学、中央大学、日本大学の四大学に続く、通信教育課程の発足としては、戦後最初期のものであった。

現在も、家政学を通信教育で学ぶことができるのは日本女子大学以外になく、しかも、家庭科の教員免許取得が可能なことが大きな特徴である。(4) 敗戦直後の状況を考えれば、通信教育も利用して家庭科教員を早急に養成することが求められていたといえる。

CIEのメンバーは家政学や家庭科教育の専門家ばかりではなかったが、新しい家政教育を日本に導入することに積極的であった。先にみたように、それまでの裁縫技術習得偏重の日本の家庭科を変革することが、封建的な日本家庭を変え、民主的な社会の実現につながると考えていた。

IFEL《アイフェル》(Institute for Educational Leadership)と呼ばれた「指導者講習会」が、文部省主催、CIE賛助のもと、各地中心地区で開かれた。新教育の良き指導者を育てることを目的として、主に新制大学の教員養成に関わる教師を対象として行なわれた。日本女子大学は、第五回、第六回の講習会会場に選ばれているが、専門の教員を養成し、新しい家政学教育の普及が日本社会にとって急務であると考えられていたことは間違いない。

一九四八年、群馬県の家庭科教員の再教育のための講演のなかで、CIEのハブソン女史は次のように語っている。

ハウスキーピングは、いかに室が整備されているかが大切である。人間は生まれながらに整備することは出来ない。これを家庭科で教えなければならない。室を整然とするには婦人ばかりでなく、男子も子供も協力しなければならない。

(中略)

アメリカでは主婦が社会的の行事をする時は主人が料理する。何故そうなったかを云えば、平等にあつかわれてきたからである。女の子ばかり仕事をしないで、男の子も同じだけするという習慣である。[5]

家政学を学ぶにあたっては、女性だから男性だからといったことは関係がない。男女はお互いに平等な関係であり、家政は女とともに男も担うべきである。こうした男女平等の理念は、家政学・家庭科を学ぶことによって知ることができる。そのためには「新しい家政学」の指導ができる教員の養成とともに、戦前から教員を務めてきた女性たちの再教育も不可欠であった。男女平等の理念を持って家政教育を行なうことができる指導者の育成に日本女子大学の通信教育は貢献した。

一九四九年、通信教育部発足にあたってこの学部生向けに刊行された『女子大通信』第一号で、通信教育部部長の市村今朝蔵は「本学通信教育の使命」について次のように述べていた。

本学通信教育の開講は、わが国の教育上の画期的計画の一つであります。六・三・三・四の新学制制度の実施と、これにともなって学習の意図をもっているすべての人々に、広く通信によって、学校教育と同等の教育を受ける機会を与えるという構想は、わが国の平和文化国家の基礎的な重要問題の解決の一歩であります。[6]

もちろん教員を目指すわけでなくともよい。通信教育は、たとえ時間的・経済的困難をかかえていても受講可能なことが重要である。そうした困難を抱えていても、戦後の新たな教育理念を学びたいと希望する女性たちに再教育の機会を提供したことが重要であった。市村は続けて「この通信教育は新制大学のあり方と、何等相違するところはありません。新制大学の精神も、内容も、その資格も、その結果もこの通信教育から完全に獲得出来るのであります。教育の機会が文字通り均等となったわけです」と述べ、女子大であっても高等教育機関として十分な内容が「新制大学の精神」とともに学べることを強調した。

それにしても、家政学が大学での正規科目となったことに対する期待は非常に大きかった。日本女子大家政学部長の月田寛は「家政学の一つの観方《ママ》」で男女平等と家政学の関係について次のような説明を行なっている。

> 家政学は人類生活の最も基本的形態であります家庭生活を対象として居り、男女共に家庭生活を営むものでありますから、男子の研究者も現在よりも多くなり、共力《ママ》して家政学の発展の上に力を致されることと思います。現に米国では、家政学部以外の男女の大学の一般教養科目中に、社会学、史学等と並んで家政学が必須、或は選択科目として入れられて居ります。[7]

月田は、社会の変革はまず家庭から、男女が協力して取り組むことが必要であると、いわば「男女共同参画」ともいえる理念を論じた。戦後は月田が主張したように、「よき市民を造る基本である家庭を単位」として考え、「大学を卒業した人は、家庭生活がよく出来なければならぬ」とするアメリカの家政学にならい、「我国においても戦後特にみだれ勝ちである家庭生活を、物心両方面よりよく運営し、管理し、調整して家族全体の幸福をもたらし、進んで社会に奉仕するところ」に、家政学の使命が見出されていた。女性のための教養と思われてきた家政学が、「市民」育成に寄与することを月田は高く評価し、家政学が大学の通信教育となったことは、「女子の大学教育拡張の意義と価値」が認められたことの証左であると喜びを語った。先の市村も同様に、家政学通信教育の成功は「わが国の女子の福音となるばかりではなし」に、これからの平和・文化日本の担い手の知性と徳性を引き上げることに貢献すると述べている。さらに、通信教育独自の学習スタイルは、民主化された戦後社会を生きる日本女性の精神を鍛錬するとの主張も存在した。講義に出席すれば単位の取得は容易な通学形式の教育とは異なり、通信教育は「個人の非常な努力と意志とを必要とする」（参議院文教委員・坂西志保「通信教育と女性」『女子大通信』第二号、二頁）。そのため、受講の完了は、それだけで忍耐力が培われたことを意味した。米軍教育機関（USAFI）日本支部の山木勝夫は、戦地でも独学したアメリカ通信教育生のように、「最後まで入学当時の大いなる希望を以て落伍せずに、あなた方御自身の力で、自分の教養を身につけ、名実共に新憲法にはじざる女性を創り上げ」るようにと受講生を励ました（アメリカ通信教育研究所長・山木勝夫「通信大学生に寄す」『女子大通信』第二号）。

文部省認定女性向け民間通信教育

前述のように家政学は男女平等を実現するための学問、家庭科は性別に関係なく履修されるようになることが、戦後家政学の大きな課題であった。だが、これらの理念は、一九六〇年代に入ると綻びを見せはじめる。中学校においては一九六二年から、男子向き（技術）と女子向き（家庭）で構成されるようになり、高等学校においては一九六三年から女子のみ必修となった。

また、一九五五年頃からは、遅れた日本の教育の象徴として否定された、生活実技の伝授を主とする通信教育が女性受講者たちの間で広まる。社会通信教育として展開された民間の通信教育事業の多くが、占領期の終了とともに、文部省（現文部科学省）の認定を受けはじめた。

料理に関しては、香川栄養学園女子栄養大学社会通信教育部がある。(8) 一九三三（昭和八）年三月に東京小石川の香川昇三・綾夫妻が自宅で「家庭食用研究所」を設立し、定期的に「栄養と料理」の講習会を開いたことが始まりである。一九六〇年四月から「たのしい食事料理通信講座」を開講し、その後一九六四年より「栄養と料理講座」が文部省認定の通信教育となった。

戦後生まれた女性向け通信教育として「保母」（現・保育士）の育成があったことはよく知られる。一九五三年、財団法人日本学芸協会による保育や幼児教育に関わる通信教育が発足した。これは、一九六四年六月に文部省所管の公益法人となっている。女子短大には保育、幼児教育科が数多く設置されたが、戦後女性の新しい職業である保母の通信教育が生まれた。

さらに、あれだけ否定された裁縫教育であったが、洋裁は女性の間に通信教育としても広く定着していった。現在は声優養成科で知られる専門学校東京メディアアカデミーの前身は、一九三〇年創立の東京高等技芸学校で、東京服飾アカデミー通信教育部を擁し、プレイン式洋裁の通信教育を行なっていた。服飾通信教育としては、文化服装学院（一九六三年文部省認定）[9]、および杉野学園ドレスメーカー女学院（一九六一年文部省認定、開設は一九四九年）が有名である。また、当時は唯一の和裁通信教育として、一九六四年文部省の認定を受けた大塚末子きもの学院通信教育部もある。これらの通信教育は、かつて女性のための「生活技術・教養系」[10]に分類される講座であった。

2　日本女子大学の「通信教育」の伝統

創立者・成瀬仁蔵の伝統

日本女子大学は戦後の通信教育事業を、占領下で推進された教育改革への便乗というよりも、成瀬仁蔵の偉業の実現ともみていた[11]。日本女子大学の創立者・成瀬仁蔵（一八五八―一九一九）は、慶應義塾大学の福沢諭吉、同志社大学の新島襄とも並び称される、近代日本を代表する教育者である。成瀬が一九〇一（明治三四）年に創立した日本女子大学校は、一九〇四（明治三七）年に専門学校としての認可を受けた。一九〇八年九月には、女子大学通信教育会を組織した。

日本女子大学校の通信教育は、一九〇八年および一九二〇年の二度にわたって事業化されている。だが、どちらも経済的理由から数年で中断しており、戦後まで続かなかった。しかし明治時代に通信教育を通じて女性向けの高等教育を試みていた「伝統」が、戦後の通信教育に対して、創業者の遺志の「継承」という意味付けを与えた。

成瀬仁蔵の「大学拡張」論

成瀬仁蔵は、アメリカのクラーク大学で女子教育を研究し、一八九四（明治二七）年の帰国後、女子大学創立運動を展開した。成瀬は、女子の一国民としての自立を求め、そのための教育の必要性を説き、高等女学校の上にさらに女性のための高等教育機関を設けることを主張した。帝国教育会で演説し、女子を人間として教育すること、日本婦人として教育すること、日本国民として教育することの必要性を強調した。

成瀬は、一九〇四年に専門学校を立ち上げてから四年後、女性のための講義録『女子大学講義』を発刊する。彼はその意義について、一九〇八年四月一一日の卒業式の式辞において、次のように語ったという。

図２　発行前に配布された講義録案内
出典：女子大学通信教育会『日本女子大学講義発行の趣旨並規則』精美堂。

> 卒業生諸氏は、今後いよいよ本校で養った精神的生命を発展し、またその目的を達するに必要なる境遇を啓かなければならぬ。（中略）今日迄本校で養ひ来たりし大学生活を、家庭に社会に学校を拡大することができなければ、到底その望みを達することができぬ。[12]

当時の日本女子大学校の教育は三年だった。しかし、この三年をもって日本女子大学校の教育が終わったわけではないとして、卒業生にたいし「生涯学習」の必要性を説き、大学生活を家庭生活へと延長することを成瀬は求めた。そのための手段として、講義録の購読が、すでに課程を終えた「卒業生」に向かって呼びかけられたのである。

第五回卒業式を迎えた卒業生の四分の一は、附属の高等女学校を卒業しており、日本女子大学校での教育を十分に受けた女性たちであった。日本女子大学校は、家政、文学、英文、教育の四学部、附属として高等女学校、小学校、幼稚園を置き、大学校までの女子一貫校であった。卒業生は大学部で七〇〇名、高等女学校で五〇〇名に達していた(13)。同窓生が受講を希望すれば、通信教育事業として成立する見込みも十分にあったといえる。

成瀬はこの通信教育を「大学拡張」と呼んだ。一九〇八（明治四一）年七月二五日発行の『家庭週報』一五一号から一五四号に「大学拡張」という気宇壮大な論説を発表し、講義録について次のように述べている。

時間も、距離も、境遇も、何等の制限を加ふるに能はず、山間孤島如何なる僻陬《へきすう》の地に在る者と雖も、苟くも学に志を有する者をして、其の志を成さしむるを得て教育の範囲を拡大し、文明の徳沢を普《あまね》からしむる点に於て講義録は大学拡張の機関の最も主要なるものとなりと云はざるを得ざるなり。(14)

時間的、地理的困難を抱えた者にも教育の機会を与えるという通信教育の特徴が、講義録出版の意義として指摘されていることは不思議ではない。ただ、既に大学教育を受けた者であっても、その後の生涯を指導する手引きとして講義録を奨めているところが成瀬の主張の特徴であった。同年九月一六日にこの事業計画を発表した際には、次のように語っている。

一旦校門を辞するや、世は決して昨日の如からず、読書せんと欲するも適当な書物なく、研究せんと欲するも之を謀るに師友なし。[15]

いったん学校を出て、日々の暮らしが始まってしまえば、読書する書物も、ともに学べる師友もなく、女性は家庭において非常に孤独である。それは、大きな国家的、社会的損失である。だが、卒業して家庭に入っても、母校とのつながりを持つことができれば学習は続けられるのではないか。それが『女子大学講義』が必要とされた理由であった。

しかし、当時この講義録に対し、「幼稚なる女子の頭脳」に知識を注入するような一方的教育（つまり、通信教育）では、女性はかえって社会性を失うとの批判もなされた。[16]そのような批判に対し、成瀬は「吾人は決して平素の主張を放棄するものにあらず」と答えたが、講義録の発行にあたって、女性の「社会的精神を養ふ」ために「有機的関係」、つまり人とのつながりのなかで学ぶことがやはり必要であると強調していた。

もともと、日本女子大学校は、ただ知識の教授のみを重視するのではなく、級や学校、寮舎ではぐくまれる人間関係を重んじていた。そこで、成瀬の「大学拡張」の理念を実現し、かつ、この通信教育の問題を克服する「横のつながり」の組織として期待されたのが、日本女子大学校の同窓会組織「桜楓会」であった。一九〇八（明治四一）年九月に組織された女子大学通信教育会は、一九〇三年四月二〇日発足のこの同窓会組織を中心にすすめられたのである。桜楓会内に「日本女子大学通信教育会」を設けて、通信教育が知識の伝達のみに終わることを避けようとした。

同窓会組織・桜楓会の後援

各地に組織されていた桜楓会支部も、この「大学拡張」（通信教育）事業に向けて再編された。卒業生が生涯を通じて自奮自修すること、研究の精神を持続する人々に材料と環境を与えること、将来高等教育を受けようとする者のために予備的教育を施すこと、一般校外生に影響を与え、あまねく教育の恩恵に浴さしめること、以上の四点が目標として掲げられ、各支部と母校のネットワーク化がはかられた。

日本女子大学校の家政、文学、教育の三学部の研究結果は支部に伝えられ、それぞれの支部が中心となって、講演会を開き、研究会を催した。海外在留会員の報告も時にはなされ、新しい思想が紹介されることもあった。卒業生自身が生涯研究精神を持ち続け、自学自習できるようにすべく、通学にしろ通信にしろ、高等教育を志す人々にその場を与えようとした。桜楓会の規約第二条には、「会員ノ厚情ヲ厚ウシ知識ヲ交換シ兼テ一致団結シテ事ニ当ルノ美風ヲ養成スルコト。会員ト本校トノ関係ヲ密接ニシ、本校ノ事業ヲ助成スルコト」とあり、卒業してからも学習を進めるための支援組織が、同窓会を通じて形成されていた。

この「伝統」は戦後に大きく開花した。一九四八（昭和二三）年五月二一日、第四五回桜楓会総会でも、昭和二三年度議事案実践要綱として、日本女子大学での通信教育の普及が採択された。このとき、桜楓会の東京支部会員は約三百名、地方一八支部からは三八名の代表者が集まった。当時の理事長・氏家寿子は、桜楓会会員に、通信教育事業への援助と会員募集への協力とを訴えた。通信教育生が研究目的で実験室を必要とする場合には、各支部で協力するようにと要請した。

『家庭週報』一六二三号には、この戦後の新しい通信教育事業について、「支部こぞって、これが普及につとめ、その機関として各地に桜楓会を設置せんとすることは、新憲法の制定した教育の機会均等を具体化するため」とある。そして、一万二千有余の会員は、「人類社会の成長としてはぐくみ育つることに一致協力、かくて恩師の示されし永遠の生命に生きる欣びを共にせん」と誓い、創立者の偉業を称えた。

3　「大学普及」としての女性通信教育

とはいえ、成瀬のアメリカ留学経験から大学拡張運動と連動していた戦前の通信教育と、家政学が学問として認められ、新制大学設置にともなって始められた戦後の通信教育では、同じ日本女子大学の通信教育といっても、内容はずいぶん異なる。学問的体系化をめざした戦後の家政学の通信教育と比べて、戦前の女性向け通信教育は、何か体系だった知識の教授を行なっていたとは言い難いからである[17]（表1、表2）。講義録の内容は、多彩な専門家による一般教養にとどまっていた。

その内容を具体的に見てみよう。成瀬校長時代の『女子大学家政講義』は、一九一一（明治四四）年三月に第一期を完了した。同年四月二〇日には名称を『女子大学講義』と改め、第二期募集を開始したが、結局経済的困窮に陥り中断された。だが、二代目校長の麻生正蔵の時代に再開された。一九二一（大正一〇）年四月のことである。大正期に再開された通信教育もやはり大学拡張の意義を強調したが、その意味するところは、社会状況の変化から、成瀬校長時代とは少し異なっていた[18]。かつて頓挫した通信教育事業を復活させた理由について、『女子大学講義要覧』のなかの「女子大学講義趣意書」には次のようにある。

> 『女子大学講義』は、新時代の要求に応じて生まれた「大学教育普及事業」の一機関である。
> 欧州大戦後、女子の位置は著しく向上進歩し且つその自覚は頗る深刻になったと同時に、一層の重き責任を家庭と社会と国家とに対して負担せねばならぬこと、なった。其の結果、女子の教育に対する要求は、内容に於て程度に於て益、深高を加へ、従来の如く中等教育だけで満足せずして、更に進んで高等教育を希望する者が頓かに増加した[19]。

「大学教育普及事業」とその呼び名は変化したが、校祖の遺志を受け継いだ通信教育であった点はかつてと同様であった。しかし、大学教育の内容を地方や家庭に単に広めるのではなく、鶴見祐輔「欧米の社会に於ける婦人の実勢力」などのように、女性の社会進出を促すようなテーマも掲載された。家庭の良妻賢母であると同時に、社会でも活躍できる人材育成の必要性が認識されていた。

桜楓会は一九一〇（明治四三）年には共励夜学会を開設、一九一三年には託児所を設けるなどの社会的活動を行ない、また、定期的にバザーを開いて母校への寄付も行なっている。通信教育が再開された一九二一（大正一〇）年には、学内に社会事業学部（児童保全科、女工保全科）が開設された。さらに桜楓会は、一九一九年一二月、帝大基督教青年会と提携して吉野作造を理事長とする家庭購買組合を誕生させた。

講義	講師
「実践倫理」	成瀬仁蔵（初代校長）
「教育学」	麻生正蔵
「心理学」	福来友吉（日本女子大、東京帝大）
「応用社会学」	浮田和民（日本女子大、早稲田、同志社、東京専門学校等）
「応用児童研究」	高島平三郎（学習院）
「生物学」	渡瀬庄三郎（東京帝大）
「生理学」	大澤謙二（東京帝大）
「法制」	奥田義人（宮中顧問官）
「家事」	井上秀（日本女子大）
「料理」と「裁縫」	桜楓会裁縫研究部担当
その他に、「文学研究」「農芸」「和歌作法」など。	

表1　『女子大学講義』開始時の内容

出典：通信教育施設50周年記念事業委員会編『日本女子大学通信教育の50年』日本女子大学通信教育課程、1999年。

講義	講師
「実践倫理」	麻生正蔵（第2代校長）
「家庭と電気」	青柳栄司（京都帝大教授）
「児童及青年心理学」	楢崎浅太郎（日本女子大教授）
「文学論講話」	阿部次郎（日本女子大、慶応大教授）
「心理学概論」	桑原芳蔵（東京帝大助教授）
「近代社会運動」「社会変動の理論」「社会運動と女性」	綿貫哲雄（東京帝大、日本女子大講師）
「国民栄養論」	戸田正三（京都帝大教授）
「住宅の研究」	田辺淳吉（日本女子大教授）
特別講座	**講師**
「欧米の社会に於ける婦人の実勢力」	鶴見祐輔
「婦人解放思想の源流」	厨川白村
「現代短歌の本質と其の鑑賞」	茅野雅子
「宇宙進化論」	新城新蔵
「国民文化史の研究」	中村孝也
「思惟の心理」	速水滉

表2　『女子大学講義』再開時（1921年）の内容

出典：通信教育施設50周年記念事業委員会編『日本女子大学通信教育の50年』日本女子大学通信教育課程、1999年。

家庭購買組合は、消費者としての社会的役割を担う女性の育成を目指していた。『東京朝日新聞』一九一九年一二月八日によると、生活必需品を廉価で提供することで「中流階級生活の危機を救ひ延いては我が家庭生活の改善」を期して結成された。

中間層女性のための社会教育

大正デモクラシーの論客として知られる吉野作造（一八七八―一九三三）は、この家庭購買組合で理事長を務め、作家の有島武郎、北海道帝国大学教授で消費経済学を専門とする森本厚吉（一八七八―一九五〇）とともに、消費者教育の一環として通信教育事業に関与することになる。彼らは日本女子大学の通信教育が再開される前年の一九二〇年に文化生活研究会を立ち上げ、さらに講義録『文化生活研究』を発刊する。講義録『文化生活研究』は、中間階層の家庭婦人の教育支援を目的としていた。この研究会は、女性たちをよりよい消費者として啓蒙することを通じて、日本の家庭や家族の生活の合理化をすすめようとする社会教育機関であった。森本厚吉はジョンズ・ホプキンズ大学で生活改善と通信教育のあり方について学び、帰国後、この研究会を立ち上げたのである。

また、吉野作造は『中央公論』や『新人』への寄稿を通じて論壇ジャーナリズムで活躍し、ジャーナリズム型大学人として知られる。一九一五年六月、中沢臨川、佐々木惣一、三淵忠彦らとともに大学普及会を結成し、すでに講義録『国民講壇』を発行した経験があった。しかし寄稿者の多くはクリスチャンだが、その内容は男性知識人向けの一般雑誌に近かった。

吉野は、一九一〇年に政治研究のため、三年間の予定で独・英・米へ留学した。彼は一九一三年、短期滞在したイギリスで、成人教育「大学普及」（Unversity Extention）としての通信教育を知る。「大学」と「社会」をつなぐ「大学普及」の構想は、ベルリンで知り合った京都大学憲法学教授・佐々木惣一との交流のなかで具体化された。森本はアメリカの影響を受けたが、吉野と佐々木はヨーロッパでの国民教育が極めて進んでいることに感銘を受け、二人は、帰国したら市民的自由の思想を育む大学普及に力をそそごうと話し合ったという[20]。

文化生活運動の評価をめぐって

一九二〇（大正九）年八月の内務省社会局開設に伴い、森本たちの文化生活研究会はその管轄下に置かれ、一九二二年一二月に財団法人文化普及会となった。会の規則では「入会は男女問わず」となっており一般家庭向きとの体裁をとってはいたものの、中間階層の女性を中心とする通信教育事業だった。

> 現今普通に上中下の三階級に分たれて居るものが将来如何に完成されるかと云ふに、夫は中流階級を中心として社会全体の完成を計るのが正当である。即ち中流階級が国民全体の標準階級となり、是が中心となり自己階級者の生活の安定と其向上を計ると同時に上下階級の融合を計り以て一層深化したる社会を形成するに至るべきである[21]。

『文化生活研究』の会員募集広告では、「古い囚はれた生活を改善して新時代に適応する文化生活を楽まんとする進歩的な一般紳士淑女」、「嫁入準備時代中にある高等女子学校卒業程度の若き婦人」、「健全にして楽しき家庭を作り、現代の主婦として大任を全うせんと努力する婦人」に購入を呼びかけている。生活の改善・合理化をすすめるには、都市の中間層女性たちにその意義を広める必要があると考えられていた。「文化生活研究会規則」には、「文化生活に必要なる学科殊に家庭経済学を通信教授法に依りて講義授業し徹底的に国民生活改善を行わんとするのであります[22]」と記されている。

生活を科学的、研究的に学ぶことができる大学教育が国民の一部にしか開かれていないことを森本は問題とする。そこで通信教育によって教育機会を国民規模で拡大することを目指した。そこで、実際に生活に関わり、また家庭での時間の自由がある中間層の女性が家庭経済学を修養、研究することに期待した。

しかしながら、この文化生活運動は従来それほど高い評価を得ていない。「文化」が「文化住宅」や「文化たわし」などの宣伝文句として安易に使用され、高尚な理念とはほど遠い即物的な印象を残したからであると言われる[23]。だが、森本の「文化生活」とは、科学的知識に基づき、生活の合理化をすすめ、ひいては国民全体の生活向上を目指す運動であった。この生活運動には、戦後スローガンとなった「文化国家」や生活を科学とする「新しい家政学」との連続性をみることができるであろう。

一九二八（昭和三）年、森本厚吉は女子経済専門学校（のちの東京文化学園）の創立に関わり、実際の女子学校教育にも携わった。アメリカの「消費経済学」を学んだ森本は、女性の経済的自立に基づく家庭生活の実現を目指した。それは国家に依存すべきものではなく、自主的努力によって達成されるべきものとされた。そのためには通信教育を受講することが望ましい。平井裕子は、講義録執筆者に当時の社会政策学会のメンバーが参加していることを指摘し、文化普及会は、階級闘争ではなく、教育によって中流階級の意識改革を行なう社会改良運動であったことを明らかにしている[24]。

4　婦人の民主化から女性の主婦化へ

NHKラジオ「婦人の時間」

ここまでは大学教育との関連で婦人向け通信教育の歴史を見てきた。だが、それとは別に、主婦に対して放送メディアが果たしてきた教育的機能について見ておきたい。

放送メディアを通じた女性向け社会教育の戦後史をたどると、やはりＣＩＥ（民間情報教育局）にいきつく。

日本占領政策の一環として実施された、「再教育、再方向づけ」プログラムである。CIEは、生徒と学生には正式の学校教育の場において、それ以外の人々には社会教育によって、民主化を進めようとした。学校教育と社会教育は、相互補完的役割を果たすようデザインされていた。夜間学校、通信教育、大学の公開講座が開設され、そして、NHKを通じて、放送メディアによる教育が考案された。

CIEが促進した女性の活動には、たとえば、母親学級、村々の生活改善組織、市や町の成人学級などがあった[25]。なかでもCIEが精力的に変革に取り組んだのが、NHKの女性向けラジオ番組「婦人の時間」である。一九四五（昭和二〇）年一〇月から、GHQによる婦人向けの民主化キャンペーンの一環として、午後一時から六〇分間放送された。これは、戦時中に毎日午後一時から二時まで放送された「戦時家庭の時間」に代わって割り当てられたものである。戦前から慣れ親しんだ時間帯に、同じような番組を放送することが、女性視聴者に安心感を与え、教育効果が上がると考えられてのことであった。この「婦人の時間」は、一九六三年三月二九日まで続けられた。当初から女性のための社会教育として持続的な効果が期待されていた。一九四六年二月一日のCIE月報によれば、「婦人の時間」は、二五％がインフォメーション（情報）、二五％が教育、五〇％が娯楽と配分してあったという[26]。

他の女性向けの教育番組としては、一九四七年七月から、午前九時一五分から主婦向け家事、育児番組「主婦日記」が放送開始（一九六三年まで）され、一年後にはその内容をまとめた『ラジオの主婦日記』が出版された。一九五〇（昭和二五）年、NHKラジオ第二放送で「女性教室」の放送が開始され、一ヵ月単位の長期講座スタイルをとり、テキストも発行された。

戦後の「婦人の時間」の聴取者

もともとCIE主導による「婦人の時間」は、農村婦人層が主なターゲットであったという。日本のファナティックな軍国主義の担い手の再教育を目指していたため、都市よりも前近代的価値観が残ると考えられた農村の女性たちへの教育が重要視されたのであった。農村婦人だけを対象とする特別番組もたびたび放送された。

だが実際には、「婦人の時間」を〝いつも〟聴いていたのは、六大都市の女性の二五・一％、他の都市の女性の一八・六％に対し、町や村の女性の七・八％で、農村部での聴取はあまり高くなかった。女性たちの階層学歴の差による聴取傾向の違いは顕著であった。高等教育を受けた女性のうち二五・三％（初等教育のみが九・八％）、ホワイト・カラー世帯の主婦の三二％が〝いつも〟聴いていたが、農村婦人はめったに聴かず、四・二％にとどまっていた(27)。

だが、都市部高学歴女性が熱心な聴取者であったことが、この番組を契機として女性間のネットワークを生み出していくことにつながった。社会参加をＰＲする内容が番組には盛り込まれ、聴取者の連帯感を高め、番組への女性たちの積極的協力が促されていく。その結果、一九五九年一月、ＮＨＫラジオ「婦人学級」が誕生した。「婦人の時間」の一コーナーとして始まったのだが、聴取者はＮＨＫ婦人学級というラジオ聴取者グループを各地に作り、この番組を活用して勉強を行なった。こうした勉学スタイルは一九七二年まで続いている。「家庭学級」とも呼ばれ、最盛期には全国で二万八〇〇〇グループが作られ、約三三万人の会員を擁したという(28)。当時、女性たちの学習への熱意から自学自習グループが数多く生まれたが、その後押しをしたのは、放送メディアだったのである。

5　女性と「ラーニング・アロン」

戦後は、男女平等の教育が目指されたものの、例えば家政学が典型的な女子大学の設置科目となったように、教育における性差は残った。

戦後の女性の学習熱は、進学率の上昇となって表われたが、しかしながら、それは女性の社会進出を意味したとは言いがたい。急増する女子大生を前に、このままでは大学は人材育成の場としての機能を果たさなくなると懸念する「女子学生亡国論」がジャーナリズムを賑わせたのは一九六二年のことである。女性は大学で学んでも（結局家庭に入ってしまうので）、その内容は社会に還元されずに終わると憂慮された。高等教育を受けた女性たちが増加するとともに、女性の専業主婦化がすすんでいく時代でもあった。

そうした社会状況にあって、女性たちにとって通信教育はどのような教育手段となっていたのかを最後にみておきたい。当時、ＢＧ（ＯＬ）と呼ばれた若い女性労働力への期待が企業にはあり、事務系資格取得のための通信教育の受講が女性のあいだで高まった。

一九七一年、「四年制共学大学卒業者の追跡調査」が行なわれた。[29] この都内の共学大卒女子が卒業後に受けた教育調査によれば、再教育経験のある女性が七二・五％をしめた。有職者と無職者との対比では、有職者では「仕事・研究のため」が高い率（六六％）を示したが、「無職者」では、「仕事・研究」「主婦としての実技習得」よりも「教養」のためが半数近くを占めるという異なる結果が出ている。

女性再教育機関としては、「各種学校」（三八・二％）、個人教授（三一・一％）、「大学または大学院に入学」（二六・二％）、講座（二四・六％）となっており、通信教育の利用は五番目にすぎない（一六・二）。しかし、今後希望する再教育機関についての質問では、通信教育は「大学または大学院の聴講」（二五・九）に次いで、無職者女性の支持が大きかった（二一・七％）。実際に通信教育を利用する女性と、通信教育の受講を希望する女性との間に差が見られた。通信教育を受けることを無職者女性たちは希望しながらも、他機関での「教養」獲得の再教育に止まっている様子がうかがえた。通信教育は、時間的経済的制約がある専業主婦にとって制約がもっとも少なく、自らの都合にあわせて独習できるはずなのだが、この不人気は意外である。

一九六七年に実施された、日本女子大学卒業生に対する再教育調査でも、同じ傾向は顕著であった。[30] 再教育経験者は全体の四六・八％を占め、やはり有職者に再教育経験者は多い。だが無職者も含めると再教育を受けた理由は圧倒的に「一般教養・趣味」が多くなり、全体の五三・八％に達していた。通信教育を通じて彼女たちが学んでいる内容をみると、職業教育にあたる速記や簿記などの各種職業資格が含まれている一方、日本女子大学の通信教育にはじまり、洋裁、料理、人形づくりまでと幅広い。だが、教育機関としては、「各種学校」（五〇・二％）、「個人教授」（三三・七％）、「講座」（二〇・九％）が中心で、通信教育は九・二％と全体の約一割程度に過ぎない。これら大卒の女性たちは、通信教育を希望しながらも、それとは異なる再教育を受ける傾向があったことがうかがえる。しかし、希望する再教育機関を尋ねると、通信教育希望者が全体の一七・四％にまで増加する傾向が見られた。この調査対象となった女性たちは、既婚率は九二・七％、夫婦と子供だけの核家族が六〇・七％で、圧倒的多数が、卒業後の仕事を結婚・育児を理由に退職している。

卒業生も、「免許・資格取得」を目的に再教育を受けた者は四・〇％に過ぎないにもかかわらず、再教育によって何らかの資格を得た者は七四・四％に及ぶ。同調査によれば、「教養・趣味」で学んでいるうちに、資格を取得する場合が多かったのである。その内容は「華道・茶道・書道・日本舞踊・洋裁・料理・邦楽・編物」であった。専業主婦として家庭中心の生活が求められた女性にとっての資格取得は、「教養・趣味」のなかで、華道や茶道の免状取得が圧倒的であった。[31] 通信教育による資格取得というキャリアアップは、有職者女性たちに顕著であった。

そんな彼女たちは「老後の過ごし方」を尋ねられると、「自分に関心ある勉強をしたい」と答える者が六五・一％もおり、「好きなことをして気楽に過ごしたい」の三〇・〇％を大きく引き離している。さらに「奉仕的な社会活動をしたい」（二九・七％）も多く、決して学習意欲や社会への参加意識は低くはなかった（多答式のため全体は一六六・五％となる）。

女子教育研究の中嶌邦はこうした女性の学習傾向について、「その多くは趣味的興味に止まり、次々と対象をかえて、浅くひろく、色々なものをやってみる、目先の変わったものを追っていく[32]」ことを指摘している。家庭に入ってしまった大卒女性にとって、経済的・時間的余裕がなくても専門的知識や仕事に関連する資格を得ることを可能にする通信教育の魅力はあまりなかった様子が見られる。ただ、近代日本における女性と通信教育の関係を振り返ってみるとき、次の点は着目されてよいのではないだろうか。

学習目的を達成したい希望がある際に、個人的な解決をはかることも現代のマスコミ状況からすれば充分に可能であるが、婦人学習という、集合学習の形が積極的にとられていることである。何を学習するか、そこにどういう成果が期待されるかに拘らず、次のような欲求がともなっているのである。すなわち、「友人をもちたい」「狭い人間関係から脱したい」「集団的に相互啓発を得たい」「自分の能力や技術を認められたい」といったことである。学習そのものよりも、学習に随伴する豊かな人間関係にむしろ期待をかけて、集合学習に参加しているのである[33]。

中嶌はこう指摘するが、大卒女性を中心とする通信教育の不人気を考えてみると、そこには「集合学習」が欠けていた。それに対し、日本女子大学校同窓会桜楓会と女子講義録、大学普及事業や文化生活運動のきっかけとなった女性たちの社会活動、CIE「婦人の時間」と女性の自学自習グループなどに見られたように、本来孤独な学習《ラーニング・アロン》である通信教育を通して、女性同士の紐帯が育まれることも少なくなかった。

通信教育は孤独な学習であるがゆえに、挫折を引き起こしやすい。通信添削やスクーリングがその補完的機能を果たしてきたが、昨今のeラーニングも、通信教育受講者たちの間に、双方向性をもったヴァーチャル・ネットワークを作り出すことが強調されている。しかし、学校内での対面コミュニケーションが不可能な通信教育で、知識の習得はともかく、社会的なつながり、人間関係の形成が可能だろうか。だが、女性たちは男性との社会化の差異を逆手にとって、通信教育による新しい社会的つながりを紡ぎだしたと見ることもできるだろう。「女縁」という言葉があるが、女性にとっての通信教育とは、知識の獲得以上に社会関係資本《ソーシャル・キャピタル》の獲得にむしろ意味があった。社会的つながりを得る機会が限られ、家庭内で孤独に悩んできた女性たちにとって、「ラーニング・アロン」こそが、何らかの社会的紐帯を育むきっかけであったのである。

註

（1）竹内洋『立志・苦学・出世――受験生の社会史』（講談社現代新書、一九九一年）、同『立身出世主義――近代日本のロマンと欲望〔増補版〕』（世界思想社、二〇〇五年）を参照。

（2）南利明「ラジオ初期の料理番組――旬の食材で」（『放送研究と調査』一九九七年七月号）によれば、一九二六年に『読売新聞』などで「けさ放送のお献立」の連載がはじまり、『四季の料理　ラヂオ放送』や『日日の料理　ラヂオ放送』として刊行されている。大阪放送局では一九二三（大正一四）年九月「季節料理献立」が週一回放送され、名古屋放送局では、一九三四（昭和九）年から週三回、名古屋ローカル「季節料理」が放送されていた。

現在の傾向として、飯塚寿子「男女や年層によって大きく異なるソフトニーズ――テレビ・ビデオの好みに関する調査から」（『放送研究と調査』一九九七年七月）によれば、NHKの放送意向調査からは、視聴者がどんな番組やビデオを好むのかに性別による違いがあることがわかる。全国の一六歳以上の男女一八〇〇人のうち一三七二人（有効率七六・二％）の協力があった。

この調査では、「報道番組」「娯楽番組」のほかに「教育・教養番組」についての関心を質問しており、女性の料理番組好きの傾向がうかがえる。数多くの女性に支持されたのが「日本料理の作り方」（全体四〇％、男二一％、女五七％）で、女性の中高年層を中心に幅広い人気を集めた。調査結果からは、「見たい趣味・講座番組」は男女によって大きく異なっており、両者からの支持を受けた番組はなかった。男性のトップは「パソコンの使い方」であった（全体二八％、男性三五％、女性二一％）。

（3）CIEは一九四五年一〇月二日にGHQ内に設立された。CIEの女性の再教育については、岡原都『アメリカ占領期の民主化政策――ラジオ放送による日本女性再教育プログラム』（明石書店、二〇〇七年）、学校教育としての家政学、家庭科の戦後の普及については、常見育男『家庭科教育史　増補版』（光生館、一九七二年）を参照。

（4）資格としては学校図書館司書教諭、および教育職員免許状（児童学科では、幼稚園一種、中学校一種「家庭」「保健」が、生活芸術学科では、高等学校一種、中学校一種「家庭」）が取得可能である。さらに二〇〇七年四月より日本初の家政学分野の通信制大学院として、家政学研究科通信教育課程家政学専攻（修士課程）が開設され（二〇〇七年現在）、一九六九年三月近畿大学豊岡女子短期大学通信教育部家政科が設置認可を受けたが、現在は大学名学科名ともに変更されている。

（5）常見『家庭科教育史　増補版』三二六―三二七頁。

（6）市村今朝蔵「本学通信教育の使命」『女子大通信』一号、一九四九年一月一〇日、一頁。

（7）月田寛「家政学の一つの観方」『女子大通信』一号、一九四九年一月一〇日、一頁。

（8）二〇〇七年現在、「栄養と料理一般講座」（基礎コース）として「栄養と料理専門講座」（六ヵ月、三万七七五〇円）、「専門職業コース」（一二ヵ月、四万九三五〇円）、「専門料理コース」（一二ヵ月、四万九三五〇円）、「治療食コース」（八ヵ月、四万二〇〇〇円）を設置している。

（9）ただし、一九二三（大正一二）年創立の文化裁縫女学校（文化服装学院の前身）は、すでに戦前から通信教育システムを導入している。しかし、一九三一（昭和六）年に一度閉講、一九三五年に再び『文化洋裁講座』全六巻を刊行し、「文化洋裁通信講座」を開講するも、今度は戦時の用紙事情、織物事情の悪化により、一九四三年休講となった。そして戦後一九五七年に再開された。

（10）『文部省認定社会通信教育三〇年の歩み』（一九七八年）掲載の分類による。

（11）竹中はる子「日本女子大学における通信教育」『婦人と社会教育』国土社、一九八三年参照。

（12）日本女子大学校『日本女子大学校四拾年史』一九四二年、一五〇頁。

（13）通信教育施設五〇周年記念事業委員会編『日本女子大学の50年』日本女子大学通信教育課程、一九九九年、三一頁。

（14）『成瀬先生講演集』第六、桜楓会出版部、一九三九年、一三五頁。

（15）成瀬仁蔵「女子大学講義紹介の弁」『家庭週報』一五八号、一九〇八年九月二六日。

（16）「抑も通信教育なるものは、其の名の如く通信によりて各種の学科を教授するものにして、或いは平素書籍的知識を排斥する所の吾人の主張に扞格する所なきや、幼稚なる女子の頭脳に注入的教育を施すの結果に陥らざるや、はた講義録によるならば、級、学校、寮舎等は日本女子大学校の教育に欠くべからずという実験場は何によりて充たすを得べき。従って級風、校風、寮風等団体的社会的精神を養ふに必要なる有機的関係は何処にか求むべき」（『家庭週報』一五八号）。

(17) 女性向け雑誌が講義録的な独習メディアとして機能した側面もある。明治二〇年発刊の『女学雑誌』がいかに教育的であったかは、今日でも有名である。『女学雑誌』は実際に一八八七年代に『通信女学』『講義録』を刊行した。

(18) 東北帝国大学へのはじめての女子入学は一九一三年だが、その後中断するも、一九二二年に二名の女性が理学部数学科に聴講生として入学した。早稲田大学も一九二一年には、女子聴講生を認め、文学部、商学部、理工学部に十余名の女子学生を迎えた。と同時に一九二二年四月より早稲田大学出版部は通信講義録『高等女学校』（修業年限一年半、毎月二回発行）を創刊し、優秀な卒業生には大学聴講生への受験資格を与えた（『早稲田大学百年史』三巻、五一一頁）。

(19) 通信教育施設五〇周年記念事業委員会編『日本女子大学の50年』三四頁。

(20) 太田雅夫「吉野作造と大学普及運動」『キリスト教社会問題研究』通巻一五・一六、一九七〇年三月、一一三頁。

(21) 森本厚吉『滅びゆく階級』同文館、一九二四年、一九六頁。

(22) 森本厚吉伝刊行会『森本厚吉』河出書房、一九五六年、三六七—三六八頁。

(23) 神辺靖光「教育からみた『文化生活』と文化生活運動」『文化生活』二〇号、一九七七年、五二—五四頁。

(24) 平井裕子「森本厚吉の『文化生活運動』——生活権の提唱と講義録発行」『日本歴史』六九七号、二〇〇六年。

(25) 論点は台所や風呂場などの改善や、栄養の知識、高たんぱく商品の調理法、新生児の特別食の作り方、妊婦と病人、家計のやりくり法、結婚と葬式の簡素化、主婦の休暇などを含んでいた。母親学級は共学、児童心理、子供のしつけ、PTA活動に焦点をあわせていた（岡原『アメリカ占領期の民主化政策』一三四頁、注七二）。

(26) 岡原『アメリカ占領期の民主化政策』一二四頁。

(27) 岡原『アメリカ占領期の民主化政策』一二五—一二七頁。

(28) 岡原『アメリカ占領期の民主化政策』一二五—一二七頁。

(29) 藤井治枝編『日本の女子高等教育——共学大学女子卒業生の追跡調査報告』（現代日本女子教育文献集第三期『男女平等からの提言』二五巻、日本図書センター、二〇〇五年。初出は一九七三年）。

(30)「女子大学卒業生の生活・意見調査」（日本女子大学女子教育研究所編『女子の生涯教育』国土社、一九六八年）。通信教育部をのぞいた卒業生から無作為に選びだされた二三六八名に実施された。また、『桜楓会八十年史』（一九八四年）には、一九八三年に実施された桜楓会会員約四万名への「生涯教育」調査の結果が公表されている。通信教育利用は一割程度だが、「ラジオ・テレビ・本による独学」は三七・二%を占め、世代によっては五割近い。

(31) とくに茶道は、戦後女性にとって資格(免状)取得につながる「教育」のひとつだが、通信教育によることはなく、社中と呼ばれる組織のなかで受け継がれていく。一見女性の趣味のひとつだが、職場や学校、カルチャーセンター、近隣関係で結ばれる女性同士の学習サークルとしては、非常に大きなものであり、通信教育の「孤独な学習」とは、正反対の特徴を持つといえる。加藤恵津子『〈お茶〉はなぜ女のものになったか——茶道から見る戦後の家族』(紀伊國屋書店、二〇〇四年)参照。

(32) 中嶌邦「婦人の学習」(日本女子大学女子教育研究所編『婦人と社会教育』国土社、一九八三年、九〇頁)。

(33) 中嶌「婦人の学習」九一—九二頁。

第三章　「放送＝通信」教育の時代——国防教育国家から生涯学習社会へ

佐藤卓己

「いつでも・どこでも・だれでもできる」通信教育の理念が、時間と空間と集団を超える電波メディアと結びつくのは自然である。また、ラジオ放送が法律上は「放送用無線電話」と呼ばれたように、「放送」と「通信」はもともと一体であった。そして、ケータイのワンセグ受信を想起するまでもなく、デジタル技術によって再び「通信と放送の融合」が実現している今日、通信教育と放送教育を区別する意義はとぼしい。

だが、以下では通信教育と放送教育が結合しようとしていた時代に「放送＝通信」からスポットを当てる。これまでの放送通信教育研究がもっぱら教育から考察され、放送のメディア論を欠いているからである。すなわち、放送メディアが通信教育に与えた影響こそが問題なのである。それは、後述する「一億総白痴化」であれ「一億総博知化」であれ、「孤独な学習者」の想像の共同体というイメージである。たとえば、粉川哲夫はテレビ視聴そのものを構造化された国民的「通信教育」と見なしている。

全国ネットを基調とする日本のテレビが、日本語を——単にNHKのニュースのような〝標準語〟においてだけでなく、さまざまな人工的方言の入り混じった〝テレビ語〟においても——平均化するのに甚大な影響を与えていることは、多くの調査でも知られている。これこそ教育であって、〝日本語〟〝日本国家〟〝単

一民族〃といったイデオロギー的合意がこのマス・教育を通じて徹底されているわけである。[1]（傍点原文）

このような（「マス・教育」批判）がテレビ放送に向けられる理由の一つは、「放送＝通信」教育運動という二十世紀の歴史的記憶があるためだろう。以下では、最初の「マス・教育」であるラジオ放送開始から一九八〇年代の生涯学習社会成立まで、放送通信教育の展開を体現した一人の教育指導者の歩みから検討したい。

1　「放送通信教育の父」西本三十二

ラジオという国民教化メディア

「放送教育の父」西本三十二《みとじ》（一八九九―一九八八）は、一九三三（昭和八）年大阪中央放送局で学校向け放送を始めた人物である。敗戦後に日本放送協会理事を公職追放となった後、西本は自ら中心となって日本通信教育研究会と日本放送教育協会を設立した。「放送＝通信」教育の歴史は、狭義には西本の歩みである。

一八九九（明治三二）年大阪府松原市に生まれた西本は、師範学校卒業後、帝塚山学院に勤務した後、一九二二（大正一一）年五月ワシントン大学に留学し、翌年コロンビア大学教育学部在学中にラジオを初体験している。日本でラジオ放送が開始された一九二五年に帰国した。

同年三月二二日（現在は放送記念日）午前九時三〇分、社団法人東京放送局ＪＯＡＫは東京・芝浦の東京高等工芸学校（現・千葉大学工学部）の図書室の一角に設けた仮設スタジオから放送を開始した。家電メーカーやレコード会社が主導した「娯楽」中心のアメリカのラジオ放送と比較すれば、その出発時から日本のラジオ放送には「教育」「教養」が溢れていた。それは開局第一声で挨拶した後藤新平・東京放送局総裁の有名な演説でも明らかである。後藤はラジオ放送の使命を「文化の機会均等」「家庭生活の革新」「教育の社会化」「経済機能の敏活化」と表現している。[2]「経済機能の敏活化」をのぞけばすべて広義の教育機能を訴えるものであり、ラジオによる国民教育宣言といえた。「文化の機会均等」は、まず学校施設に乏しい田舎、家庭に閉じ込められた主婦、教育費を支弁できない貧困層に向けられていた。

これまで各種の報道機関や娯楽慰安の施設は都会と地方とによつて多大の隔りがあつた。一家の内でも主人は外でいろいろの文化的利益を受けてゐるのに、家庭にある者は文明の落伍者たる場合があり、ある階級の者が受ける便益を他の階級の者が受け得ない場合もまた無きにしもあらず。

ラジオ放送は空間的障壁を取り払って知識格差、階級格差、男女格差を解消する。その出発点は「家庭生活の革新」である。

従来ややもすると家庭を単に寝場所、食事場所と考へ、従つて慰安娯楽を外に求める傾向があつた。しかるに放送によつて家庭は無上の楽園となり、ラヂオを囲んで一家団欒、家庭生活の真趣味を味はふことができる。

ラジオ受信機はそれが設置される家庭を、たんなる「寝場所、食事場所」から「家庭教育、教養生活」の場に変える。もちろん、慰安娯楽も家庭内で営まれるが、それは「国民の常識を培養」することになる。

放送の聴取者は今後数年を出ずして幾万幾十万に達するであらう。この多数の民衆に対して、しかも家庭娯楽の団欒裡にある人に向つて、眼よりせずして耳より日々各種の学術知識を注入し国民の常識を培養発達させることはこれまでの教育機関に一大進歩を与へるものである。

関東大震災から二年足らず、当日の受信許可数は三五〇〇世帯に過ぎなかったが、その普及は急速だった。この演説で重要なのは、ラジオ放送を新しい教育機関とみなしたことではなく、そこに旧来の教育制度を一新する可能性を指摘したことである。

西本は帰国後、帝塚山高等女学校教員、奈良女子高等師範学校教授として日本放送協会大阪中央放送局に協力し、一九三三（昭和八）年九月学校放送実施のため大阪中央放送局社会教育課長に招かれた。翌月から西本が編成した学校向け番組は、学校教育を専管する文部省への配慮から「学校放送」と名乗らず「学校へのラジオ体操」という名称で始められた。大阪局圏内の学校教員に向けて一九三四年『教育放送通信』も創刊されたが、これも「教育放送」が文部省を刺激すると逓信省から指摘を受け、『教養講座通信』に改題されている。ラジオ放送開始から学校向け放送開始まで八年間を要したのは、学校と放送をそれぞれ所管する文部省と逓信省の調整が困難を極めたからである。この縄張り争いは戦後も教育テレビや放送大学の開設をめぐって繰り返される。

放送開始十周年事業として日本放送協会が目指した全国学校放送は、一九三五年四月一五日午前八時松田源治文部大臣の朝礼放送をもって開始された。日本放送協会は教養部長に文部省出身の小尾範治を迎え入れ、連絡調整のために一九三四年六月から教育関係者を集めた学校放送委員会を開催していた。この委員会名称で「学校放送」という名称は公認され、テキスト『学校放送』が創刊された。海後宗臣は「日本教育史における放送教育の系譜」で、満州事変後の「非常時日本」で誕生した学校放送の性格をこう説明している。

このような非常事態に入ろうとするときにおいて学校放送が成長してきていたのであって、全般として考えて、放送がもつ国民の影響から、これを政府の非常時政策のために動員するようになったことは当然であ

る。[1963-5：19f]

非常時に動員力を買われたラジオによる教育革命への期待は、イデオロギーを超えて広がっていった。唯物論研究会創設メンバーである法政大学教授・戸坂潤も「ラヂオと大学教育」（一九三六年）で、ラジオ中継による「大学講義の大衆的解放」「学術の大衆化」、さらにテレビ講義による「象牙の塔」解体さえ構想していた。

> もしテレヰジョンが発達して今日のラヂオ程度に普及したならば、この種の大学講義の放送は、殆んど全く非の打ち処のないやうになるだらう、アカデミシャンと雖も、学生に対する講義の大部分が同時に大衆へ放送されるといふことを、拒む名目に苦しむに到るだらう。[3]

同じ『教育』（岩波書店）の「放送教育」特集号には、戦前の「テレビ伝道師」苫米地《とまべち》貢も執筆している。一君万民の日本主義を掲げる苫米地は戸坂と思想的に対極だが、ラジオ体操に「階級性の打破」を見ていた。

> 階級性を打破して、受信設備を有するものは、王侯貴族も漁夫農夫も受信内容は対等であり得る点も挙げねばならぬ。……即ち、九千万の同胞は、江木〔理一〕君のアナウンスに依つて、全く同じ時に同じ働作をして居るのであります。併も、其の時に、雲上遙かなる尊き御方々にあらせられても、諸君と全く同じ号令と音楽を受信して、体操を遊ばせられ居るを思ふ時、洵に感激これに過ぐるもののその比がありません。[4]

本当に皇族が毎朝ラジオ体操をしたかどうかはともかく、ラジオの同調化（Gleichschaltung）が人々に一君万民主義を幻視させたことは事実だろう。孤独な学習者も「ラジオ体操のメディア」で勉強することで、国民的一体感を感じることができたはずである。この規律化と平準化のメディアが国防国家の教育に応用されないはずはなかった。

一方、西本三十二『学校放送の理論と実際』(目黒書店、一九三五年)は放送教育運動のバイブルとなり、東京でも一九三九(昭和一四)年城戸幡太郎、宮原誠一など教育科学研究会のメンバーが東京学校放送研究会を結成した。学校外のラジオ集団聴取運動も展開され、一九三四年四月「農村への講座」、一九三七年四月「青年講座(農村向・都市向)」も開講された。同じく、夕方家庭にいる青少年に向けて教養番組「中学生・女学生の時間」も編成されたが、当時中等学校進学者は同年齢層の一七%(高等学校以上は三%)に過ぎなかった。こうした教育番組は学齢別、性別、居住地別に聴取対象をあらかじめ想定し、最も相応しい時間帯に編成されていた。その意味では教育放送は最初からオーディエンス・セグメンテーション(視聴者細分化)を前提に行なわれていたと見るべきだろう。

一九三八年西本は東京中央放送局編成部長、一九四一年には同教養部長に就任し、国民学校制度のなかに学校放送を明確に位置づけるよう文部省に働きかけた。この結果、同年四月公布の「国民学校令」施行規則第四一条として「文部大臣の指定する種目の放送はこれを授業の上に使用することを得」が挿入される。九月二日付文部省告示として、「朝礼訓話」「学校向けラジオ体操」「各学年向放送」「学校新聞」が正式に文部大臣の指定を受けた。日米開戦の三ヵ月前である。

戦時動員=民主化の放送通信教育

一九四一年一二月八日の対英米開戦はラジオの臨時ニュースで放送されたが、政府高官が国民に必勝を訴えた最初の放送は午前九時の学校放送で流された菊池豊三郎文部次官による朝礼訓話である。西本も開戦の高揚感を国民と共有していたことは、一九四二年一月二四日の日付をもつ「学校放送戦時体制の展開」で確認できる。

学校放送の受信設備を有つてゐる学校に於ては、殆んど例外なく、此の日は一日中受信機にスヰッチを入れて、各時間毎に報ぜられるラジオのニュースを直接児童に聴取せしめるか、或はこれを教師が聴取した上児童に伝達し、且つ解説したといふことである。でなければ児童は落ついて授業を受けなかつたと云はれてゐる。或る学校の校長は、この一日のために受信機の利用だけでも千数百円を投じて設備しただけの価値が充分にあつたといふ述懐を筆者に洩らして居たが、これによつて観るも此の日のラジオ聴取が如何に教育的意義が大であつたかを窺ふことが出来ると言つてよい(5)。

一般通史では夏休み中の「玉音放送」のみが注目されるが、放送教育史では「開戦放送」が決定的だった。この日も正午の時報とともに「君が代」が流され、中村茂告知課長の「宣戦詔書」奉読に続いて、東条英機首相の演説「宣戦の大詔を拝し奉りて」が放送された。この日以降、低学年の時間に「前線だより」「共栄圏童話の旅」、高学年の時間に「軍事講話」「戦線地理」、高等科の時間に「大東亜共栄圏講話」「戦争と科学」など、戦時即応の番組が編成された。テキスト『学校放送』も『戦時国民学校放送』と改題されたが、西本は自伝で戦時国民学校放送をこう総括している。

学校放送は、独自の分野であるという建前をもって、われわれは、編成会議の空気を参考にしつつ、特別の統制を受けることもなく、比較的自由な立場で、戦時番組を放送することができた。……激動する時代の中から、日本人として逞しくの伸びていく人間の育成に役立つ番組を放送することに努めた(6)。

この「比較的自由な放送」の時局即応性に対して、西本は「強制的な教科書」の硬直性を厳しく批判している。

一九世紀的な教科書中心主義の超克という目的において、戦時と戦後の放送教育運動は完全に連続している。日本教育学会会長・海後宗臣も放送教育発展の礎が「この苦難のときに展開した活動」により築かれたことを証言している。

ニュースが重要な聴取内容として即時に全国の学校へ送られて状況の判断のために用いられたことも、学校の中に入ったメディアの役割を認めてのことである。……都会より疎開した児童に対して学校放送も一つの役割を果たすこととなり、この点についての考慮も加えられた。[1963・5：20]

一九四三（昭和一八）年日本放送協会会長に元朝日新聞社副社長の下村宏が就任すると、西本は理事に選任され札幌中央放送局長へ異動した。広大な北海道では放送教育の需要が特に高く、西本を中心に一九四三年九月札幌放送教育研究会が結成された。だが、一九四五年四月真空管の不足などを理由に国民学校放送は中止となった。その四ヵ月後の敗戦を挟んで、GHQの勧告により学校放送が再開されるまでの中断は約半年間である。占領下で放送を管轄した民間情報教育局（CIE）は、一九四五年一〇月から教員向けに「教師の時間」、翌一一月から「子供の時間」「生徒の時間」の放送を開始させた。日本占領下での学校放送利用は、すでに戦争中からアメリカで研究が進められていた(7)。学校放送を民主化に利用しようとするCIEにとって、コロンビア大学修士号をもつ「放送教育の父」は公職追放中とはいえ最適の交渉人だった。西本は後にNHK教育部長・川上行蔵、東京大学教授・宮原誠一との鼎談「放送教育を展望する」で、こう回想している。

わたしがラジオ体操を復活しようと、NHK六階（CIE教育部）へ行つたんです。そしたら教育関係や体育関係の米人は賛成なんです。ところがああいう国民精神をコントロールするおそれのあるものは占領政

策の立場からいかんというのです。進駐軍の方でも考えが二つに分れていたんですよ。[1954・4：4]

アメリカの教育関係者が西本と意気投合できた理由は、戦時メディア教育の共通体験によるだろう。ラジオによる教化動員において自由主義陣営と全体主義陣営の違いを過大視するべきではない。ＣＩＥスタッフと戦時体験を共有していたのは、もちろん西本だけではない。占領初期に文部省学校教育局長として教育基本法制定などを推進した日高第四郎（元文部事務次官）は「テレビジョンと教育」でこう回想している。

実は戦前昭和一五年の春満州の教育視察旅行をした時にあの曠野に点々と散在せる日本移民の青少年をどうして教育したらよいかということを私なりに本気で問題にした時、とりあえず最も有効可能な方法として考えたのはラジオと映画による教育でありました。戦時中十八年の夏に霞ヶ浦の海軍の飛行学校を見学した時、映画による教育によつて飛行士の養成年月を相当短縮しうるときくとともに、その教材映画の実写を見せられて、普通の文部省系統の学校にもこれだけの設備と費用とを惜まなければ、必ずもつと有効な教育が出来るものをとうらやましく思いました。戦後書物をよんで、アメリカでも視聴覚教育は戦時中とくに緊急の要望から軍関係の教育に強力に応用実施されて長足の進歩をとげたことを知りました。[1953・1：5]

この回想は、占領下で放送教育にかかわった日本人の思考パターンを象徴している。それは軍需技術の民生転換である。日高が読んだ書物、エドガー・デール『学習指導における視聴覚的方法』は文部省の有光成徳（のち文部次官・日本映画教育協会会長）によって一九五〇年に翻訳され、長らく放送教育でもバイブルとされた。この著作について、西本は東京教育大学教授・富田竹三郎との放送対談「視聴覚教育の意義――コミュニケーション革命と教育革命」でこう語っている。

西本　デールさんは戦争中、国防省と空軍省の顧問になって、兵隊訓練用の映画をつくることに協力したということです。それから文字の読めない兵隊の教育につかう教科書を編集することもやったようです。

富田　デール先生の有名な書物『学習指導における視聴覚的方法』というのは一九四六年、終戦の翌年に出版されていますが、戦争中の経験などが採り入れられているわけですね。

西本　そうです。あれがアメリカの視聴覚教育の原理や方法をまとめたものとして最も権威あるものとして、大学でも広く参考書としてまた教科書としてもつかわれています。日本には一九四七年（すなわち昭和二十二年）の四月ごろＣＩＥが沢山取りよせたのをこのＮＨＫの六階のカーレー女史の部屋にあったのを借りて私も読んだ記憶があります。[1957･4：9f]

放送教育でアメリカの進歩的な「民主主義教育」と呼ぶものは、正確には「戦時動員教育」であった。同じことは一九四二年日本放送協会から法政大学教授に移り、『文化政策論稿』（新経済社、一九四三年）を公刊した宮原誠一についてもいえる。同書第八章「放送新体制への要望」でナチ第三帝国の放送政策を参照した宮原は、戦後はソビエト社会主義をモデルに教育の民主化を唱導した。ナチズムとソビエトの指導者養成システムの同質性は今日では周知の事実だが、社会教育論における総力戦体制と戦後民主化も大きく異なっていたわけではない。実際、宮原教育学において「科学化・計画化・集団化」は戦時＝戦後を通じて一貫しているが、それは高度国防国家を目指す軍部の教育構想とも重なっていた(8)。第一次世界大戦以後、戦争は老若男女すべてを総動員する総力戦に変化したが、戦場の指揮単位も中隊（横隊）から小隊（散兵）、分隊（戦闘群）へと細分化された。そのため、兵士個人を自主的に戦闘に参加させるための科学的教育システムが追求された。そこに宮原など教育科学研究会と軍隊教育学の接点があり、さらにニューディールのアメリカからナチズムのドイツまで同質のプロパガンダ研究、すなわち「マス・コミュニケーション研究」が誕生した背景があった。戦後は『放送教育』でも積極的に社会主義を唱えた東京学芸大学教授・倉沢剛は、『総力戦教育の理論』（目黒書店、一九四四年）の著者である。倉沢は「新教育を支えるもの」で社会主義教育を主張している。

これまでの教室はひとを押しのけても自分の成績をよくしようという、競争主義・個人主義の教室であった。それでは利己的な人間ができるだけで、社会的な民主的な人間はとうてい育つはずがない。そこで戦後の新教育では、学習は社会的人間を形成するためのものと信じ、学級で一つ一つ問題をとりあげ、これを全体の問題として、学年にふさわしく解決し、みんなの力でよい学習をもりあげる、というたてまえにした。これによって、学級の雰囲気を百八十度きりかえ、学習の態度を個人主義から社会主義に、大きく変えようとしているのである。［1956・6：3］

倉沢が「戦後の新教育」とよぶものは、果たして本当に戦後のものだろうか。倉沢も、西本や宮原と同じく、戦中の仕事を自己批判する必要など感じなかったはずである。高度国防国家と社会主義革命は、いずれも平等な教育国家に通じていた。彼らはラジオ、やがてテレビに教育革命の夢を追い続けたのである。

2　放送通信教育の発展

日本放送教育協会と日本通信教育研究会

公職追放に先立って日本放送協会理事を退任した西本が、まず手がけたのは通信教育の組織化だった。戦時中の企業整理により講義録の経営団体は七つに統合されていたが、用紙割当てを求めて一九四六年五月日本通信教育協会を結成していた。これに応えるべく文部省社会教育局企画課は同一一月通信教育調査委員会を設置し、大学・中等学校・社会教育・一般民間の四部門の研究を開始した。

翌一九四七年九月、文部省は教育研修所長・城戸幡太郎を中心に通信教育の認定と指導者養成のために通信教育委員会を発足させた[9]。教育研修所は戦時中の国民精神文化研究所が衣替えした組織であり、教員再教育のために通信教育部を特設していた。小学校教員約一万五千人、中学校教員約一万人が通信教育を申請したが、CIEの検閲が厳しく実施に至らなかった。城戸所長の依頼で通信教育部長に就任した西本はCIEを訪れ、通信教育にラジオ放送を利用することを提案した。CIEとの折衝の後、西本は教育研修で「教育心理」「生徒指導」「児童の理解と指導」「教育社会学」の四科目を通信教育大学講座として開設した。この段階で西本は後にNHK学園、放送大学に至る構想を見すえていた。

ラジオの存在している今日の時代においては、テキスト及び指導書等印刷物だけを唯一の媒介とする通信教育は、既に時代おくれであることは言うまでもないことである。……将来わが国に放送法案が制定された場合、現在の放送局以外に、多くの放送局が設置されることになるかも知れない。そしてその中には高等学校、大学に附設された放送局から、ラジオと印刷物を有効に組み合わせた新しいラジオ通信教育講座の開設されるに至ることも想像に難くはない。[1949·6：3]

一九四八年から五〇年にかけて文部省はCIEと協力して教育指導者講習会（IFEL）を開催するが、日本側講師として西本も参加していた。一九五〇年のアメリカ側講師はペンシルヴァニア州立大学通信教育主任・ウィリアム・ヤング大佐である。ヤングはウィスコンシン州マディソンにあるアメリカ国防軍教育訓練所（USAFI）通信教育部の創設者である。第二次大戦中アメリカでは出征学生が前線各地に設けられた支部を通じて、大学教育を継続できる制度が構築されていた。休暇中に取得した通信教育の単位も、除隊後に大学で認定された。この米軍システムを日本でも実現すべく、西本は一九五一年三月日本通信教育研究会（一九五四年、日本通信教育学会と改称）を設立する。一九五〇年教育研修所が国立教育研究所に改組され、研修活動が外された。通信教育部は廃止され、各府県の大学教育学部、教育大学に教職員通信教育講座が設けられた。西本は新設された日本教育大学協会通信教材部長に就任し、一九六二年の同部解散まで通信による教員再教育を指導した。

一九五一年三月の日本通信教育研究会に先立って、西本は一九四八年一二月日本放送教育協会を設立している。すでに一九四六年一〇月日本映画教育協会が発足しており、一九四八年には文部省社会教育局は各県に視聴覚教育係を設置するよう指示していた。直接の設置目的は、ＣＩＥ貸与の軍用ナトコ映写機を利用したＣＩＥプロパガンダ映画の上映推進であった[10]。audio-visual education を直訳すれば「聴視覚教育」となるはずだが「視聴覚教育」と呼ばれた理由は、ラジオ教育に対して映画教育が先行していたためである。ちなみに比較メディア論からすれば、映画が集団視聴と不可分な規律＝訓練の教育メディアであるとすれば、個人聴取への志向性が強いラジオは個人の自主性を動員するより高度な教育メディアである。当然だがラジオやテレビによる通信教育はあっても、映画による通信教育はありえない。しかし、一九四〇年代のラジオ、一九五〇年代のテレビはなお集団聴取メディアであり、視聴覚教育で映画と激しく競合していた。

実際、一九四九年二月一日現在ラジオの世帯普及率は四六％であり、なお半数近い児童が自宅でラジオを聴く機会をもっていなかった。学校放送はまずそうした「恵まれることの少ない約八百万の児童生徒にラジオを聴くよろこびを与える」、そうした格差解消のために要求されている。西本は義務教育につづく自己修養、今の言葉でいえば生涯学習のためにラジオ教育は不可欠だと主張した。

小学校、中学校時代にラジオに親しみをもたせ、ラジオによつて自己修養の習慣をつくらせ、自主的な学

習態度を養わせるためには、先ずラジオを聴かせることが第一の要件である。[1949・6：2]

いずれにせよ、西本の放送教育協会設立は映画教育運動を睨んでおり、その設立趣意書は社会教育を強く意識した内容になっている。

学校はいうまでもなく、青少年団、婦人団体、公民館、文化団体と協力して、全国民がそれぞれ個人として、また集団として、ラジオを有効に聴取する態度を育成し、その教育的利用を促進することが目下の急務というべきである。ラジオを新時代の文化機関、教育機関として最大限まで活用して、放送教育の振興をはかるためには、日本放送協会を始め文部省その他関係諸団体諸機関の積極的な努力の必要であることは言うまでもない。[1949・4：17f]

図1 『放送教育』創刊号 表紙には1949年3月24日放送会館を訪問し、説明を受ける天皇、皇后の写真が飾られている

専務理事（翌年から理事長）に西本、理事は新憲法施行記念国民歌「われらの日本」を作詞した歌人・土岐善麿を筆頭に、日本放送協会の現役役員では崎山正毅編成局次長、鷲尾弘準事業局長、小松繁技術局長、文部省から山崎匡輔、関口泰、小笠原道生など、言論界からは朝日新聞社の鈴木文史朗、毎日新聞社の阿部真之助（第九代NHK会長）などが名を連ねた。文部省、日本放送協会の全面的な支援を受けた教育団体であることがわかる。『放送教育』創刊号で西本は「創刊の言葉」をこう書いている。

社会の改造を暴力による革命をもつてするのではなく、教育を通して実現することこそ、最も根本的で建設的な社会改造と言うべきである。そのためにラジオの担う教育的使命は、実に大きい。[1949・4：1]

これは西本個人の思想というよりも、戦前から続く教育革命の理念である。翌年一九五〇年六月一日放送法、電波法、電波監理委員会設置法の電波三法が施行されると、日本放送協会も社団法人から特殊法人に組織改編された。

放送教育協会と通信教育研究会の理事長を兼任した西本は、『放送教育』一九五三年四月号で誌面シンポジウム「通信教育とラジオ」を企画した。「大衆の文化機関であり、教育機関であるラジオも、きわめて広い意味においては、電波を媒体とする一種の通信教育を行っている」とした上で、現状では「一方的通信にすぎない」ラジオに双方向性を持たせる組織的発展をこう訴えている。

現在の制度のもとでＮＨＫがラジオ利用の通信教育を行った場合、これに単位を与えるためには、高等学校および大学を経営しなければならぬ。三年間の課程は家にあつて働きながら（そして学資をためながら）ラジオ通信教育によつて勉強し、最後の一年は東京に出てＮＨＫ大学に学んで学士号を得る。地方の青年にとつてはまことに愉快なことではないか！ [1953・4：11]

この当時の通信教育は「働きつつ学ぶ」が第一条件である。通信教育と放送教育の合体を主張する西本「提案」に対して、二宮徳馬（文部省社会教育局視学官）、山本敏夫（慶応大学助教授）、玖村敏雄（文部省教職員養成課長）、川上行蔵（ＮＨＫ教育部長）、山本進（仙台第一高等学校教諭）、朝日稔（浦和高等学校教諭）が「放送＝通信」教育の推進を支持するコメントを寄せている。特に、義務教育後の「青年学級放送」を提唱する二宮は社会教育の立場から放送教育運動の学校放送中心主義を批判している。

こんにちのＮＨＫの放送は、いわば学校教育放送である。教育といえば、すぐに子供の教育、学校における教育を考える。――いやそうであつてはいけないのだ。それは十九世紀的な考え方だ。[1953・4：12]

一方でＮＨＫの川上も「義務教育は教育放送の充実によつて延長される」と持論を展開している。教育現場を代表するのが山本と朝日である。山本は仙台第一高等学校通信教育部で一九五一年から仙台中央放送局と連携して「宮城県通信教育の時間」「青少年の時間」を実施していた。一九五三年からは全国向けにラジオ第二放送で「ＮＨＫ高等学校講座」が開始され、「高等学校定時制教育および通信教育振興法」が制定された。西本は一九五九年文部省高等学校教育課程審議会で通信教育分科審議会長に就任し、電波の広域性を利用した放送通信制高等学校の設立を答申した。これにより高等学校通信教育規程が全面改正され、一九六三年に最初の独立校として朝日稔校長の埼玉県立浦和通信制高等学校、同時に広域通信校として森戸辰男校長の私立日本放送協会学園高等学校（通称、ＮＨＫ学園高校）が設立された。ＮＨＫ教育テレビ、ラジオ第二放送の「通信高校講座」を使って授業を行ない、単位取得によって正規の高等学校卒業資格を得ることが可能となった。

ＮＨＫ以外の放送を利用する学校としては、東海大学付属望星高等学校と科学技術学園工業高等学校も発足した。東海大学は一九五九年四月附属高校に通信教育部を設置し、ＦＭ放送を利用した「高校通信教育講座」を開始していた。東海大学理事長・松前重義は一九四二年逓信省工務局長として航空科学専門学校、電波科学専門学校（ともに東海大学の前身）を創設した逓信界の実力者である。一九五八年に東海大学超短波放送実験局（ＦＭ東海、一九七〇年から（株）ＦＭ東京）の免許を取得し、このＦＭ放送を利用した通信教育部が一九六三年四月東海大学付属望星高等学校として独立した。その生徒会歌の三番を引いておきたい。

空にＦＭ　波は舞い　わがかたわらに　師はありて
ゆくての道を　指し示し　われらの歌を歌うかな
望星　おおわが母校　わがいのち[11]

さらに、翌一九六四年に発足した科学技術学園工業高等学校は、後述する東京12チャンネル（現・テレビ東京）の「通信工高講座」を使用する技能提携校だった。

いずれにせよ、通信教育が郵便添削教育（education by mail）から放送を使った遠隔教育（distant education）へ発展する上で、西本が果たした役割は決定的である。一九五二年サンフランシスコ講和条約発効により占領は終了し、西本は国際基督教大学に視聴覚教育センター所長として迎えられた。ここに放送教育の研究拠点が誕生するが、そのスタートラインが「戦後」でないことは以上の歩みから明らかだろう。

一億総博知化の時代

放送通信教育史の視点からすれば、「日本のテレビ放送開始は一九五三年」という通常のテレビ史記述には大きな問題がある。実際、テレビ本放送の開始はＮＨＫが一九五三年二月一日、日本テレビが同年八月二八日だが、ＮＨＫのテレビ実験放送は一九五〇年一〇月から開始されていた。この実験放送では公共放送の使命からまず学校向けの番組が編成され、学習利用についての研究も有識者、教師、文部省、教育委員会からなるテレビ学校放送委員会で開始された［1952・7：26］。その意味で日本テレビの街頭テレビとプロレス中継のみにスポットを当て、「一億総白痴化」という流行語を軸に叙述されるテレビ史像は一面的である。

そもそも現行の放送法（第三条の二）は放送番組を「教養番組又は教育番組並びに報道番組及び娯楽番組」と

四種類に分類している。でたらめに並べられたとは考えにくく、「教養・教育―報道―娯楽」の順番こそ公共性の高低を示したものである。NHKも民放も放送開始から「教育機能」や「文化機能」を強調していた。たとえば、NHKテレビジョン企画部長・宮川三雄は「テレビジョン番組の編成方針について」(『放送文化』一九五三年四月号)でこう述べている。

NHKテレビジョンをまず青少年の教育に捧げる事を根本方針としたのは当然であるといわなければならない。テレビが青少年の視聴覚教育の手段としてもっとも優れたものである事は論を俟たない。……科学教育、職業教育、社会教育の面にこれを活用し、併せて青少年の道義の昂揚に資するというねらいである。

念のためにいえば、NHK教育テレビ開局は六年後の一九五九年であり、これは総合テレビの方針である。周知のとおり、「一億総白痴化」という表現は評論家・大宅壮一がテレビ本放送開始から二年後の一九五六年に、日本テレビの人気番組「何でもやりまショー」を評して使った言葉といわれている。[12] だが「白痴化」騒動当時、民放局はまだ東京に日本テレビとラジオ東京(現TBS)があったのみで、一九五六年一二月大阪に大阪テレビ、名古屋に中部日本放送が開局している。これが流行語となった一九五七年、日本で民放テレビ放送の視聴可能地域は東京、大阪、名古屋の周辺に限られており、テレビの契約受信者は三三万件、普及率は五・一%に過ぎなかった。「白痴化」番組は、ほぼ東京に限定された贅沢品だった。この標語が独り歩きしたため、一九五六年に「一億人」がテレビを見ることができたと勘違いされがちだが、まだテレビ電波の届かない地方が多かった。当然ながら、「一億総白痴化」が言われた時代の放送通信教育とは主にラジオ教育である。

当時、NHKのラジオ学校放送は小中学校ではよく利用されたが、高等学校での利用は低迷していた。むしろ高校生のラジオ学習といえば、旺文社が一九五二年から文化放送で始めた「大学受験ラジオ講座」が有名である

（一九九五年に番組終了）。

こうした受験生向けラジオ講座に対しては、学校番組と勤労青年向け教養番組を王道とする『放送教育』誌上では批判の声が高かった。東京教育大学教授・石山脩平は受験競争を「原爆水爆にもおとらぬ世紀の悪徳の象徴」とさえ書いている。

学問を学問として尊び、教養を教養として求める理想主義的な美しさ——真に青春そのものに固有の面目——は、ガツガツの受験生活とはおよそ相容れぬものである。今や大学にも高校にも、そのような受験生活の勝利者が、つまり人生そのものの失格者が年々その数を増しつつある。［1956・6：3］

もちろん、こうした理想主義が無力であることは『放送教育』編集部も熟知していた。次号の特集「進学と放送教育」で、現場教師に以下の問いかけをしている。

学校放送を利用しない学校が、その理由としてあげているものの一つに、「進学指導に不利益だ」としている人がいる。学校放送の聴取は、果たして進学にマイナスになるだろうか。或いは逆によい結果をもたらしただろうか。［1956・6：10］

回答した教師の大半は、「学校放送は受験にも役立つ」と功利的に応じている。さらに北陸学院高等学部・冨岡勉「放送教育と大学進学」は、一九五一年から五五年までに進学率と放送教育採用の相関をグラフで示し、放送教育は受験に不利でないと結論づけた［1956・9：56］。もちろん、学校放送が大学進学に役立つことを実証しようとした特殊な実践例というべきだろう。佐賀大学助教授・上野辰美はこう述べている。

現在の高等学校教育は幾人の卒業生を無事大学に入学させることができるかという、完全なる進学準備のための大学予備門たる機能に限定されてしまい、高等学校本来の使命たる青年中期における人格形成という立場を喪失していないであろうか。この意味で、高等学校における放送教育の低調というよりも、むしろ人間教育そのものの不振とみることもできる。［1957･7：20］

こうした受験批判が「入試のない大学」放送大学の待望論につながっていった。受験講座と「白痴化」番組を批判する世論は誰に利益をもたらしただろうか。それは、文部省、郵政省、そしてＮＨＫであり、一九五〇年代末にテレビ教育局、準教育局の新設、放送免許条件における「教育・教養番組」比率設定といった電波政策は急展開を遂げた。テレビ低俗番組批判を背景にした教育専門局の要求は、電波監理委員会、衆参両院文教委員会、文部省、郵政省に各方面から提出された。西本が率いる日本放送教育協会も積極的に教育テレビ要求運動を展開した。一九五七年三月一九日参議院文教委員会に提出された「テレビジョン教育放送に関する要望書」はいう。

テレビジョン放送の教育的効果は、学校教育のみならず、現在わが国において最も必要とする青少年教育ないしは、社会教育の充実のためにも、中央と地方、都市と農村漁村を通じた教育の機会均等を図るうえにも、極めて大きいことはいうまでもない。［1957･5：14］

一九五七年六月末には「教育的効果を目的とする放送を行なう放送局の設置はテレビの特質からみてわが国文化の将来に重大な影響を持つ」と謳う電波監理委員会答申案も出された。こうした動きを受けて平井太郎郵政大臣は、「テレビの教育化」のため東京の新規三局のうち二局を教育専門局とする方針を打ち出した。教育テレビ局の申請には、日本教育放送（赤尾好夫社長）、日本短波放送（小田嶋定吉社長）、NHK（永田清会長）などが名乗りをあげた。NHK教育局長・川上行蔵は放送史上における「教育テレビの波紋」を次の二点で評価している。

第一点は、視聴覚教育の重要性が、国会の決議によって、与野党一致のもとに、認められたこと。第二点は、従来聴こえるとか視えるとかいう形式面からのみ考えられた放送局の設置が、何を放送するのか、その内容についても検討を必要とされるに至ったことである。[1957・9：67]

だが、広告料収入を主体とする複数の民放局で娯楽番組を二割に制限する教育テレビが維持できるかどうかの懸念から、郵政省は旺文社、日本短波放送と東映（大川博社長）に合同を斡旋した。この結果、東京教育テレビ（一九六〇年に日本教育テレビ・NETと改称、一九七三年一一月に総合局化、現・テレビ朝日）が誕生する。一九五七年七月八日NHK教育テレビ、富士テレビ（現・フジテレビ）と東京教育テレビに予備免許が交付された。東京教育テレビ発起人代表で旺文社社長の赤尾好夫は、その抱負を次のように語っている。

国民の誰もが、何時でも安心してダイヤルを回し得るテレビ局という期待に応えるために学校向教育番組とならんで、国家の力を支える勤労青少年に対する教育番組、また国民生活に直結した産業教育、職業教育、婦人教育、成人教育などの社会教育番組、さらにテレビ最大の聴視者である児童子ども向プロ、教養・芸術・娯楽にまたがるレクリエーションプロの充実をはかり、民間テレビ向としての特性を生かした魅力ある健康な番組を国民に提供したいと関係者として念じている。[1957・10：17]

この民放教育局は、五三％の教育番組と三〇％の教養番組で常時編成し、学校向けはサスプロ（自家編成番組）

であることが条件となっていた。当時「世界第二のテレビ塔」と呼ばれた東京タワーは、この東京教育テレビと富士テレビのために建設されたものである（図２）。『放送教育』一九五八年四月号の巻頭グラビア「テレビは静かな教育革命」では、建設中の東京タワーの写真に次のキャプションがつけられている。

図２　「朝もやに明ける東京タワー」
（『放送研究』1959年２月号表紙）

　ともかくわれわれは、これが一億白痴化の記念碑でなく、「静かな教育革命」の拠点となることを祈ろう。

教育テレビ局への予備免許交付の二日後、一九五七年七月一〇日に戦後最年少で入閣した田中角栄郵政大臣は一〇月二二日、さらに一挙に四三局に予備免許を交付した。そこには教育番組三〇％、教養番組二〇％以上で編成する準教育局として、新大阪テレビ（現・読売テレビ）、新日本放送（現・毎日放送）、札幌テレビ放送が含まれていた。このとき、一般放送局も教育・教養番組三〇％以上が免許条件として義務づけられた。

民放の教育局、準教育局に寄せられた期待は、視聴率の低いＮＨＫの教育・教養番組に競争を導入することで、「禁欲的な重苦しいもの」から「明るい広い教育理念」の地平を開くことであったはずである。日本教育テレビ・飯塚銀次は次のように述べている。

　もし狭い固苦るしい教育ものなら、商業放送として成立する見込はあるまい。故に教育を明朗な楽しい概念として、報道番組にも、娯楽・スポーツ・広告の各番組にもその要素が含まれてよい。殊に教育テレビ局の要望が、総白痴化のことばで批難された娯楽番組の止揚にあることを思えば、娯楽番組こそは教育理念を貫いた健全娯楽とならねばならない[13]。

野球中継が「体育」番組、勧善懲悪ドラマが「道徳」番組と読み込まれる可能性はその開局以前から存在していた。だが、NHK教育テレビでも現場の不安は大きかった。NHK教育局社会部・小田俊策は「社会教養番組の方向――一億白痴化の媒体たらざるために」で、教育・教養が面白くないのはテレビだけなのかと問いかけている。

高い月謝を払って、いやそれより前に激烈な競争試験を受けて、あるいはまた一年二年と浪人迄して、そしてようやく入学した大学の学生でさえ、講義など熱心に傾聴する者は少ないのが実情である。ましてや、一日の激しい労働を終えて、家族と茶の間で寛ぐ時に、さあ社会の情況をみ、教養を高めるんだとテレビに立向う人が一体あるものだろうか。[1957・10：44]

小田は、従来の講演形式から抜け出ていない教養番組を改め、「広い範囲から主題を選び、しっかりした論理に従って視覚化して番組を構成すること」を主張している。その典型がNHKの社会派ドキュメンタリー「日本の素顔」（一九五七―六四年）だった。翌年の早慶対抗弁論大会で「日本の素顔」は「テレビ博知化」の論拠の一つとされている。「テレビによる白痴化」を主張する早稲田大学雄弁会に対して、慶応弁論部はこう反論した。

テレビの白痴化論は、博知化論の間違いではなかったかと思わせられる点がありました。特にNHKの「日本の素顔」を十二万人もの主婦層が熱心に見ている事実には感銘した[14]。

ＮＨＫ教育テレビと東京教育テレビの放送が開始された一九五九年、四月の皇太子御成婚パレードに向けて白黒テレビの販売合戦が展開され、ＮＨＫテレビ受信契約者は二〇〇万を突破した。御成婚パレード中継の翌月に東京オリンピック大会開催が決まり、日本経済は高度成長期に入った。オリンピック開幕の半年前、一九六四年四月に最後の東京キー局である日本科学技術振興財団テレビ事業本部、通称「東京12チャンネル」（現・テレビ東京）が科学技術専門教育局として開局した。日本科学技術財団（日立製作所社長・倉田主税会長、一九六〇年設立）は東京12チャンネル、その「通信工高講座」を使う科学技術学園工業高等学校、科学技術館を運営する科学技術庁所管の社会教育団体である。米軍から返還された航空船舶用レーダーの電波帯を使うこの「科学教育を主とする教育専門局」は、科学技術番組六〇％、その他の教育・教養番組二〇％以上を義務づけられており、当初から赤字経営を続けた。ちなみに、東京圏以外では、米軍から返還された第12チャンネルはＮＨＫ教育テレビ局にまわされている。

一九七三年一〇月郵政省は日本教育放送と東京12チャンネルを次の免許更新で総合局に切りかえることを発表した。すでに準教育局は、一九六七年一一月の再免許で一般局になっており、「単に現実に即しただけ」というべきだろう。一九七三年一〇月五日『朝日新聞』夕刊はこう解説している。

　実際には両局ともプロ野球中継を教養番組とするなど、首をかしげたくなるような番組を「教育・教養番組」と苦しい弁解をせざるをえない状態だった。

もちろん放送教育関係者の反発は強く、一〇月三〇日郵政省は新たに一般局となった両局に教育番組二〇％、教養番組三〇％以上というかつての準教育局と同じ条件を求めた。同時に他の一般局に対しても、従来の「教育・

教養番組三〇％以上」から「教育番組一〇％、教養番組二〇％以上」を求め、教育重視の姿勢が示された［1973・11：84］。

3　放送通信教育の限界

勤労青年の教育から有閑主婦の教養へ

一九六一年四月「ラジオ大学通信講座」開始を前に、NHK会長・阿部真之介と西本三十二の対談「これからの教育放送」が『放送教育』に掲載された。この当時、高校進学者は中学卒業生の約半数であり、その約一割だけが大学に進学していた。教育の機会均等への考え方を問われて、阿部会長はこう明言している。

必ずしも学校に行かなくても、放送教育なりあるいは博物館、図書館を完備して、みずからを教育しうる、そういう機会をもっておれば、なにもみんな大学へ行かなくてもよいのではないかと思いますね。それには放送がいちばん大きな役割を持っている。［1961・4：19］

「全く同感です」と受けた西本は、「大学教育の大革命」を主張している。今日ではマンガや歌謡曲を対象とする大学講義は珍しくないが、教養主義華やかな当時には大胆な発言である。

わたしは十八才から二十二才までの左官屋さんや大工さんが、浪花節をどう聞くか、浪花節の聞きどころはどういうところにあるのか、浪花節の成り立ちや背景はどうなのかというように浪花節を理解し、楽しむための放送を聞く、これも十八才の勤労青年にとっては一種の大学教育だと考えてもいいと思うのです。こうなってくると、大学教育の大革命だと言えるのです。従来のような大学教育もあっていいが、大衆のための楽しい大学教育というものが生まれてこなければならん。しかもそういうことをやれるのはラジオ・テレビ以外にはないのです。［同］

一九五一年の創設から日本通信教育学会会長を続けていた西本は、「ＮＨＫ学士というものがあれば、やるようになるかもしれない（笑）」という阿部の発言を受けて、ＮＨＫが教育番組の受講証明書を出すよう要請している。

通信教育は、通学が原則ではないから制服制帽はいらないのですが、東京の私立高校通信教育で制服制帽をつくっているところがありましてね。農村の通信学生が喜んで、それをかぶって歩いているというのです。こんなのはあまり感心した光景ではありませんが、「ラジオ農業学校」で勉強した科目について、受講証明書をだして勉強を奨励するのはいいと思いますね。［1961・4：20］

実際に「学習者第一主義」を掲げるＮＨＫ学園高等学校が認可されるのは、この一年後一九六二年である。すでに一九六〇年から教育テレビで「高校講座―通信教育の高校生のために」が開始されていた。毎月最終週には各地の通信制高校の活動が紹介された同番組は、一九六三年ＮＨＫ学園高校向けの「通信高校講座」に変わった。一九六五年度のＮＨＫ教育テレビの編成計画では、次のように視聴対象の絞込みが謳われていた。

勤労青少年のための通信高校講座および大学講座、特殊児童のための特殊教育講座、経営近代化のための中小企業向け講座番組など特定対象者向け教育番組を重点的に新設する。[15]

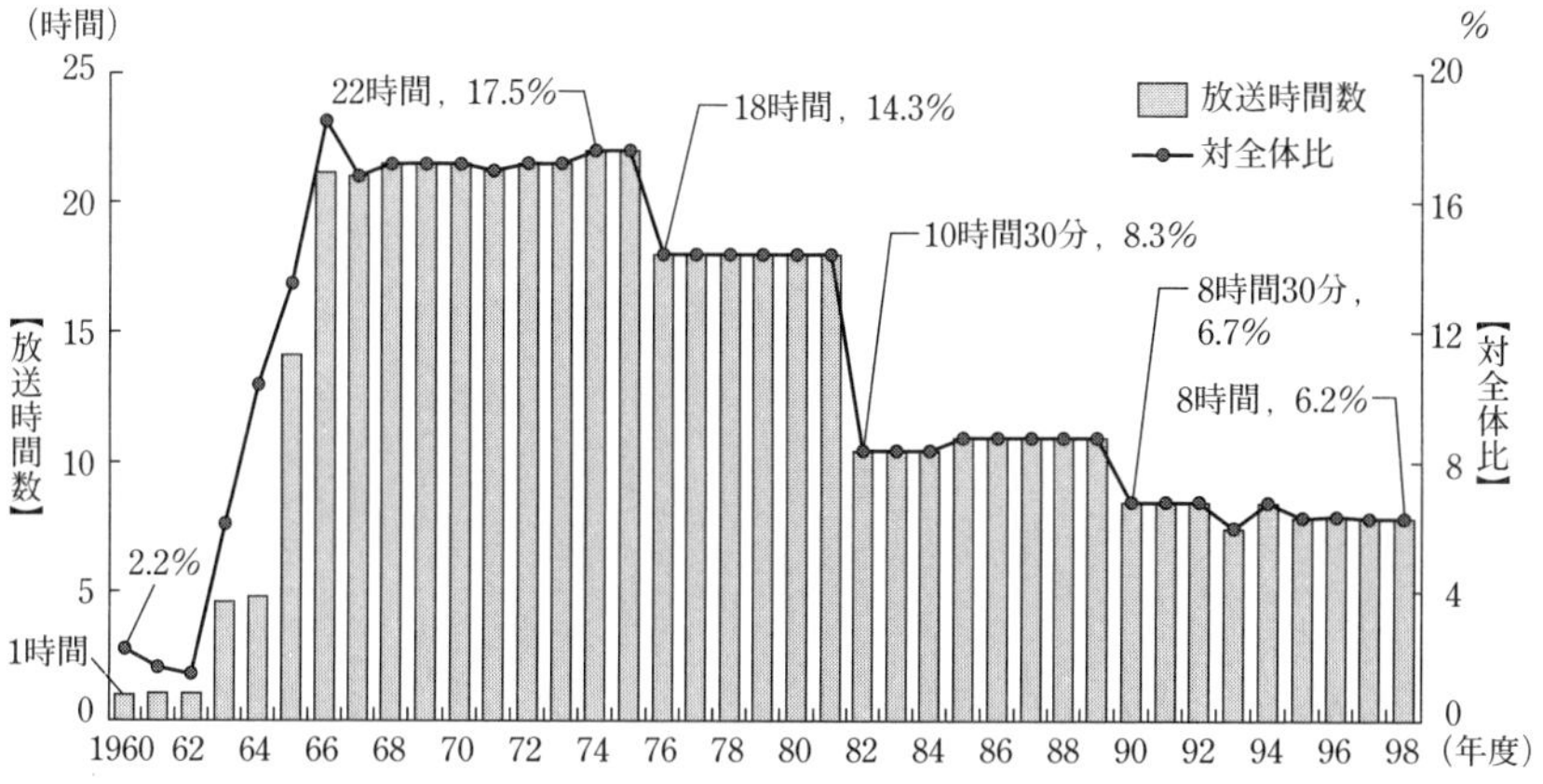

図２　ＮＨＫ教育テレビの通信講座番組放送時間（再放送を含む１週間分）
出典：古田尚輝「教育テレビ40年　学校教育番組の変遷　その２　通信講座番組」『放送研究と調査』1999年８月号31頁から。

かくして翌一九六六年には、通信制大学生を対象にした「大学講座」が開始され、一九六九年には総合テレビ、教育テレビにつぐＮＨＫ第三波による「放送市民大学」も構想された[16]。この構想は、大学紛争のなかで新構想大学として「放送大学」案が浮上すると吸収され、放送大学学園法が成立した一九八一年に一六年間続いた「大学講座」は終了する。この番組を単位取得対象とする通信制大学が一九七七年度でなくなったためであり、後継番組の名称は「ＮＨＫ市民講座」、「ＮＨＫ教養セミナー」となった。「大学」が消えて「教養」が残った。ＮＨＫ教育テレビの通信講座番組の放送時間数も一九七四年に最大の二二時間を記録したが、それ以後は急速に減少した。「大学講座」が消えた一九八二年には最盛期の半分の一〇時間半にまで落ち込んだ（図２）。

この間、経済成長にともなう高校進学率の上昇により、勤労青年の救済をめざしたＮＨＫ学園の性格も変化していった（第四章参照）。放送教育運動は、通信制教育の停滞を主婦層を対象とする生涯教育の拡大で乗り越えようと試みた。一九八二年には「通信高校講座」は視聴対象の拡大をめざして「高校講座」と改称している（一九九一年からは「教育セミナー

――NHK高校講座」に改題)。

一九六四年よりNHKは、教育・教養番組の利用を促進するために「くらしに生かす放送利用運動」を開始する。こうした社会教育活動は一九四八年「ラジオのつどい」に始まり、一九五四年「NHK委嘱青年学級」、一九五九年「NHK婦人学級」と展開してきた。「一九七二年度教育教養番組利用状況調査」によれば、地方公共団体が主催して行なった放送利用は、全国で三七〇ヵ所、約四万六千人が放送学習に参加した[1973・9:98]。地域的には北海道、東北地方が盛んであり、利用番組では上位から「おかあさんの勉強室」「こんにちは奥さん」「藍より青く」「中学生日記」「明るい農村」「きょうの健康」「大学講座」「農業教室」「若い広場」「教養特集」と続く。参加者の大半が婦人であり、「中学生日記」や「若い広場」が示すように、家庭教育学級やPTA学習会などで利用されている。「英語会話」や「市民大学講座」などの利用が少ないのは、社会教育活動が昼間の集団視聴を基本としているためだが、個人視聴とスクーリングを組み合わせた「個人学習奨励事業」も一九七二年秋田県や広島県で開始された。こうしたテレビによる社会教育活動も一九八〇年代には下火になるが、一九七二年まで約二〇年間続いた「NHK婦人学級」は放送通信教育の大きな財産となった。NHK放送総局長から放送大学学園理事に就任した川上行蔵はこう証言する。

通信制広域学校の存在がNHKの財政に重い負担となっていましたが、これを救ってくれたのが婦人方でした。各種カルチャーセンターに参加していた婦人方が、NHK学園が開設した社会通信教育に毎年数万人も参加され、受講料という形で負担してくださったからです。[1994・4:64]

NHK学園は一九七五年に定款を改め、高校通信教育のほかに書道など社会通信教育にも進出した。同じことは一九八三年開設された放送大学についてもいえるだろう。一九八〇年代に入ると高校進学率は九五%に達し、高卒者の進学も約四〇％で頭打ちの傾向がみえ始めていた。かつての勤労青年への教育機会提供、「入試なしの大学」による受験地獄解消という主張だけでは、放送大学の必要性に対する疑問の声を封じることはできなかった。一九八五年四月から放送大学の放送講義が開始されたが、もっぱら生涯学習の側面が強調されていた。

最初の放送大学入学者で四年間で卒業したものは五・七％（八一五七人中四六五人）という数字は、脱落者が大半となる通信教育全般の事情からすればまずまずだが、ＮＨＫ学園高校の第一回卒業生の二三％に及ばない。それは放送大学の学生構成に由来する。卒業生の平均年齢は四四・三歳で、四〇歳代が四〇・八％、女性が五八・五％である。つまり放送大学生の平均的モデルは、四〇歳前後の主婦である。当時の女性のライフサイクルでは、末子が中学校に入る年代であり、これ以後の一〇年から一五年が生涯学習の意欲の最高揚期だといわれていた[1989・7：35]。だが、すでに社会教育の対象は婦人から老人に移動しつつあった。文部省社会教育局審議官・五十嵐淳は『放送教育』巻頭インタビュー「生涯教育とテレビ」でこう述べている。

婦人教育については、その内容がいったい何なのか、大変疑問に思っている点もあります。婦人の地位の向上ということなのか、育児教育なのか家庭教育なのか。日本はすでに地位の向上という面では観念のうえでは解決ずみだと思っているんです。アメリカなどのほうがむしろ遅れている。だから、このことは婦人教育の中心からは除外してもいいと思うんです。……高齢者教育はまた別の観点が必要でしょうね。それは「生きがい論」ですよ。そこでは健康の問題、ボランティアの問題、趣味の問題の三つが中心となると思うんですが、なかでも健康については医学的な知識が要求されます。[1975・12：12]

高齢化社会を見越した発言である。一方で、こうしたテレビ教養番組の強化は、ＶＴＲ普及とあいまって公民館などにおける講座型学習を空洞化させていった。松下圭一は「社会教育の終焉」をこう述べている。

この事態のなかで、社会教育行政が力点をおこうとした映画・レコードなどの視聴覚手法も消えさっていく。視聴覚センターや公民館視聴覚室は無用になる。というのはテレビの普及、それにレコード、ビデオ、テープ機器も大量生産されて商品として家庭にはいりこんでいったからである。その結果、視聴覚系の情報ないし資料は、活字系の情報ないし資料とおなじく、社会教育行政をはなれて整理・保存・活用されていくことになる[17]。

社会教育の時代は終わり、生涯学習の時代が始まろうとしていた。場所と関係に規定された「教育」から個人の自発性を引き出す「学習」への変化である。一九八四年七月一日「生涯教育・学習に関する国民の要請に答えるために」、文部省は一九五二年以来続いた視聴覚教育課を廃止し、社会教育課所管の図書館関係、社会通信教育関係の事務にニューメディア関連を加えた「学習情報課」を発足させた［1984・8：41］。放送通信教育は情報教育と生涯教育の一部になった。さらに一九八八年七月、文部省は「新しい風、生涯学習」をキャッチフレーズに社会教育局を「生涯学習局」に改称した。省内六局中の序列五位だった社会教育局は、生涯学習局となって初等中等教育局を飛び越えて筆頭部局に昇格した（二〇〇一年に生涯学習政策局と改称）。

生涯学習社会のゆとり教育

一九七六年に教育課程審議会は答申で「ゆとりある教育」を打ち出した。こうした「ゆとり」路線は、中曽根内閣の新自由主義路線でさらに明確化していった。「中等教育の段階では、自己を生涯にわたって教育し続ける意志を形成することが求められている」（一九八三年中教審報告）とすれば、次のような自己決定論が文部官僚から飛び出すのも必然である。初等中等教育局教科調査官・奥井智久は『放送教育』に寄稿した「放送でやる気をどう育てるか」でこう述べている。

放送というものが持つ意味を〝やる気〟とつないで考えると、現在進行形でありながら目的をそこに自分で作りだしていく、生み出していくというところに大きな価値があるんじゃないでしょうか。……結局、最後は放り出されても自分なりにやっていく力を育てることが大事で、これがないと教育にはならないわけです。[1984·10：41]

一九八七年NHK学校教育部長・武田光弘は、臨教審答申の「個性重視の原則、生涯学習体系への移行、変化への対応」を意識し、「一人一人に語りかける学校放送」を提唱している。

臨教審ではないですけれども、現在の日本の教育のありようには集団主義的な教育であるとか、画一的な教育であるとか選別、差別の教育とかいろいろな批判があります。そういう中で、放送というものはブラウン管を通して一人ひとりの子どもの深いところに強い力をもって働きかけている、そのことで知識を定着させ、もっと大きな人間を作っていくという働きを持っていると思うんですね。[1987·9：62]

放送教育において自己教育力とは、まず番組選択を自己決定する力であろう。こうした自己決定の奨励は、伝統的な学校教育、その極北である軍隊教育と対極にあると一般には考えられている。しかし、第一節で見たように戦時下に追求された視聴覚メディアを利用する「進歩的な」国防教育論が掲げた目標とそれほど距離はあるまい。隊形を組んだ歩兵部隊の激突から、長大な前線での小集団の攻撃に変化した近代戦では下士官や兵士の自主的判断、すなわち兵士個人の自己決定能力が重視されるようになった。この結果、兵卒の自覚・自主性を涵養する新たな軍隊教育が求められた。第一次大戦後の一九二一（大正一〇）年三月に改定された軍隊内務書の綱領三は「自覚ナキ外形ノミノ服従ハ何等ノ価値ナキ」と断じている。

命令による強制ではなく、自発的参加により個人の能力を全開させること、この要請は今や「戦時」を超えて「生涯」つづく課題となったと言えそうである。もちろん、「考える兵士」ではなく「考える視聴者」の教育である。だが、一方でそうした自己決定教育は生徒の自己責任による脱学校化を加速した。「ミスターゆとり教育」と呼ばれた文部官僚・寺脇研の発言もその延長上にある。

総合的な学習の時間や選択科目をはじめ、いますすめている教育改革は、自己責任という考え方をベースにしています。……勉強するかしないかは子どもたちが自己決定できる立場において、その結果勉強をしなかった、成績が悪かったというのは、自分の責任ですよ、ということです[18]。

「放送＝通信」教育の理想主義は、生涯学習振興課長として放送大学に関わった寺脇研にも受け継がれていた。寺脇は一〇〇歳で放送大学（科目等履修生）に入学した双子姉妹のきんさんの例まで引きながら、「もっと開かれた大学」を訴えている。

〔衛星放送での〕放送大学の全国化によって大学はだれにでも開かれてきます。年齢に関係なく、行きたいときに大学に行けるという状態になっていきます。そのときに、東京大学に行っているのはエリートで、放送大学で勉強しているのは非エリートだというのは、非常におかしな話です。大学がどこであろうと、その大学でどれだけ勉強するかが大切なことです[19]。

一九五二年生まれの寺脇はまさしく「テレビっ子」世代である。寺脇は文部官僚として勇気あることに、「たかが学校」とまで言い放っている[20]。

〔生涯学習とは〕特に義務教育に定められた年齢以上になっても、いつでも、どこでも、だれでも、楽しく学習する権利がある、ということです。それはつまりいつでも、どこでも、だれでも、学習しない権利もある、ということでもあるのです[21]。

この寺脇発言のあった一九九六年、社会問題化した高校退学者、いわゆるドロップアウトは前年の二・一%から二・五%に急上昇している。もちろん、一官僚の影響などではなく、生涯学習化と情報化のなかで進んだ必然的現象である。その受け皿となったのが、NHK学園高校であった（第四章参照）。西本三十二は自ら構想したNHK学園高校のこうした激変を見ることなく、一九八八年一月九日に亡くなった。訃報はその業績を次のように報じている。

デューイ、キルパトリックなどに学んだ同氏は、学校教育の場を社会と隔離された聖域とするのではなく、社会と学校を結ぶ懸け橋として放送を考え、したがってその放送教育論は常に巨視的であり、つとに放送大学の必要性をとなえるなど先見性に満ちたものであった。[1988・2：51]

西本の悲願だった放送大学が第一回の卒業生を送りだすのは、その一年後のことである。同年、NHKは一九九〇年度以降の編成計画で「教育テレビの抜本的な刷新」を打ち出した。

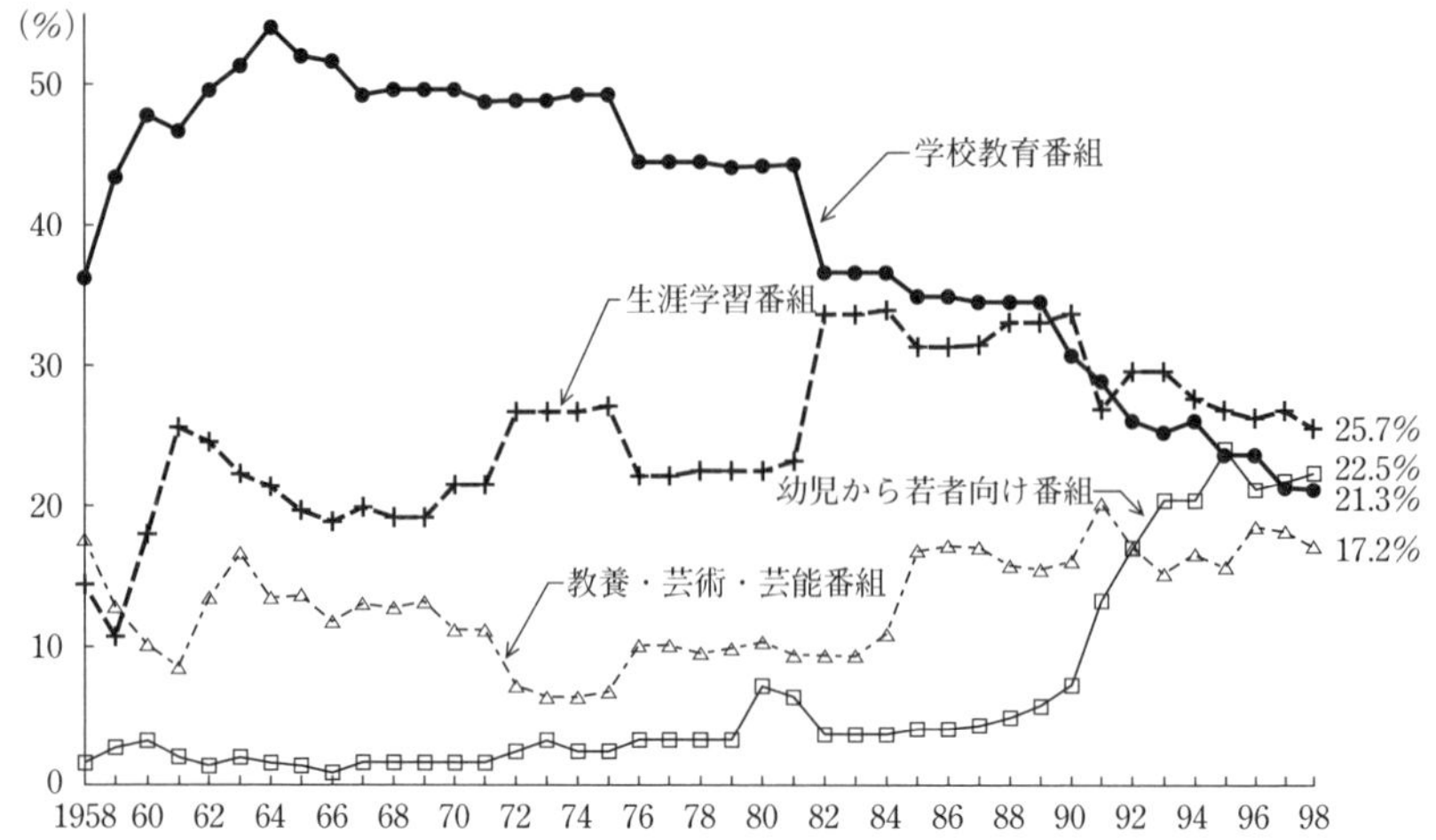

図3　教育テレビ　定時番組（1週間分の放送時間）の構成比率推移
出典：古田尚輝「教育波から文化・生涯学習波へ」『放送研究と調査』1998年12月号14頁。

> 教育テレビは、生涯学習チャンネルとして、学校放送を含む幅広い文化・教育番組や少数者を対象とする番組を提供して、知的欲求や心の豊かさを希求する時代の要請にこたえる[22]。

オーディエンス・セグメンテーションの編成方針によって、教育テレビは文化細分化のメディア的特性を全面展開するようになった。この一九九〇年度の定時番組構成において教育テレビ開局以来首位を占めてきた学校教育番組（三〇・六％）は、生涯学習番組（三三・五％）に凌駕され、一九九八年には幼児・若者向け番組にも抜かれて第三位に転落した（図3）。

＊

以上、概観してきたように、放送通信教育は半世紀で大きく変化した。だが、ラジオやテレビが教育を変えたといえるだろうか。西本が「放送＝通信」で変革しようとした「教科書と黒板」中心の教育はいまだ揺るぎない存在である。大学の権威も「放送＝通信」では変わらなかった。寺脇が放送大学のポスターに「放送大学はだれでも入れます」

と特大活字で大書するよう提言しても、放送大学の教官の多くが「だれでも入れるというのは、大学の価値を低める」と反対し、小さな文字に変更されたという。(23)

さらに皮肉なことだが、「孤独な学習の連帯《ラーニング・アロン・トゥギャザー》」の理念が放送通信教育に幻視できたのは、ラジオやテレビが個人に行きわたらず集団視聴のほかに選択の余地がなかった一九六〇年代までにすぎない。実際、一九八〇年代のVTR普及にも促されたテレビの個人視聴化は、職場でのテレビ学習会やNHK婦人学級を衰退させていった。そしてIT技術による「放送と通信の融合」が脚光を浴びた一九九〇年代には、放送通信教育という言葉そのものが使われなくなっていった。

結局、放送による「孤独な学習の連帯《ラーニング・アロン・トゥギャザー》」は、高度国防国家と高度経済成長が生み出した「一億総博知化」の夢だったのである。ゆとりのなかで「学びからの逃走」を抑止する可能性は、メディアではなくやはり人間に求めるべきなのである。

註

*日本放送教育協会機関誌『放送教育』（一九四九―二〇〇〇年）からの引用は［刊行年・月号：該当頁］のみ表記した。

(1) 粉川哲夫『メディアの牢獄――コンピュータ化社会に未来はあるか』晶文社、一九八二年、五〇頁。

(2) 河澄清編『日本放送史』日本放送協会、一九五一年、一三五―一三七頁。

(3) 戸坂潤「ラヂオと大学教育」『教育』岩波書店、一九三六年一一月号、二〇六頁。

(4) 「ラヂオの普及性と普及方法に就て」『教育』岩波書店、一九三六年一一月号、一九一―一九二頁。

(5) 西本三十二「学校放送戦時体制の展開」『放送研究』一九四二年一月号、一八頁。

(6) 西本三十二『放送五〇年外史』上、日本放送教育協会、一九七六年、一七六頁。

(7) 佐藤正晴「占領期日本の教育改革と学校放送」『武蔵社会学論集　ソシオロジスト』第四号、二〇〇二年。

(8) 拙著『言論統制――情報官・鈴木庫三と教育の国防国家』中公新書、二〇〇四年、二三三―二三六頁。

(9) 西本は北海道大学教育学部長に就任した城戸と話し合い、一九五四年から六年間北海道の僻地学校に勤務する教員に向けた放送通信教育を実施している。西本三十二『教育の近代化と放送教育』日本放送出版協会、一九六六年、一三一頁。
(10) 日本映画教育協会編『視聴覚教育のあゆみ』日本映画教育協会、一九七八年、一四四頁。
(11) 内木文英『望星高校物語――FM放送と通信制教育』東海大学出版会、一九八四年、八九頁。なお、一九九八年三月でFM東京による通信教育講座は終了し、同四月より衛星放送による通信教育講座へ全面移行している。
(12) 拙稿「再び〝一億総博知化〟へ」『新・調査情報』TBS、二〇〇七年一月号、および北村充史『テレビは日本人を「バカ」にしたか? 大宅壮一と「一億総白痴化」の時代』平凡社新書、二〇〇七年を参照。
(13) 飯塚銀次「教育・教養番組の性格と位置」『放送教育研究集録』Ⅳ、一九五八年、一四七頁。
(14) 「テレビ白痴化論の早慶戦――〝博知化論〟に軍配上がる」『週刊新潮』一九五八年一二月五日号、一七頁。
(15) 古田尚輝「教育波から文化・学習波へ――教育テレビ40年 編成の分析」『放送教育と調査』一九九八年一二月号、一一頁。
(16) 古田尚輝「教育テレビ40年 学校教育番組の変遷 その2 通信講座番組」『放送教育と調査』一九九九年八月号、四九―五〇頁。
(17) 松下圭一『社会教育の終焉』筑摩書房、一九八六年、一〇四頁。
(18) 寺脇研『二一世紀の学校はこうなる』新潮OH文庫、二〇〇一年、一八二―一八三頁。
(19) 寺脇研『動き始めた教育改革』主婦の友社、一九九六年、一〇三頁
(20) 寺脇『二一世紀の学校はこうなる』一七二頁。
(21) 寺脇『動き始めた教育改革』五七頁。
(22) 古田「教育波から文化・学習波へ」一七頁。
(23) 寺脇『動き始めた教育改革』一五四頁。

(本稿は科学研究費補助金・基盤研究(C)「放送メディア教育の成立と展開」研究代表者・佐藤卓己・平成一八―二〇年度の研究成果の一部でもある。)

第四章　福祉としての通信教育——勤労青年から引きこもりへ

河崎吉紀

1　勤労青年を救え

教育の機会均等

日本通信教育学会が一九五七年に出版した『日本の通信教育——十年の回顧と展望』は、通信教育と民主主義の結びつきをことさらに強調している。「通信教育こそ最も民主的な教育方法であり、また通信教育こそ、民主社会の根底を培う最も有力な教育手段の一つといってよい」[1]。なにゆえ、こうまで強く主張できるのか。

一九四七年三月に施行された教育基本法は、教育の機会均等を理念に掲げた。しかし、敗戦直後の荒廃した環境は、義務教育ですら完全な就学を許すものではなかった。「すべて国民は、ひとしく、その能力に応ずる教育を受ける機会を与えられなければならない」のだが、学校は再建途上にあり、若者は生きるために働かざるを得なかった。場所を選ばず、働きながら学べる通信教育なら、民主化された戦後日本の教育理念を達成できるのではないか。中学校はすでに機会ではなく義務となった。当面の目標は高等学校にある。

一九五三年八月に制定された「高等学校の定時制教育及び通信教育振興法」は「働きながら学ぶ青年に対し、教育の機会均等を保障し、勤労と修学に対する正しい信念を確立させ、もつて国民の教育水準と生産能力の向上に寄与するため」の振興策を講じるという。この年、通信制を除く高等学校への進学率は四八・三%であった。

一九六〇年には五七・七％に上昇したが、二〇〇六年の九六・五％には遠く及ばず、勤労青年の進学はいまだ課題として残されていた。社会党の金丸徳重は、一九六〇年三月一八日の衆議院文教委員会で「教育の機会均等、国民の学力の平均化といいますか、そういう問題をねらっての定時制教育、通信教育の制度」と述べている。審議は「高等学校の定時制教育及び通信教育振興法の一部を改正する法律案」であり、定時制や通信教育の教員に手当を支給するという内容であった。文部大臣・松田竹千代も「高等学校の定時制教育及び通信教育は、働きながら学ぶ青年に対し、教育の機会均等を保障する目的をもって戦後制度化されたもの」と説明する。通信教育は定時制とともに、勤労青年を救うという使命を帯びていた。

それは、文部省の取組みに先立って一九四七年七月二八日、労働省設置法案が衆議院で審議されたとき、自由党の三浦寅之助による次の発言にも明らかである。

むしろ私は通信教育というものは、労働者全部、国民全部に向つて、ほんとうに労働教育を普遍的に行うという意味から言うならば、殊にその対象が労働者、勤労階級が主なんだということになれば、そういう通信教育というものは、文部省から労働省に移管してもらつた方が、ほんとうのりつぱな教育になるのじやないかというように考えられるのであります

通信教育を労働省の管轄にせよという三浦の主張は、通信教育と勤労青年がいかに強く結ばれていたかを示している。もっとも、すべての青年に教育を授けることは定時制や、通信教育をもってしても容易ではなかった。一九五一年二月一六日の衆議院予算委員会で自由党の庄司一郎は、高等学校に進学できない「青年大衆」が約五〇〇万人いる。どうやって教育するのかと問いかけた。文部大臣・天野貞祐は、育英制度や定時制、公民館、青年学級などのほか通信教育も含め、さまざまな方法をもって尽力したいと答弁している。「何が気の毒だといつ

て、力がありながら上の学校に進めないというくらい気の毒なことはない、またそれが社会不安のもとにもなる」というように、勤労青年の教育は左傾化も含め、単なる文教行政ではなく社会問題としての側面を含んでいた。

すでに農村では「青年学級」や「青年講座」が自発的に簇生し、勤労青年の運動は活発化しつつあった。政府は「青年学級振興法案」を策定し一九五三年に提出する。八月四日の参議院文部委員会で社会教育局長・寺中作雄は、なぜ青年学級が必要かの説明を試みた。農村で農閑期を六〇から七〇日とする。一日二時間として年に一二〇から一五〇時間となる。

　この時間を一年間に勉強のために捧げるということにいたしまして、仮に定時制高等学校の勉強をするということになりますと、それだけの課程をやりますためには、大体二十年くらいやらないと高等学校の課程は取れない。二十年やってもいいわけでありますが、これではもう青年の時期を過ぎるわけであります。

図1　10周年記念大会のポスター
出典：全国高等学校通信制教育研究会編『高等学校通信制教育五十年のあゆみ』日本放送出版協会、1998年。

数も一三〇〇万人に及ぶとすれば、定時制だけですべてをまかなうことは不可能である。そこで青年学級の振興を図りたい。しかし、社会党の成瀬幡治は局長の説明に納得できなかった。

　あなたは先ほど私の質問に対して定時制高校だけに範囲を限定されておりますが、私は通信教育などという制度があるのですから、これが立派に運営されるならば、私はそういうような点もむしろ青年学級に通うよりもなお効果的ではないか、むしろ目的を達する上に、そのほうが受ける側においては都合がいいのじゃないか、こういうように考えておる

翌日の審議で文部大臣・大達茂雄は、定時制の教育を受ける余裕すらない青年がいると述べた。成瀬は定時制や通信教育をおろそかにしたがゆえに、青年学級のようなものが生まれたのではないかと問うている。これらをふまえ衆議院から中川源一郎が発言し、全日制に学べない者が定時制に入り、定時制さえ学べない者が通信教育を受け、通信教育を受けられない者が青年学級において学ぶと説明した。通信教育は「最も有力な教育手段」というより、学校教育の副次的手段として位置づけられた。

学校卒業の便法

もちろん、通信教育は高等学校だけの手段ではない。今日でも職業資格の取得を目指す者は多い。次に理容師、美容師を例にとり、資格制度における通信教育の位置づけを追ってみよう。理容師、美容師となるには高等学校卒業以上の学歴をもち、養成施設に二年通い、国家試験を受けなければならない。ただし、養成施設は通信課程三年に代えることもできる。理容師法案は一九四七年一二月、衆議院厚生委員会に付託された。従来、各都道府県令によって定められていた資格を、法律によって規定したのである。主な目的は結核など伝染病を阻止する衛生面の強化にあった。当初、理容師、美容師になるための学歴は中学校卒業以上であり、厚生大臣指定の学校で学び、無試験で資格を得ることができた。もちろん、敗戦直後に新制中学校はいまだ整備されておらず、学歴の適用はその卒業生を待たねばならない。そこで、政府は経過措置として、試験のみによる資格の取得も認めることにした。また、すでに理容店で徒弟修行している者にも試験による資格取得は必要であった。こうして一九四八年六月、特例案が提出される。

一方、衆議院厚生委員会では、この特例案とは別に理容師法の改正を促す質疑が行なわれていた。自由党の榊原亨は試験官が賄賂を受け取っていると告発する。受験者が事務官の家を訪ね、金品を贈って合格を依頼するという。そこで試験制度は廃止し学校制度に資格付与を限定したい。厚生大臣・竹田儀一は必ずしも試験を擁護するものではないが、理容師の学校が整備されていないため「やむを得ぬ臨時的処置」であると答弁した。試験はあくまでも経過であり、以後は学校によって卒業者に無試験で資格を与えるとした。ところが、参議院では六月二五日の厚生委員会で、公衆保健局長・三木行治が「独学でやりたいという者、或いは営業自由の原則というようなものに照らして、どうであるか」と難色を示した。そもそも、理容師法の主眼は公衆衛生の確保にあるのであって、技術の問題まで監督する意図はなかった。上手へたは「大衆が批判して、以て自由競争を営ませることが適当ではないか」というのである。

衆議院の議論は経過措置を認めつつ、学校教育への布石を打ち始めた。六月三〇日、社会党の山崎道子は厚生委員会で通信教育に言及する。

> 学校に行くことの困難な徒弟のために、完備した学校において責任ある通信教育ということをお考えいただきまして、貧しい家庭の人にも理容師になることの出来る途を講じていただきたい、かように考えているのでございます

このように、通信教育は理容師法においても勤労青年救済という目的をもつ。ただし、高等学校とは異なり通信教育には選択肢があった。学校か独学かである。教育方法の観点から見て、通信教育はいかにも独学という印象が強いのであるが、理容師法改正の議論では、学校教育の枠組みにおいて検討が進められた。養成施設を修了後、試験を受けるよう一九五一年に改正されるが、一九五三年六月二四日、衆議院厚生委員会では再び改正の審

議が始まった。厚生政務次官・中山マサは家庭の事情により学校に通えない場合、「通学せずにこの養成施設の教育を受け得る新たなる方法」を講ずる必要があると説明した。ところが、自由党の松永仏骨は通信教育に賛意を示したうえで、次のような問題を指摘する。

この通信教育の方法ができれば、貧しい未亡人等が子供を片相手にこれによつて勉強して行く。そうしてきわめて簡易に美容師の免許状をとつて、その業務に従事することができる。こういうと非常に美しいのでありますが、実情というものは、子供を片相手にやつて行く、それでも行けるはずですが、実際は九尺二間の裏長屋に高いセットを借金で置いたとしても、子供はぎやあ〳〵泣いている、横にはおむつがほしてあるという場所へ、だれが同じ料金を払つてセットをしに来る御婦人があるかということが問題である

確かに通信教育は、貧しくて学校に行けない者を救う手段となりうる。しかし、福祉政策としてみれば話は別である。自由党の降旗徳弥は「貧困なる人々の子弟」が生活の道を得るには、学校教育は厳しすぎるという。学校を出た者でなければ受験資格がないということが希望を損なっている。「しからば学校に行けない者、貧困の間で苦学し、勉強する者をして、この道に携わることを得しむるゆえんのもの」である通信教育とは、いったい学校に属するものなのか、独学を許すものなのか。

私の言うのはこういうことなんです。甲の人がある学校から通信教育を受けた。従つてその学校の通信教育の生徒の名簿には甲の人の名前が載るわけです。乙の人はその学校の名簿には載らない、しかし甲の人の通信教育の資料をみんな借りて来て勉学をする。その人が借りて来た資料によつて十分に学力を、公衆衛生の実態を習得することができた。そういう場合に、何かこれに対して学業を習得したという道が開かれてい

るかいないか、こうこ《ママ》となんです。

これは踏み込んではならない領域であった。通信教育は学校教育の代わりになり得るがゆえに福祉政策なのである。受験資格を試験で確かめることは可能でも、独学における通信教育を国家が支援するいわれはなかった。公衆衛生局環境衛生部長・楠本正康は「学校卒業の便法と申しますか、一つの方法といたしまして通信教育というようなものが考えられるわけであります」と回答している。通信教育と学校教育は同じであるという前提が、「民主社会の根底を培う」方法を支えていた。

スクーリングは放送である

ところで、高等学校の通信教育はすべてを通信で行なえるのではない。一定時間の面接指導を義務としている。この面接指導をスクーリングと呼ぶ。一九六〇年四月二七日、「学校教育法等の一部を改正する法律案」が政府から提出された(2)。教授方法と位置づけられていた通信教育を、通信制として独立させるという。これにより通信教育のみの高等学校設置が可能となる。また、ラジオ、テレビの普及を視野に入れ、全国や府県をまたがる通信制を認めることになった。五月一八日、初等中等教育局長・内藤誉三郎は衆議院文教委員会において次のように説明している。高等学校の通信教育は、年間二〇日程度のスクーリングを義務づけている。NHKでラジオを聴取した者は、このスクーリングを三分の一免除することになっている。テレビでは二分の一である(3)。「勤労青少年が勉学をするのには大へん望ましい制度であろう」。将来、通信制の高等学校が設置され普及すれば、さらなる就学が可能となる。「国民教育」として高等学校はすべての人々が履修できるように進めたい。

白石克己『生涯学習と通信教育』は「原理的にいえば、スクーリングという名の通学方式の強要は、遠隔方式の矛盾である」としている(4)。学校に行かずとも行ったと見なせるからこそ、通信教育は勤労青年の福祉政策たり

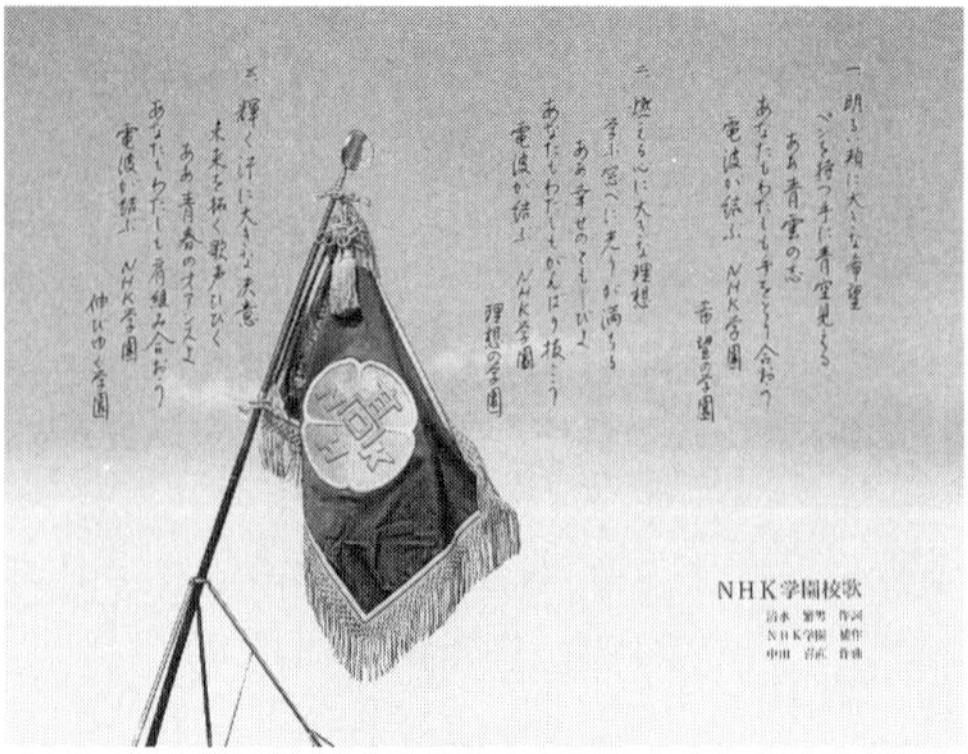

図２　ＮＨＫ学園の校旗・校歌
出典：『20年のあゆみ――ＮＨＫ学園』日本放送協会学園、1982年。

得るわけであり、学校に通わねばならない日があるとすれば矛盾である。実際、就労中の青年が数日でも職場を離れることは困難であった。一九六五年三月二五日、衆議院内閣委員会において、民主社会党の受田新吉は、スクーリングのために便宜をはかってほしいと青年が事業主に申し出ても、好意的に許されることはまれであり、進んで協力させるよう、表彰などのインセンティヴをもたせてはどうかと提案した。労働大臣・石田博英は、経営者が嫌がるとすれば問題は二つあるという。一つは労働時間の短縮、もう一つは労務管理上の問題である。「工場で働いているほうが何か社会的に低くて、事務所にいるほうが高いのだというような考え方」をくつがえすことも必要で、並行して努力したいと答弁している。

学歴の向上が職種の変更を促すかどうかはともかく、スクーリングには働きながら学べないという矛盾が存在した。そして、この問題を解決する独創的な発想こそ、放送による代替であった。一九六二年一〇月、東京都は日本放送協会学園（ＮＨＫ学園）を学校法人として認可する。次いで一九六三年四月、ＮＨＫ学園高等学校が開校した。高等学校の通信教育は一九六〇年に在学者数約六万五〇〇〇人であったが、一九六三年には九万五〇〇〇人へと上昇していた。定時制が減少傾向にあるなか、ＮＨＫ学園にかけられる期待は高まっていた。「働く青少年に高校進学の道を一層拓き、教育の機会均等を実現しようとするもの」と自らを位置づけている。[5] だが、その期待が勤労青年から向けられたと考えるのは早計だろう。共産党の谷口善太郎は一九六三年三月七日の衆議院逓信委員会で、通信教育をもって高等学校増設の遅れを「糊塗しよう」としているのではないかと政府を追及している。

いわゆる中学浪人というような状態になる状況でありますが、これに対しまして、特にNHKがことし急いでこういう通信高校をつくられるということにつきましては、特別な意味があるように、私どももまた一般父兄も考えております。

高校全入問題が発生していた。中学校の卒業者は激増し、高等学校の設置は愁眉の問題であった。確かにNHK学園はその一助となるかもしれない。しかし、卒業率からして通信教育で勉強することは非常に困難である。[6]何百人に一人の特別な人しか成功しない。「通信教育でもって普通の学校を出たと同じような、そういう勉強ができるというような幻想」を与えているのではないか。日本放送協会専務理事・前田義徳の回答は次のようなものであった。「私どもの計画いたしておりまして、そしてまた御審議をいただいております計画の通信高等学校は、ただいま御指摘の問題とは何らの関係がございません」。勤労青年の時代は過ぎ去りつつあった。

2　学校教育のほころび

敗戦後の混乱のなか

戦後日本の通信教育は実は、勤労青年が出発点ではない。一九四五年八月二八日、「陸海軍諸学校出身者及在学者等措置要綱」が閣議で決定された。陸海軍の学校出身者を文部省の学校に移す計画である。しかし、GHQの指令により一九四六年度の入学には制限が設けられた。七月一七日の帝国議会で自由党の木村義雄は「進学ノ自由ヲ阻ンデ居ル現状」と文部大臣を追及し、民主的な教育の理念に機会均等があるなら、制限は撤廃すべきであると主張した。文部大臣・田中耕太郎は、物理的な限界を理由にやむを得ず一割に限定していると答弁した。

同じ頃、文部省社会教育局では「山崎匡輔次官から「軍関係学校を出た若い者たちが、いわゆるテンパーセントの関所（「定員の一〇パーセントしか転入学を認めない」とする司令部の指令）に阻まれ、進路を塞がれているが『通信教育』で救ってやれないものだろうか」との発議」があった。(7)『日本の通信教育――十年の回顧と展望』にも、法政大学について「当時は軍関係の学校が廃止になり、軍の学校を出た若い人達は普通の大学には入学者の一割以上は入れてならぬと占領政策で定められていたが、その数がざっと二万いる。こういう青年の教育として通信教育を役立ててはどうか」と記されている。(8)通信教育は敗戦後の混乱のなか、学校教育に生じた空隙を埋めるために発想されたとも言える。

法政大学は空襲により校舎が焼失しており、通信教育は復興策の一環であった。一九四七年一月の理事会で通信教育部の新設が可決され、文部省の承認を経て八月より新聞紙上にて学生を募集、一〇月には開講している。大学通信教育は当初、社会通信教育として出発し、一九五〇年三月に課程として認可された。

また、一九四八年六月七日の衆議院本会議で、大蔵大臣・北村徳太郎の発言に通信教育が登場する。対象は税務職員の再教育であった。戦後の税制改革で課税対象が広がり税吏が不足していた。六月二二日の参議院財政及び金融委員会の説明では、定数七万一〇〇〇人に対し充足は五万人であり、二万一〇〇〇人が足りなかった。主税局国税第一課長・脇阪実によると、三〇歳以下の税吏が約六割を占め、質的にも優秀な官吏が少ない。目下、高等財務講習所を設け経験者を訓練している最中である。税務講習所にも力を入れていく。「或いは通信教育制度を開催いたしますとか」と発言している。

申告による納税は戦前にはなかった。税務署の決定に頼らず自発的に納税することは困難であり、一九四九年に発生した滞納は税収の四五・二%にのぼった。一九五〇年で三六・二%、一九五一年で三二・九%、新規滞納発生割合が一〇%を切るのは一九五六年度からである。滞納者に対する調査は必要だが、税吏が足りない。不十分な調査に基づく課税、恣意的な調査が社会問題となっていた。一九四九年四月二五日、衆議院大蔵委員会で社会党の田中織之進は、税務官吏の未熟さに不信感を表明した。「平均就職年限にいたしましても三年そこ〳〵にしかならない税務官吏が、戦後経済の混乱と無政府的な経済状態を十分把握して、かつ所得の所在をつかみ得るかどうかということはきわめて疑問だと思うのであります」。そして、再教育の方策についてどのような考えを持っているのかと問うた。主税局長・平田敬一郎は、田中の質問をもっともであるとした上で、講習所において特別訓練を実施するなど最善をつくしたいと回答し、次のように付け加えた。

多数を集めまして教育いたしますることは、仕事の関係上もなかなかうまくできませんので、本年度新たに通信教育を施してみたい。

一二月二三日になっても、問題は収束しなかった。衆議院大蔵委員会で民主党の宮腰喜助が「帳簿や伝票が完備しておるにかかわらず、お前の店は間口がこのくらいで、奥行がこのくらいだ。当然あそこの店と同格だから、お前のところもあの店と同じように税金をかけるから、これをのめ。のまなければ、お前のところは今に徹底的に追及して、店を成り立たないような状態にしてやるのだという脅迫的な事実も二、三点聞いております」と発言し、国税庁長官・高橋衛は「最近通信教育を始めて参っておるのであります」と回答する。参議院の通商産業委員会でも、緑風会の玉置吉之丞が「現在の世相の中に徴税旋風なるものが湧き上つて悲惨な光景を呈しておる」と発言すると、高橋衛は「教育機関を通じることができないものにつきましては、税務官吏のうち一万人につきましては、通信教育の方法を以て税法についても十分勉強いたさせます」と回答した。

不足している税吏を現場から離すわけにはいかない。また、急激に補填した人材の質は未熟である。働きながら学ぶことのできる通信教育は画期的であった。高等学校や理容師、美容師の養成と同様、ここでも学校教育の不備を補う方法として通信教育は扱われている。ただし、税吏の不足が改善されたかどうか、成果は不明である。

少なくとも国会において答弁の一助になったことは間違いない。

不足に次ぐ不足

不足したのは税吏だけではなかった。一九四八年七月に制定された保健婦助産婦看護婦法も、GHQの介入により進められた戦後の改革である。医師の補助はするが看護は付き添いの家族に任せるという、戦前の実態を改めるため、医療から看護を独立させる計画が立てられた。しかし、女性の高等学校への進学率は一九五〇年で三六・七％であり、高卒を前提に資格化を進めることは困難であった。そこで、当面のあいだ甲種看護婦、乙種看護婦という区分を設ける。甲種は高等学校卒業後、看護学校に三年通い国家試験に合格した者、乙種は中学校卒業後、看護学校で二年勉強して都道府県の試験に合格した者である。後者は重傷を看護できなかった。加えて、戦前の有資格者を含み事態はさらに複雑化していた。予定では看護婦の十分な育成を待って乙種を廃止することになっていたが養成は追いつかず、一九五一年に甲乙の区別を解消し新たに准看護婦の制度を導入した。

一九五一年六月一日の衆議院厚生委員会の審議では、戦前の有資格者が問題となった。現行の資格を取得するため、認定講習を受け国家試験に代えるという。例によって、働きながらいかにして学校に通うかが問題となった。社会党の福田昌子は「僻村の地に勤めておられる看護婦さん」はお気の毒であると発言し、「講義録みたいなものもお考えになつておられるか」と政府に尋ねている。医務局次長・久下勝次は「私が申すまでもなく、看護婦の教育というものは、どうしても理論と同時に実習を伴わなければならないものでありますので、伝達講習では実はなか〳〵うまく行かないのであります」と回答している。民主自由党の高橋等はこの回答に納得できなかった。再度通信教育の可否を尋ね、「看護婦の教育をいたしますためには、通信教育ではどうも不十分ではなかろうかというのが、現在の考え方であります」という回答を受けた。しかし、講習所で扱える人数は予算上、年間約三千人に限られている。既得権をもつ看護婦は全国に六万人ほどいる。高橋は不満を表明する。

その点厚生省で非常に潔癖な考え方を持たれているのと、いくぶん従来から食い違いがあつたので、何かの方法を講じませんと、三千人ずつやると十年やつても三万人しかできない。そんなばかな制度を置くことはないと思うのです。

次に国会で通信教育が登場するのは、一九六二年三月一三日、参議院社会労働委員会である。議題は「社会保障制度に関する調査（看護制度の現状に関する件）」であった。看護婦の体制は一〇年が経過していたが、依然として看護婦の数は不足している。厚生大臣・灘尾弘吉も「看護婦の充足という問題に実は苦慮いたしておる次第でございます」と率直に現状を訴えている。看護婦の不足が医療事故につながっているのではないか。「当面不足しているところは、ああやりくり、こうやりくりするということを申し上げているので、これでは御不満だろうと思いますけれども、これは当面やむを得ないという措置をとっているわけであります」と苦しい答弁に追い込まれている。社会党の藤原道子は「口では充足々々と言われますけれども、一体どうして充足するか」と詰問した。背景には景気の向上があった。一般企業の待遇が向上するなか、有資格者が看護婦として実働していない。給与が一〇年ほどで頭打ちになる准看護婦の進学にも問題がある。藤原は次のように提案する。

準看《ママ》の進学の問題については、私は、希望を持たせるという意味と、看護婦を充足するという意味とかね合わせまして、通信教育というようなことも考えられるのじゃないか。

四年後、一九六六年六月七日の参議院社会労働委員会でも、看護婦不足、准看護婦から看護婦への進学が問題となっている。すでに医療法の基準からして約四万人も足りなかった。厚生省医務局長・若松栄一は「進学コースは従来昼間だけのものを認めておりましたが、勤務しながらやれるようにということで、夜間のコースも認めるようにいたしておりますし、また、場合によっては、今後は通信教育というような形についても考えてみたい。通信教育については現在検討中でございます」と述べ、方針の転換を模索し始める。さらに四年が経ち、一九七〇年三月一一日、衆議院予算委員会第三分科会において民主社会党の竹本孫一は次のように質問した。「ほんとうの資格のない者に少なくとも准看の資格を与えてやるという取り組み方をもう少し前向きに考えたらどうか」。実は看護婦と准看護婦のほかに「看護助手」として無資格で働く者がいた。医療行為はできないため雑務を担当する。そこで今度は「看護助手」に准看護婦への道が開けないかと、竹本は次のように述べる。

今日の時代に即応した考え方から言えば、通信教育でそれをやる、そしてスクーリングをする、その上で、あと准看の試験を受ける資格をこれに与えてやる。こういうふうにすれば、かりに十万おれば、十万の人の大部分が通信教育を受けて、スクーリングもやって、さらにそれに資格を与えてもらったということだけで非常な励みを受けて試験を受けるようになる。

しかし、厚生省医務局長・松尾正雄は「技術教育的なものがはたしてその通信教育にどの程度なじむかというところにやはり根本問題が」と難色を示した。看護婦のカリキュラムにおいて通信で教育できる範囲は少ない。ただし、「通信教育と申しましても、テレビその他によりますところのいろいろな新しい方法が今後出てくるということは当然前提に考えなければならぬと思っております」と述べ、放送での教育には検討の余地があるとした。それから三年後、一九七三年六月一九日の参議院社会労働委員会においても、なお問題は審議中であった。自由民主党の石本茂は厚生省医務局長・滝沢正を促した。

いわゆる通信教育の導入方ということがかなり前からいわれておりまして、日本看護協会におきましても、本年度総会でそれを決議したようでございますが、局長、いかがでございましょう

滝沢の回答は前向きなものに変わりつつあった。「十分慎重にやらなければなりませんけれども、しかしその看護問題はあまり慎重ばかりも言っておられない非常に重要な段階でございますので（中略）実験的な試みというものも可能ではなかろうか、こういう考え方を持ちまして、ただいま具体的に検討に入っております」。一一月一五日には同委員会において「通信教育による准看の進学課程への促進というようなもう総合政策を、予算上もまた対策の幅においても、予算上も従来ない予算を増額して要求いたしておりまして、私としてはぜひ実現する方向で努力いたしたいと思っております」と積極的な発言をするようになった。

戦前の有資格者を戦後の新法に適合させるため、次いで准看護婦を看護婦に、さらには「看護助手」を准看護婦にするため、通信教育はそのつど提案され審議されてきた。学校教育が緊急に必要とされる時、対処しきれないほころびは通信教育によって繕おうというのである。二〇〇二年三月に「看護婦」は「看護師」に統一され、二〇〇四年四月には「看護師二年課程通信制」が発足し、業務経験一〇年以上の准看護師を看護師にする試みが開始されている。ただし、准看護師の制度は温存され、「准看問題の中途半端な決着」と指摘する声が上がっている。[9]

3　選抜なき教育の担い手

開かれた大学

一九六五年、高等学校への進学率は七〇％を超え、勤労青年の目標は大学へと移りつつあった。大学通信教育

は発足からすでに一五年が経過し、次なる施策として放送利用の拡大を視野に入れ始めていた。一九六七年一一月、文部大臣は社会教育審議会に「映像放送およびFM放送による教育専門放送のあり方について」を諮問する。UHFテレビ放送の実用化が目前に迫っていた。一九六九年一〇月には文部省が「「放送大学」の設立について」を発表し「高等学校卒業者（同等以上の者を含む）で入学を希望する者は、すべて無試験で入学できることを目標に構想を進める」ことを打ち出す。一九八一年七月に放送大学学園が成立、一九八五年四月一日より放送大学は授業を開始した。「放送大学」という言葉が国会に登場するのは一九六九年二月二八日、衆議院文教委員会である。当日の議題は「文教行政の基本施策に関する件」であった。

図3　放送大学本部（千葉市幕張）
出典：放送大学二十年史編纂委員会編『放送大学二十年史』放送大学学園、2004年。

この大学がどのような文脈で提案されたのか、社会党の小林信一は次のような質問で口火を切った。

今回のこの予算の中に警察官の増員の問題が出されておりますが、その増員をする根拠というのが、学生問題を考えておるからだというふうに私ども聞いておりますが、そのとおりですか、お伺いいたします。

文教委員会で質問を受けたのは、警察庁警備局長・川島広守であった。彼は、学生問題に限ったことではなく機動隊二五〇〇人、公安関係の私服要員に一〇〇〇人、外勤警察官を一五〇〇人、合わせて五〇〇〇人の増員を要請していると答え、こう述べた。

いま申しましたように、学生らは革命的な政治運動をこれからいよいよエスカレートしていくということを公言しております。（中略）警察といたしましても、国民の不安なきよう十分に警備計画の策定をして対処してまいりたい、かように考えておる次第でございます。

文部大臣・坂田道太は、アメリカから指導された「いわば万人のための大学という、そういう大衆化された大学」で始めた新制大学は、その理念に徹しきれていないと述べた。高等学校の成績が六〇％くらいでも大学で学ぶことができる時代である。ドイツの大学を模範にした学問を究める大学、学部自治や旧帝国大学の理念こそ問題であるという。また、公明党の有島重武は、次年度の入学試験実施を議題とするなか、新しい大学を作っていこうという機運が醸成されていると指摘し、次のように述べた。

公開講座であるとか、それから通信講座であるとか、そういうものがもっともっと強化されていくべき時代であろう。これはもう大臣なんかも、大衆大学、国民大学というようなことを言われましたし、これは各党ともにそういうことを考えていると思うのです。それからもう一面は、活字の時代から視聴覚の時代に移ってきたというようなお話もございました。テレビやラジオにおける公開講座というものについて、これは大いに推進していくべきじゃないかとわれわれは思っているのでございます。

文部大臣もこの意見に賛同する。「おそらく労働時間も、現在週四十八時間でございますけれども、だんだんこれは少なくなっていく傾向にあると思います」。余暇、すなわちレジャーの使い道も娯楽とか、行楽に限らず「死ぬまで何か教養を身につけたいというような欲望」が生まれてくるという。これに応えねばならない。大学が象牙の塔であることは許されない。教育を社会に還元していく時代であると意欲的な姿勢を示した。次いで有島重武が放送を学生運動に結びつける。

いま紛争を起こしておる、大ぜいの学生は勉強したくてもできない、そういうのを放置しておくということはそれこそ無責任であると思うのですね。テレビやラジオでやっておれば、これは開けるのですから。

一九六〇年代末、大学紛争を契機として新構想大学が考案されていた。教育と研究の分離、「開かれた大学」、学外意見の導入などがうたわれ、一九七三年一〇月に筑波大学が誕生した。ほかに技術科学大学、新たな教育大学、独立大学院などが設置されていく。放送大学は新構想大学の一つであった。紛争のない大学は「開かれた大学」であり、「開かれた大学」は教育の機会均等に親和性があった。封鎖の解除は労働者に高等教育への道を開くものであった。だが、それ以上に放送大学は野心的である。一九七〇年三月一一日の衆議院逓信委員会で、文部省社会教育局長・福原匡彦は放送大学の見通しを次のように語った。

すでに大学教育そのものが相当普及しております。もちろん大学に行きたいという意欲があり、能力がありながら、大学教育を受けなかったという勤労青少年の層もございます。その層ももちろん対象にしなければなりませんけれども、さらにそれだけでなくて、もっと広い大学教育に対する国民の受けたいという要望を、この放送大学で受けとめるべきではないかということがございます

ところが、先に見たように放送大学の授業開始は一九八五年四月である。一五年に及ぶ遠大な調査研究と費用、いつになったら完成するのかと飛び交う怒号にもまれつつ、当初の発想からずれが生じてくる。高校全入問題ならぬ大学受験戦争の勃発である。生涯教育はともかく、大学紛争はもはや緊急の課題ではなかった。一九七六年

五月一九日の衆議院文教委員会で、文部大臣・永井道雄は「通信教育あるいは放送大学の教育、こうしたものも、学歴偏重というものを教育社会の方から変えてまいりますために私は非常に重視して進めてきております」と述べている。大学入試センターを審議するなか、一九七七年三月一四日、衆議院文教委員会で、社会党の嶋崎譲は大学入試が社会問題であるとの認識を示し、弊害を文部大臣・海部俊樹に次のように列挙させた。学歴は社会に幅を利かせすぎである。有名校に受験者が集中し、難問奇問を解答するため高等学校の内容にも影響が生じている。それに対して嶋崎は、「日本の社会の中にある学歴社会という風潮、この問題をどうするか」、入試問題をいじるくらいで解決できるのかと追及した。

国民が大学卒の資格を取れるためには既存の大学のコース以外のところで取れる制度をつくればいいじゃないですか。これをバイパスと呼んでいいでしょう。高等学校を卒業したが働きながら、たとえば放送大学も一つの案でしょう

高等学校への進学率は九三・一％に上昇していた。大学への進学は三三・二％である。教育の機会均等は、次なる目標を大学に定めていた。放送大学は入学試験という選抜を放棄し、満一八歳以上で大学入学資格をもつ者すべてを受け入れる方針であった。大学にまつわる社会問題は「紛争」から「戦争」へ移行しつつあったが、通信教育で語られる言説に勤労青年はいまだ不可欠であった。だが、「働きながら」学べることに青年は魅力を感じただろうか。

生涯学習とお年寄り

放送大学は勤労青年のほか、生涯教育としても機能するよう設計されていた。「生涯教育」は一九六五年一二

月、ユネスコ成人教育推進国際委員会におけるポール・ラングランの提唱に始まる。当初、「生涯教育」という言葉は産業界の意向をふまえていた。急激な技術革新に対応するには、学校教育以後も組織的な訓練が必要である。経済協力開発機構（ＯＥＣＤ）が一九七〇年に打ち出した「リカレント教育」は、職業から教育へ、教育から職業への循環を強調するもので、「生涯教育」における職業訓練の側面を洗練させたものと言える。一九六八年、日本でも社会教育審議会が「生涯教育」について諮問を受け、一九七一年、「急激な社会構造の変化に対処する社会教育のあり方について」を答申した。一九八〇年代になって、「生涯学習」という言葉が登場する。ユネスコでも学習者中心という視点が打ち出された。日本では一九八四年九月に設置された臨時教育審議会で、教育改革の基本として個性重視の原則、生涯学習体系への移行、国際化、情報化等変化への対応の三点が取り上げられ、一九八八年七月、社会教育局は生涯学習局へと変貌する。[10] 一九九〇年八月には社会教育審議会も生涯学習審議会へと改組された。

一九八一年六月に出された中央教育審議会答申「生涯教育について」は第五章に「高齢期の教育」を含んでいる。対策はこれまで福祉や医療を中心に行なってきた。しかし、今後は高齢者の庇護という観点のみならず、積極的な社会参加を促さねばならない。寿命が延長すると自由時間が増大し、「多くの文化的な要求」が生まれるだろう。答申は「種々の制約を持つ高齢者にとって、放送大学や通信教育は、学習の機会を広く、効果的に提供するものとして、今後、ますます重視されなければならない」と記す。

通信教育は勤労青年の制約を解放するために用いられてきた。しかし、一九八〇年代に入り、「生涯学習」の概念とあいまって、高齢化社会に対処する側面が立ち現われてくる。一九八九年四月、文部大臣・西岡武夫は中央教育審議会に「生涯学習の基盤整備について」を諮問した。背景に所得水準の向上、自由時間の増大、高齢化の進行などをあげ、「学習自体に生きがいを見いだすなど人々の学習意欲が高まっている」と指摘した。一九九九年二月一〇日、参議院国民生活・経済に関する調査会は「少子高齢社会への対応の在り方について」を審議した。民主党の堀利和は、高齢者が社会教育を受けるには、放送大学や通信教育とは異なる地域における取組みが大切である。出席には介護が必要であるから、厚生省との連携を考えてほしいと、次のように要望した。「もちろん放送大学とか通信教育はあるんですけれども、またそれとは違った地域における社会教育の取り組みがあると思うんです」。

ところが、お年寄りが学校に通えるようにということの訴えは、いつしか通信教育によって補完されてしまう。二〇〇五年一〇月一九日の参議院少子高齢社会に関する調査会において、民主党の蓮舫は「どのレベルの御高齢者においても教育をひとしく受ける権利というのをどのようにキープしていくのか」と教育の機会均等を追及した。生涯学習政策局長・田中壮一郎の回答は次のようであった。

なかなか公民館まで行けない、あるいは御家庭で、もうなかなか外に出れないようなお年寄りに対しても何らかの学習の機会を受けられるようなことができないかということもございますけれども、今後は、そういう方たちに対しては、例えばインターネット通信教育、今でも放送大学はあるわけでございますけれども、こういうものを充実し、それから今の確かに放送大学だと大学、大学院のレベルでございますので若干レベル的に高いものがあるということで、もう少しそれぞれの個人に合ったようなそういう番組が、そういうものがどこかで、民間、私立大学等も含めまして、高等教育機関やあるいは社会教育施設等を使ってそういうことが今後できないかどうか、十分検討していきたいと思っております。

これまで教育の機会均等は、より高度な教育を受けられるよう努力してきた。勤労青年を対象とすれば自然なことであった。しかし、高齢化社会に対応する答弁は「若干レベル的に高い」というように、放送大学では難しすぎるのである。通信教育による福祉政策は、労働者から高齢者へ「福祉」の内容を展開しようとしていた。厚

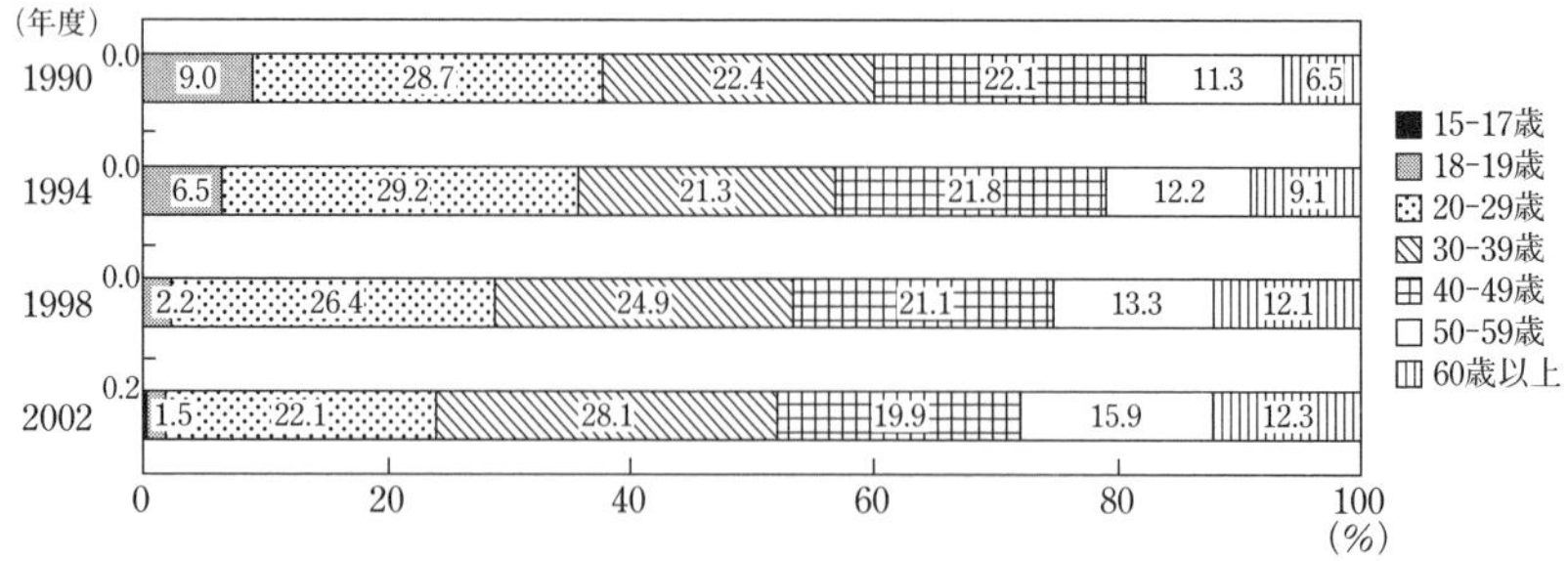

図4　在学生の年齢階層別構成比
出典：放送大学「学生実態調査報告書」http://www.u-air.ac.jp/foundation/foundation01.html より作成。

生労働省政策統括官・塩田幸雄も「高齢者が健やかに老いていくということが大事で、その意味で、福祉サイドからも高齢者の生涯学習というか社会参加というか、そういうことは大変大事なテーマという認識でございます」と述べている。放送大学も実際は高齢化に希望を託しつつあった。確かに在学者の年齢は三〇代が最も多く、二〇〇二年で二八・一%を占める。だが、二〇代は一九九〇年の二八・七%から二〇〇二年の二二・一%へ六・六%、一八・一九歳は七・五%も減少している。これに対し、五〇代は四・六%増加、六〇歳以上にいたっては一九九〇年の六・五%から二〇〇二年には一二・三%と倍近く在学生を増やしている。

学校に通うことができない

高齢者が学習するのは、中等教育においても同様である。二〇〇〇年一二月、『週刊金曜日』に載った写真ルポ「六九歳の中学生」は、千代田区立一橋中学校通信教育課程の様子を描いている。[11] 義務教育に通信教育はない。中学校に通うのは義務であり選択ではないからである。それでも、中学校に通信課程が設置されているのは、戦時下や敗戦後の混乱のなか、学校に通えなかった生徒を救うためである。学校教育法は第一〇五条に「中学校は、当分の間、尋常小学校卒業者及び国民学校初等科修了者に対して、通信による教育を行うことができる」と記している。中学校の通信教育は一九四八年度から開始され、一九五二年度において七校、生徒数二六一一人が受講していた。[12]

当初、経過的措置であった義務教育における通信教育は、一九六八年になっても解消しなかった。四月一二日の参議院予算委員会第四分科会において、無所属の山高しげりは夜間中学校の廃止について質問している。初等中等教育局長・天城勲は、学校数、生徒数は減少しており、昼間の就学ができるよう援助も進めているが、「実はこの年齢超過者の問題は、本来の学齢者の中学校教育と違ったような意味を持ってきておりまして」、義務教育を受け直したいと言って就学する者がいると説明した。正規の住民登録を拒む者、親の所在が不明な者など学校に通えない生徒がいるという。

何らかの理由で、それ以後の人たちでも、何らかの形で義務教育を終えてないという人たちが再び勉強したいと、資格だけははっきりしておきたいという理由で来た者を拒むこともなかなかできないものですから、現在のところ、一方では学齢期の子どもをできるだけ昼間に回すという努力はいたします。いたしますが、絶対に皆無になるかどうかにつきましては、教育的な努力だけでは私は限界があるのではないかと率直に思っております。

通信教育も夜間と同様、当初の目的が変わりつつあった。敗戦後五〇年以上が経過し、残った学校は一九四八年に設置された千代田区立神田一橋中学校と大阪市立天王寺中学校である。一九九七年四月二五日、衆議院文教委員会において社会民主党の保坂展人が次のような質問をしている。

例えば病気で外に出られないとか、あるいはいろいろな事情でいじめを理由にして学校に行けないとか、そういう子供たちが通信制中学につまり学齢期から学ぶことができるという方向で考えてもよいのではないかと思うのですが、この点についていかがでしょうか、お考えをいただきたいと思います。

初等中等教育局長・辻村哲夫は「通常の中学校において学習をしていただく、これが原則」と回答した。質問の背景には、一九九三年に公開された山田洋次監督の映画作品『学校』のヒットがあった。不登校や労働者、在日外国人など多様な人々が挫折や苦境を乗り越え夜間中学校に通う物語である。敗戦後の混乱という説明は、通信制においても実態からかけ離れたものであった。

高等学校においても、もはや勤労青年を扱うばかりではない。一九八九年一二月五日、参議院文教委員会で社会党の西岡瑠璃子は次のように質問している。

NHK学園が登校拒否児の受け皿になっている、そういうことを関係者からも聞いておりますのですけれども、このことは文部省におかれてはNHK学園の設置目的にかなっているというふうに受けとめられますか。それともそれではだめだということか、何かお考えがございましたらお聞かせください。

初等中等教育局長・菱村幸彦は、登校拒否という理由でも問題はないと答えた。当初は勤労青年を対象にしていたが、進学率の上昇により問題は解消された。集団生活として高等学校になじめなかった者が、通信教育で勉強するのは「それはそれで結構なことではないだろうか」と言う。NHK学園だけの現象ではない。一九九七年四月二五日の衆議院文教委員会でも、社会民主党の保坂展人は「通信制の高校が不登校の体験者や中退者の受け皿になっている」と発言している。神奈川県内の通信制高校は、一九九〇年代に入り生徒数が増え始めた。二〇年ぶりに生徒会が復活し文化祭までやっている。こうした現状をふまえ今後の方針を伺いたい。初等中等教育局長・辻村哲夫の回答は、高等学校に対する要望が多様化していることを認め、今後も通信制を整備していくというものであった。

とはいえ、通信制の高等学校を卒業することは困難である。実際には、サポート校と呼ばれる民間の教育業者が指導を請け負っていた[13]。二〇〇〇年三月一四日の参議院文教・科学委員会では、共産党の林紀子が、サポート校を取り上げ、次のように発言している。不登校の中学生は一〇万人ほどいる。引きこもりのまま卒業を迎えて、多くは通信制の高等学校に進学する。文部省はサポート校の実態調査を始めるべきではないか。科学技術庁長官・中曽根弘文の回答は「通信制高等学校の生徒がスクーリングのある日以外にどのような形で学習を進めるかにつきましては、基本的には生徒の主体的な判断に任されているもの」であり、調査を行なう考えはないとしている。四月二六日の衆議院文教委員会ではｅラーニングの可能性が言及される。公明党の西博義は、ＩＴ革命に即して「ネット学校」の整備が必要ではないかと述べている。

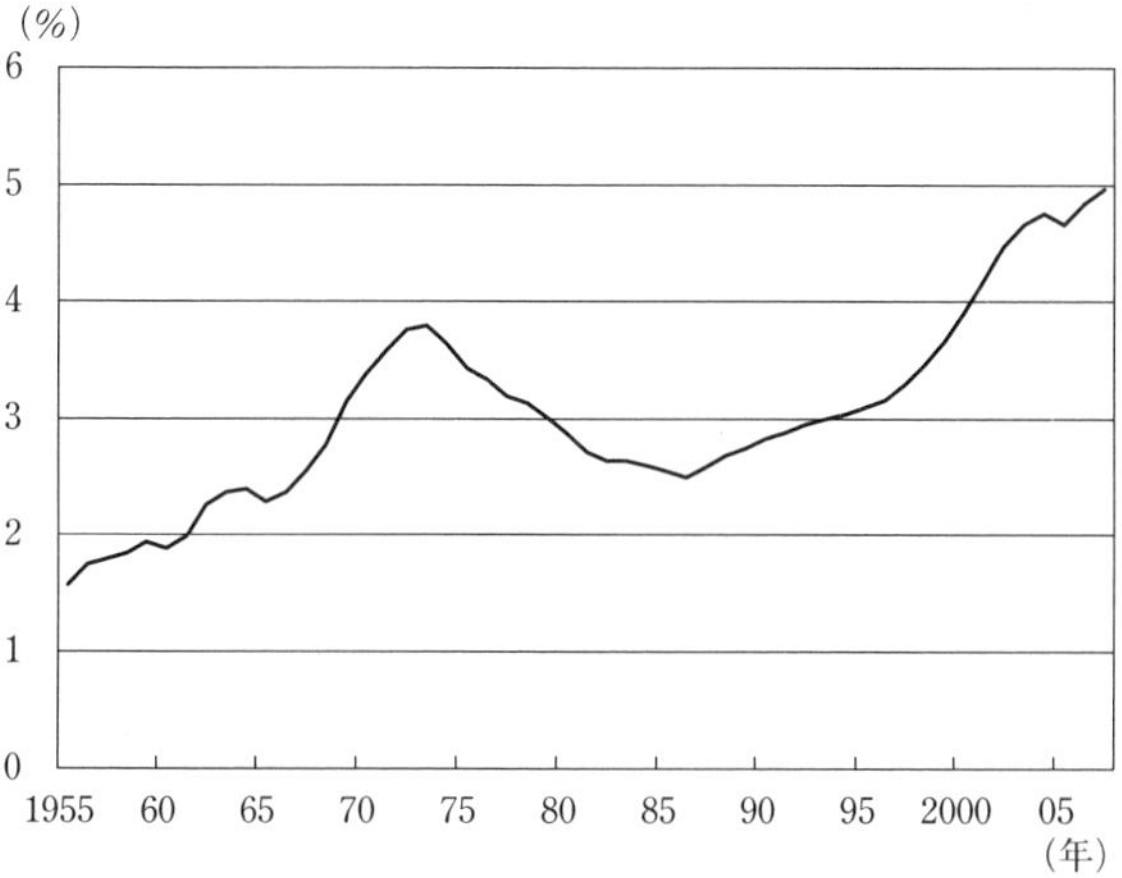

図５　高等学校在学者数に占める通信制の割合
出典：総務省「日本の長期統計系列」より作成。

> 特に、今問題になっている社会から完全に孤立してしまいがちな不登校の問題、それから引きこもりの問題、こんな子供たちに対してこのシステム〔ネット学校〕が社会への一つの窓口を提供することができる、こう思うわけです。また、病気で入院している子供たちが院内学級を利用する、またそうした施設すらない病院に入院をする、こういう場合にも、教育の機会を与える道もこのシステムによって開かれていくのではないか、こう思うわけです。

通信教育の手段は講義録から放送、eラーニングへと進化した。対象も勤労青年から引きこもりへと広がりを見せ始めている。だが、根底にある問題はいつの時代も不変である。学校に通うことができない。この問題の前提には勤労青年の貧しさ、高校全入問題、一〇％の関所、税吏の不足、看護師の待遇、大学紛争に受験戦争、老人介護、いじめや不登校など社会問題が潜んでいる。通信教育は、学校に通わずとも学校に通ったことにする、という独創的な解決方法をもたらした。放送とスクーリングは同じである、職場教育でもないのに「働きながら学ぶなど、さらなる想像力の飛躍も求められた。しかし、義務教育である中学校に通信制は原則として存在しない。通信教育と学校教育は違うからである。同じであると見なすことで問題は解決したのだろうか。高等学校の進学率は高まっても学歴の価値は下落し、准看護師は解消されず、お年寄りは地域社会よりネット社会での学習を奨励され、不登校は依然として「不登校」のままである。むしろ、本来解決せねばならない社会問題を隠蔽してきたとは言えまいか。通信教育とは教授方法を指す言葉である。実質的な知識、技能を伝えるという点で、決して有効性を失うものではない。形式的な所属や参加、選抜制度と混同しないなら、新たな政策の可能性も見いだせよう。

註

（1）日本通信教育学会編『日本の通信教育――十年の回顧と展望』日本通信教育学会、一九五七年、九頁。

（2）一九六一年に成立し、第四五条で「高等学校には、全日制の課程又は定時制の課程のほか、通信制の課程を置くことができる」、「高等学校には、通信制の課程のみを置くことができる」と定められた。

（3）放送の利用は一九五一年、NHK仙台中央放送局により試みられ、一九五三年に全国放送が開始された。高等学校学習指導要領は、面接指導について一九五七年の改訂でラジオ、一九六〇年の改正でテレビによる時間数の代替を認めている。

（4）白石克己『生涯学習と通信教育』玉川大学出版部、一九九〇年、一五三頁。

（5）日本放送協会学園『20年のあゆみ——NHK学園』日本放送協会学園、一九八二年、四頁。
（6）NHK学園を扱った論文に、松下慶太「放送メディアと教育——最初期（一九六三—一九六七）のNHK学園における意義と問題点」（『二十世紀研究』七号、二〇〇六年）がある。孤独感の解消が学習の継続を促すことから、学習グループやスクーリングの機能に注目している。
（7）横山宏「本邦通信教育事始め」『月刊社会教育』五一三号、一九九八年、七九頁。
（8）前掲『日本の通信教育——十年の回顧と展望』一二三頁。
（9）林千冬・甲斐泰子・植山秀子「座談会　通信制の抱える問題とそこで学ぶ意味」『看護教育』第四七巻第一二号、二〇〇六年、一一二〇頁。
（10）二〇〇一年一月、文部科学省の設置にともない、生涯学習局は生涯学習政策局と名称を変更した。
（11）吉田敬三「六九歳の中学生」『週刊金曜日』三四五号、二〇〇〇年、六六—六九頁。
（12）文部省編『学制百年史（記述編）』帝国地方行政学会、一九七二年、七二二頁。
（13）サポート校を対象としたフィールドワークに、東村知子「サポート校における不登校生・高校中退者への支援——その意義と矛盾」（『実験社会心理学研究』四三巻二号、二〇〇四年）がある。制度化されない教育の観察を通して、学校教育の正統性に疑問を投げかけている。

第Ⅱ部　メディア社会の教育

第五章　日本宗教と通信教育——佛教大学と創価大学の躍進

濱田　陽

1　通信教育と宗教

通信教育に救いを求める

ベストセラー『だから、あなたも生きぬいて』（講談社、二〇〇〇年）で知られる弁護士大平光代は京都市にある中央仏教学院の通信教育課程で僧籍取得をめざしている。一〇代でいじめ、自殺未遂、暴力団組員との結婚・離婚を経験。激動の人生を歩んできた。その経験を生かし少年事件弁護を数多く担当するが、さまざまな問題を抱えた子供たちと接し、心の支えや芯になるものがないために他人を思いやれないのでは、と感じた。人を傷つけたことを反省させたいと言葉を尽くしても彼らの心に届かない。人の痛みを教える力をもち、子供たちに自分を律する力を育ててあげるため、「宗教なら」と思い立ったという。

実家が浄土真宗本願寺派門徒だったことから、同派僧侶を養成する中央仏教学院に一年間通学を計画。手続きをした矢先、二〇〇三年一二月に大阪市助役就任が決まり断念したが、あきらめ切れず二〇〇四年九月、同学院通信教育専修課程に入学した。公務の合間を見つけ仏教や本願寺派に関する教則本を読み、帰宅すると教典ＣＤを聞いた。助役を辞任した後、再婚。生まれた子供が心疾患の合併症を患っていたため、病院に通いながら学習を重ねた。二〇〇七年五月に筆記や伝道の実演などの試験を受け、卒業試験に合格。僧侶になるにはさらに一一日間の泊まり込み修行「得度習礼」が必要になるが、「生涯をかけて勉強し、教えをかみ砕いて、心の大事な芯になるものを子供たちに教えていきたい」と語ったという（『読売新聞』二〇〇七年六月一五日付・同年八月二八日付）。

大平は中学校しか出ていない。弁護士をめざす時にも、近畿大学法学部通信教育課程に入学しており、司法試験第一次試験免除の単位認定を受けている。したがって、僧籍取得のために通信教育を利用することは、自然なりゆきだったのではないだろうか。仏教を学ぶことができたのは、通信教育制度があったからである。

この例から、資格取得など具体的目標を定めた通信教育は、強い動機と意欲をもつ学習者をサポートする効力があると考えられる。通信教育という手段がもしなければ、大平の弁護士としての、そして、将来の尼僧としての人生もなかったのである。

さて、戦前期に目を転じれば、キリスト教社会運動家として著名な賀川豊彦が、小説『南風に競うもの』（一九二八年）のなかで、苦学生の姿を描いている。ストーリーは主人公徳山貞雄が講義録（通信教育教材の初期形態）を手に入れるところから始まる。父に職がなく、授業料が払えないため中学校を退学することになった貞雄は仙台から東京に上京する。なけなしの資金二〇円のうち一一円五〇銭をはたいて購入したのが、大日本国民中学会の二年生から五年生までの講義録だった。大日本国民中学会は、憲政の神様といわれた政治家尾崎行雄を会長に一九〇二（明治三五）年に設立、神田駿河台に本部を置いていた中等教育レベルでは最大手の通信教育機関である。

貞雄はあてどもなく、東京の街をぶらり〳〵歩き廻つた。三貫目以上もあろうと思われる一束の講義録を虎の子をかゝえるようにだいじにして、神田神保町から小川町に出て、小川町から日比谷までまつすぐ歩いて行つた。（中略）講義録が重いものだから、かたわきにかゝえてみたり、背中に負うてみたり肩の上にのせてみたり、あまり人通りの少いお濠端を通る時には、頭の上にのせてみたり、いろ〳〵してみたが、だんだん腹がへつてくる。手は痛む。足は重くなる。寒さにからだがふるえる。(1)

通学の道を断たれた貞雄が、すがるように手に入れたのが講義録だった。その後、少年は新聞配達をしながら早稲田工手学校（現早稲田大学芸術学校）の夜学に通い、高等工業学校を卒業、電機技師として成功していく。賀川がこの小説を書いたとき、苦学生がまず手にするものとして念頭にあったのが通信教育教材だった。さらに戦後、一九四九（昭和二四）年『嵐にたえて』と改題発行し、「作者のことば」のなかで「日本の若き魂たちよ、悲しむことはない、嵐にたえて美しく大きく咲き出でよ」と語りかけている。敗戦の混乱期に生きる青少年にも戦前の苦学生の姿が意味をもつと考えたのだろう。

『南風に競うもの』は出世作『死線を越えて』のような大ベストセラーにはならなかったが、貧困者救済活動において第一人者であった賀川の苦学生イメージがうかがえる点で興味深い。そこで、講義録は、上京した少年の命綱のような存在として登場している。

大平と『南風に競うもの』の例は、志ある者にとって、通信教育が人生の目的達成に欠かせない手段であることを示している。資金、学歴、時間がない者に学習機会と希望をもたらし、学位・資格の取得という具体的目標を提供する。たとえ少数であっても、こうした成功事例は、通信教育制度に欠かせない魅力的な美談なのである。

通信教育と宗教という新たな問題設定

本章では、通信教育と宗教の関係を考察することをねらいとする。一見結びつかない二者をわざわざ合わせて論じるのは、これらが目的を異にしながらも、じつは類似した性格をもつためである。

通信教育は教育レベルや社会的地位の引き上げなど、学習者の限られた欲求充足を目的とする。これに対して、宗教は、少なくとも建前上、全人格的救済をめざす。通信教育と学習者の関わりが限定的なのに対し、宗教と熱心な信者の関わりは全体的である。

しかしながら、通信教育は、学習者の人生を大きく変えることがあり、その救済イメージが、通信教育に関わる者に大きな影響力をもつ。他方、宗教も、救済の前段階として、現実社会における信者の幸福達成に関心を寄せることが少なくない。

そもそも、教育は、できるかぎり多くの人々に学習機会を提供したいという意欲をもち、宗教は、あらゆる人々に救済をもたらそうとする熱意をもつ。したがって、学習機会の拡大に役立つならば、教育は宗教に関心をよせ、救済手段として生かせるならば、宗教は教育に関心をもつ。そして、通信教育は、学習機会拡大の意欲と密接に結びついているため、宗教との関係を考察することはいっそう有益な作業である。

そこで、⑴通信教育と宗教は、いかなるかたちで関わっているのか、⑵通信教育と宗教を比較して得られる知見は何か、という二つの問いが浮上してくる。

通学教育は生のコミュニケーションが基本で効果も大きいかわりに、コストがかかり時間も限定され、利用できない者が必ず出てくる。通信教育はコストを節約し、時間もフレキシブルに大人数に対してできるが、生のコミュニケーションが大幅に制限される。このディレンマが乗り越えられなければ教育の二極化が進み、通学できない者には質の低い教育しか残らないことになる。さまざまな困難を抱えながらも通信教育が広く学習機会を提供し、一定の社会的役割を果たしてきたことは事実であり、日本の宗教界がこのシステムにどう関わってきたかという問いは、宗教の社会的役割を考える上で重要である。

また、通学困難な者が知識・資格の獲得を必要とし、社会的要請がある限り、代替手段として必ず通信教育的システムが求められてくる。その際、当該システムの実質的救済力を判定するには、宗教との比較もあながち無駄ではないだろう。というのも、日本社会では宗教に対する視線は厳しく警戒心も強いが、通信教育のような世俗のシステムに対しては、どちらかといえば批判の目が甘くなりがちだからである。そこで、通信教育のなかのいかがわしい宗教近似的要素を列挙しておくことで、このシステムをいくぶん突き放した位置から冷静に眺められるようになろう。

以上、二つの問いをトータルにとらえれば、通信教育と宗教という新たな問題を設定したということである。

2　日本の各宗各派と通信教育

通信制設置校と宗教系学校

まず、日本宗教界の通信教育への関わりを分析してみたい。

各宗各派が関わる通信教育は、A　宗教専門家・信者養成のための通信教育、B　宗教を知識として学ぶ通信教育、C　宗教系学校が実施する一般通信教育（宗教ではなく一般の学習内容を学ぶ）に分類できる。主として、Aは教団の継承、Bは広い意味での伝道・宣教、Cは世俗社会との関係構築・社会貢献に関わる度合いが強い。とくにCタイプの通信教育を考える上で必要であるので、通信制を設置している学校数・学生数とその割合、宗教系学校数とその割合、宗教系学校における通信制設置校数とその割合、通信制設置校における宗教系学校の割合をつかんでおこう。

文部科学省の「平成一九年度学校基本調査」によると、二〇〇七年五月一日現在、学校数は、通信制のみの学校を含めない数で小学校二万二六九三校、中学校一万九五五校、高等学校五三一三校、短期大学四三四校、大学七五六校（うち大学院設置五九八校）となっている。他方、小学校、中学校は義務教育のため、通信制はほとんどなく、学齢超過者向けに現在公立中学校二校があるのみである。よって、通信制は、高等学校以上が問題となり、高等学校一九二校、短期大学九校、大学四〇校（うち大学院設置二三校、放送大学含む）。このうち通信制のみの学校が、高等学校七〇校、短期大学一校、大学四校（うち大学院設置四校）である。この数を含めて全体に占める通信制の割合を単純計算すれば、高等学校三・六％、短期大学二・一％、大学五・三％（大学院三・八％）となる（〇・一未満四捨五入、以下同様）。

同調査で学生数は、通信制を含めずに高等学校三四〇万六三四三人、短期大学一八万六六六四人、大学二八二万八六三五人、大学院二六万二一二四人。また、通信制は、高等学校一八万二五九五人、短期大学二万五二二七人、大学二四万七三人、大学院八八二〇人である（ちなみに放送大学はこのうち大学八万七九七人、大学院六二四五人）。全体に占める割合は、高等学校五・一％、短期大学一一・九％、大学七・八％、大学院三・三％となる。少なからぬ学生が通信制を利用していることが分かる。

宗教系学校は、『宗教教育資料集』（井上順孝監修・國學院大学日本文化研究所編、一九九三年）をもとに宗教情報リサーチセンターがまとめた情報によれば、小学校八八校、中学校二三三校、高等学校三三六校、短期大学九〇校、大学（大学院含む）一一八校である。宗教系学校の総数は今日若干変化していると思われるが、試みに全学校中宗教系学校の占める割合を単純計算すれば、小学校〇・四％、中学校二・一％、高等学校六・二％、短期大学二〇・七％、大学（大学院含む）一五・五％となる。小学校の比率はきわめて低く、中学校、高等学校も数は二、三百校だが全体に占める率は高くない。しかし、短期大学、大学では全体の五分の一、六分の一を占めている。

宗教系学校における通信制設置校は、二〇〇七年度で、高等学校七校、短期大学〇校、大学八校（うち大学院併設三校、大学院のみ二校）。宗教系学校全体に占める割合は、高等学校二・一％、短期大学〇％、大学（大学院含む）六・八％である。全国平均と比較した場合、高等学校では約四割減であり、短期大学ではゼロ、大学で約三割増である。つまり、宗教系学校では大学通信教育が平均以上であるとひとまずはみなすことができる。

なお、通信制設置校中、宗教系学校の割合は、高等学校三・六%、短期大学〇%、大学（大学院含む）二〇・〇%である。

さらに、宗教系学校の各宗別割合を確認しておこう。

小学校は、神道系一・一%、仏教系一四・八%、キリスト教系八四・一%（プロテスタント三〇・七%、カトリック五三・四%）。中学校は、神道系二・九%、仏教系二三・六%、キリスト教系七二・五%（プロテスタント三一・八%、カトリック四〇・八%）。高等学校は、神道系四・二%、仏教系三三・九%、キリスト教系六一・九%（プロテスタント二八・〇%、カトリック三三・九%）。短期大学は、神道系一・二%、仏教系四五・六%、キリスト教系五三・三%（プロテスタント三一・一%、カトリック二二・二%）。大学は、神道系三・九%、仏教系三一・四%、キリスト教系六五・三%（プロテスタント四七・五%、カトリック一七・八%）である。

神道系は、小学校から大学まで五%未満にとどまっている。仏教系は、キリスト教系に対して小学校で五分の一以下、中学校で三分の一以下、高等学校で二分の一強、短期大学である程度拮抗するが、大学で二分の一以下である。つまりキリスト教系学校が占める比重は、単純に仏教系の倍以上であると見ることができる。

ちなみに、新宗教という括りで見た場合、パーフェクト・リバティ教団（以下、PL教団）、金光教、松緑《しょうろく》神道大和山《やまとやま》、創価学会、天理教、辯天《べんてん》宗、立正佼成会《りっしょうこうせいかい》、霊友会が学校法人を有し、小学校四校、中学校一三校、高等学校一七校、短期大学一校、大学三校となっている。

以下、神道系、仏教系、キリスト教系に分けて（それぞれ新宗教含む）、通信教育との関わりを分析しよう。[2]

神道系と通信教育

神社神道系は、中学校三校、高等学校五校、短期大学二校、大学二校（國學院大學、皇學館）があるが、通信制はない。しかし、大阪國學院通信教育部という教育機関があり、他に職業を有する者を対象に神職を養成している。一九七六（昭和五一）年設立、課程（修行期間）は通常二年で、神社の宮司となるための知識を学ぶ、唯一の通信制学校である。また、あくまでも神職養成のためであり、学習のみの希望者は受けつけていない。このように、神社神道では、宗教を知識として学ぶ通信教育や一般通信教育には力が入れられていない。

神道系新宗教のＰＬ教団は、中学校一校、高等学校一校があり、ＰＬ学園高等学校に通信制が置かれている。また、ＰＬ学園女子短期大学（二〇〇一年に学生受け入れを停止）に一九七七年から一九八四年まで通信教育部が置かれていた。

教派神道系新宗教の天理教には、小学校一校、中学校二校、高等学校四校、大学一校（天理大学）があるが、通信教育部は置かれていない。同じく、教派神道系新宗教の金光教も、中学校三校、高等学校四校、大学一校（関西福祉大学）があるが、通信教育部は置かれていない。その他、主な教派神道系教団に出雲大社教、黒住《くろずみ》教(3)、大本《おおもと》教などがあるが、これらを母体とする学校法人はない。さらに、神道系新宗教の松緑神道大和山に高等学校が一校あるが通信制はない。

仏教系と通信教育

仏教系学校は、小学校一三校、中学校五八校、高等学校一一八校、短期大学三九校、大学四二校がある。

南都仏教系の華厳宗（東大寺）、法相《ほっそう》宗（薬師寺、興福寺）、律宗（唐招提寺）は、華厳宗系の東大寺学園高等学校一校があるだけで、通信教育はない。

天台宗（比叡山延暦寺）は、中学校二校、高等学校二校があるが、通信教育はない。

真言宗系（東寺、高野山金剛峰寺）は、小学校二校、中学校五校、高等学校八校、大学六校（佛教大学、種智院大学など）で、高野山大学大学院文学研究科修士課程密教学専攻（二〇〇〇年認可）に二〇〇四年度から通信教育課程が設けられている。社会人の生涯教育と僧侶の再学習を目的としており、空海の思想、密教・仏教の基礎、曼荼羅などの密教美術、高野山の歴史を学習し、密教実践、四国遍路実習なども含まれる。年齢制限はなく、修士号（密教学）、中学校と高等学校の教諭専修免許（宗教）を得られる。宗教家養成、宗教知識学習の両要素が含まれている。

その他、真言系新宗教の辯天宗には、中学校二校、高等学校二校があるが、通信制はない。

時宗系は、高等学校三校だが通信制はない。

浄土系は、浄土宗に小学校二校、中学校一四校、高等学校二〇校、短期大学四校、大学四校があり、京都西山高等学校が単位制（無学年制・随時入学可）の通信教育課程、佛教大学が大学・大学院に大規模な通信教育課程を設けている。佛教大学は一九五三年に関西で初となる通信教育課程を開設、現在、文学部、教育学部、社会学部の各学部・大学院と社会福祉学部に通信制がある。もと僧侶養成機関として始まったこともあり、ほぼ全学科で浄土宗教師と浄土宗開教使の資格が取得可能である。一般通信教育を主とし、宗教家養成と宗教知識教育を含めるシステムとなっている。

浄土真宗は、本願寺派（西本願寺）に僧侶養成機関の中央仏教学院があり、通学課程（一年間）と別に通信教育部を設けている。一九七二（昭和四七）年の設立時に、通信教育部も同時開設された。二〇〇六年度までの三四年間に約二万九千名の受講者を数える。専修課程（三年間）は本願寺派僧侶資格の取得を目的とし、学習課程（三年間）は浄土真宗と仏教の体系的学習を行なう。その他、入門課程（一年間）もある。冒頭に紹介した大平が学んだのも同学院専修課程である。全国三〇地区に「学習のつどい」があり、指導講師が学習補佐につくなど、本願寺派が全国組織であることを生かしスクーリングのフォローがなされている。

大谷派（東本願寺）では、本願寺維持財団が二〇〇四（平成一六）年度より信心《しんじん》学通信教育という講座を開設している。信心獲得のための仏教学習を目的とし、修了者に本願寺学了号が授与される。さらに、希望者に本願寺得度式受式の資格（宗門の僧侶になる儀式を受ける資格）が与えられる。

浄土真宗には、小学校五校、中学校一七校、高等学校四三校、短期大学二一校、大学一六校（大谷大学、京都女子大学など）があり、本願寺派（西本願寺）の双葉高等学校（北海道小樽市）が二〇〇六（平成一八）年に通信制課程を全日制に併設している。さらに、本願寺派を母体とする武蔵野大学（西東京市）が二〇〇二（平成一四）年に通信教育部人間関係学科を開設。同学科には心理学専攻と人間学専攻がある。

このように、浄土真宗では、本願寺派（西本願寺）に僧侶養成機関、高等学校、大学の通信教育いずれもが存在し、東本願寺よりも関心が高い。もっとも、大谷大学（東本願寺）のみならず龍谷大学と京都女子大学（西本願寺）も通信教育を行なっておらず、佛教大学（浄土宗）の充実ぶりとの差が際立つ。

臨済宗系は、中学校一校、高等学校四校、短期大学一校、大学一校（花園大学）で、いずれも通信教育課程がない。臨済宗妙心寺派宗務本所が「女性の仏教」寺庭《じてい》婦人仏教通信講座を実施、既信者の信仰強化のための通信教育を行なっているが、詳細は不明である。

曹洞宗系は、曹洞宗宗務庁が寺族《じぞく》通信教育または曹洞宗通信講座という一年間の通信教育を実施し、修了者に准教師の資格を与え、後継者育成、檀信徒強化に利用している。また中学校四校、高等学校九校、短期大学四校、大学六校（駒澤大学、鶴見大学など）があり、二〇〇二（平成一四）年、東北福祉大学（一八七五年創立の宮城県曹洞宗専門学支校がルーツ）に通信教育部（社会福祉学科と福祉心理学科）と通信制大学院を開設、二〇〇六年度までに五〇〇〇名の入学者を集めている。東北地方初の福祉系大学通信制を唱え、社会福祉と心理学の専門学習を希望する労働者を対象に、日本の福祉を担う人材育成を目的とする。建学の精神に道元の「行学一如《ぎょうがくいちにょ》」（学業と実践ももとは一つ）が掲げられ、教育理念として大乗仏教の「自利・利他円満」（支え合い、ともに幸せに）が定められている。

日蓮宗系には、小学校一校、中学校三校、高等学校六校、短期大学二校、大学三校（文教大学、立正大学、身延山《みのぶさん》大学）があるが、通信制は設けられていない。日蓮宗系新宗教の霊友会に、中学校一校、高等学校一校、法華系新宗教の立正佼成会に、中学校二校、高等学校二校があるが、通信制はない。

日蓮正宗系新宗教の創価学会は、小学校二校、中学校二校、高等学校二校、短期大学一校、大学一校があり、創価大学に通信教育部がある。大学創立は一九七一年、通信教育部は一九七六年に設置された。経済学部、法律学部、教育学部に通信制正科課程があり、学士と資格取得を目的とする。その他、短大・大学卒業者が教員免許取得をめざす免許コース、資格取得に特化した資格コース、任意の科目を学ぶ科目等履修を合わせ全四課程が設けられている。

和宗系（四天王寺）は、中学校二校、高等学校二校、短期大学一校、大学一校（四天王寺国際仏教大学）があるが、通信制は設置されていない。

その他、超教派もふくめ仏教系といえる学校法人は、小学校一校、中学校一校、高等学校一一校、短期大学五校、大学四校（大正大学など）があるが、通信制は設けられていない。

超教派のものとしては、学校法人でない任意団体として東京国際仏教塾がある。浄土真宗の住職が還暦総得度運動を提唱し一九八八年に発足させた教育機関で、毎年八〇名の募集を行ない、二〇〇六年一〇月までに一一〇二名が受講、三八二名が得度に至っている。

キリスト教系と通信教育

キリスト教系学校は、小学校七四校、中学校一六九校、高等学校二〇八校、短期大学四八校、大学七七校がある。

カトリック系は、小学校四七校、中学校九五校、高等学校一一四校、短期大学二〇校、大学二一校[4]で、聖光学院高等学校（キリスト教教育修道士会）、聖パウロ学園高等学校（聖パウロ会）の二校が通信制を設けている。聖パウロ学園は広域通信制高校であり、通信制は二〇〇四（平成一六）年度に設置。キリスト教理念に基づく人間形成を教育の柱とし、週三日登校コース、各週一日登校コース、集中スクーリング・コースの三コースを用意している。短期大学・大学については、いずれも通信制は取り入れられていない。

プロテスタント系は、小学校二七校、中学校七四校、高等学校九四校、短期大学二八校、大学五六校[(5)]がある。高等学校では、熊本フェイス学院高等学校（独立系　一八八七年創設）が二〇〇五（平成一七）年に、聖光高等学校（日本基督教団・メソジスト派系、一九二九年創立）が二〇〇三（平成一五）年に通信制を設置している。大学では桜美林《おうびりん》大学（日本基督教団系）、中部学院大学（同）、名古屋学院大学（米国メソジスト派系）が通信制を取り入れている。桜美林大学大学院国際学研究科大学アドミニストレーション専攻は大学経営のエキスパート養成を目的に二〇〇一年に開設、二〇〇四年に通信制が増設された。中部学院大学は通信教育部（人間福祉学部人間福祉学科）を二〇〇三（平成一五）年に開設、福祉系資格取得を目的とする。名古屋学院大学は二〇〇一（平成一三）年、大学院英語学研究科に英語学専攻通信制を増設、修士（英語学）学位と中学校・高等学校教諭専修免許（英語）の取得を目的とする。キリスト教に培われた外国語教育の伝統、日本で唯一の英語専攻通信制大学院であることをアピールしている。

これらの他、宗教家養成と既信者の信仰強化のために小規模の通信講座を設けている神学校がある。神戸ルーテル神学校（ルーテル教会系）は神学通信講座を二〇年間続け、約一千名の受講者中一五〇名程度が修了したという。バプテスト派系の関西聖書学院と仙台バプテスト神学校、超教派のＪＴＪ（Jesus to Japan）宣教神学校とＣＦＮＪ（Christ for the Nations Japan）聖書学院も通信コースを併設している。

また、初学者への伝道目的に聖書通信講座を設けている組織として、ＶＯＰ（The Voice of Prophecy 再臨派系セブンスデー・アドベンチスト教会）、ＳＬＭ（Source of Light Ministries 独立系）がある。さらに、ラジオ・テレビなどのメディア伝道に簡単な聖書通信講座を併設している超教派機関に、ＦＥＢＣ（Far East Broadcasting Company）、北米キリスト改革派教会メディア伝道局、ＰＢＡ（Broadcasting Association）、群馬県「ライフ・ライン」テレビ伝道協力会がある。

日本の宗教界と通信教育

宗教専門家・信者養成のために通信教育を用いているのは、神社神道、真言宗、浄土宗、浄土真宗、臨済宗、曹洞宗、仏教超教派、プロテスタントである。社会的には目立たないが、さまざまな種類があり、長く続いているものも多い。

宗教を知識として学ぶ通信教育は、真言宗、浄土宗、浄土真宗、プロテスタントに見られる。真言宗が大学院レベルの課程だけであるのに対し、浄土宗、浄土真宗、プロテスタントは初学者向きから体系的に学ぶものまでさまざまである。阿弥陀仏による救いを説く他力本願の浄土系仏教はしばしばキリスト教に最も似ていると言われることから、この類似は興味深い。なお、プロテスタントのラジオ局・テレビ局に伝道目的の通信講座が併設されていることは他宗教に見られない特徴である。

一般通信教育に関わっているのは、神道系新宗教（ＰＬ教団）、浄土宗、浄土真宗、曹洞宗、日蓮宗系新宗教（創価学会）、カトリック、プロテスタントである。このうち、ＰＬ教団、カトリックは高等学校通信教育のみ、曹洞宗、創価学会は大学通信教育のみ、浄土宗、浄土真宗、プロテスタントはいずれも見られる。注目すべき存在として、日蓮正宗系新宗教の創価大学と浄土宗系の佛教大学は、大学通信教育中、通信制在籍者数が第一位、第二位を占めており、規模が大きく実績もある。プロテスタントの大学通信教育は二一世紀に入ってから設置され、英語、福祉、大学経営の各分野に特化している。高等学校通信教育も二一世紀になり、退学者の急増など社会変化に対応して設けられている。したがって、一般通信教育の分野に長く関わってきた宗教は、浄土宗と創価学会ということになる。

一三八頁に示した分類でまとめよう。神道は、神社神道がＡだけの通信教育に関わっている。仏教は真言宗が

A・B、浄土宗、浄土真宗がA・B・Cすべて、臨済宗はA、曹洞宗はA・Cの通信教育に関わっている。創価学会はCのみに関わっている。キリスト教は、プロテスタントがA・B・Cすべてに、カトリックはCだけに関わっている。いずれにも関わっていないのは、教派神道、南都仏教、天台宗、時宗、創価学会を除いた日蓮宗系、和宗、その他の新宗教である。

3　佛教大学・創価大学と一般通信教育

戦後の大学通信教育

戦後の大学通信教育は、一九四七年の法政大学通信教育部開講（認可前）を皮切りに、一九五〇年、東京の私立大学六校（法政大学、慶應義塾大学、中央大学、日本女子大学、日本大学、玉川大学）が学校教育法に基づく正規の大学教育課程として通信制認可を受けたことに始まる。

大学通信教育が実施された背景には、教育をより多くの人々に提供しようとする民主主義的思想に加え、GHQによって大学復学・入学を制限された軍人出身者、戦争引揚者の受け皿が必要であったこと、空襲で校舎を破壊され、教員も不足する大学の復興手段と考えられたことなどの理由があった。そして、制度が具体化する段階で、卒業単位の四分の三を通信課程で取得できるスクーリング・システムが導入された。通信課程の単位を大幅に認めるこのシステムは、当時欧米になく、荒廃した敗戦直後の日本特有の事情に対応したものだったといわれる[6]。

戦後から二〇〇七年度までの大学通信教育部開設の流れを年表にしてみた（図1）。宗教系各学校の通信教育の位置が理解されよう。プロテスタント系大学の通信教育はようやく二〇〇一年以降に始まったばかりであり、先に述べたように特定分野に限られている。開設の早さで目を引くのは、浄土宗系の佛教大学と日蓮正宗系新宗

	短期大学	大学	大学院
1945		1947 法政大学 1948 慶応大学、中央大学、日本大学 1949 日本女子大学	
1950	1955 浪速短期大学（現大阪芸術大学短期大学） 1957 近畿大学短期大学通信教育部開設 1958 武蔵野美術大学短期大学	1950 玉川大学 1953 佛教大学	
1960	1963 産業能率短期大学（現自由が丘産能短期大学） 1969 近畿大学豊岡女子短期大学	1960 近畿大学 1964 東洋大学 1967 明星大学	
1970	1972 聖徳学園短期大学 1977 PL 学園女子短期大学（–84） 1978 近畿大学女子短期大学（現近畿大学九州短期大学）	1970 大阪学院大学 1976 創価大学	
1980		1983 放送大学	
1990	1994 東海産業短期大学（現愛知産業大学短期大学）、東海産業短期大学（現愛知産業大学短期大学）	1994 北海道情報大学 1995 産能大学 1996 愛知産業大学 1998 京都造形芸術大学 1999 帝京平成大学	1999 日本大学大学院、佛教大学大学院、明星大学大学院、聖徳大学大学院
2000	2005 神戸常盤短期大学 2007 東京福祉大学短期大学部	2000 人間総合科学大学 2001 大阪芸術大学、聖徳大学、日本福祉大学 2002 東北福祉大学、第一福祉大学、武蔵野大学、武蔵野美術大学、九州保健福祉大学 2003 早稲田大学、中部学院大学、倉敷芸術科学大学 2004 星槎大学、東京リーガルマインド大学、八洲学園大学 2005 東京福祉大学 2006 神戸親和女子大学、帝京大学（理工学部情報学科のみ） 2007 サイバー大学	2000 帝京平成大学大学院、東亜大学大学院 2001 名古屋学院大学大学院、放送大学大学院 2002 倉敷芸術科学大学大学院、吉備国際大学大学院、九州保健福祉大学大学院、中京大学大学院、ビジネス・ブレークスルー大学院大学 2003 東京福祉大学大学院 2004 高野山大学大学院、桜美林大学大学院、人間総合科学大学大学院

図１　戦後の大学通信教育部開設の歴史
（点線は神道系、網かけは仏教系、実線はキリスト教系）

教の創価大学である。以下、佛教大学と創価大学の通信教育について論じたい。

佛教大学の通信教育

浄土宗系の佛教大学通信教育部が注目されるのは、東京外で初めて通信制を導入したことである。一九五〇年に東京の私立六校が認可を受けた後、これに続いたのは、わずか三年後の一九五三年。以降、短期大学三校に通信制が設置されるが、大学では一九六〇年の近畿大学まで、佛教大学だけであった。

これほど早く通信制を開設した背景には、戦時体制下で学徒動員されていた佛教専門学校同窓生の要望があった。同大学は一八七〇（明治三）年に京都の知恩院山内に設けられた仮勧学場を前身とし、僧侶育成を担う高等教育機関として発展。一九一二（大正二）年佛教専門学校と名称変更、戦後一九四九（昭和二四）年に新学制下で佛教大学となり、仏教学部仏教学科を開設した。早くも一九五一年に通信講座を設け、一九五三年に通信教育課程を開設する。

このように、戦前からの僧侶養成機関としての性格が、戦後の佛教大学のスタートを規定していた。学徒動員兵たちは戦争が終わってもさまざまな理由で母校に戻ることができなかった。そのような同窓生たちに応えるために通信制を導入したのである。一九五五年には中学・高等学校教員免許取得（社会・宗教）が認可され、一九六二（昭和三七）年には仏教福祉学科を開設している。当初、仏教精神を多くの人々に体得してもらうことを主眼に、「世界性、万物万象の根本法則、大乗仏教の中道の原理」を理解すること、「仏教文化の向上発展に寄与し、人類福祉の増進に貢献する」ことを目標とし、卒業生はそろって知恩院に参拝した。この意味で、佛教大学の通信制は、宗教専門家・信者養成のための通信教育、宗教を知識として学ぶ通信教育の二つの性格を色濃くもつものとして始まった。

ところが、興味深いことに一九六五（昭和四〇）年、仏教の名称を冠した学部名を文学部へ改組し、国文学科を開設し、仏教福祉学科も社会福祉学科に改称する。さらに一九六六年に史学科、一九六七年に社会学部、一九六八年に教育学科を次々と開設し、仏教教育専門の大学から文科系総合大学への転身をはかってゆく。

どのような契機からこのような転換をはかることになったのだろう。たしかに大学の将来を考えれば、仏教教育に限定していては、それ以上の発展を望めないことは明らかだったろう。多くの宗教系大学が建学の精神と教育理念を維持しながら一般教育に取り組むことで日本社会での立ち位置を築こうとした。とりわけ、佛教大学が仏教学部を文学部に改組した昭和四〇年代は学校教員が数多く求められた時期にあたっている。教育学科通信教育課程への進学者が増加し、佛教大学は僧侶養成よりは小学校教員養成の通信制大学として社会に広く知られるようになった。

それにしても印象的なのは、資格・教員免許を取得させるシステム整備の速さである。一九八八（昭和六三）年社会福祉士国家試験受験資格が得られる唯一の通信制大学として社会福祉学科への入学者が増加。学内では、通信教育部が、大学の名を社会に広め、佛教大学が総合大学に発展する原動力となったと考えられている。一九八一年に英文学科、一九九一年中国文学科、一九九五年応用社会学科、一九九六年教育学部を開設、一九九七年には在籍学生は三万七六三七名に上った（この数は、現在通信制の在籍学生数で最大をほこる創価大学の一・七倍）。一九九九年には日本大学、明星大学、聖徳大学とともに全国初の通信制大学院を開設、二〇〇七年度には大学四学部七学科の通信教育部、大学院三研究科一二専攻の通信教育課程を有するに至っている。

このように社会変化に機敏に対応しながら通信教育界をリードしてきた佛教大学だが、仏教専門学校としての伝統を守っている側面もある。大学・大学院の機構図には、浄土・仏教コース、浄土学専攻、仏教学専攻、仏教学専攻などが、最上位に記載され、現在もほぼ全学科で浄土宗教師と浄土宗開教使の資格が取得可能である。

さらに、通信教育によって一般教育を提供していくことに熱心な姿勢を示す背後にも、実は浄土宗らしい発想が潜んでいる。通学困難な人々に大学の門戸を開放しようという動機に加え、同通信教育部には、浄土宗経典

『無量寿経《むりょうじゅ》』に「普照無際土《ふしょうむさいど》」という言葉があるように、阿弥陀仏の無限の救済力のイメージを教育機会拡大に重ねあわせて発想する校風がある。その傾向は、生のコミュニケーションが大幅に制限される通信教育システムの弱点を具体的工夫によって克服しようとする熱意に反映されている。

一九六九年には大学通信教育として初の学習指導室を設置、指導担当者を配置して来室者への個別指導を行なった。それは「学習の心構えと姿勢、学習計画の立て方、テキストの読み方、リポート作成の方法や手順、科目最終試験への対応、答案作成の方法、卒業論文題目の設定、時には生活相談、人生相談、さらには職場の人間関係にかかわる学習態勢づくりの相談、結婚相談まで受けることがあった」[7]というほど多岐にわたるものであった。さらに、こうした相談を行なう過程で、学習上の困難が初期にやってくること、六五%の学生が挫折を経験していることを発見し、入学直後の初期指導の重要性と効果に着目、入学オリエンテーション学習会を全国的にエリア別に区分・組織して実施するシステムをつくり強力に推進してきた。また、一九七〇年より卒業生を指導員に充て、一九八〇年から嘱託指導員としたが、彼らは地方学習会などでテキストの読み方、レポートの書き方などを初期指導、奉仕や報恩の精神で後輩たちを激励した。さらに、当時反対のあった夜間スクーリングや日曜スクーリングなどを学生の希望に合わせて素早く導入、実施している。そもそも同大学には、通学課程と通信課程を同体ととらえる意識があるという。どちらが主でどちらが従ということはなく、両方合わせてはじめて大学のアイデンティティが定まるという発想である。

通信教育課程を設置するにあたって、必ずしも宗教的理念が不可欠であるわけではない。しかしながら、宗教系大学に限ってみると、数多いキリスト教系大学や仏教系大学で、創価大学を除いて、これほど多岐にわたる通信教育を実施しているところはない。この差は、どこから生じるのだろうか。一律の説明は難しいが、浄土系仏教を母体としていることがやはり影響しているように思われる。すなわち、阿弥陀仏の救済を戦後社会で実現していくにあたり、来世における救いのみならず現世利益を求める人々の要求にも応えようとしてきたためと解釈できるのではないだろうか。もっとも、同じ浄土系でも、浄土真宗系の大学に同じ大規模の通信制はなく、この点は考察の余地が残されている。しかし、少なくとも佛教大学の場合、宗派の性格、大学改革のタイミング、社会的需要などが噛み合った結果、通信制が大学とともに成長したとみなすことができるだろう。

創価大学の通信教育

創価大学の通信教育部設置は一九七六(昭和五一)年であるから、佛教大学から二三年後のことである。しかし、同大学通信教育部のルーツは戦前にある。

創価学会創始者の牧口常三郎《つね》がもともと教育者であったことはよく知られている。貧しい家庭に生まれ苦学して北海道の師範学校を卒業した牧口には「半日学校」の思想があった。学習を生活のための準備とのみとらえるのではなく、社会生活をしながら学習することに人間本来の教育のあり方を見出す考えである。さらに牧口は、「学は光、無学は闇」として、学習により自己と他者の幸福につくす人間になることを説いた。一九〇五(明治三八)年には大日本高等女学会という組織を設立、講義録『高等女子講義』を出版し、高等教育の機会を奪われていた女性を対象に一時二万名余りの会員を集めた。経営困難から三年後にこの組織は人手にわたるが、通信教育を試みた事実は興味深い。牧口が日蓮正宗に帰依するのが一九二八(昭和三)年、主著『創価教育学体系』出版が一九三〇年であることを思えば、学習機会を多くの人々に提供しようとする姿勢は日蓮正宗の教えに先行し、苦学して教育者となった原体験が影響しているといえよう。戦後、第二代会長となる戸田城聖《じょうせい》が牧口に師事したのも一九二〇年であり、学習機会拡大への牧口の熱意は、日蓮正宗に帰依する以前から戸田に受け継がれ、戸田の薫陶を受けた池田大作へと至っていると見ることができる。その上に、さらに日蓮仏法の思想が加味されていると解釈できよう。戸田も一九四〇年から四二年にかけて『小学生日本』を創刊、戦時下の児童に学習機会を提供し、通信添削を行なって一時期一万二千名余りが参加したという。戸田が一九三〇年ごろから教育雑誌、受験参考書を執筆し、成功を収めていたこともよく知られている。一九四五年から四六年の戦後混乱期には日本正学館という組織をつくり、中学生対象の通信教育も試みている。池田が戸田に出会ったのは翌年の一九四七年である。

牧口、戸田、池田は苦学生であった点で共通している。したがって、創価大学創立（一九七一年）が可能となったとき、通信制設置は自然な流れであった。むしろ、通信教育部は、創価学会の教育思想を忠実に体現するシンボルの一つだといってもよい。

通信教育部は当初法学部と経済学部に設置され、一九八二年に教育学部が増設されて現在に至っている。学部卒業をめざす正規課程の他に、教員免許や資格取得をめざす免許コースと資格コースが設けられている。二〇〇六年度在学生数は約二万二千名でピーク時の佛教大学には及ばないが日本の大学通信教育中で最大、後発の通信教育部としてはめざましい発展をしている。正規課程卒業生が約一万名、教員採用試験合格者も一万七千名にのぼる。

高村忠成通信教育部長によれば、入学にあたり宗教は問わないため、在学生中に学会員子弟の占める割合は不明だが、あくまで大学卒業、資格・免許取得などが目的で入学してくる者がほとんどだという。受講生が多い理由は経費が安いことと、多くの学位・資格取得者を出している実績が認められるようになったためではないかと受けとめられている。さらに、通信教育部を通じて間接的に創価大学、創価学会のことが知られるようになり、信者にならなくてもシンパサイザー（理解者）ができること自体に意義がある、との返答が印象に残った。(8)

在学生に「光友会」、卒業生に「創友会」という組織があり、指導員とネットワークで結ばれる。北海道から沖縄まで全国一四都市で地方スクーリングを実施し、科目試験は全都道府県の八〇会場とニューヨーク、ロサンゼルス、パリ、香港、シドニーでも行なわれる。創価学会が巨大教団であるメリットが生かされている。

創価大学の基本理念の筆頭に「人間教育の最高学府たれ」という言葉があるが、在学生数の多さもあり、通信教育部は学会内で「生涯学習の最高学府」と表現され（『聖教新聞』二〇〇四年一〇月二五日付、二〇〇五年八月九日付）、創価大学の使命ととらえられるなど、高い位置づけがなされている。創価大学通信教育部開設二五周年記念集『交友の誓』[9]（二〇〇〇年）掲載の池田の言葉は、通信教育部学生に自身の人生を重ね合わせるように語っている点が印象深い。

私もほとんど夜学で学びました。名もない夜学であれ、通信教育であれ、そういう所から偉大な人間が、力ある貢献できる人が出てきた時に、これが本当の教育革命であるし、人間革命である。（一九七九年）

自己中心の臆病なインテリでは、決して民衆を守れません。民衆の中から、たくましく立ち上がり、民衆と共に、生き生きと学び、そして、民衆のために、堂々たる獅子となって、真実を吼え、使命を果たし切っていく。（一九九七年、傍点引用者）

日本の行き詰まりの根本は、どこにあるか。それは、人材の欠乏にあると、牧口先生は、喝破されておりました。今も、まったく同じであります。その中にあって、わが創価の陣列には、一騎当千の光友会の皆さまがおります。地涌の人材が陸続と湧き出ております。（一九九九年、傍点引用者）

日蓮仏法は、「煩悩即菩提」であります。苦労しながら学び、戦った分だけ、全部、智慧に変わり、大福運に変わらないわけがありません。妙法の冥益は、絶対です。（一九九九年）

いずれも通信教育部の式典で池田が実際に語り、あるいはメッセージを寄せたものである。なかでも、注目したいのは「地湧《じゆ》の人材」という表現である。日蓮系宗派が聖典とする『法華経』に「従地湧出品《じゅうじゆじゅつほん》」という章がある。ここに「地湧の菩薩」という表現が登場する。「地湧の人材」はこれをふまえている。「地湧の菩薩」とは、釈迦が説法をしていたときに大地が割れ、そこから数限りなく出現してきた菩薩たちのことであり、釈迦入滅後の世界に法華経を説くことを託された存在とされる。日蓮自身が佐渡流罪中に風雪に耐え、宗教的転機となった著作『開目抄《かいもくしょう》』を執筆するなかで、この地湧の菩薩に自身を重ねていった。池田は自身と通信教育部学生をこの地湧の菩薩にたとえているのである。「地湧」という言葉は『交友の誓』には一度しか登場しないが、それ以外にも「地道な無名の王者」「創価のエース」などの言葉で通信教育学生を鼓舞している箇所がある。つまり、ここに、エリート主義を正面から否定し、学歴に恵まれない通信教育部学生を讃える、価値転換のパッションが見られる。

『法華経』のこうした解釈を学会員以外の学生が理解し、何らかの影響を受けているとは思えないが、牧口、戸田、池田と続く創価学会特有の教育へのこだわりがなければ、通信教育部が誕生し、同大学のなかで大きな位置づけがなされることもなかったであろうこともまた事実である。

同じ仏教系で規模においても似ていながら、創価大学通信教育部は佛教大学通信教育部と明らかに異なる特徴がある。それは仏教学科と大学院課程がないことである。在家仏教教団として僧侶養成の必要がないこと、また、仏教を学ぶためには座談会など創価学会特有の草の根の組織があり、あえて通信教育による学習が求められていないことが関係しているのだろう。そして、通信制大学院がないことは、エリート主義を嫌ってきた創価学会特有の教育姿勢の反映とみることができるのである。

「宗教と教育」論の盲点

あまたあるキリスト教系大学が通信教育の分野に乗り出さず（現在あるキリスト教系三大学の通信教育ができ

たのはごく最近で、いずれも多分野をカバーしない）、佛教大学と創価大学がこのシステムに本格的に関わってきたことはもっと注目されてよい。実際の教育効果については、次にふれる通信教育と宗教の比較論の視点から批判的に検証されなければならないが、今日の大学通信教育を語る上で、この二校が欠かせない存在となっていることはまちがいない。

事実、これほど数多くのキリスト教大学がありながら、一般通信教育に関心が向けられてこなかったことには、明らかな偏りが見て取れる。宗教系学校については、大学を入学難易度（偏差値）によって見るのではなく、この価値観を逆転し、入学容易度（どの程度門戸が開かれているか）によって評価する別の尺度があってもよいのではないだろうか。とくにキリスト教系学校については、通信教育を通じての学習機会の提供という課題に取り組んでこなかった事実が、エリート主義と揶揄される日本のキリスト教の特徴を浮き彫りにしているように思えてならない。

また、「宗教と教育」というテーマをめぐっては、公教育において宗教を教えることの是非ばかりに議論が集中してきた観がある。しかし、日本の各宗各派のなかでどの教団が広く学習機会を提供する通信教育という門戸開放型の教育形態に関心をもち、実際に取り組んできたのかという問いに一定の見通しを得ておくことも重要である。それは、世俗システムが宗教にどう関わるかというベクトルだけでなく、宗教が一般教育にどう貢献するのかというもう一つの逆方向のベクトルに目を向けることなのである。

4　通信教育と宗教の比較から見えてくるもの

以上、日本の宗教界における事例をふまえた上で、最後に、通信教育と宗教の比較論を試みたい。最初に述べたように、通信教育と宗教は目的の次元を異にする。しかし、それにもかかわらず類似点を数多く見いだすことができる。

まず、①どちらも時間的・空間的隔たりを前提にしている。通信教育は教育提供者と学習者の、宗教は超越者・教祖と信者との間に隔たりがある。②両者とも、この隔たりを何らかの媒介によって乗り越えようとする。通信教育では、その役目をインストラクターと教材が果たし、宗教では、僧侶や牧師など宗教専門家と教典が担う。そして、③両者とも、インストラクター・教材、宗教専門家・教典といった媒介を通じ、学習者、信者にある種の「内面化された会話」を構築する。[10] よって、④繰り返し反復行為が求められる。通信教育の学習者は、暗記し、知識の定着をはからなければならず、宗教の信者は何度も教典を読み、祈りや読経をする。こうして、⑤熱心な学習者および信者にとって、時間的・空間的隔たりがあることが、逆に教育提供者および教祖への親密さをもたらす。なぜなら、常に対面しないため、教師や教祖の人間的欠点を目にすることも少なく、自分が好むイメージを投影できるからだ。通学していてもその他大勢の学生・信者に混ざってしまえば、教師・教祖と個人的関係をもつことはできない。それならば、対面する機会が少ない方が、期待感が損なわれずにすむ。また、数少ないスクーリングや面会は、学習者・信者により大きな印象を与えることにもなる。教師の説得力と教祖のカリスマ性が高められるのだ。
①〜⑤のようなシステムとしての類似性に加え、両者には、⑥一般の社会システムから外れてしまう人々のニーズに応えるという共通した関心がある。病気・精神的な病・いじめ・経済的理由・家庭問題・その他の事情で通学できない人々のニーズに応えようとする通信教育のあり方は、宗教がめざす救済の姿勢に通じるものがある。よって、もし、宗教が死後のみならず現世での救済にも関心をもち、社会的役割を担おうとする場合、当然、通信教育のようなシステムに関心を寄せるであろうと予想される。
さて、通信教育と宗教は、さまざまな障害を乗り越えて人々のニーズを満たそうと高い目標を掲げるがゆえに、コンテンツ（学習内容、教え）と熱意が持続しない場合には、一転して現実から遊離し、人々の期待に応えられ

ず、ネガティヴな要素をかかえこむことになる。

つまり、⑦その場しのぎの指導になり、教材・教典の質も劣化し、実体が稀薄となる。そのような現実を隠蔽すれば、誇大宣伝だけが先行して繰り返されてしまう。そうなれば、⑧実質的効果よりも、幻想ばかりが維持されていく。すなわち、学習者も信者も、通信教育に取り組む前、入信前は自分の希望を満たしてくれると期待するが、実際に取り組み、入信してみると、目的を実現し、満たされる人はほんの一握りしかいない。にもかかわらず、客観的判断力を失い、学習や信仰をやめることができず不幸な結果を招いてしまう。

こうした危険があるために、⑨通信教育も宗教（とくに新宗教・新新宗教）も、じつは重要な社会的役割を担っているにもかかわらず、通学教育や公的サービスの代用品とみなされることが多い。また、⑩外部から効果が分かりにくい点も類似している。宗教についてはもちろん、通信教育も、さまざまな障害を乗り越えて学ぶものであるだけに、課程修了率がどうしても低くなる。卒業や資格取得という目標に至らない人々についても、学習意欲が喚起され、人生の転機となるなど目に見えない利点がある場合も多い。ところが、これらの隠れた効果を一律に統計的手法で示すことはなかなか難しい。

社会から代用品とみられないためには、通信教育は、優秀な修了者を輩出し、実例でもって、その客観的効果を示していかなければならない。しかし、もともとさまざまな制約を負っているために、通学教育とすべて同じ尺度でみることも早計である。公共サービスと宗教の関係でも言えることだが、一方ですべてを担うことはできない。通学教育が満たし得ない領域があるからこそ、通信教育の社会的ニーズが生まれてくるのだ。したがって、卒業・資格取得などの目に見える効果とより複雑な利用満足度とをバランスよく総合的に評価する尺度が必要だろう。

以上、宗教との比較によって得られる知見は、通信教育に本質的に欠かせないものが、充実したコンテンツと教育者の熱意だということである。それらが伴わなければ、いかに技術が進んでも通学教育にない数々の制約を乗り越えることは困難である。コンテンツと熱意は、いかなる教育においても欠かせないが、通信教育では、教師と学生の生のコミュニケーションが限られるために、いっそう重要である。こうした視点を抜きにして、技術論だけに偏っては本末顚倒となろう。インターネットや携帯電話などのインフラがいくら発達しようと、本質論は存在しつづけるのである。

註

（1）賀川豊彦「南風に競うもの」（『賀川豊彦全集』第一六巻、賀川豊彦全集刊行会編、キリスト新聞社、一九六三年）一五頁。

（2）儒教、道教、ユダヤ教、イスラム教など他の伝統宗教については、日本国内の通信教育との関わりを見いだすことはできなかった。議論が拡大しすぎるため立ち入らないが、新新宗教（幸福の科学やアーレフなどを含む）については、通信教育類似のシステム（教祖著書出版＋各種集会・セミナーの組合せ）による布教をどうとらえるかという問題が残る。そこでは、教祖の著書や映像・音声資料が教材として用いられ、スクーリングの役割を集会やセミナーが果たしていると見ることもできる。

（3）布教師養成のための黒住教学院通信教育という課程があるが、詳細は不明である。

（4）上智大学（イエズス会）、南山大学（神言修道会）、聖心女子大学（聖心会）など。

（5）青山学院大学（日本基督教団・合同メソジスト系）、関西学院大学（日本基督教団・メソジスト派系）、国際基督教大学（超教派系）、津田塾大学（独立教会系）、東京女子大学（北米プロテスタント諸教派系）、同志社大学（日本基督教団・会衆派〔組合派〕系）、明治学院大学（米国改革派・長老派系）、立教大学（聖公会系）など。

（6）財団法人私立大学通信教育協会編『大学通信教育五〇周年記念　五〇年の歩み――明日をめざす大学通信教育』（財団法人私立大学通信教育協会発行、一九九九年）による。なお、財団法人私立大学通信教育協会編『開かれている大学――大学通信教育』（一九八二年）、通信・遠隔教育研究会編『大学・大学院通信教育の設置・運営マニュアル』（地域科学研究会発行、二〇〇四年）、通信教育研究会編『通信教育のすべて　二〇〇七年版』（啓明書房、二〇〇五年）も参照した。

（7）『白道』編纂委員会編『白道　佛教大学通信教育部開設三〇周年記念誌』（佛教大学通信教育部発行、一九八二年）五

六頁。なお、記念誌では、文献解題で挙げた五〇周年のものの他、坪井俊映編『普照　佛教大学通信教育開設20周年記念』（佛教大学通信教育部発行、一九七二年）を参照した。

（8）二〇〇六年一〇月一〇日、創価大学における筆者インタビューによる。

（9）創価大学通信教育部開設二五周年記念編纂委員会編。なお、文献解題に挙げた塩原将行の論文の他、同著者の「牧口常三郎と通信教育——民衆のための教育を目指して」（『通信教育部論集』第三号、創価大学通信教育部学会、二〇〇〇年）、小山満ほか編『歴史——日本史』（創価大学出版会、二〇〇二年）、島田裕巳『創価学会』（朝日新書、二〇〇四年）、同『公明党vs.創価学会』（新潮新書、二〇〇七年）、創価大学通信教育部・開設三〇周年記念編纂委員会『学は光』（二〇〇五年）、『創価大学通信教育部　二〇〇六入学案内』、創価大学通信教育部学会編『創立者池田大作先生の思想と哲学』第二巻（第三文明社、二〇〇六年）も参照した。

（10）「内面化された会話」という表現は、藤岡英雄（NHK放送文化研究所）の論文「通信教育の可能性——遠隔教育論的アプローチ」（『教育学研究』第四七巻第四号、日本教育学会、一九八〇年）中に紹介されたB. Holmbergの研究の知見「遠隔学習は現実のコミュニケーションとともに、内面化された会話によって成り立つ」（二六頁）による。ただ、藤岡の論文がとくに宗教にふれているわけではない。

第六章　社会通信教育の変容と「改善の知」の系譜

――「地方改良」から「ビジネス・キャリア」へ

福間良明

ドラマ『ハケンの品格』（全一〇話）は二〇〇七年一月一〇日から三月一四日まで、日本テレビ系列で放映された。主演は篠原涼子で、難関資格を多数有している派遣社員を演じた。主人公は、「働かない正社員がいてくれるおかげで私たち派遣はお時給をいただける」、「会社に縛られるような奴隷になりたくありません」とうそぶき、正社員たちと頻繁にぶつかりあう。しかしながら、時には大型クレーンを操作したり、エレベーター事故に対処するなど、資格に裏打ちされたスキルでもって、正社員の手に負えないトラブルを次々と鮮やかに解決してみせる。このドラマは高い視聴率を維持し、平均視聴率は二〇・一パーセント、最終回は二六・〇パーセントを記録した（ビデオリサーチ調べ・関東地区）。

むろん、高視聴率の背景には、正社員と派遣社員の「格差」があった。経済学者の金子勝はこのドラマに言及しながら、こう述べている。

もちろん、こんなスーパー・ハケンなどいるはずがない。しかし、労働者派遣法改正が本格化した一〇年ほど前には、派遣は、自分でスキルを磨け、会社に縛られない新しい自由な生き方なんだと喧伝された。このドラマはそれが「悪い夢」だったことを分からせてくれる。むしろ一番ありえないのは、正社員と派遣社員が本音をぶつけあう、こんなに風通しのいい会社だろう。そこがこのドラマの生ぬるさであると同時に、〝救い〟となっているのかもしれない[1]。

かりに同種の仕事をこなしていたとしても、正社員であれば比較的高収入で、身分の安定も保障される。かたや派遣社員は低賃金で、つねにリストラの恐怖におびえなければならない。資格や専門知識を持っていても、派遣社員の「新しい自由な生き方」は、「会社に縛られるような奴隷」よりはるかに不遇なのが実状である。

ところで、派遣社員であるか正社員であるかは別にして、社会通信教育も、こうした高度な実務知識を持つ職業人の養成をめざした。また、通信教育の修了認定をその技量の指標・資格として流通させようとする議論も少なくなかった。たとえば、教育学者の茅誠司は一九七八年に社会通信教育に言及し、「この立派な制度の学習者にクレジットを」与えるべきことを主張している[2]。

だが、戦後初期の社会教育政策においては、逆の方向性に重点が置かれていた。文部省社会教育課の岩田守夫は、一九五五年の論文「通信教育の現状」のなかで、社会通信教育が「特定の資格が与えられるものではない」ことの理由として、以下のように述べている。

人間の価値を決定するのにその学歴をもってし、いかに社会的実力をもっていても学歴のないものが重用されないという事実が多い。しかしながら社会通信教育はあくまでも実力を養うということに重点がおかれなければならない[3]。

ここでは、資格の取得ではなく、「実力」を養成すること自体が通信教育の目的とされている。通信教育で提供されるべきは、茅誠司の主張とは逆に、「ノン・クレディットの知」であったのである。

では、職業人向けの通信教育は戦後、いかに変容したのか。そこでは、「知」「実力」「資格」はどう意識され、また、それはいかに機能したのか。そして、その背景には、どのような社会的要因があったのか。それらの点について、以下に考察していきたい(4)。

1　文部省認定制度の誕生と「地方改良の知」

認定通信教育の前史

一九四七（昭和二二）年九月、文部省は通信教育認定規程を制定した。これは、大学・高校の通信教育とともに、社会教育の通信教育についても、認定制度を適用しようとするものであった。この規程に基づき、一九四七年一二月には秋田鉱山専門学校（のちの秋田大学鉱山学部）の採鉱学科・冶金学科が認定され、翌一九四八年二月には財団法人ラジオ教育研究所のラジオ工学講座がこれに続いた。

戦後の社会通信教育は、しばしばこれを起点に語られるが、じつはそれには前史があった。すでに戦前期より、講義録という形式で社会通信教育は存在しており、戦前から戦後にかけて社会通信教育事業に携わった本間晴《せい》の記述によれば、一九四一（昭和一六）年の時点では、中学や女学校の講義録のほかに、農業講義録が五種、商業実務講義録が三種、工業技術講義録が二五種、その他、英語・北京語・書道・ペン習字など、計六一種の講義録があったという(5)。むろん、それも戦時下の時代状況を反映したものであった。北京語講義録は、一九三七年に勃発した日中戦争を背景とするものであったし、工業技術分野では、採鉱冶金、無線通信、自動車のほか、飛行機などもあった。飛行機に関していえば、この時期は、財団法人日本学生航空聯盟が海軍予備航空団に編成替えとなり、戦闘機パイロットの大量養成が求められつつある時期であった。

だが、情報局の管轄のもと、日本出版文化協会で用紙統制が始まるようになると、講義録出版に対しても、これが適用された。業界では、用紙割当てを促進するための団体の結成が求められるようになった。そこで一九四一年に生まれたのが、通信教育研究会であった。その活動もあり、一九四一年には六〇講義録が用紙配給を受けたが[6]、その後のさらなる用紙統制のなかで、講義録出版団体は統廃合を重ねた。『文部省認定社会通信教育三〇年の歩み』によれば、一九四三年八月の第一回統制では五〇講義録・二九団体、一九四三年一二月の第二回統制では二八講義録・二〇団体、一九四四年一一月の第三回統制では一一講義録・七団体にまで減少した[7]。

戦後、この七団体が中心になって新たな業界団体の発足が模索され、一九四六年五月に日本通信教育協会が結成された。この協会には、戦時期の用紙統制で講義録出版を中断していた約四〇団体が加わった。この日本通信教育協会の主たる業務も、戦時期と同じく用紙の確保であった。当時、配給業務は文部省社会教育局文化課が受け持っていたが、それと折衝し、業界として一定の用紙確保をはかることが、協会の初期の主な任務であった。

「教育の民主化」とノン・クレディットの知

だが、こうした動きは、文部行政にとっても好都合なものであった。戦後、学制や教育内容の抜本的な改変が進められるなか、文部省は通信教育の制度化も重要視していた。そのひとつのねらいは、「教育の民主化」であった。

一九四七年に六・三制の義務教育が開始されたが、終戦直後の経済力では、それとて大きな困難を伴うものであった。教育刷新小委員会で委員長を務めた安倍能成は、六・三制の導入を要望するなかで、次のように語っている。

六・三義務教育制実施については、もとより国及び地方において少からぬ経済的負担を要するのであるが、今日において本制度一日の遷延は、後に祖国再建百年の遷延を来す禍根の因となることを思うとき、教育刷新委員会としては、もとより国家財政の実状ともにらみ合わせる必要を認めるとしても、なお、万難を排して少くとも新制中学校新入一年生の義務制のみは、昭和二十二年四月から実施を要望するものである。(8)

だが、六・三制の義務教育実施が当時、いかに困難なものであったとはいえ、それで十分な教育を提供できると考えられていたわけではない。文部省の諮問機関・通信教育調査委員会で委員長を務めた社会学者・戸田貞三は、文部大臣あての「通信教育制度創設に関する答申」(一九四七年五月二二日)のなかで、社会通信教育の必要性の根拠として、こう述べている。

平和日本の新しい目標である高度の民主主義文化国家を建設するためには、教育の民主化が何より急務である。新しい六・三制による義務教育の実施も、もとよりこの線に沿うものであるが、それだけでは民主化の実を十分に挙げることはできない。(9)

六・三制義務教育の困難さが痛感されるものの、九年間の義務教育の不十分さも否めない。そうした認識のもと、義務教育の不足を補うものとして、社会通信教育は構想されたのであった。だが、それは同時に、学校以外にも教育の場を拡大し、「教育の機会均等」をめざそうとするものでもあった。戸田は、上記の答申において、続けてこう述べている。

これと同時に、これまでの狭く学校の内部に限られていた教育の機会を広く一般民衆に開放し、教育の普及徹底を図る必要がある。

このような教育の機会均等の要望にこたえ、しかも特殊な教育効果を期待し得る新しい教育方法として重要な意義を帯びるものこそ通信教育にほかならない[10]。

六・三義務教育制の不十分さを補いつつ、上級の学校に進学できる者とできない者とのあいだに横たわる、教育上の不均衡を是正する。それが、戸田が通信教育のなかで意図したものであった。こうした意図のもと、戸田らによる通信教育調査委員会は、文部省認定制度や用紙の確保、そして通信教育に求めるべき内容などについて検討を行なった。そこでは、「大学・高専」「中等程度」「職業・技術・教養」の三部門に分かれて特別委員会が設置された。そのうち、「大学・高専」「中等程度」では、課程修了後に相応の学歴資格が付与されるとされたが、「職業・技術・教養」部門の場合、「〔当該通信教育講座を実施する〕経営主体の責任と権限とにおいて所定の修了証書を与えることができる」[11]とされたのみで、資格付与は見送られた。

文部省は、通信教育調査委員会の答申に基づき、一九四七年九月、省令で通信教育認定規程を定めた。とはいえ、学校通信教育も社会通信教育も、当初はともにこの規程の認定を受けることになっており、すべての通信教育は社会教育局企画課の所管になっていた。その意味で、学校通信教育と社会通信教育の相違はことさらに意識されていたわけでもなかった。ところが、一九四九年五月の文部省設置法、そして翌月の社会教育法の制定により、それらの担当部局は分かれ、社会通信教育は社会教育局社会教育課が所管するようになった。また、社会教育法に基づく社会教育認定規程（一九四九年一〇月）と通信教育認定基準が省令で定められ、認定社会通信教育はそれらの制度のもとに位置づけられた[12]。学歴資格を取得できる学校通信教育と、何の資格も得られない社会通信教育の差異は、こうして明確に制度化された。

それにしても、なぜ、社会通信教育では公的な資格の付与が認められなかったのか。それは、「教育の民主化」の理念によるものであった。冒頭にあげた文部省社会教育課・岩田守夫の記述の通り、「人間の価値を決定するのにその学歴をもってし、いかに社会的実力をもっていても学歴のないものが重用されないという事実が多い」

なか、「あくまでも実力を養うということに重点」を置こうとしたのが、社会通信教育であった[13]。また、文部省社会教育局『通信教育の問題点と振興策――社会通信教育研究協議会資料』（一九五五年）のなかでも、「ノン・クレヂット」の意義が次のように強調されている。

> 社会一般にはなお今日の日本は、学校教育偏重の考え方が抜け切れない面が強い。（中略）社会通信教育はあくまで実力を養うという点に重点がおかれ、学校通信教育のように一定の資格を得ることを問題としない。従って社会通信教育を終了《ママ》しても、直接それによつて、例えばその人の社会的地位とか、職場における待遇が上昇するということが少い。こゝに通信教育の重要性が理解されないうらみがあるのであり、最近このことを補うために、学校教育とは異つた一定の資格を社会通信教育終了生に与えるようにしたらという声も起つて来ている。しかしながら社会教育における通信教育の本質はそのような形式的なものではなくあくまでも内容的、実質的なものであることを忘れてはならないのではないか。終了生の実力が社会一般に正しく評価されるようになつたとき、その時こそクレヂットの問題などは消滅し、この教育が正しく軌道に乗つた時なのである[14]。

このような認定制度に対し、当初は申請する通信教育講座は少なかった。一九四七年に通信教育認定規程が制定されて一年の間に認定を受けた社会通信教育講座は、秋田鉱山専門学校の「採鉱学科」「冶金学科」（一九四七年一二月）、財団法人ラジオ教育研究所の「ラジオ工学講座（第一部・第二部）」（一九四八年二月）、社団法人日本電気協会の「電気工事講座」（一九四八年九月）、財団法人日本英語教育協会の「英語カレッジ科」（一九四八年九月）のみであった。

なぜ、これほどまでに出足が鈍かったのか。ひとつには、やはり資格の問題があった。受講者にしてみれば、苦労して学習したにもかかわらず、学校通信教育とは異なり、何の資格も得られない。それゆえに、受講者募集に不安を抱く事業者も少なくなかった。また、文部省認定を受けるうえでは、民間企業ではなく、公益法人を設立しなければならず、そのことも、申請を躊躇させる一因であった。

ただ、おそらくその最大の要因は、GHQによる検閲とそれに対処するための業務量にあったように思われる。GHQは出版物に広く検閲を実施し、国粋主義やアメリカ批判の言説を抑え込む政策を採っていた。それは通信教育の場合も同様であり、民間情報教育局（CIE）は、認定申請する事業者に対し、テキストなどの原稿すべてを英訳し、提出することを求めた。通信教育の事業者にしてみれば、テキストの編集や添削体制の整備だけでも、多くの労力がかかるうえに、CIE提出用の英訳に膨大な手間がかかり、にもかかわらず、申請が受理されるかどうかが不明となれば、認定申請に二の足を踏んだのも当然であった。

もっとも、CIEの検閲はほどなく緩和された。日本通信教育学園で認定講座の立ち上げに携わった城取直巳の回想によれば、一九四九年には目次のみを提出するだけで済まされていたらしい[15]。だが、その後も認定講座数は急増することはなく、一九五四年一二月の時点でも、一一団体・二四講座に留まっていた。

趣味と実用、都市と農村

では、そのなかで、どのような講座が開講されたのか。比較的多く目につくのは、電気関係の講座だが、受講者数が群を抜いていたのは、ラジオ教育研究所のラジオ工学講座であった。一九五四年一二月の段階で、認定通信教育入学者総数四一万二九〇二人のうち、ラジオ工学講座第一部は一二万八〇三八人で三一パーセントを占めており、同研究所のラジオ工学講座全体（第一－三部）では、入学者一五万八九二三名で、全体の三八・五パーセントに及んでいた[16]。

むろん、ラジオ教育研究所の開講が早かったことも入学者総数が多いことの要因ではあったが、ほぼ同時期に開講した秋田大学鉱山学部の講座が採鉱学科・冶金学科・電気学科をあわせて三八三九名、日本英語教育協会のジュニア科・シニア科・カレッヂ科がそれぞれ六万八〇八名、三万四四二四名、一万四五〇名で計一〇万五六八二名であったことを考えると、ラジオ教育研究所のシェアは圧倒的だった[17]。

また、入学者数だけではなく、そこに占める修了者の比率もラジオ教育研究所は群を抜いていた。日本英語教育協会が平均一二パーセント、日本電気協会が一七パーセントであるのに対し、ラジオ教育研究所のラジオ工学講座の場合、平均六六パーセントであった。ちなみに、一九五四年までの文部省認定通信教育修了者一六万一九三七名のうち、六四・四パーセントにあたる一〇万四二七八名がラジオ教育研究所の修了者であった[18]。

ラジオ製作のような「趣味」の講座の需要が、英語習得や電気工事技術のような「実用」講座のそれをはるかに上回っていたことは、それが戦後の混乱期であったことを考えると不思議に思われる。では、なぜこれほどまでに、ラジオ工学の知が通信教育で求められたのか。それは、これが「趣味」である以上に、じつは「実用」の知であったためである。とくに農山村部の場合、それが顕著であった。ラジオ工学講座の受講者向け雑誌『ラジオ』一九四九年二月号のなかで、受講者たちはその動機を次のように語っていた。

僕〔有我武夫〕がラジオ教育研究所の学生であることが広く村外の農村迄知られています。私の村〔福島県岩瀬郡浜田村〕は二里半もある町のラジオ屋まで出掛けねばラジオの修理がして貰えないと言う不便なところにあります。しかも町のラジオ屋へ行って修理をしてきても途中の自転車上で家に帰る迄《ママ》は再び故障となります。そこで私は村の人たちの希望によって「有我ラジオ電気研究所」を村に開業しました[19]。

ここで浮かび上がるのは、ラジオをめぐる都市と地方の格差である。ラジオ技術を持つ者も多かった都市部に対し、農村ではその数は極めて少なかった。そのために遠方まで修理に出さなければならなかったが、震動によりその帰路で再び故障してしまう。こうした問題が、戦後間もない時期のラジオ聴取にはつきまとっていた。群馬県利根郡池田村のある受講者も、『ラジオ』一九四九年三月号において、「〔将来は〕村中のこわれたラジオを自分の手で全部修理してあげたいと思っています」と語っていた[20]。

また、この通信講座では教科書配布とレポート添削、質疑応答だけではなく、受信機キットの販売もあわせて行なわれた。しかも、講座が上級になると、かつて組み立てたラジオを分解し、新たなキットを買い足すことで製作できるようになっていた。そのなかで、初歩的な三球再生方式から始めて、当時のラジオに一般的な真空管四球再生、それから五球スーパーや短波放送も受信可能なオールウェーブといった高級ラジオまで自作できた。受信機の入手すら必ずしも容易ではなかった終戦直後の時期において、製作キットつきの通信講座は、農山村部でもラジオ製作を体験し、その技術を習得することを可能にしたのである。

科学史研究者の高橋雄造は、一九四八年から一九五〇年までの『ラジオ』誌掲載の受講者投稿を分析しているが、それによれば、大阪・福岡・愛知・東京といった都市部と同時に、北海道・東北・鹿児島のような遠隔地の投書が際立っており、住所のわかる投稿者についていえば、郡部六五名、市部四三名であった[21]。投稿掲載については、編集部の意図的な取捨選択を経ているとはいえ、実際の受講者の地域分布をおおよそ反映していると考えられよう。ラジオ工作の技術は、単なる「趣味」ではなく、メディアをめぐる地方の環境不備を補うための「実用」であり、かつ、その延長でラジオ店を開業するなどの職業転移を可能にしたのである。

地方改良の知

もっとも、都市部と農村部の教育格差を縮小させることは、当時の社会通信教育に期待された機能でもあった。地方の農山村には定時制高校も少なく、北海道では一町村につき一校の設置を目標にしながらも、一九五二年の時点では、二七七町村中、約一〇〇町村で未設置であった。また、かりに定時制高校や成人学級が整備されたとしても、公共交通機関の整備状況を考えれば、地方の勤労者の通学は困難であった。北海道の場合でも、一六歳から二〇歳の勤労青少年のうち、青年学級や成人学校などの社会教育施設を利用する者は全体の一割程度にすぎないことが報告されていた(22)。それだけに、それらの地域では、地理的制約のない社会通信教育のニーズも高かった。北海道教育研究所が発行する『北海道教育』では、一九五二年に「僻地における社会通信教育」という論文が掲載されているが、そのなかでは、「北海道では通信教育に関しては他府県より一層それを拡充しなければならない立地条件を具備している」、「僻地的性格を多分にもつ本道としては、その青年教育に通信教育を大きくとり上げるべき理由は十分にある」という点が強調されていた(23)。文部省社会教育局で戦後初期の社会通信教育行政に携わった二宮徳馬も、一九五〇年の座談会のなかで、「通信教育は、山間僻地の不便な所にいる者の特点《ママ》」であると語っていた(24)。

逆にいえば、ラジオ工学講座の知は、都市部以上に農村部で求められるものであったのに対し、それほど需要が大きくなかった他の社会通信教育は、総じて都市的な知を提供するものでしかなかった。一九五九年のデータではあるが、文部省初等中等教育局地方課が発行する『教育委員会月報』(一一四号、一九六〇年)に掲載された「都府県別文部省認定通信教育受講者一覧」によれば、ラジオ教育研究所の通信講座は、東京・大阪がそれぞれ約四〇〇〇名、福岡が五七二七名であるのに対し、北海道は六七三四名、山口は三二二九名であった。それに対し、日本英語教育協会の通信講座は、東京二〇四六名に対し、北海道は四三二名に過ぎず、孔版技術研究所の講座の場合も、東京一五四〇名に対し、北海道は六五八名であった。

また、電気関係の講座でも、地方の受講者の多さが際立っていた。日本電気協会通信教育部の受講者数は一万七六三〇名で、ラジオ教育研究所の八万三七八九名とは大きな開きがあったが、それでも文部省認定講座のなかでは、受講者数はかなり上位にあった。そのうち、東京での受講者は五六〇名であったが、北海道での受講者は一一一八名に達していた。

その意味で、戦後初期の文部省認定社会通信教育は、主として「地方改良の知」を提供するものとして機能した。終戦後から一九五〇年代にかけて、ラジオは全国民的《ナショナル》なメディアであったが、ラジオ技術者が近隣に少ない農山村部では、聴取者自らが性能の高い受信機をいかに廉価に入手・自作し、また、その故障に対処するかは、切実な問題であった。そうした状況にあって、ラジオ工学講座は、メディア環境をめぐる都市と農村の格差を縮小させるものとして受け入れられたのである。

そのことは、電気工事関係の講座でも同様であった。電気工事の知は、都心部でも需要はあったが、それ以上に、地方で必要とされるものであった。都市部に比べれば電化が遅れ、また技師も少ない地方部に対して、電気工事の知を提供し、「地方電化」を促進する――それが、これらの講座に求められたのであった。もっとも、この講座の修了率が一七パーセントほどであったことを考えると、ラジオ工学講座ほど「地方改良」につながったわけではない。だが、少なくとも、それを促進する可能性を見出されたからこそ、一定の受講者数を獲得できたのであろう。

それに対し、英語の習得や印刷技術は、外国人の出入りや出版社・印刷所が集中する都市部において、必要性が生じることが多かった。だが、都市部であれば、これらの知を吸収するうえで、通信教育に頼る必然性はない。都市部には英語学校は林立しており、参考書籍も書店に少なからず出回っていた。印刷・編集技術も同様であったし、また、それらは職場のＯＪＴ（職場内教育）のなかで知識を吸収することも可能であった。

文部省認定社会通信教育でさまざまな講座が設けられたとしても、そこで需要が高かったのは、地方において有用とされるものであった。換言すれば、認定社会通信教育は、「地方改良」を促すものとして、機能していたのである。

だが、同時に、その戦前期からの連続性も見落とすべきではない。ラジオ教育研究所は一九四七年一二月に本間晴が設立したが、本間の通信講座・講義録出版の活動は、戦前期に遡る。本間は戦時期には東京無線技術学校（東京市豊島区）の校主を務めていた。そこでは、通学生への授業のみならず、『東京無線技術講義』という講義録も出版していた。ちなみに、『ラジオ科学』（一九四二年八月号）に掲載されたその講義録の広告には、「無線報国を希ふ青少年は来れ！」「独学にて無線通信士・技術者となりたい人の為に校外生部を設け『東京無線技術講義』を発行せり」とある。無線技術という戦争遂行に不可欠な知を資格取得に結びつけながら提供するものであったことがうかがえる。また、本間はそれとは別に晴南社を経営し、『最新製図講義録』『旋盤工講義録』『標準上原マレー語』などを出している。これらが戦時物資生産や南方進出のための知であったことは言うまでもない。また、本間自らも、『最新看護学講義』（一九二三年）、『海軍軍人志願者宝典』『陸軍軍人志願者宝典』（ともに一九三二年）を執筆していた。その意味で、本間は戦前期の社会教育における第一人者的な存在であった。

図1　本間晴が主宰する東京無線技術専門学校と晴南社の広告
出典：『ラジオ科学』1942年8月号。

また、この点では、日本英語教育協会も同様である。財団法人日本英語教育協会は、東京外事専門学校（後の東京外国語大学）学長の井出義行を代表者として一九四八年二月に設立され、通信講座「英語カレッジ」で文部省認定を受けた。そこには、英語普及をはかろうとするGHQの意図もあったと伝えられる。だが、経営難もあって、当時の文部省社会教育局長の斡旋で、旺文社社長・赤尾好夫が経営を引き受けた。[25] その結果、旺文社から役員・社員が入り込むこととなった。また、文部省認定社会通信教育の事業団体が集まって、一九五九年に財団法人社会通信教育協会が設立されたが、赤尾好夫はそれから二〇年余りにわたって、理事長職にあった。だが、赤尾が主宰する旺文社（欧文社）は戦前期より受験雑誌『受験旬報』『螢雪時代』を発行するなど、受験出版の大手であり、また、雑誌『新若人』を出し、若年層の戦意高揚を煽る役割も果たした[26]。

そして、彼らの戦後通信教育事業への参入は、かつての積極的な戦争協力を覆い隠す働きをした。GHQの意向を受けて設立された日本英語教育協会に旺文社が参画することは、戦時期の受験ノウハウをアメリカナイゼーションに適合させることを意味していた。本間晴のラジオ教育研究所の場合、その傾向はさらに顕著であった。戦時期の無線技術教育を、戦後になってラジオ製作教育へと転換させただけではない。ラジオ教育研究所は、教育・執筆スタッフとして、東京帝国大学第二工学部で教官を務めていた星合正治や高木昇らが関わっていた。東京帝大第二工学部は軍のつよい要請もあり、軍事工学や生産工学の技術者の養成を目指して、一九四二年四月に創設された[27]。星合正治や高木昇は、そこで電気工学の研究・教育にあたっていた。だが、戦後になると、第二工学部は「戦犯学部」とささやかれるようになった。むろん、「戦犯学部」であったのは、戦時工学を主導した（第一）工学部はもとより、他学部も同様であったが、戦時体制のなかで創設された第二工学部の設立経緯が、こうしたイメージを助長した。そのような状況のなかで、星合正治や高木昇らはラジオ教育研究所に関わるようになる。その理由は明らかであろう。高橋雄造も指摘するように、「戦中に軍事研究をおこなった技術者にとって、ラジオ技術や通信教育への従事は彼等自身の〝平和産業への転換〟という意味もあった」のである[28]。

2　高度経済成長と通信教育の変容

このように文部省認定通信教育は、戦前期・戦時期との連続性を保ちつつ、主には「地方改良の知」を提供していった。受講者数も一九六〇年代に入って急速に増加した。一九六一年には年間受講者は一八万人弱であったが、一九六六年には三九万人、高度経済成長期末期の一九六九年には六四万人に達した(29)。

ただ、そのなかでつねに問題になっていたのは「クレディット」の問題であった。一九六八年に刊行された『文部省認定社会通信教育20年の歩みと将来』のなかで、前述の二宮徳馬は「通信教育でよく資格が問題になるが、資格を与えるか否かはどこまでも学習目標を達成し学習効果を高める条件の意味で、資格を与えること自体に目的をおく教育は、……時代遅れと言える」と述べていた(30)。だが、他方で「社会通信教育の終《マ》了《マ》生に対しては、なんらの資格もともなわれない」ことが「今日もなお問題を残している」点も指摘していた(31)。

とはいえ、文部省は実質的な「クレディット化」にむけて動かなかったわけではなかった。一九六三年に文部省認定技能審査制度が創設され、同年八月には第一回実用英語技能検定（英検）が実施された。その後、硬筆書写、書道、編物、速記、孔版、秘書、レタリング、ラジオ・音響、トレースが検定試験の対象とされた。これらは、通信教育の受講とは別に試験を受けて初めて資格を取得できるものであり、また、通信教育の受講が受験資格となるわけでもなかった。しかし、受講者にしてみれば、通信教育受講の延長で、その技能がクレディットとして評価されることを可能にするものであった。

だが、こうした施策が社会通信教育の需要を促したのかというと、必ずしもそうとは言えない。認定技能審査制度で一定のクレディット取得が可能になったとはいえ、文部省認定社会通信教育の受講者数は、一九六九年をピークに減少の一途をたどった。一九七六年には三二万人となり、最盛期の約半数にまで落ち込んだ(32)。技能審査制度によって実質的なクレディット化の実現をはかったものの、その数年後には、認定通信教育の需要は下降傾向に入ったのである。

では、その要因は何だったのか。それは、認定外通信教育の活発化にあった。認定外通信教育に関する統計は整備されていないため、明確な講座数の推移は特定できないが、社会通信教育協会理事の藤ヶ崎香樹は、一九六五年ごろから認定外通信教育の活動が活発になったことを回想しており、一九七八年の時点で、認定通信講座一五一に対し、認定外講座は約三五〇に及んでいると推測していた。そのうえで、藤ヶ崎は、こうした「社会通信教育の氾濫」と「受講者募集の競合」が「認定社会通信教育の受講者減少」につながったと述べている[33]。

だが、新たな社会通信教育が多く生み出されたとはいえ、それらの講座はなぜ文部省認定を選択しなかったのか。そこには、認定に伴う諸々の制約があったと思われる。文部省が告示した社会通信教育基準では、通信講座の修業期間は原則的に六ヵ月以上と定められていた。また、認定申請を行なううえでは、通信教育事業団体の規則、学習指導体制の書類、事業計画、収支計画・決算書など、多くの文書を文部省に提出する必要があった（社会通信教育規程）。しかも、申請してから認定を得るまでに、最低でも二年を要していたという[34]。だとすると、制作者側からすれば、その時々で社会で求められるテーマを通信講座として提供しようとする場合、文部省認定に魅力を感じないのも、当然であった。

それにしても、なぜこの時期に、認定外通信教育は認定通信教育にとって脅威と映るほどに規模が拡大したのだろうか。そこには、必要とされる社会教育の知の変容があった。そのことを象徴するのが、産業能率短期大学や日本能率協会の社会通信教育への参入である。

産能大と「現場改善の知」

産業能率短期大学（現・産業能率大学、以後、「産能大」と略記）は、一九七一（昭和四六）年に社会通信教育部を設置し、「生産工学基礎コース」「VE基礎コース」など、一般社会人向けの通信講座を開始した。ただ、産能大は短大における通信教育課程を一九六三年に開設していた。これは、社会通信教育とは異なり、あくまで大学教育の一部であった。だが、そこでは入学試験はなく、高校卒業の学歴があれば入学可能であり、「経営数学」

「経営情報システム設計」など、科目履修生として受講したい科目のみ受講する社会人も少なくなかった。そもそも、一九五〇年に創設された産業能率短期大学は、当初、夜間部のみで発足した教育機関であり、主に働きながら経営学・生産工学を学ぼうとする社会人を対象にしていた[35]。これらを考えれば、企業実務に関する社会通信教育に産能大が取り組むようになったのは、一九六三年からであったと言える。

ただ、産能大が社会通信教育として提供する知は、従来のものとは、かなり質を異にしていた。前述のように、一九四〇年代後半から五〇年代にかけて、文部省認定社会通信教育では、ラジオ製作技術や英語、電気工事技術などの講座の需要が高かったが、それらはある「技術」「スキル」を習得しようとするものであった。それに対し、産能大の通信講座は、生産管理、VE（価値工学）、情報システム設計などを主に扱っていた。これらは、現場の実務技能を習得するものというよりは、「現場改善」のための技術を扱うものであった。たとえば、「生産管理基礎コース」は工程管理・作業管理・品質管理・資材管理・原価管理を扱っており、製品ができあがり、出荷されるまでの一連の「人・モノ・カネ」の動きを効率化する手法が紹介されていた。「VE基礎コース」は、戦後にアメリカより流入した価値工学という生産管理技術に基づき、作業工程の生産性やコストを調査・分析し、効率性を高める技術を習得させるものであった。もっとも、産能大の社会通信教育のなかには、一九七〇年代前半に文部省認定となった講座もあった。だが、少なくとも産能大は、文部省認定か否かを問わず、「現場改善の知」の普及を目指していた。

その点では、日本能率協会も同様であった。日本能率協会は、一九七九年になって社会通信教育事業に本格参入し、生産工学や事務管理方面の講座を多く展開した。この団体は、戦後早い時期からQC（アメリカで開発された品質管理の技法）を日本に紹介するなど、生産部門・事務部門の効率化を推進するコンサルティング・ファームであった。

産能大と日本能率協会は、企業実務通信教育の分野では、トップシェアをめぐって競い合っている二大企業と目されるが、その源は、一九六〇年代から七〇年代にかけて、これら両コンサルティング・ファームが、「現場改善の知」を提供したことにあった。

だが、なぜ、この時期に通信教育で「現場改善の知」の需要が高まったのだろうか。一つには、高度経済成長下、企業では物資を効率的に量産する必要性に迫られていたことがあげられる。たとえば、『日本能率協会コンサルティング技術四〇年』（一九八二年）のなかでも、昭和三〇年代の「産業発展期」、昭和四〇年代の「拡大成長期」のような「生産規模が絶えず拡大する状態」では、「設備能力の拡大が最重要問題」であり、「設備の有効活用や、資材の歩留り向上」、「機械化を促進すること（省力化）」、「設備の効用をより増大すること（設備管理）」などに「ＩＥ（生産工学）の技術を転用することが盛んに行わ」れ、「資材管理のような在庫コストを低減する技術の活用は非常に盛んであった」と記されている[36]。

また、一九七三年のオイルショック以後は、低経済成長の時代となり、企業環境は大きく変容したが、そこで求められたのは、コスト削減や人員省力化といった「改善＝効率化」の手法であった。一九七六年に日本能率協会はＶＲＰ（Variety Reduction Program）の手法を開発し、部品種類の半減化をめざす一方、その標準化・共有化を図って製品多様化への対応を可能にする技術の普及を目指した。

つまり、高度経済成長下であれ、低成長下であれ、「改善」「効率化」の知は企業にとって重要なものとなっていた。だが、零細企業も含めたすべての企業が、日本能率協会や産能大のコンサルタントによる現場指導を受けることができたわけではない。当然、その指導料・研修料は、中小企業にとっては高価なものであることが多かったし、遠隔地の企業・工場であれば、コンサルタントを招くための旅費・宿泊費も発生する。そこで、通信教育が望まれたのだろう。書籍に比べれば通信教育は高価かもしれないが、直接にコンサルタントの指導・研修を受けるのに比べれば、廉価であることは間違いない。また、コンサルタントの指導・研修であれば、その間、社員を業務から外したり、ときには生産ラインを停止させる必要もあったが、通信教育であれば、そのようなことは生じない。他方で、生産現場にあって、自らこれら改善手法を学びたいと思う者も少なくはなかったが、彼らにとっても、通信教育は便利な学習形態であった。研修会に出席するとすれば、休暇を取らねばならず、また、一個人で受講するには、費用も高かった。通信教育であれば、そのような問題は解決可能であった。

逆に、日本能率協会や産能大にしても、指導員を派遣することなく、かつ、自らが生み出す知の顧客を広範に獲得する手段として、通信教育を見出したのであろう。産能大や日本能率協会のコンサルティング活動は以前からなされていたが、その通信教育が高度経済成長期、あるいは低成長期に始まったことには、上記のような背景があったのである。

このことは、社会通信教育の知が変質しつつあることを浮き彫りにしていた。文部省認定通信教育が発足した一九四〇年代後半および一九五〇年代であれば、とくにラジオ教育研究所のラジオ工学講座が圧倒的に高い需要を誇っていた。それは、都市と農村の経済的・社会的乖離という状況のもと、ラジオを製作する技術を提供し、あわよくば、受講者がラジオ商に転業することをも可能にする知であった。また、ラジオ工学講座ほどではないにせよ、かなりの人気を誇っていた電気関係の講座にしても、地方電化の必要性を背景にしながら、都市部よりも地方部で需要が高かった。これらは、「地方改良の知」を提供するものであった。

だが、一九六〇年代に入ると、高度経済成長とともにテレビの普及が加速し、ラジオ工学講座の需要は低下した。また、ラジオに比べて、部品点数も多く、複雑な機構を持つテレビは、自ら修理・製作するのは容易ではなかった。さらに、高度経済成長に伴い、第二次産業人口が増加し、農村から都市・工業地帯へ急速な人口移動が生じた。文部省認定通信教育ができたころは、「僻地」でも学ぶことができることが、通信教育の大きなメリットであった。だが、農山村の人口が急速に減少していく一九六〇年代以降であれば、それはすでに通信教育のメリットとして成立し得なかったし、「地方改良の知」の必要性も低下した。

ちなみに、文部省で通信教育行政に携わっていた二宮徳馬は、『社会教育』一九五〇年二月号に寄せた論文

「綜合的社会教育の反省」の末尾で、「最後に反省すべきことは、従来説かれている日本の社会通信教育は、殆んど農村社会教育だということである。事実また、日本の社会教育は農村に偏し、他の多くの文化面と反対に、都市が、その生活基盤を異にしているに拘らず、農村社会教育の形態を機械的にとりいれようとしている」と指摘している。[37] これは、「都市化」に乗り遅れた認定通信教育のその後を予見したものでもあった。

むろん、文部省認定通信教育講座はその後も存続しており、また、文部省認定か認定外かを問わず、簿記やビジネス英語など、「現場改善の知」以外の一般実務知識を扱う講座も開講されてきた。だが、社会通信教育のなかで「現場改善の知」が見出され、その位置づけが相対的に大きくなったことは、高度成長期以降の特徴をなすものであった。

「現場改善の知」の戦前と戦後

ただ、見落としてはならないのは、これら「現場改善の知」における戦前と戦後の連続性である。日本能率協会は、一九四二（昭和一七）年三月に日本工業協会と日本能率連合会とが統合されて発足した。これは、商工省・軍需省の補助金で運営された国策機関であった。名誉会長には商工大臣の岸信介、会長には貴族院議員で呉海軍工廠に科学的管理法を導入した海軍造兵中将の伍堂卓雄が就いたほか、理事長には、三菱商事で機械技術者として勤務したのち、企画院で第七部長を務めた森川覚三が着任した。技術系のスタッフとしては、鉄道省工作局長であった山下興家が常任理事を務めたほか、鉄道省車両工場で作業研究を担当していた堀米建一や小野常雄が加わっていた。この日本能率協会は、主として軍需産業を対象とした合理化や能率推進のための普及活動・工場指導を行なう組織であり、日本が中国戦線と南方戦線の両面作戦を遂行するなか、いわば総力戦の効率的な推進をめざすものであった。[38]

ちなみに、山下や堀米、小野が鉄道省で実施した工程管理技術は、商工省内に一九三〇年に設立された臨時産業合理局およびその立案機関である生産管理委員会に受け継がれた。これは、昭和恐慌下、解雇やストライキが続発するなか、経営・生産の合理化を指導する組織であり、第一次大戦後のドイツにおける合理化運動の影響を受けた山下が委員長を務めた。生産管理委員会は、翌一九三一年、日本能率協会の前身である日本工業協会へと改組され、「従業員に対する精神的指導法」「工事用材料ならびに消耗品の節約法」「工場内の整頓法」「工場の消化及び防火」「在庫品の貯蔵方法」などの指導を行なった。そして、これら昭和恐慌を乗り切るための「現場改善」の技術は、さらに精緻化されながら、戦時総動員体制を支えるものとなったのである。

それは戦後にも連続していた。日本能率協会は、CCS（連合軍民間通信局）の指導を受けながら、アメリカ流のマネジメント・システムやQC（品質管理）の技術を紹介していくようになった。日本能率協会の年史には、それらの技術は日本能率協会のコンサルタントたちに「大きな感銘と衝撃」を与え、「ようやく工場全体や企業全体のマネジメント・システムに関心を向けていたコンサルタント約七〇名は、いちはやくそのマネジメント構造を理解」したと記されている。[39]だが、裏を返せば、戦前期からの科学的工程管理・作業管理の技術がなければ、「いちはやくそのマネジメント構造を理解」することは不可能であっただろう。

その点では、産能大も同様だった。産業能率短期大学は一九五〇年に開学したが、その前身は上野陽一によって一九二五年に創設された日本産業能率研究所にさかのぼる。上野は東京帝国大学文科大学で心理学を学び、一九〇八年に卒業した。上野はその後、F・W・テーラー『科学的管理法ノ原理・工場管理法』を訳出し（上野陽一訳編『テーラー全集　第二』同文館、一九三二年）、日本にアメリカ流科学的管理法を紹介するとともに、一九二〇年からライオン歯磨、中山太陽堂、福助足袋で業務指導を行ない、生産工程の流れ作業化や作業改善を進めた。その業績が評価されて、上野は大阪造幣局で臨時能率課長を七年間務め、また、一九三〇年には、生産管理委員会の主査も務めた。一九四二年には各種学校として日本能率学校を設立し、「能率概論」「事務管理」「原価計算」「作業研究」「労務管理」「工程管理」などを講じた。[40]これらの活動をもって、上野は「能率の父」を称されるに至ったが、上野が志向するところは、戦前と戦後をまたぎ得るものであった。上野は一九四五年一二月に『新能率生活』を光文社から出しているが、その「序」には次のように記されている。

戦争をはじめたことの可否は別として、始めた以上は勝たなければならぬ。然るにわれわれは完全に敗けてしまつた。ナゼ敗けたか、一言で言へば、アメリカの「能率」にまけたのである。（中略）私には終戦によつて急に従来の態度や所説をかへる必要を認めない。戦前、戦時から戦後にかけておなじ道を歩んで日本のために尽し得ることを幸福におもつている。(41)

上野は、戦前・戦時に求められた「能率」を戦後も追求し、戦時期に創った日本能率学校を改組して、一九五〇年に産業能率短期大学を創設した。産能大が通信教育で提供しようとした「現場改善の知」は、こうした系譜に連なるものであった。

3　社会通信教育の受容と機能

戦後の学制改革と社会通信教育

このように、戦後の社会通信教育が提供する知は、高度成長期をはさんで、「地方改良」から「現場改善」へと変質していった。むろん、高度成長期以降も文部省認定社会通信教育は存続しているし、そこで「地方改良」の要素が皆無であったわけではない。都市部でさまざまなビジネス専門学校やカルチャー・スクールで提供される知を、通信教育は地方にも提供し続けてきた。だが、社会通信教育で扱われる知において、相対的に、「現場改善」の比重が高まっていったことは事実である。

では、これらの社会通信教育は、どのように受容されたのか。その社会的機能はいかなるものだったのか。そのことを、以下に考察したい。だが、そのためには、まず、戦後の学制改革を視野に入れなければならない。職業人にとっての通信教育の意味合いは、学校教育の機能との対比によって、浮かび上がるからである。

戦前期の学制では、義務教育以降は、中等学校、高等学校、大学という学歴エリートの正系コースとは別に、師範学校・高等師範学校、専門学校・高等専門学校、大学予科などさまざまな制度が入り組んでおり、しかも、これらを経由して、大学に入学する道が存在していた。だが、戦後の学制改革では、義務教育が九年に延長されるとともに、中等教育は高等学校、高等教育は短期大学と大学へと一元化された。

こうした制度改革の背後には、「教育の民主化」、つまり、学歴偏重の風潮を排しつつ、多くの国民に平等な教育機会を提供しようとする理念があった。だが、実際のところ、これはむしろ学歴に基づくヒエラルヒーを助長する方向で機能した。学制が入り組んでいた分、さまざまなピラミッドが存在し、多様な階層上昇があり得た戦前期とは異なり、学制が単純化された戦後においては、ピラミッドは一元化され、学歴をめぐる格差はかえって明確化された。

他方で、財閥解体や農地改革は中産階層内部に構造変化をもたらした。天野郁夫によれば、それは「所得と、進学にかかわる文化との相対的な平準化を推し進め、進学を希望し、また進学に必要な教育費負担能力を持つ層を、一挙に拡大」させた[42]。多くの国民にとって、中・高等教育は経済的のみならず、社会・心理的にも接近が容易なものとなった。しかも、一九四〇年代末はベビーブームとなり、それが日本経済の回復と相まって、彼らの世代の義務教育以降の進学競争を過熱した。当然、そうした状況では、上級学校へ進学しないことを「選択」の問題ではなく、「落伍」として捉える社会認識が醸成された。

かつ、学歴は企業の採用と結びつくことで、その擬似職業資格化が進んだ。戦後の経済回復のなかで、大量の若年労働者を必要とした企業は、その供給源を学校に求めた。つまり、「企業は大衆化した中・高等教育から大量に送り出される新規学卒者を、定期採用して需要を充足する方法をとった」[43]のであり、それは企業と学校を直結させ、学歴が職業資格と重なり合う状況を醸成した。とはいえ、企業が学校卒業者に望んだものは、職業に関する専門知識や技量ではない。むしろ、集団のなかでの協調性や「ハイアラーキカルな組織のなかで、新しい知識や技術を次々に獲得していくのに必要な能力」[44]であった。学校という集団のなかで、事を荒げることなく過ごすことができ、また、要求される知識・技能を次々に吸収する素質——それが、学歴を擬似職業資格とみなす企業が新規採用者に求めたものであった。

では、このように学歴が機能するなか、通信教育の受講はどのような社会的な意味を持ったのだろうか。そこで当初意図されたのは、一九四七年に戸田貞三が通信教育調査委員会で述べたように、「教育の機会均等」を実現し、学歴・学校歴とは異なるキャリア形成を可能ならしめようとすることであった。だが、社会通信教育は、むしろそれとは逆の方向で機能したと考えるべきであろう。

社会通信教育は、非高学歴者にも開かれていたとはいえ、それを修了できた者の比率は二〇パーセント程度と推測されている[45]。それも当然であって、通信教育は学校とは異なる教育を模索しながらも、それは学校以上に刻苦勉励を強いるものであった。誰が講義してくれるわけでもなく、テキスト（＝教科書・参考書）をただ一人で読み、添削課題（＝問題集）に取り組む。それは、典型的な受験勉強のスタイルであった。むろん、テキストの内容について質問することも可能ではあったが、それは質問票の郵送という方法を取らなければならなかったため、回答には一ヵ月以上を要した。そのような通信教育を容易にこなすことができたのは、かつての学校エリートであった。学校を「落伍」し、受験勉強のスタイルでの知識吸収に馴染んでいない者にとって、通信教育が学校以上に苦痛であったことは、容易に想像できよう。

もっとも、修了率が六割以上に及んだラジオ工学講座のようなものも存在した。高度成長期以前においては、都市と農村の隔絶はいまだ大きかった。そのようななかで、これらの講座は、農村の科学青年がラジオの知識を吸収することを可能にし、のみならず、彼らがラジオを修理することで、ナショナルな電波メディアをローカルな地で聴取することを容易にした。農村におけるラジオ商・ラジオ修理工はそうしたなかで、生み出された面もあった。ラジオ工学講座は、受講者に「孤独な学習」(learning alone)を強いつつも、農山村部へのラジオ技術の波及を促進し、「地方改良」を促すものとして機能した。

しかしながら、この時期の文部省認定社会通信教育のすべてが、同様に機能したわけではない。一九五〇年代までの認定社会通信教育であれば、ラジオ工学講座以外に、電気工事講座や英語講座の需要が比較的高かったが、それらの修了率はせいぜい一、二割であった。そこで青年たちは、再勉学の意欲と階層上昇の夢が「加熱」される一方、働きながら「孤独な学習」をすることの過酷さを痛感し、その夢や意欲は「挫折=冷却」されていた。

産能大や日本能率協会など、高度経済成長期以降の通信教育においては、その点はさらに顕著であった。これら認定外通信教育は、企業の人事担当者が昇進昇格と絡めて、従業員(の一部)に受講を実質的に義務付けることもあったが、受講者が自らの費用負担で受講を申し込む、あるいは、せいぜい修了した者に企業が受講料の半額を補助するケースが多かった。企業が実質的に受講を義務付けている場合、たしかに修了率は高かったが、逆に最後まで修了できなければ、それは、その後の昇進の道が閉ざされることを意味していた。幾度かの受験勉強を経て、それへの慣れや耐性がある者は、そうでない者に比べると、勤労しながら「孤独な学習」をすることははるかに容易であり、彼らのほうが通信教育、ひいては昇進から落伍する確率は低かった。

また、企業が受講を義務付けていない場合、修了率は二〇パーセントを下回っていたと思われる。前述のように、社会通信教育全体の修了率が二割ほどとすれば、そこから企業が受講を義務付けていたものを除けば、その比率のさらなる低下が見込まれる。それはすなわち、新たな知識を吸収しようとする意欲が「加熱」されながらも、受講のプロセスのなかで「冷却」されるケースが圧倒的に多いことを意味する。

とはいえ、なかには通信教育を修了し、新たな知識獲得を実現した人々がいたことも事実である。そこに通信教育の意義や有効性を見出すことも、むろん可能ではある。だが、「例外的」な可能性のみを注視し、「一般的」な不可能性に目をつぶることは公正ではあるまい。

また、かりに修了できたとしても、それが企業が受講を義務付けた講座でなければ、企業内での昇進昇格に特段結びつくわけではない。通信教育の受講によって、学校エリートとは異なる知識吸収を目指したとしても、それは、彼らに対する自らの屈折を「勉学」でもって穴埋めするものでしかなかった。つまり、企業内において学校エリートたちとは異なるポジションに甘んじなければならないことを正当化し、彼らとの「真っ向勝負」を諦めさせるという意味で、通信教育は冷却装置として機能した。

社会通信教育は、学歴主義の打破という幻想をかきたて、新たな知識習得意欲を助長しつつも、結果的にはその意欲を冷却し、「学歴」が擬似職業資格として流通する状況を促進していったのである。

ビジネス・キャリアの幻想

一九九三年、労働省は「ビジネス・キャリア制度」を立ち上げた。これは、経理・人事・営業・生産管理など、ホワイトカラーも含めた広範な実務知識の検定制度であり、一定の実務経験もしくは、労働省認定の通学教育・通信教育の修了が受験資格要件とされていた（二〇〇七年より「ビジネス・キャリア検定試験」に名称変更）。管轄官庁は労働省ではあったが、文部省社会認定通信教育がたびたび模索した「クレディット化」が、ここにきて、企業実務全般にわたり実現されることとなったのである。

この認定通信教育には、産業能率大学やビジネス出版大手のPHP研究所などが参入した。だが、二〇〇七年一一月現在では、この認定通信教育を実施する団体は一社のみとなっており、それ以外の団体はすべて認定講座を廃止した。制度発足から一四年が経過したが、順風満帆には程遠い状況である。また、すでに一九九四年四月二一日の『朝日新聞』では、「ビジネスキャリア制度、関心高いが受講少なめ　定員の二割程度」と報じられていた(46)。

その理由にはさまざまなものが考えられよう。労働省（現・厚生労働省）のPR不足も、その原因のひとつかもしれない。だが、これまでに見てきたように、そもそも、学歴・学校歴とは異なる「ビジネス・キャリア」というクレディットは、企業のなかでとくに求められていなかったことが、その最大の要因だったのではないだろうか。学歴を擬似職業資格とみなし、ＯＪＴ（職場内教育 on the job training）やＯＦＦ－ＪＴ（職場外教育 off the job training）で現場の職業教育を行なってきた企業にしてみれば、通信講座や通学講座の「教科書」で学んだ知識は現場実務から乖離したものに見えるだろうし、そうした「紙」で得た知識を振りかざす社員は迷惑なものでしかないだろう。

むろん、学歴や学校歴が乏しくとも、実務能力が高い職業人は少なくない。だが、彼らにしても、「ビジネス・キャリア」という資格は不要であろう。これまでに積み重ねてきた自らの実績こそが彼らの自負心の源であり、それは何も通信教育やペーパーテストに還元されるべきものでもあるまい。むしろ、学校での「勉強」を疎ましく思っていた彼らにとって、この種の通信講座は不快な存在であったのではないか。

もっとも、ビジネス・キャリア制度の是非を問うことが、ここでの趣旨ではない。戦後六〇年のあいだ、社会通信教育はさまざまな知を提供してきた。また、そこで求められる知そのものも、戦後の社会変容のなかで変化していった。だが、その社会的機能は、多分にビジネス・キャリア制度に象徴されるのではないだろうか。「クレディット化」はたしかに受講者にある種の達成感を与える。だが、そこで「ビジネス・キャリア」が得られたとしても、その「クレディット」は実務社会において、彼らが思うように機能しているわけではない。

また、それ以前に、その種の通信講座を修了すること自体、容易なことではあるまい。働きながら通信教育を続けることの困難さもさることながら、受験勉強になじめなかった者にしてみれば、独学で教科書と問題集に向き合わねばならない通信教育を完遂することは至難であろう。

もちろん、ラジオ工学講座のように「地方改良の知」を提供するものとして機能したものもあった。それは都市と農村が大きく隔絶していた戦後初期の時代においては、有効だった。だが、高度経済成長を経て、都市化や都市部への人口集中が加速すると、「地方改良の知」の必要性は低下した。たしかに、通信教育は、都市と農村の地理的な距離を超え得るものであり、戦後初期においてはひとつの可能性を有するものであった。だが、高度経済成長に伴い、都市化が進むと、距離の超越という通信教育のメディア特性は必要とされなくなってくる。必然的に、残された機能、つまり、「加熱」と「冷却」のみが、通信教育において作動することとなった。

社会通信教育は、現状から脱却しようとする受講者の意志を「加熱」させる。だが、それは、通信教育に取り組むことの困難のなかで、「脱落」「挫折」という形で「冷却」される。また、それを修了したところで、自らの実務環境が大きく変化するわけでもない。たとえ、「ビジネス・キャリア」という「クレディット」が得られたとしても。

ドラマ『ハケンの品格』の主人公は、企業組織のあり方に強烈なフラストレーションを抱く「ハケン」社員であった。その彼女が「資格フリーク」であったことは、どことなく社会通信教育の機能を示唆しているようにも思えてならない。

註

（1）金子勝「『ハケンの品格』荒唐無稽だが妙なリアルさ」『朝日新聞』二〇〇七年二月一四日。

（2）茅誠司「この立派な制度にクレジットを」『文部省認定社会通信教育30年の歩み』財団法人社会通信教育協会、一九七八年。

（3）岩田守夫「社会通信教育の現状」『社会教育』第一〇巻九号、一九五五年、五八頁。

（4）職業人向け通信教育の変遷を扱った研究書・研究論文は、きわめて少ない。文部省認定社会通信教育を扱った新井喜世子「行政からみた30年の歩み」（『文部省認定社会通信教育30年の歩み』一九七八年）や、戦後初期のラジオ工学通信教育史を扱った高橋雄造「戦後のラジオ・エレクトロニクス技術通信教育の歴史」(『科学技術史』第五号)などが、関連論考としてあげられるが、職業人にとって通信教育がいかなる機能を有したのか、そこで得られる「知」「実力」に何が見出されたのかという、社会学的な視角は見られない。本章は、戦後の職業人通信教育を見渡しながら、そのメディアとしての機能を考えようとするものである。

(5) 本間晴・城取直巳・稲崎貞・藤ヶ崎香樹「わが国における社会通信教育――誕生からの道程」『文部省認定社会通信教育30年の歩み』九〇頁。

(6) 高橋雄造「戦後のラジオ・エレクトロニクス技術通信教育の歴史」『科学技術史』第五号、二〇〇一年、四五頁。

(7) 本間晴・城取直巳・稲崎貞・藤ヶ崎香樹「わが国における社会通信教育――誕生からの道程」九一頁。なお、『文部省認定社会通信教育団体財団法人ラジオ教育研究所 通信教育三〇年の歩み 附・日本の通信教育の歴史』(ラジオ教育研究所記念出版、一九六八年頃、校正刷)を参照した前掲・高橋論文によれば、第一回統制では四九講義録、第二回統制では二六講義録、第三回では九講義録が存続したとされており、各統制時期における厳密な講義録存続数は必ずしも定かではない。

また、高橋論文によれば、第三回統制で存続した講義録は、早稲田大学出版部の早稲田中学講義・早稲田高等女学講義、公民教育会(大日本国民中学会)の国民中学講義録・高等女学講義録、帝国教育図書の家庭女学講座、富民協会の実際農業講義録、電機学校の新制電気講義、国民工業学院の測量術講義、晴南社・国民教育学院の最新製図講義(合同残存)、早稲田尚学会・日本通信法制学会の専検受験講座・普通文官養成講義(合同残存)とある。そのうち、国民工業学院は晴南社と合同していた。

(8) 安部能成「六・三義務制実施断行に関する声明」一九四七年二月二〇日、教育刷新委員会総会配布資料(国立公文書館蔵)。

(9) 戸田貞三「通信教育制度創設に関する答申」一九四七年五月二二日(国立公文書館蔵)。

(10) 戸田貞三「通信教育制度創設に関する答申」。

(11) 戸田貞三「通信教育制度創設に関する答申」。本間晴・城取直巳・稲崎貞・藤ヶ崎香樹「わが国における社会通信教育――誕生からの道程」九三頁。ただし、新制教員検定規程に準拠して行なわれる通信教育については、所定の資格を与えるとされていた。

(12) 本間晴・城取直巳・稲崎貞・藤ヶ崎香樹「わが国における社会通信教育—誕生からの道程」九四頁。
(13) 岩田守夫「社会通信教育の現状」五八頁。
(14) 文部省社会通信局編『通信教育の問題点と振興策——社会通信教育研究協議会資料』文部省社会通信局、一九五五年、一〇頁。
(15)「座談会　回顧30年」『文部省認定社会通信教育30年の歩み』一一一頁。
(16) 文部省社会教育局編『通信教育の問題点と振興策——社会通信教育研究協議会資料』七頁。
(17) 文部省社会教育局編『通信教育の問題点と振興策——社会通信教育研究協議会資料』七頁。
(18) 文部省社会教育局編『通信教育の問題点と振興策——社会通信教育研究協議会資料』七頁。なお、修了率とは、一般に、「入学者総数」から受講中の人数（「受講者数」）を差し引いた数に対する「修了者数」の割合を指す。だが、この統計では、「受講者数」が一定の受講期間内にある受講者の数というよりは、退学届を出していないが、修了もしていない者の数であるように思われるものが少なくない。たとえば、一九五一（昭和二六）年三月に認定された日本電気協会「電気工学指導講座」（標準修業年限六ヵ月）は、一九五四年（昭和二九）年一二月の時点で、入学者総数一〇四〇八、退学者総数四四、修了者総数四一五に対し、受講者総数九九四九となっており、受講者総数が入学者総数の九五パーセントを占めている。一九四七（昭和二二）年一二月に認定された秋田大学鉱山学部の社会通信教育「電気学科」の場合、入学者総数一〇七三、退学者総数三四七、修了者総数〇に対し、受講者総数七二六となっている。この講座の標準修業年限が二年程度であることを考慮に入れても、認定から七年が経過した時点で、受講者の数が入学者総数の七割を占めているのは、異常な多さである。おそらく、これらの数値には、添削課題を提出しないまま放置し、挫折した者の数も含まれているように思われる。だとすると、上記のような形で修了率を算出しても、状況を正確には反映しない。そこで、ここではやむを得ず、実際の修了率をおおよそ示唆する数値として、入学者総数に対する修了者の割合を用いることにする。
(19)『ラジオ』九号（一九四九年二月二〇日）、二八—二九頁（高橋雄造「戦後のラジオ・エレクトロニクス技術通信教育の歴史」『科学技術史』第五号、二〇〇一年、七三—七四頁より重引）。
(20)『ラジオ』一〇号（一九四八年三月二〇日）、二四頁（高橋雄造「戦後のラジオ・エレクトロニクス技術通信教育の歴史」七四頁より重引）。
(21) 高橋雄造「戦後のラジオ・エレクトロニクス技術通信教育の歴史」八三頁。

(22) 熊谷清高「僻地における社会通信教育」『北海道教育』六号、一九五二年、三六頁。
(23) 熊谷清高「僻地における社会通信教育」三七頁。
(24) 座談会「かゞやく通信教育生」『社会教育』第五巻一一号、一九五〇年、三一頁。
(25) 赤尾好夫「私と社会教育」『社会教育』第一九巻九号、一九六四年、四六頁。なお、日本英語教育協会のホームページ(http://www.eikyo.or.jp/q_eikyo/project_history.html)では、同協会は一九五〇年九月設立とされているが、それは赤尾好夫がこの協会の経営を引き継いだときのことを指していると思われる。赤尾「私と社会教育」(四六頁)でも、「昭和二十五年の秋、当時の社会教育局長の西崎先生の訪問を受け、英語教育協会の経営を引きうけるよう依頼されました」と記されている。
(26) 赤尾好夫と情報官・鈴木庫三の関わり、および『新若人』発刊の経緯については、佐藤卓己『言論統制』(中公新書、二〇〇四年)参照。
(27) 東京帝国大学と文部省・大蔵省・陸軍・海軍・企画院の協議(一九四一年一月三〇日)のなかでは、第二工学部創設に際し必要な資材は、陸海軍が折半して引き受けることが提示されていた。東京大学百年史編集委員会編『東京大学百年史 部局史三』東京大学、一九八七年、五六八頁。
(28) 高橋雄造「戦後のラジオ・エレクトロニクス技術通信教育の歴史」五六頁。
(29) 新井喜世子「社会教育法制定後の歩み」『文部省認定社会通信教育20年の歩みと将来』財団法人社会通信教育協会、一九六八年、四六頁。新井喜世子「行政からみた三〇年の歩み」『文部省認定社会通信教育30年の歩み』六三頁。
(30) 二宮徳馬「社会通信教育の特質」『文部省認定社会通信教育20年の歩みと将来』財団法人社会通信教育協会、二四頁。
(31) 二宮徳馬「社会通信教育の沿革」三八頁、四〇頁。
(32) 新井喜世子「行政からみた30年の歩み」『文部省認定社会通信教育30年の歩み』六四頁。
(33) 藤ヶ崎香樹「反省と改善の時代 昭和43年~現在」『文部省認定社会通信教育30年の歩み』一〇二一一〇三頁。
(34) 「座談会 回顧30年」一一九頁。
(35) 「実施団体の沿革と教育内容――産業能率短期大学」『文部省認定社会通信教育30年の歩み』二〇二頁。
(36) 日本能率協会編『経営と共に――日本能率協会コンサルティング技術40年』日本能率協会、一九八二年、一〇八一一〇九頁、一一一頁。

(37) 二宮徳馬「綜合的社会教育の反省」『社会教育』第五巻二号、一九五〇年、二五頁。
(38) 日本能率協会の設立経緯については、日本能率協会編『経営と共に――日本能率協会コンサルティング技術40年』に詳しい。
(39) 日本能率協会編『経営と共に――日本能率協会コンサルティング技術40年』六八頁。
(40) 産業能率短期大学編『上野陽一伝』産業能率短期大学出版部、一九六七年、一九七頁。
(41) 上野陽一『新能率生活』光文社、一九四五年、三―四頁。
(42) 天野郁夫『教育と選抜の社会史』ちくま学芸文庫、二〇〇六年、二八四頁。
(43) 天野郁夫『教育と選抜の社会史』二九〇頁。
(44) 天野郁夫『教育と選抜の社会史』二九三頁。
(45) 大矢息生『通信教育で成功する』林書店、一九六八年、四頁。文部省認定社会通信教育以外のものについては、開講講座や受講者数、修了率などの統計は見当たらない。ここでは、高度経済成長期以降の社会通信教育全般の修了率を推測するにあたって、当時の通信教育の状況を調査した経営法学者・大矢息生の数値を参考にした。
(46) この記事自体は、通信教育ではなく、通学でビジネス・キャリア制度対応講座を学ぶケースについて言及したものである。だが、ここから通信教育の場合についても同様のことが推測されよう。

第七章　螢雪時代からベネッセの時代へ——受験生的公共性の構造転換

井上義和

1　大衆受験社会の到来

螢雪モデルの高学歴化

甲「おい、螢雪の功空《むな》しからずつて、何を言ふか知つてるか」
乙「そりやー君、昔の車胤・孫康の苦学のやうに……」
甲「違ふ違ふ。そんなの古いよ、現代においては、螢雪とは螢雪時代を指すんだ。つまり螢雪時代のおかげでだね」
乙「!?」

（『螢雪時代』昭和一八年六月号「受験ユーモア」欄より）

螢雪モデルとは、古代中国の故事「螢雪の功」——①貧しい家庭の若者が、②寝る間も惜しんで勉強に励み、③高級官僚への出世を遂げる——に由来する、不遇からの脱出を勉強による一点突破に賭ける方法論であり、第一章ではこれを近代日本のラーニング・アロン（孤独な学習）の古層に位置づけた。主人公の典型は高等小学校を卒業後、昼間は働いて家計を支えながら、早朝や夜中に講義録で勉強して、学歴の世界（教育資格）とは別ルートの試験の世界（職業資格）で社会的上昇移動を目指す勤労青年である。明治二〇年前後から専門的職業の準備教育を標榜する私立専門学校の大学講義録、次いで明治三〇年代半ばから専門学校入学者検定試験を目指す中学講義録、さらに大正期からは多様な中等レベルの職種に対応した実業講義録へと、その対象範囲は広がった。いずれにせよ講義録は「蛍雪メディア」と呼ぶにふさわしい実態を伴っていた。

　ところが、そんな硬派な蛍雪モデルを「違ふ違ふ。そんなの古いよ」と軽くいなす身振りがユーモアとして通じる時代がやってきた。昭和一六（一九四一）年一〇月、その名もズバリ『螢雪時代』という受験雑誌が登場する。対米英開戦の二カ月前であるが、小学唱歌「螢の光」が明治一四（一八八一）年に発表されてから、はや六〇年が経とうとしていた。欧米列強に追いつくための新しい国民国家の建設（近代化）はすでに完了し、いまや世界新秩序を主体的に担う高度国防国家への再編（近代の超克）に邁進している。われわれはどちらも「戦前」としてひと括りにしてしまいがちであるが、「螢の光」と『螢雪時代』が登場した社会的文脈はまったく異なる（そして『螢雪時代』はさらに六〇年以上経った現在も続いているが、やはりまったく別物になってしまった）。

　本章では、とくに昭和中期までの『螢雪時代』が象徴するものを、蛍雪モデルの変形版として把握したい。『螢雪時代』の読者は旧制中学校の生徒でしかも上級学校進学を目指す受験生、いわば学歴エリート予備軍であるから、本来の意味での蛍雪青年と同列に扱うことはできない。しかし第一章でみたように、蛍雪モデルはすでに現実社会のなかで「目標の下方修正」と「裾野の拡大」という第一次変形を被っていたことを想起されたい（①低学歴の勤労青年が、②寝る間も惜しんで勉強に励み、③中等レベルの教育資格や職業資格を目指す）。それに対して今回の第二次変形は、蛍雪モデルの担い手の高学歴化である（①高学歴の知識青年が、②同右、③さらに上級学校の進学を目指す）。われわれの受験勉強のリアリティは後者の系譜に連なるが、前者ともラーニング・アロンの古層を共有している。

それにしても「蛍雪の功」の本義からすれば、蛍雪モデルの高学歴化とは矛盾した表現ではないだろうか。というのも、中学校に進学できるものが一－二割程度だった当時、彼らは受験学力＋家庭環境（教育方針や経済条件）という二重の選抜を経ており、したがってすでに相対的に不遇ではないし、ましてや「不遇からの脱出」という動機づけを持ちえない。では、にもかかわらず彼らが蛍雪に仮託したものとは何なのか。上級学校進学を目指す真の動機は、現代のわれわれと同じように、本来の蛍雪青年以上に多様である（立身出世、学問研究、社会貢献、親の命令……）。問題は、なぜ自らの受験勉強を蛍雪のメタファーで擬装するのか、である。

本章の作業仮説を予め述べておけば、蛍雪は「参加と共感」のシンボルとして再び呼び出されたのではないだろうか。すなわち、大衆受験社会における受験勉強メディアには「孤独と禁欲」に耐えるための機能が要請される。それには敵同士銃を向け合う「殺伐とした」戦争イメージよりも、現在の暗闇のなかに未来の栄光を予感させる「美しい」蛍雪イメージがふさわしい。いくら戦時中とはいえ、誌名が『戦争時代』では受験生は動員されないだろう[1]。よく「受験競争は他人を蹴落としても平気な人間を作る」と思っている人がいるが、とんでもない誤解だ。受験競争が厳しくなるほど同志的な連帯感が強まることは経験者には常識である。ライバルを蹴落とせと煽る雑誌と、麗しい同志愛に満ちた雑誌のどちらが受験生心理にアピールするかは、その後の歴史が証明している。

本章は、一九二〇年代以降の受験産業興亡史を軸に、受験勉強のインデックス・メディア（受験雑誌、ラジオ講座、通信添削）からラーニング・アロンの形態変化を考察する[2]。「不遇からの脱出」のための独学メディアは、大衆受験社会のなかで「参加と共感」の同調化メディアへと進化していく。そして一九七〇年代以降に蛍雪モデルが被った、後戻りできない第三次変形も見届けなければならない。なお、本章では昭和という時代区分の歴史的意義を考慮して、年号表記は昭和四〇年代まで元号を主とする。

旺文社と増進会の登場

『螢雪時代』の旺文社は中学生向け通信添削会社「歐文社」として昭和六（一九三一）年に創業した（昭和一七年から旺文社に社名変更）。創業者の赤尾好夫（一九〇七－八五）は東京外国語学校を卒業したばかりだったが、当時は大学生の就職氷河期だったこともあり、買い手市場の入社試験を受けるよりも、中学生を対象とした出版業を立ち上げようと思いついた。赤尾の回顧によれば「当時は入学試験がかなり厳しく一流の中学でなければほとんど一流の高校、大学にははいれない。このため入学率で地方と都市との格差がはなはだしかった。私はこれをなくして地方の諸君にも上級の学校にはいれるような機会を与えてやる仕事をしようというわけで、まず初めに通信添削教育をはじめたのである」(3)。

ここは注釈が必要だろう。中学校卒業者のうち四割は就職して六割が進学を希望した。進学先で最も多いのは専門学校で（二－三割弱）、高等学校や大学予科は一割程度、残りの二－三割は進路未詳（浪人を含む）である(4)。とくに高等学校に進むものは同年代で一パーセントに満たず、そのほとんどは帝国大学に進学したから、彼らこそ「学歴貴族」（竹内洋）と呼ぶにふさわしい。高等学校は大正七（一九一八）年の高等学校令を契機として全国各地に増設されていくが、入学志願者はそれを上回るペースで増加し、受験競争はますます激化した(5)。それにともない高等学校や有名専門学校への合格者を多数輩出する「進学名門校」が各地に誕生し(6)、地域の中学校の間で序列が形成された。赤尾好夫の回顧では地域間格差が強調されているが、昭和初期はすでに地域内格差の段階であり、むしろ全国津々浦々からあまねく学歴エリートを輩出したという事実のほうこそ重要である(7)。

受験生の増加と全国的な広がりは受験勉強メディア市場を拡大させるから、赤尾の思いつきは時宜に適うものだった。戦前の受験雑誌を調査した竹内洋によれば、大正期半ばまでにはすでに『受験世界』『受験界』『受験灯』など複数の季刊雑誌が刊行されていたが、月刊雑誌としては大正六（一九一七）年創刊の『受験と学生』と『考へ方』が嚆矢だという(8)。しかし消えていくものも多く、昭和初期には受験雑誌はすでに競争過多の状態にあった。

通信添削についても、英語添削会や英語通信社など複数が存在しており、需要はあったもののまだ混沌としていた。

こうした状況のなかで旺文社は順調にシェアを拡大していった。月三回の添削指導が軌道に乗ってきた昭和八（一九三三）年五月、会員の機関誌として『受験旬報』を創刊した。昭和一三年七月に社屋を移転してから「大東亜戦争になるまでの三、四年間は、旺文社の躍進の時代と言うべきでどんどん大きくなっていった」[9]。『受験旬報』が昭和一六年一〇月に『螢雪時代』と改題（月刊化）したときには、すでに業界トップに君臨していた。その躍進ぶりは、例えば『昭和十二年度歐文社通信添削会員合格者一覧／合格通知転載』に記載された、第一高等学校二八七名中会員一六〇名（五六％）、第三高等学校二三一名中会員一四八名（六四％）、という圧倒的な合格者占有率に示される。さらに学歴エリートだけでなく、陸軍士官学校九三五名中会員三一七名（三四％）、海軍兵学校三四五名中会員一二六名（三七％）と、軍エリートの養成学校にも確実に浸透していた。

戦前の旺文社の上位校への合格実績は戦後の増進会のそれを彷彿させる。増進会の創業も旺文社と同じ昭和六（一九三一）年だった（当初の「実力増進会」から昭和三五年に「増進会出版社」に社名変更）。創業者の藤井豊（一八九八－一九七〇）は山口中学校補習科の英語教員だったが、聴覚障害のため辞職して、東京に出てきて始めたのがやはり通信添削であった。社史によれば、昭和七年にはすでに「毎月三回、一日・十一日・二十一日の問題発送で、毎回、成績表（成績上位者一覧）・指導注意事項（講評）・会員倶楽部（会員投稿欄）・質疑応答を掲載した付録を発行、その上、月一回会報も発行」という戦後の通信添削システムの原型がほぼ完成していた[10]。しかし戦前はまだ個人経営の域を脱しておらず、旺文社に大きく水を開けられていた。さらに昭和一九年に戦災に遭い、新宿から静岡県の中伊豆に疎開して添削指導の中断を余儀なくされる。旺文社と増進会は同年に創業した中学生向けの通信添削会社であるが、成長する時期は大きくズレており、後述するように戦後の歩みは対照的だった。

だとすれば次に「なぜこの時期に旺文社が成長できたのか?」と問わなければならない。この問いはまずは経営戦略上の興味からくるものだが、もちろんそれだけではない。第一に、それは「なぜこの時期に増進会が成長できたのか?」「なぜこの時期に福武書店が成長できたのか?」という問いの系に連なる。成長に寄与する要因は時代や対象によって異なるが、それは複数の成長企業の比較により特定できるだろう。第二に、それは「なぜこの時期に旺文社が衰退していくのか?」という問いと対になっている。成長に寄与する要因は条件が異なれば衰退にも寄与するから、それは衰退過程の分析により特定できるだろう。ラーニング・アロンの形態変化、あるいは受験勉強メディアの機能変容は本来こうした分析をふまえて考察されるべきである。もとより本章の限られた紙幅で十分にその作業を行なうことは不可能だが、それらの問いを常に意識しておくことは重要である。

受験雑誌の潜在的機能

増進会の社史は、当時の旺文社の成功を次のように分析している。

「欧文社のこうした成功は赤尾氏の「近代的な感覚による経営」によるところが大きいのではないかという推測がなされている。当時の英通社〔=業界大手の英語通信社〕のシステムは添削者はパートであり一枚いくらの出来高制をとっていたが、欧文社は添削者を会社員として採用し、添削者の質的向上をはかった。また、当時は就職難であったが、欧文社はかなりの高給で入社希望者を募り、五〇～六〇倍という高倍率の試験を実施して、東大卒の就職浪人等の優秀な人材を確保したという」[11]。

優秀な社員による質の高い添削指導、確かにこれは受験生の信用を高める大きな要因となっただろう。しかし良問作りや丁寧な指導なら増進会もおこなっていたはずだ。実は赤尾の回顧では別のところに力点が置かれている。それは『受験旬報』をかなり丁寧に作り込んでいたことである。記事の三分の一を赤尾自ら書いていたが、「できるだけ単に読書から得た知識のうけ売りを避けて現実に即したものにしていこうとした。毎月書く巻頭言も日常生活に即したものから題材を採り、それを社員に読んで聞かせ、時には手伝いの女の子にも読ませたりしてできるだけ砕いたものにして提供した。そして読者に対しては徹底的に親切にし、できることは何でもして奉仕した」[12]。

これは講談社を「雑誌王国」と呼ばれるまでに成長させた野間清治の編集精神に通ずるものがある――そう看破し、増進会ではなく講談社との対比を促した竹内洋の指摘は重要である。すなわち「野間は雑誌『キング』などによって大衆・庶民に照準したが、赤尾好夫も昭和初期の大衆化した受験時代に的確に照準した」[13]。ここでいう大衆化とは、担い手の平準化や内容の通俗化だけを意味するのではない。『キング』とラジオを機能的代替物(functional substitutes)として分析した佐藤卓己にならっていえば、『受験旬報』=『螢雪時代』は受験生的公共圏(公共性)に「自分も触れているという安心感、あるいは「想像の共同体」へ参加した満足感」[14]――ラジオ的な参加感覚を与えた、ということになる。竹内洋もそれに近いことを述べている。「受験雑誌の購読そのものが受験的生活世界を生きていることの確証になったのではなかろうか。物語を生きるということは必ずしも物語にそった現実の行為を要しない。物語そのものに不断に接することで可能なのである。受験雑誌の隠れた最大の機能はここにあった」[15]。孤独な受験勉強《ラーニング・アロン》は、優良な教材と添削指導への信頼感だけでなく、受験生的公共圏への参加感覚、受験的生活世界の物語享受によっても支えられていた。

そう考えると、『受験旬報』が『螢雪時代』になった昭和一六(一九四一)年の転換は、誌名変更以上の意味をもつことがわかる。旬刊(月三回)を月刊化したのは戦時体制下の用紙統制対策が第一の目的だったと思われるが、それは通信添削を「主」とした会員の機関誌から、通信添削を「従」とした受験専門雑誌への性格変更を意味した。この頃赤尾は「出版新体制」を推進する立場にあったから[16]、旺文社はさまざまな統制を有利に切り抜けることができた。戦後に用紙問題が解消されても通信添削会員の機関誌に戻ることはなく、むしろますます一般受験生向け総合雑誌として誌面を充実させていった。後述するように、戦後の旺文社が『螢雪時代』と大学受験ラジオ講座を両輪として推し進める「参加と共感」の大衆路線は、したがってすでに戦前から準備されていた。それに対して増進会は、旺文社と対照的な路線——旺文社が離脱した路線——を維持することで成功していく。

ちなみに、福武書店(後のベネッセコーポレーション)の創業者・福武哲彦(一九一六-八六)は岡山の師範学校の三年生から五年生(昭和七-九年)にかけて、草創期の旺文社の通信添削に入会して添削指導を受けている。「旺文社の通信添削は答案を送ると添削してくれて、成績順に氏名が雑誌に掲載される。成績優秀者には金メダルや銀メダルが贈られる。哲彦の成績は最初こそ全国ランクが低かったが、終わりには六〇〇〇人中一一番になったこともある。「あれでわしは救われた」と、哲彦は当時を述懐するが、この体験が「進研ゼミ」の発想につながっていく」[17]。その福武書店が通信添削市場に本格参戦するには、昭和四〇年代まで待たなければならない。

2 螢雪時代からベネッセの時代へ

昭和三〇年代——旺文社の全盛期、増進会の急成長

表1は高校三年生に「いつも読んでいる雑誌」を尋ねた調査結果である[18]。男子では調査の始まった昭和二九(一九五四)年から四一年までほぼ連続して『螢雪時代』が一位だった。高等教育機関への進学率が一割程度だったことを考えると進学志望の高校生のほとんどが読んでいたのではないだろうか。大正六(一九一七)年創刊の月刊受験雑誌の老舗『受験と学生』と『考へ方』は昭和二〇年代に廃刊になっていた[19]。昭和三〇年代の『螢雪時代』は高二の調査でも『高校時代』と並んでランク入りしており、旺文社の全盛期を引っ張った。

占領期が終結する昭和二七(一九五二)年四月には、開局したばかりの文化放送で「旺文社大学受験ラジオ講座」(ラ講)を開講する。『螢雪時代』に掲載された予告は次のように謳っている。「都会も地方も、学生も独学者も浪人も等しくこの権威ある講義に接せられるわけである。一個のラジオと低廉なテキスト代さえ払えば今や

諸君は機会にめぐまれないことを嘆く必要はなくなった」。[20] この謳い文句はかつての講義録とまったく同じである。当初は関東地方だけだった聴取可能エリアも次第に拡大していった（図1）。

ラジオ受信機そのものは当時すでに各家庭に普及していたが、昭和三〇（一九五五）年にソニーが日本初のトランジスタラジオ（TR－55）を発売してから、ラジオのポータブル化（一家に一台から一人一台へ）が加速する。受験勉強にラジオが定着するのは、もう少し後で、ラ講テキストがランク上位にきた昭和三九年以降であろうか。

その頃のラジオのある勉強風景とは、いったいどんな感じだったのだろうか。『螢雪時代』昭和三八年四月号「手記特集　わが勝利の記録」に掲載されたIさんの合格体験記をみてみよう。

Iさんは岡山県の商業高校を卒業後、女友達がみな短大に進学するなか、浪人して四年制大学の志望校を目指

	高3男子		高3女子	
	螢雪時代	ラジオ講座テキスト	螢雪時代	ラジオ講座テキスト
1954	1		2	
1955	1		1	
1956	1		3	
1957	1		2	
1958	1		3	
1959	1	10	3	
1960	1		4	
1961	1		4	
1962	（調査なし）			
1963	2		1	
1964	1	2	1	
1965	1	2	3	7
1966	1	2	2	3
1967	3	1	2	6
1968	2	1	6	8
1969	2	5	6	8
1970	5	6	7	6
1971	3	1	3	4
1972	4	3	10	9
1973	5	3	5	7
1974	8	5		10
1975	8	6		
1976	9	7		
1977	7	9		
1978		8		
1979				

表1　「いつも読んでいる雑誌」における順位

出典：『学校読書調査25年』毎日新聞社、1980年より作成。

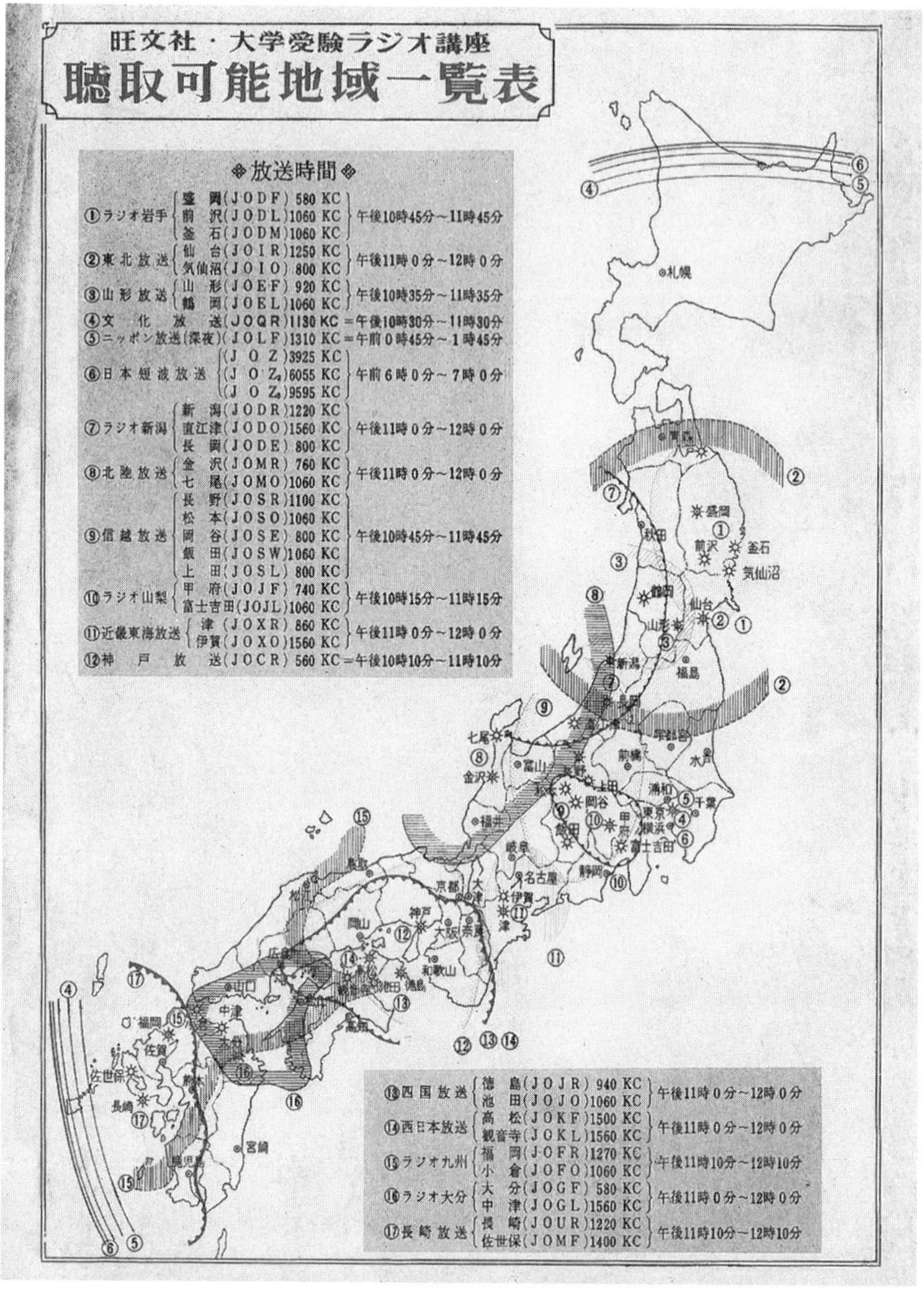

図1　ラジオ講座「聴取可能地域一覧」

出典：『旺文社大学受験ラジオ講座テキスト』1958年6月号。

すことにした。予備校には行かず、家にこもって旺文社のラジオ講座と通信添削で勉強することにした。父親は勉強に集中できるようにと庭の片隅に小さな小屋を作ってくれ（「浪人小屋と私はよんだ」）、母親は夜遅く飲み物やお菓子の差し入れを持ってきてくれた。

毎日、夜になるとシーンとした中でひとりラジオに耳をかたむけた。予習をして聞いたがそれでもむずかしかった。こんな問題がすらすらできる人は浪人などになっていないだろうし、また、いたとしても東大級の人たちといいきかせた。復習もおこたることなく、講座ノートをそれぞれこしらえて、赤インキでラジオを聞きながら訂正していき、あっている時は大きく○をつけてひとりえつにいっていた。

〔受験科目は英・国・社の三科目だが、国語が一番不得意だった。〕しかし、ラジオ講座のおかげで現代文には興味をおぼえるようになった。特に塩田先生のとうとうと流れるような名講義には感激した。大学生はこんな名講義を大学できけるのかと思い、先生のおられる大学の学生がうらやましくすら感じられた。こんなふうにラジオ講座の先生がたには、どんなにはげまされたことかはかりしれない。

そのうえ、よきライバルをもった。添削の解答が帰ってくると、全国で勉強している友がいた。いつも名前ののる人には赤線を引いてその人を目標にがんばった。自分の名前がのっていた時、あんなにうれしかったことは一年のうちでなかった。

それに毎月『螢雪時代』をとっていた。これはもっぱらグラビアや座談会、その他の記事を利用し、かんじんの後のほうにある勉強のほうはあまり利用しなかった。しかしこれらのグラビアや記事は、私を十分はげましてくれた。そのかわり、付録は問題集を買うかわりに利用した。それでも毎月毎月問題集がついてくるのでどうしてもおいつくことはできなかった。付録の計画表に計画を書き、やがてくる春の日のことを頭にうかべて一年間をすごした。（傍線は引用者）

こうしてIさんはめでたく志望校の立命館大学文学部に合格するのであるが——それにしても、われわれは第一章の地点から何と遠くまで来てしまったことか！ここに描かれた受験的生活世界はほとんど甘美といってよい。四月号でこの手記を読んだ高校生は来るべき受験生活への期待にさぞかし胸を膨らませたのではないだろうか。

しかしながら前節で述べた重要な論点は出揃っている。まず、孤独な受験勉強《ラーニング・アローン》の環境整備のために両親が全面的に協力してくれるIさんには、不遇のかけらもない。そして個室のラジオ受信機は、現代の蛍雪メディアであると同時に受験生的公共圏の端末でもある。「いまこの瞬間に全国の受験生たちとつながっている」という共時的な参加感覚は、家族との団欒を断ち切り、夜中に独りでラジオと向き合うことで初めて可能になった（実際には地域局ごとに放送時間はズレており早朝の短波で再放送があった）。ラジオの名講義は大学の学問への憧憬を増幅させ、添削の成績ランキングは全国の強敵《とも》たちとの仮想的な友情を増幅させた。『螢雪時代』には毎号付録の問題集と計画表で伴走されながら、もっぱら勉強以外の記事に励まされた。『螢雪時代』に掲載された合格体験記にもかかわらず、『螢雪時代』本体を使った勉強方法が紹介されていない。にもかかわらず違和感なく読めてしまうというのが、この全盛期の『螢雪時代』の位置づけをよく表わしている。

ところで、旺文社が大学受験ラジオ講座を開講した昭和二七（一九五二）年に、増進会は中断していた添削指導をようやく再開した。昭和三〇年に二五人の東大合格者を輩出したのを皮切りに、三五年には五二一人、三九年には八五七人（東大合格者の三三％）と実績を確実に伸ばし、昭和三〇年代に不動の地位を築き上げた。その後も勢いは止まらず、東大合格者のシェアは昭和四九（一九七四）年には五〇％を突破、昭和五五（一九八〇）年には六〇％を突破して、ようやく頭打ちとなった（図2）。増進会は戦前から一貫して良質の教材と丁寧な指導をおこなってきたが、広告宣伝はほとんどおこなわず口コミを中心に信用を確立していった[21]。社史はそれを「家族的な雰囲気」と形容しているが、これほどの東大合格実績にもかかわらずメディア露出を抑制し続けることで、かえって「知る人ぞ知る」秘教的なブランド力が高まり、ますますエリート層を惹きつける好循環を生みだした。増進会の新聞広告が初めて全国紙にのったのは昭和五九（一九八四）年であるが、その反響は両義的で「資料請求の件数と現(元)会員からのマスコミ登場へのクレームとが匹敵していた」[22]というのがそれを裏書きしている。

昭和四〇年代／一九七〇年代——それぞれの過渡期

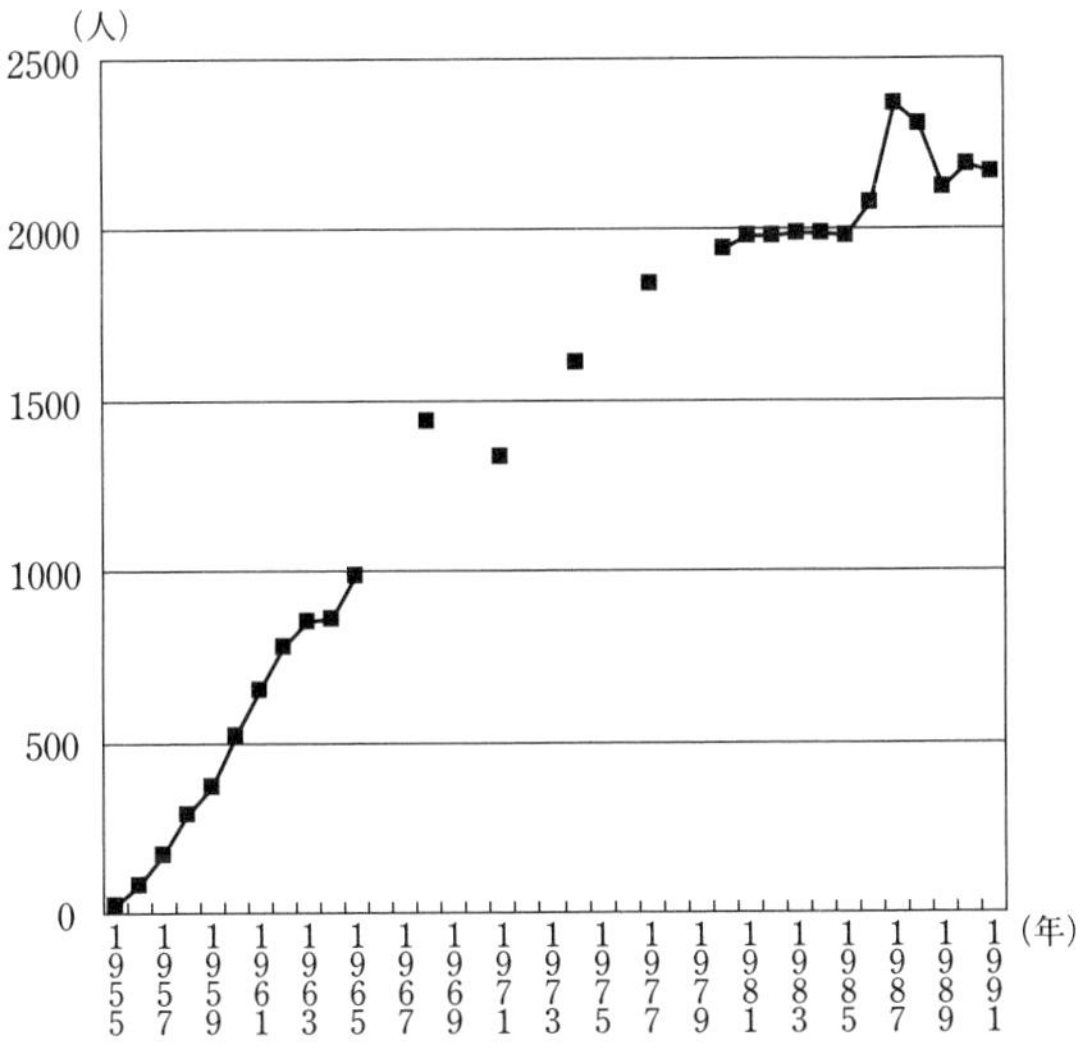

図2　Z会員の東大合格者数（1955〜91年）

出典：『新生—Z会60年の歩み』増進会出版社、1991年、104頁と186頁の表をもとに作成。

『螢雪時代』がもっとも部数を伸ばしたのは昭和四〇年代とされているが、[23]人口規模が大きく進学率が急上昇した団塊世代の効果を取り除けば、実質的にはすでに衰退局面に入っていたと考えられる。まずこの時期、高三男子の「いつも読んでいる雑誌」で『大学受験ラジオ講座テキスト』がしばしば『螢雪時代』よりも上位に挙がるようになる。ラジオ受信機が勉強部屋の必需品となった頃合を見計らうように、昭和四二（一九六七）年七月「パックインミュージック」（TBSラジオ）、同年一〇月「オールナイトニッポン」（ニッポン放送）、四四年六月「セイ！ヤング」（文化放送）と、若者向け深夜放送が次々とスタートした。『螢雪時代』が大判になり、カラー・グラビアを多く取り入れて従来の灰色の受験生活イメージからの脱却を図るのも昭和四二年四月号からだった。『週刊少年サンデー』と『週刊少年マガジン』が高三男子の「いつも読んでいる雑誌」にランク入りしたのが昭和四一年、『螢雪時代』を追い抜いたのが四四年だった。『螢雪時代』は昭和五二年、『大学受験ラジオ講座テキスト』は昭和五三年を最後にそれぞれランクから姿を消した。

つまり高等教育の機会が拡大した昭和四〇年代は、受験勉強のメディア史においては『螢雪時代』が少年マンガ雑誌に、大学受験ラジオ講座が若者向け深夜放送に、それぞれとって代わられていく転換期でもあった。前項のIさんが一〇年遅く生まれていたら、夜中の「浪人小屋」は少女雑誌と深夜放送の誘惑に満ち溢れ、無事に立命館大学に合格できたかどうかわからない。それを心配した両親は娘を予備校に通わせたかもしれない。実際、昭和五〇年代以降は浪人生の増大と共通一次試験の導入(一九七九年度)に対応して受験情報の拠点が予備校へ移り、駿台予備学校・代々木ゼミナール・河合塾の三大予備校が全国展開していく。

だとすれば、昭和四三(一九六八)年の「受験生ブルース」(中川五郎作曲/高石友也作詞)の大ヒットは、単なる「受験の大衆化」以上の象徴的な意味を帯びてくる。

夜は悲しや受験生　テレビもたまには見たいもの
一一PMもがまんして　ラジオ講座を聞いてるよ

女の子より大事なものは　旺文社の参考書
それに旺文社の実力テスト　赤尾好夫様バンザーイ(24)

この曲は受験勉強の名目で個室に持ち込まれたラジオの深夜放送を通して全国の受験生に受容されたのであり、歌詞に登場する旺文社の参考書やラジオ講座は「受験的生活世界の物語」にリアリティを与える小道具になってしまった。受験雑誌とラジオ講座の時代はピークを過ぎつつあったが、しかしまだ予備校の時代は始まっていない。マンガ雑誌をついに手放さなかった昭和四〇年代初頭の受験生たちは、大学入学後に全共闘運動の担い手となっていくが、「連帯を求めて孤立を恐れず」[25]と叫んだ彼らの難解なスローガンも、受験生的公共圏への参加感覚さえあれば孤独な受験勉強なんか怖くない――と言い換えればよく理解できるのではないか。そしてその参加感覚の拠り所は旺文社が独占できなくなれば、いずれ拡散していくことは時間の問題であった。

竹内洋はもっと長期的な観点から、明治三〇年代後半から続く受験現象（「受験のモダン」）の断絶の兆しをやはり昭和四〇年代に読み取り[26]、これ以降を「受験のポスト・モダン」と捉えた。すなわち受験が位置する社会的文脈が、稀少性の時代から豊かな時代へと大きく変化し始めたのだ、と。しかし、本章で扱ってきた蛍雪モデルはすでに第二次変形を経たものであり、「不遇からの脱出」ではなく「参加と共感」でもって受験生を動員してきたはずだ。メディア史的には、雑誌とラジオという「参加と共感」の増幅装置のコンテンツがサブカルチャーに取って代わられた後、蛍雪モデルはどうなってしまうのかが問題となる。

「次は福武書店の時代が来るのだろう」と現代に生きるわれわれはつい考えてしまうが、この頃の福武書店は、その後の成功からは想像できないほど通信添削事業の失敗を繰り返している。福武哲彦の通信添削に対するこだわりは、先にも述べたように戦前の旺文社体験からきている。昭和三〇（一九五五）年一月に福武書店を創業した福武は早くも二月末には岡山県内の中学三年生を対象とした通信添削を企画した。しかし四月末になっても注文は一三五部しかなく中止せざるをえなかった[27]。中学生対象の通信添削には、それを含めて昭和四〇年までに四回挑戦したが、四回とも失敗した[28]。先に軌道に乗った事業は通信添削ではなく模擬試験だった。岡山県を中心とした中学生模試から、全国規模の高校生模試（後の「進研模試」）へと展開していた[29]。

昭和四〇年（一九六五）、五回目の挑戦は中学生用に加えて初めて高校生用も企画した。すると、中学生用はさっぱりだったのに対して、高校生用にはまとまった数の会員を集めることに成功した。そこで高校生対象の講座「通信ゼミナール」を開講し、会員の機関誌『関西ゼミナール』を創刊した。ところが次年度の新規会員が伸び悩んだまま累積赤字が膨らみ、昭和四二年一月に中止に至った。それでも「当社の通信添削講座としては、一番長く続いたのがせめてもの慰めであった」[30]という。

しかし福武は諦めなかった。五回目の失敗から二年後の昭和四四年一月に「通信教育セミナ」の新高三講座と新高三講座を開講し、二月から会員の機関誌『CHALLENGE to COLLEDGE』を創刊した。三月には東京支社を設立した。失敗から学習したことのひとつに宣伝方法がある。この頃から不特定多数の個人宛にダイレクトメールを郵送するDM（ダイレクトマーケティング）戦術を採用した。宛名書きには高校生模試の受験者リストを利用した。それでも応答率は一－二％程度にとどまった。ところが同年八月に開講した高一講座が大ヒットした。社史はその理由を教材『マンスリーアプローチ高一講座』の内容が良かったからとしているが、高校一年生にヒットしたことの意味をもう少し考えてみる必要がありそうだ。ともかく会員数は全講座で五〇〇〇人となり、翌四五年度の新学期には七〇〇〇人、二学期には一万人に達した。六度目の正直となったこの「通信教育セミナ」が現在の進研ゼミ高校講座である。

昭和初期から続いていた受験勉強メディア史の連続性は四〇年代に終わってしまうので、これ以降の歴史は西暦で記述することにする。

一九八〇年代――福武書店の急成長

一九七〇年代以降の福武書店の発展は「進研ゼミ」の会員数の推移に示されている（図3）。その急成長の秘密に関心を抱いたのは、教育学者ではなく経営学者だった[31]。というのも、福武書店が試行錯誤で構築していった会員増加の方法論は現代にも通用するビジネス・モデルのお手本になるからだ。昭和四〇年代というのは高校進学率と大学進学率がそろそろ飽和状態（それぞれ九割と三割）に近づく時期でもあり、中学生と高校生の学習ニーズは複雑化し、質的に変容しつつあった。まだ誰にも見えていないそれをしっかりと把握するにはどうすればよいのか。これは教育学的な問いではなくマーケティングの問いである。

　そこで福武書店は一九七三年頃からＤＭ（ダイレクトマーケティング）理論を基本から学び直すことになる。ＤＭの基本とは「パターンを変えたり、内容を変えたりしたＤＭ（ダイレクトメール）を、方面別に同時にテスト発送してみて、その応答状況を比較する。そして、いちばん効率のよかったＤＭを選んで大量に打つ」[32]。大量発送するだけのＤＭは無駄打ちが多く、いわば素人の段階である。内容別・方面別の応答率を比較しながら効果的・効率的なパターンを導き出し、その仮説を次のＤＭで検証する。このデータに基づく仮説検証型の繰り返しプロセスをやめた途端、複雑化・流動化するニーズはすぐに逃げ去ってしまう。

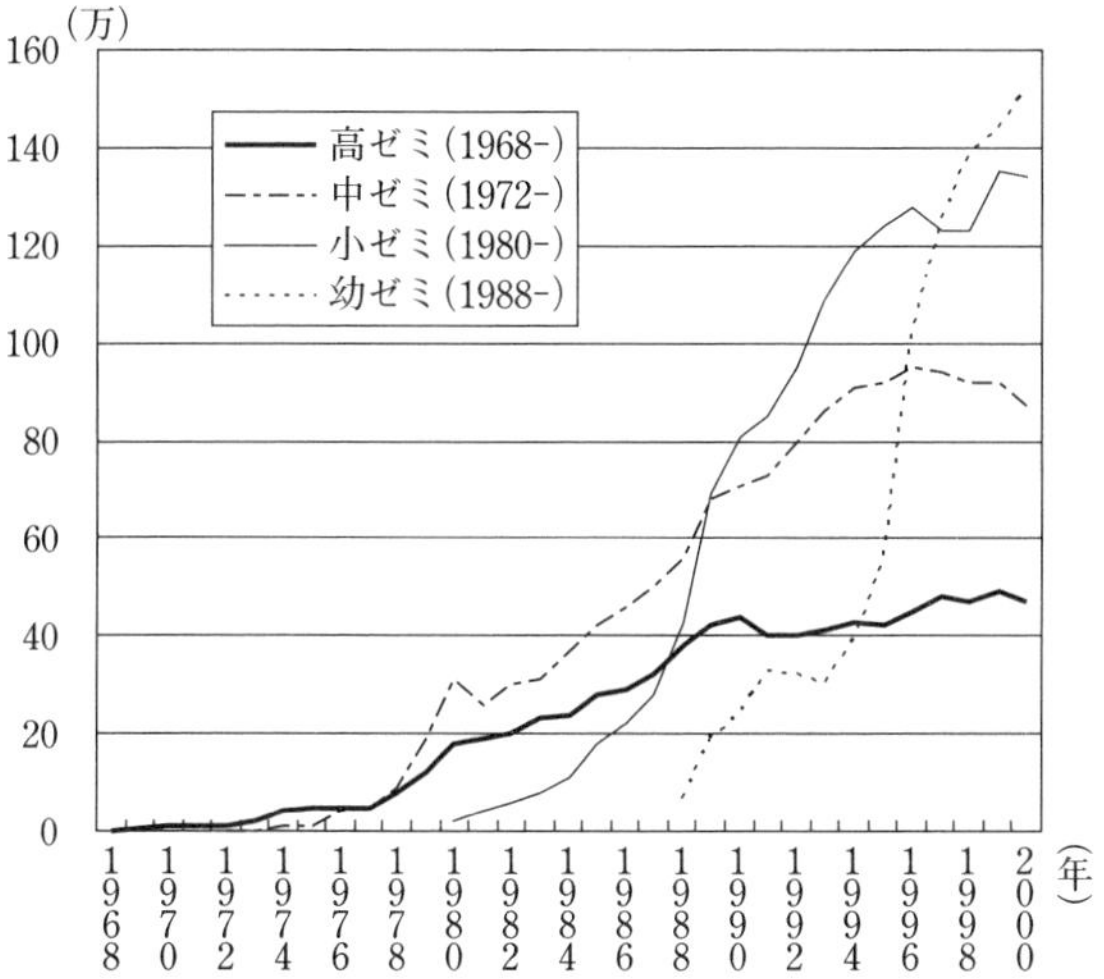

図３　進研ゼミ会員数

出典：『ベネッセコーポレーション1955―2000』152頁に掲載のデータから作成。幼ゼミは1996年以降「こどもちゃれんじ」。

　この実証的プロセスから導き出されたひとつの解が「高校生が楽しく勉強しながら実力をつける」というコンセプトである（このとき「進研ゼミ」と改称）。一九七二年度に一万四〇〇〇人だった高校講座の会員数は、七三年度は二万一〇〇〇人、七四年度は三万八〇〇〇人と飛躍的に伸びはじめた。中学講座のほうも、あまり勉強好きではないという実態を前提に「スポーツやゲームのように楽しく勉強ができる」というコンセプトを打ち出して、一九七四年度は六〇〇〇人、七五年度は一万二〇〇〇人と軌道に乗ってきた。

一九七〇年代から八〇年代の日本社会は、高校進学率と大学進学率が頭打ちになり、僅差の偏差値ランクをめぐる強迫的な「大衆勉強動員社会」であった。[33] 誰もが同じように勉強しなければならない時代には、勉強の意味が自明でなくなる。実際、校内暴力や不登校や中途退学など、あらゆる指標が学校教育の機能不全を示しはじめた。かつて勤労青年にとって勉強の意味は「不遇からの脱出」であり、勉強の意味を問う必要のない学歴エリート層は「参加と共感」に支えられて孤独な受験勉強に耐えた。「楽しい勉強」という学習ニーズの発見（発明）は、勉強の意味が自明でない時代に対応した蛍雪モデルのあり方を示唆している。すなわち、受験に限らないトータルな学園生活のサポートである。大衆勉強動員社会は少子化によって受験圧力が減じた途端に解消されることが運命づけられているから、「動員解除」後の学園生活を良く（bene）生きる（esse）ためのマネジメントこそが求められるのだ。これが蛍雪モデルの後戻りできない第三次変形である。

その後の軌跡は図3のグラフが示すとおりで、一九九〇年代末には進研ゼミ会員が幼児から高校生まで同年齢の二割を占めるまでになった（第八章参照）。「良く生きる」ためのマネジメントには意欲管理や生活指導までもが含まれるから、その対象が小学生や幼児へと低年齢化するのも自然の流れである。[34]『福武書店三〇年史』と『ベネッセコーポレーション一九五五―二〇〇〇』という二つの社史を読むと、福武書店の成長はある斬新なアイディアが偶然ヒットしたわけではなくて、徹底的なニーズ調査に基づく臨機応変な事業展開によって「実現するべくして実現した」ことがよくわかるだろう。本章の限られた紙幅ではその内容を詳しく検討する余裕はない。しかし福武書店の歴史が教育マーケティングの歴史だとすれば、四〇年間の学習ニーズの所在と変容を定点観測するのにこれほど恰好の研究対象はない。

一九九五年四月、福武書店はベネッセコーポレーションへと社名変更した。「'Benesse' というのはラテン語の 'bene'（良い、正しい）と 'esse'（生きる、暮らす）を一語にした造語」[35]で、一九九〇年に新時代にふさわしいフィロソフィー・ブランドとして発表したものだ。同じ一九九五年四月、旺文社の大学受験ラジオ講座は放送を終了し、四三年間の歴史に幕を下ろした（『螢雪時代』は入試情報カタログとして存続）。螢雪時代は昭和四〇年代から衰退しはじめ、ベネッセの時代は一九八〇年代に開花していた。徐々に進行していた新旧受験勉強メディアの交替がここに完了したのである。

3　変わったものと変わらないもの

本章では受験勉強のメディア史の基本的な見取り図を描いてみたが、最後に「ありうべき誤解」に答えるかたちで論点を整理しておきたい。

第一に、受験産業の変遷を「旺文社→増進会→福武書店」などと登場・発展した順序で単線的に捉えてしまうのは不正確である。受験社会の上位層と中下位層を区別して整理すると、戦前の旺文社は通信添削と受験雑誌の両機能が未分化で、かつ二層が未分化な状態で幅広い受験生を集めながら難関校での高い合格者占有率も実現していた。昭和三〇年代には、上位層は通信添削を維持した増進会、中下位層は受験雑誌とラジオ講座を展開した旺文社、という棲み分けができた。昭和四〇年代／一九七〇年代に中下位層の旺文社離れが進み、一九八〇年代以降には福武書店＝ベネッセへと移動していく。つまり戦前以来の伝統的な通信添削スタイルを保守し続けるのは上位層であって、受験雑誌→ラジオ講座→（ベネッセ的）通信添削へとメディアを乗り換えていくのは中下位層のほうだった。

とはいえ、増進会は一九八四年に全国紙の新聞広告に登場して以降、対面教育（八五年）や公開模試（八六年）など従来の秘教的なエリート路線をだいぶ修正しており、通信添削の小学校講座も開講した[36]。二〇〇七年には学習研究社と提携して「学研教室で塾の先生の指導・監督のもとでZ会中学コース教材に取り組む」というテスト事業を始めた。ベネッセのほうも中高一貫校の生徒を対象にしたコースや東大京大に特化したコースを設置し、二〇〇七年には名門進学塾「緑鉄会」の株式を取得して上位層の取り込みを狙う。二〇〇〇年代は双方で事業展開の多角化が加速しており、ますます市場を寡占しつつある（第八章参照）。

第二に、蛍雪メディアの機能変容を「加熱と冷却→参加と共感→マネジメント」などと登場・発展した順序で単線的に捉えてしまうのも不正確である。第一章では通信教育の前史として、日本のラーニング・アロンの古層に「蛍雪モデル」を位置づけた。それを実現する手段が独学メディアとしての講義録で、「不遇からの脱出」を焚きつけつつ時間をかけて軟着陸させる「加熱／冷却」の機能を果たした。これらの機能は、本章の高学歴化された蛍雪モデルにおいても存続するが、「不遇からの脱出」だけでは動機づけられず「参加と共感」の機能が追加された。さらに昭和四〇年代以降は「参加と共感」だけでは動機づけられず「楽しい勉強」で意欲を管理するマネジメント機能が追加された。

いまや、意欲が冷めないように適温を保ちながら長い学園生活をサバイブするための高機能の温室に置かれているのは、ラジオ受信機ではなくてインターネットに常時接続されたパソコンである（第十一章参照）。孤独な学習《ラーニング・アロン》に卒業はない。われわれは、今度は長い人生をサバイブするために、この現代の蛍雪メディアを夜中独りで覗き込み続ける。

［付記］『螢雪時代』バックナンバーの閲覧と目次の複写について、旺文社OBの川合季彦氏と同社図書室の岩間みよ志氏に便宜を図っていただいた。特記して御礼申し上げます。

註

（1）あたかもそれは、隣国とは本来敵同士ではない、東亜共同体の生みの苦しみだ、したがって「これは戦争ではない」――と思い込もうとした同時代の政治的思考と相似形である。だから対米英開戦時には「戦うに値する本当の敵」の出現に多くの国民が熱狂した。同じ戦争のメタファーでも「蛍雪」に近いのは支那事変よりも大東亜戦争の「聖戦」だろう。

（2）戦前・戦後の受験雑誌を対象とする先行研究は少なく、竹内洋『立志・苦学・出世――受験生の社会史』（講談社現代新書、一九九一年）以降これを超える研究はほとんど皆無といってよい。本章の執筆に際しても竹内の本を最も参照した。他には、尾中文哉「受験の昭和史――『螢雪時代』投稿ユーモア欄の分析」（ソシオロゴス編集委員会編『ソシオロゴス』一四号、一九九〇年、一三一－一四五頁）、また、菅原亮芳編『受験・進学・学校――近代日本教育ジャーナリズムにみる情報の研究』（学文社、二〇〇八年刊行予定）などがある。

（3）赤尾好夫「私の履歴書」『私の履歴書』日本経済新聞社、一九七三年、四二頁。

（4）竹内洋『学歴貴族の栄光と挫折』中央公論新社、一九九九年、一一七頁－。

（5）竹内洋『立身出世主義［増補版］』世界思想社、二〇〇五年、一八四頁－。

（6）例えば、鈴木隆祐『名門高校人脈』（光文社新書、二〇〇五年）がわかりやすい。

（7）菊池城司『近代日本の教育機会と社会階層』東京大学出版会、二〇〇三年、三〇九頁－。菊池は文部省教育調査部『公私立中学校生徒の異動並卒業者の上級学校入学状況調』（昭和一二年三月）という資料を利用して昭和初期における各府県の中学校卒業者の進学状況を分析した結果として次の三点を指摘している。①「高等学校進学率がゼロ（中略）つまり進学者がまったくいない中学校はほとんどなかった」、②「中学校の多くは高等学校進学率一〇％であったが、多くの府県において進学率が突出した中学校が少なくとも一校は生れている」、その結果、③「高等学校においては、大都市の「進学名門校」出身者と地方出身者が併存し、両者が混合することになる」。

（8）竹内『立志・苦学・出世』八二頁－。

（9）赤尾好夫「私の履歴書」五一頁。

（10）『新生――Z会六〇年の歩み』増進会出版社、一九九一年、一〇一頁。

（11）『新生――Z会六〇年の歩み』一〇二頁。

（12）赤尾「私の履歴書」四三頁。

（13）竹内『立志・苦学・出世』八五頁。

（14）佐藤卓己『『キング』の時代』岩波書店、二〇〇二年、二二〇頁。

（15）竹内『立志・苦学・出世』一二九頁。

（16）「同時に私は、ちょうど新体制の機運の強い時で出版界に出てその役員になったりした。またさらに戦争に近づくにつれて、出版報国団というものが生れ、出版文化協会の会長をやっていた久富達夫氏が出版報国団の団長になり、私が副団長を兼ねて本部長に就任した」（赤尾「私の履歴書」五一頁）。この時期の赤尾の動向については、佐藤卓己『言論統制』中公新書、二〇〇四年、二六八頁―。

(17)『福武書店三〇年史』福武書店、一九八七年、一〇頁。福武はまた次のようにも回想している。「あの時分、返送される『受験旬報』の添削問題の答案に書かれていた添削文や評語で、どれほど励まされたことか、今でもまざまざとそのときの興奮がよみがえってくる。成績が良くなると、「もう、これだったら一高にでも入れるよ」などと、語りかけるように書き添えてくれる一言のうれしさ、もう入学でもしたかのような気になったものである。『受験旬報』の届くころになると、郵便の来るのが待ち遠しくてたまらず、一日に何回も郵便受けを見に行ったものである。あのわくわくした感動を、多くの子どもたちにも味わわせてやりたい。試験日をひかえ、心配で悩んでいる子ども達を少しでも励まし、力づけてやることができるのは通信添削講座であるという考えが、いつの間にか頭のなかにこびりつき、自分の手でどうしてもやりたかった」（六五頁）。

(18)『学校読書調査二五年』（毎日新聞社、一九八〇年）には昭和二九（一九五四）年から五四（一九七九）年までの調査結果が掲載されている。

(19) 竹内『立志・苦学・出世』八七頁。

(20)『螢雪時代』一九五二年四月号、一二八頁。

(21)『新生――Z会六〇年の歩み』一〇三頁。

(22)『新生――Z会六〇年の歩み』一六五頁。

(23) 竹内『立志・苦学・出世』八七頁。

(24) CD『受験生ブルース／高石友也フォーク・アルバム第2集（＋4）――第2回・高石友也リサイタル実況より』（Victor）掲載の歌詞より抜粋。これは一九六八年一月一二日大阪サンケイ・ホールにてライブ録音されたもので、普及版では「一一PM」が「深夜映画」に書き換えられ、「女の子より大事なものは～」の部分は削除されている。二〇〇一年にお笑いタレントの坂本ちゃんが「受験生ブルース」をカバーしたが、新しい歌詞には旺文社関係のアイテムはまったく登場しない。

(25)「力及ばずして倒れることを辞さないが力を尽くさずして挫けることを拒否する」と続くらしい。

(26) 竹内『立志・苦学・出世』一六八頁―。
(27) 『福武書店三〇年史』四一頁。
(28) 『福武書店三〇年史』七〇頁、「通信添削講座への挑戦の軌跡」を参照。
(29) 「当時全国的な規模の模試といえば、ほぼ旺文社が独占し、同社の全盛時代であった。他に学研模試があったが、それでもなお、進出の余地があると考えられていた」(『福武書店三〇年史』五一頁)。
(30) 『福武書店三〇年史』六七頁。
(31) 経営的な観点からは、例えば、小野譲司「顧客生涯価値を追求する事業展開――ベネッセコーポレーション」(嶋口充輝ほか編『マーケティング革新の時代① 顧客創造』有斐閣、一九九八年)、青島矢一「ベネッセコーポレーション――企業理念の追求とビジネスモデル」(『一橋ビジネスレビュー』四九巻二号、二〇〇一年)、好川透「[研究ノート] サービス業企業の企業戦略と競争優位性――ベネッセコーポレーションとオリエンタルランドの考察」(日本大学商学研究会『商学集志』七〇巻三号、二〇〇一年)、栗木契「福武書店の市場形成――「ヴィジョン」が「市場」に変わる時」(『岡山大学経済学会雑誌』三四巻一号、二〇〇二年)など。教育的な観点からは、ノンフィクションライターの杉山春による連作「『進研ゼミ』――六人に一人の子どもたちが学ぶ教材」(『教育』四八巻六号、一九九八年六月号)、「一三〇万人の母親がハマっている幼児通信講座――教育界のお化け「しまじろう」の巧妙な仕掛け」(『現代』三一巻六号、一九九七年六月号)、「「進研ゼミ」から老人介護まで――不況知らずの急成長――近未来型企業ベネッセの「不安ビジネス」」(『現代』三二巻一号、一九九八年一月号)がある。
(32) 『福武書店三〇年史』九二頁。
(33) 竹内洋「「バブル学力」崩壊後の大衆〝勉弱〟社会を歓迎する」『中央公論』二〇〇五年四月号。
(34) さらに一九九三年には母親向けの妊娠・出産・育児雑誌『たまごクラブ』『ひよこクラブ』を創刊した。これが育児情報誌にもたらした革命的な変化ついては、天童睦子編『育児戦略の社会学――育児雑誌の変容と再生産』(世界思想社、二〇〇四年)を参照。
(35) 『ベネッセコーポレーション一九五五―二〇〇〇』ベネッセコーポレーション、四五頁。
(36) 二〇〇六年に通信教育部門と教室部門と出版部門を統合して「株式会社Z会」となった。

第八章　通信教育市場の広告論——ブランド化競争のゆくえ

青木貞茂

1　通信教育市場の現状

通信教育市場概観

本章では、私の専門である広告論の観点からビジネスとしての通信教育市場に関する分析を行なう。巨大なマーケットでありながら、これまであまり注目されてこなかった影の存在であった通信教育市場の特性と将来性を明らかにする。また、通信教育がこれまでの学校教育と異なった一種のスタンド・アロン型であり、ラーニング・アロンであることに焦点をあてる。その上で日本の教育のなかでどのようなポジションを占め、どのような功罪をもたらし、今後どのように進展していくのかを考察する。

市場の特徴を分析するにあたって、通信教育市場に関する金額、受講者数などのマーケット・データを公刊されているものから調査したが、残念ながら入手できるもののなかで官庁による公的なデータは、ごく少数であった。民間の調査機関によるものを含めても、そもそもデータそのものが、非常に少ない。

通常は、有力各社が加盟している業界団体が存在しているが、通信教育としてくくられた業界団体は存在せず、白書のような形で公刊されている資料もなかった。したがって、市場規模やその推移を明らかにしたものはない。

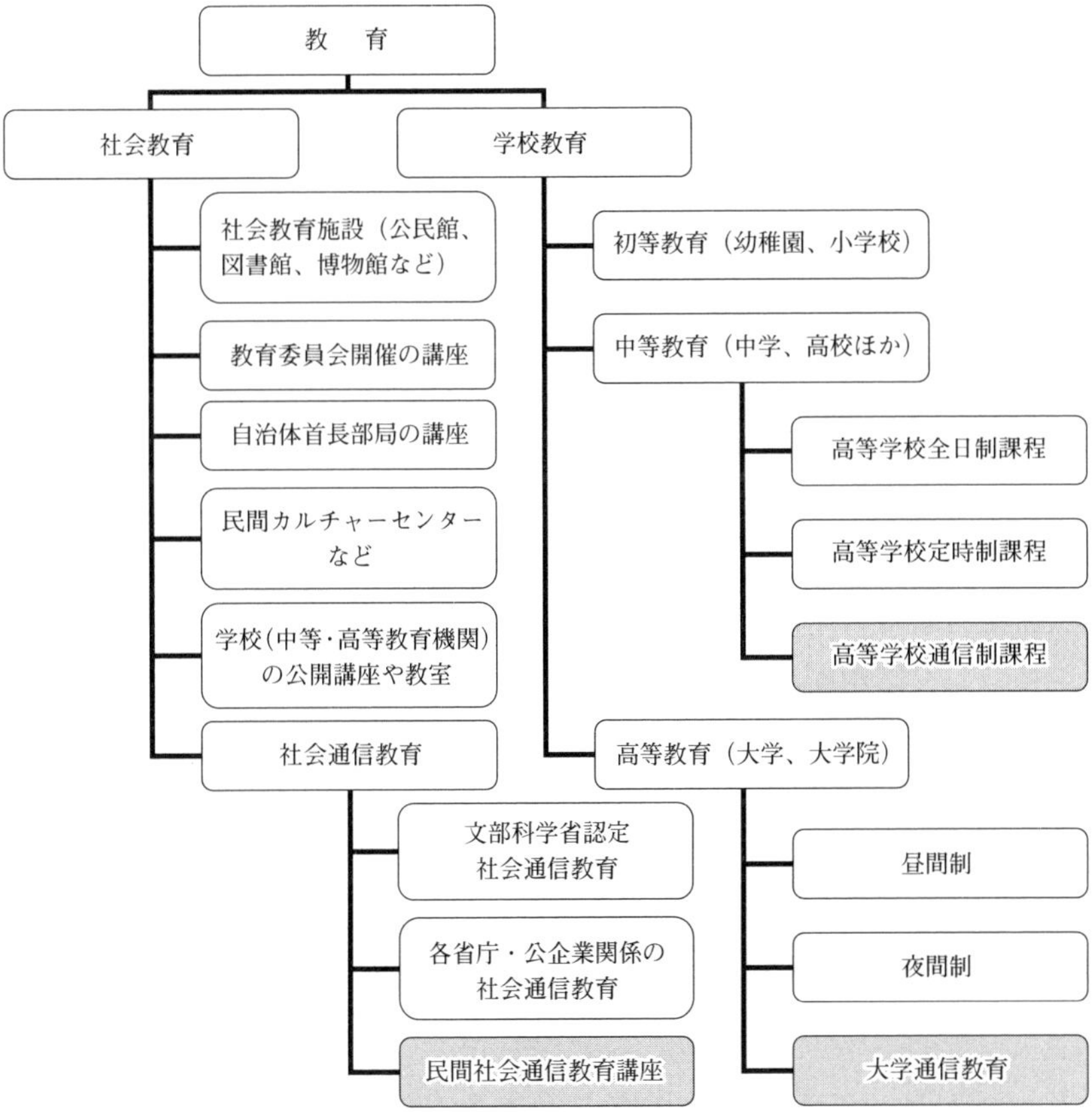

図1　通信教育の位置づけ
出典：分類は以下の出版物をもとに作成した。
文部科学省『平成17年度　学校基本調査報告書（初等中等教育機関　専修学校・各種学校）』、『平成17年度　学校基本調査報告書（高等教育機関）』（ともに国立印刷局、2005年）、通信教育研究会編『通信教育のすべて』（啓明書房、2004年）、清水一彦編著『最新教育データブック［第11版］』（時事通信社、2006年）。

ただ、通信教育市場に関しては、正確な数字は明らかになっていないものの一般的に巨大であると推測され、今後の市場の伸びに対する期待が大きい。とりわけ、〝eラーニング〟(electronic learning)市場を中心に大変注目されている。しかし、その一方でいまだに正規教育として十分に認められていない。まるで、かつての金融業界における「消費者金融」のような扱いである。文部科学省の統計でも、実態に関しては、はっきりとしたことがわからない(1)。

そのような状況を踏まえた上で、マーケットを推測するためにも通信教育の市場としてのカテゴリーを定義する必要がある。各種の公的な資料から「教育」と総称されるサービスは、学校教育と社会教育に分けることができる。通信教育は、それぞれの一部を占めていることとなる。この区分は、おおざっぱにいえば、受験につながる学校教育と社会人の生涯教育に対応するものと考えてよいと判断される。特に、本章では、正規の認定された学校通信教育ではなく、民間がビジネスとして取り組んでいる通信教育に焦点を絞った。

図1にあるように文部科学省の学習人口に関する統計調査に登場する部分は、学校教育のなかの「高等学校通信制課程」「大学通信教育」、社会教育のなかの「民間社会通信教育講座」のみである。残念ながら非正規の補助的な通信教育は含まれない。たとえば、受験勉強、資格試験の補助講座、生涯教育にかかわる趣味娯楽・教養関連の通信教育も含まれない。したがって、通信教育のユーザーの総数がわからず、全体の学習人口におけるシェアの推計が不可能であった。しかも、以下の節で詳述するが、家計調査においても通信教育に正確に該当する項目はなく、厳密な市場規模を明らかにすることは公的なデータからはできない。

本章では以上の限定条件のもと、学校教育および社会教育に関する家計調査にもとづく関連費用からどこまで迫ることができるかトライした。

生活者の教育分野への支出と市場規模推計

通信教育の市場規模を考察するために、日本における広い意味での教育関連の総支出を明らかにしておこう。総務省統計局編『家計調査年報　平成一七年《家計収支編》』（日本統計協会、二〇〇六年）を使用し、民間社会通信教育講座に関連すると思われる支出のうち、註2にあるような項目の支出額を調査し、表にまとめた。[2] ただし、表2、図3は、総務省統計局編『全国消費実態調査報告』（日本統計協会）の一九九四（平成六）年、一九九九（平成一一）年、二〇〇四（平成一六）年の各統計書から転載あるいは算出したものである。その際用いられている収支項目分類表は『家計調査年報』に準じた。

二〇〇〇年以降、一世帯あたりの消費支出は二〇〇四年を除き二〇〇五年まで減少傾向である。そのような流れのなかで、消費支出に占める教育費および教養・娯楽関連の割合は、二〇〇〇年と比較しても二〇〇五年は大きく減少している。調査研究に取りかかる前に想定していたような教育費および教養・娯楽関連の増大は、実態としては存在しなかった。長らくデフレ経済に苦しめられたマクロ経済の家計への影響は、深刻である。

表1、図2で計算した数字をベースとして、世帯数四九〇六万世帯（国立社会保障・人口問題研究所推計）に年間の通信教育関係支出である四万六六五円をかけると、総支出は約一兆九六〇〇億円と推計される。この数字は、あくまで家計調査の分類上通信教育に関連があるとみなされたものすべてを対象としているため、最大限に見積もった緩やかな基準の数字である。実際の市場規模は、この何分の一であると推測される。

また、表1、図2では、総世帯が対象となっている。したがって、最近問題になっている格差を含み、全体として無職、無教育の層も含まれることになる。世帯主が勤労者である世帯のみを対象として図表を作成すると表2、図3のようになる。[3] この場合、この分類による統計数字は、五年ごとにしか公表されていないため、厳密な比較はできないが、絶対額では、わずかに低下しているものの、支出割合は、若干上昇している。

また、総務省統計局が五年に一回実施している『平成一六年度サービス業基本調査』では、大分類「教育・学習支援業」のうち、中分類「社会教育」に属する小分類「その他の社会教育」に社会通信教育が含まれる。ただ

年	推計世帯数	消費支出	教育費	教養娯楽費	教育 教養娯楽計	教育費 [通信教育Ⅰ]	教養娯楽費 [通信教育Ⅱ]	通信教育 関係計
2000	46,782,383	3,374,494	122,676	379,219	501,895	30,948	15,925	46,873
2001	47,238,412	3,278,199	113,598	366,583	480,181	27,032	15,606	42,638
2002	47,694,441	3,238,022	112,037	359,759	471,796	26,420	15,705	42,125
2003	48,150,470	3,197,186	114,031	347,128	461,159	25,653	15,922	41,575
2004	48,606,501	3,213,351	115,393	360,390	475,783	27,584	15,594	43,178
2005	49,062,530	3,198,092	108,966	354,994	463,960	24,946	15,119	40,065

表1　1世帯あたりの消費支出と教育費・教養娯楽費および通信教育に関係すると思われる支出（年間支出、単身世帯や世帯主が非勤労者である世帯も含んだ全世帯が対象）

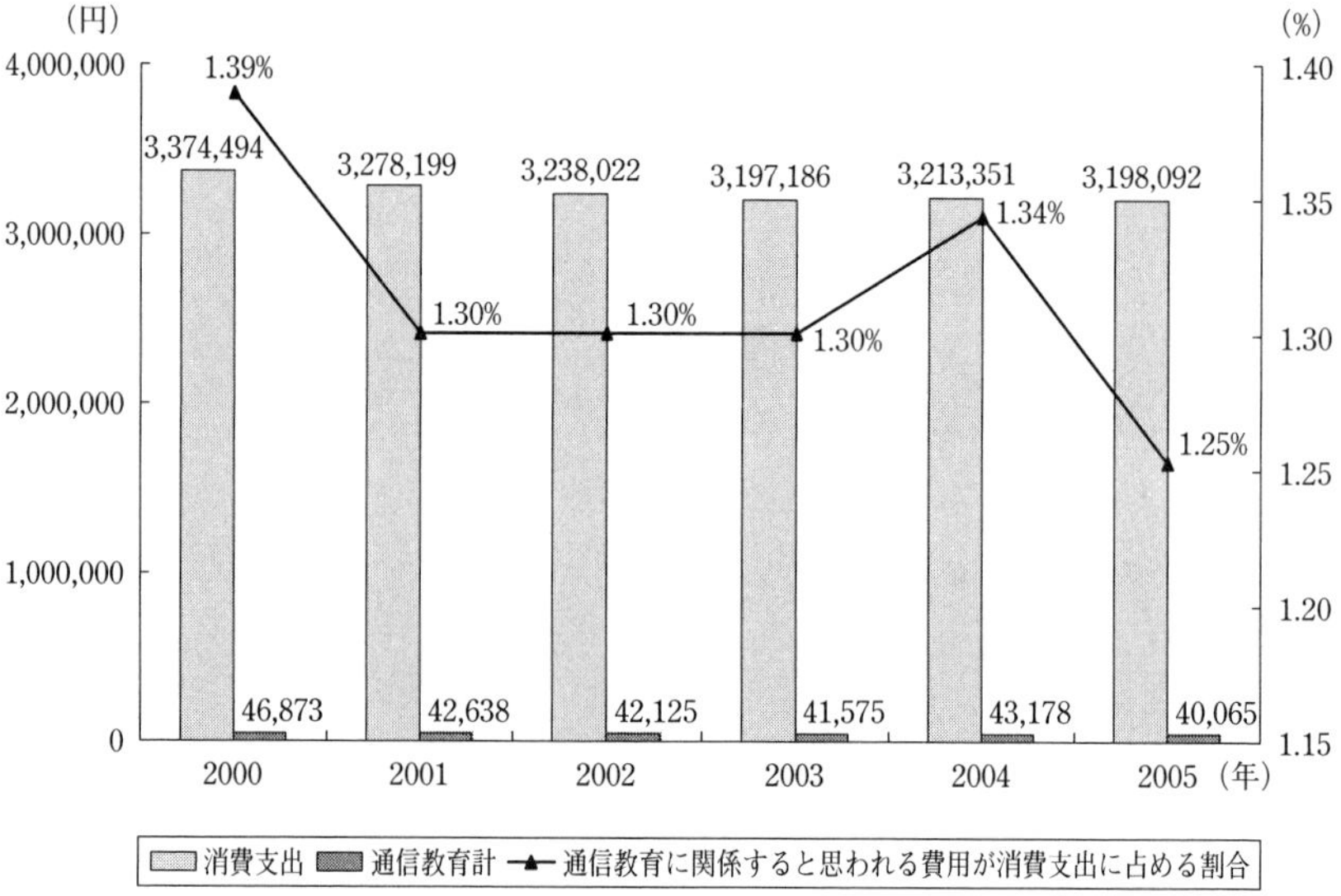

図2　消費支出と通信教育費の推移および通信教育に関係すると思われる支出が消費支出に占める割合（時系列）

年	推計世帯数	実収入	消費支出	教育	教養娯楽	教育 教養娯楽計	教育費 [通信教育関係Ⅰ]	教養娯楽費 [通信教育関係Ⅱ]	通信教育関係計
1994	22,216,235	6,433,692	4,279,908	254,328	395,172	649,500	57,264	25,872	83,136
1999	22,095,469	6,550,272	4,231,440	251,532	395,688	647,220	50,448	23,772	74,220
2004	23,240,644	6,025,368	4,070,544	267,984	399,408	667,392	49,380	23,520	72,900

表2　実収入および消費支出と教育費・教養娯楽費および通信教育に関係すると思われる支出（年間支出、二人以上で世帯主が勤労者である世帯を対象とする）

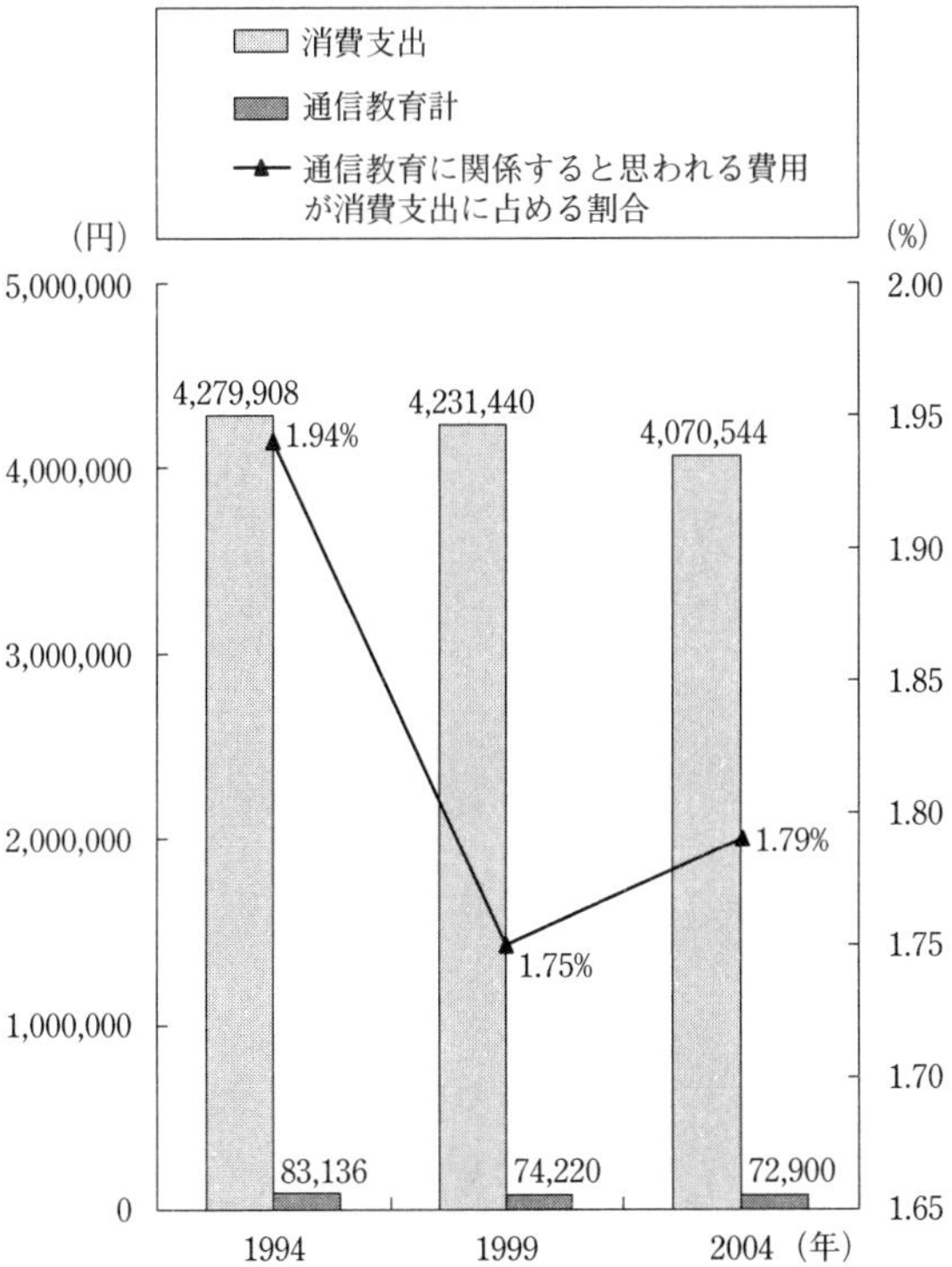

図3　消費支出と通信教育に関係すると思われる費用の推移および通信教育に関係すると思われる支出が消費支出に占める割合（時系列）

し、この社会通信教育は文科省が認定したものだけを指すのか、民間企業による通信教育も含むのかが判然としないため、あくまで参考にしかならない。ちなみに、一九九九（平成一一）年の収入は八八五億四一〇〇万円、二〇〇四（平成一六）年の収入は四四八億九六〇〇万円である。[4]

生活者の学習人口と通信教育人口

図4に示しているように文部科学省の公式統計では、小学生以上延べ総学習人口は約七〇九五万人である。以下は、『データからみる日本の教育』（文部科学省、二〇〇五年）によるが、高等学校から大学院に対応するのは九八六万一二〇〇人で、正規の学校通信教育人口は四七万人（約四・八％）である。文部科学省の公式統計では、通信教育に関してはあくまで正規の学校に対応した人口のみが捕捉されている。一方、自治体主催講座やカルチャーセンターなどは延べ三七〇四万人とされる。ベネッセ（福武書店）の受験対応型通信教育講座、ユーキャンに代表される資格や趣味講座は、含まれていない。

個別企業の動向をもとに産業としての通信教育の規模をみてみよう。二〇〇六年三月期におけるベネッセは、小学校、中学校の約四分の一弱の生徒をかかえている。[5]

（小学生）＝一七六万人（七二〇万人）二四・四％

（中学生）＝　八四万人（三六三万人）二三・一％

（高校生）＝　三二万人（三四九万人〔全日制〕）九・二％　＊（　）内は全生徒数。二〇〇六年三月期

ベネッセの業界でのシェアはざっと八割といわれているが、ライバルのZ会（増進会）受講者は、Z会の公式HPで公表されており、二〇〇六年二月の受講者数（通信教育または教室の受講者数）は、中学校＝二万四四〇一人、高校＝九万七六二九人である。調査対象者は一部の中学校（中高一貫校のみ）と高校であるとはいえ、受講者数は相当差がある。[6]

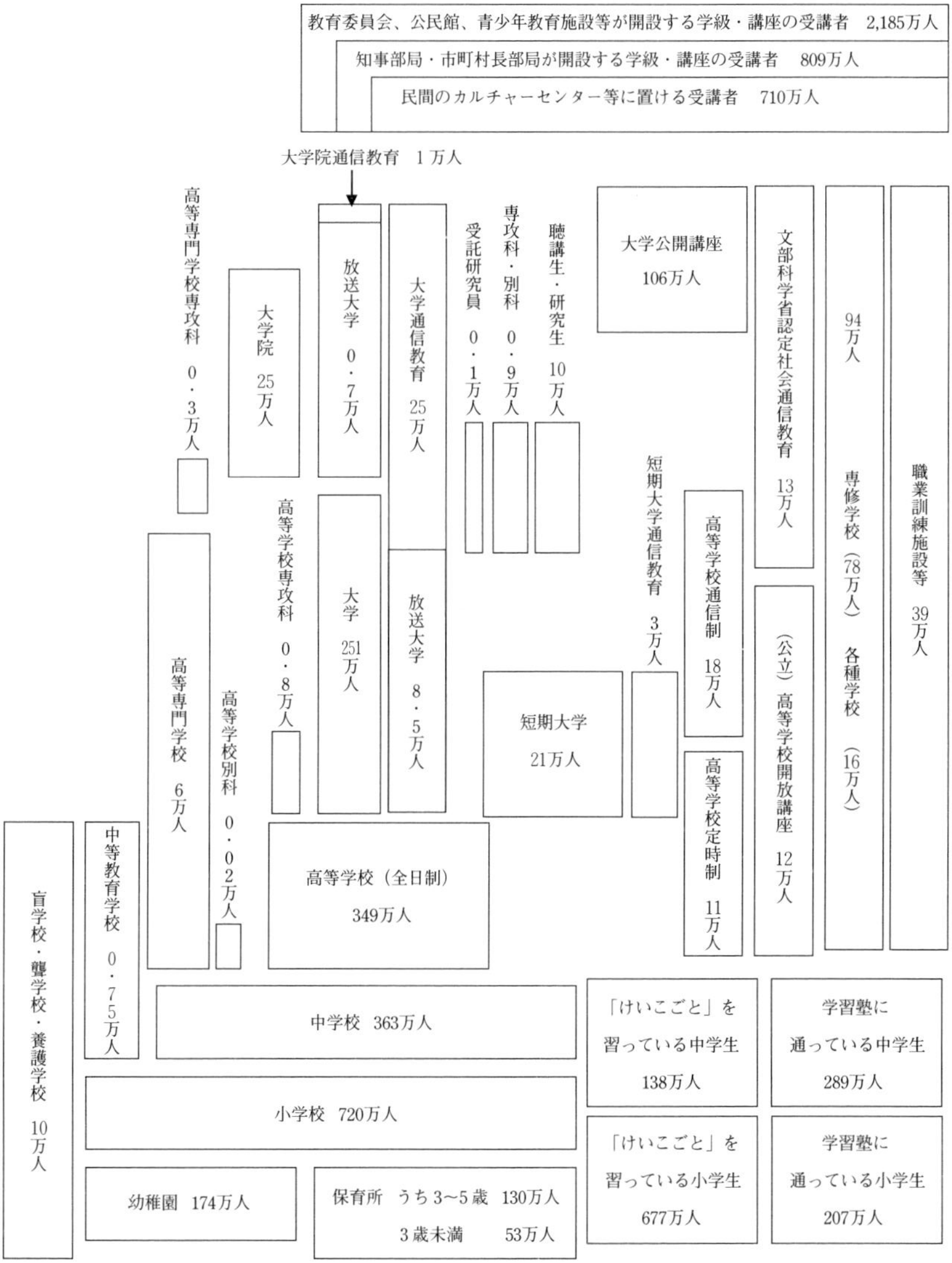

図4　日本の学習人口

出典：『データからみる日本の教育（2005）』、『平成17年度　学校基本調査報告書』、『平成17年度　文部科学白書』（3冊とも文部科学省）、『平成17年特定サービス産業実態調査報告書』（経済産業省）、放送大学『大学案内』、審議会情報『中央教育審議会　生涯学習分科会議事録・配付資料　厚生労働省説明資料』、『学習塾等に関する実態調査報告書』（文部科学省）、『平成18年社会福祉施設等調査報告』（厚生労働省）。

ベネッセの小・中・高生二九二万人の受講者数は、一四三二万人の総学習人口に占める大きな勢力となっている。統計上では、非常に大きな存在である。受験対応型の通信教育は、マイナーな存在などでは、決してない。教育界において無視できない大きな存在になっているといえよう。

ユーキャンは、約一六〇講座で年間約六〇万人であると公表している。[7] ベネッセの約五分の一の受講者数である。業界トップと目されるユーキャンでこの数字であるから、受験対応型に比べると社会人向けの通信教育の市場規模は小規模と推測される。

通信販売業における通信教育の売上高と将来予測

では学習人口における大きな存在である通信教育は、どの程度の産業規模であるのか、代表企業の業績より探ってみたい。ここでは、先の通信教育の定義に沿って業界構造を概観し、それぞれの代表企業を探る。学校教育に対応するのが受験勉強や学校の勉強をサポートする通信教育で、先に述べたようにベネッセ、Z会が代表である。一方、社会教育に対応するのが、資格、教養、娯楽に対応するものであり、ユーキャンが代表企業である。

ベネッセの通信教育事業の売上高（連結）は、二〇〇四年度一六四七億八〇〇〇万円、二〇〇五年度一八三四億四二〇〇万円、二〇〇六年度が一九八六億六四〇〇万円である。二〇〇四年から〇六年にかけて三年連続で売上高を伸ばしている。[8] ベネッセの通信教育事業の売上高は、最大推計一兆九六〇〇億円としても市場の約一割を占める。通信教育の正確なトータルの売上高、市場規模とも不明ではあるものの、ベネッセの巨大さは、群をぬく。

一方、社会人向けの資格対応型通信教育、趣味・教養対応型通信教育は、ユーキャンが代表的企業である。残念ながらユーキャンは非公開企業であるため、経年の正確な売上高は捕捉できないが、通販新聞社編『通信販売年鑑二〇〇六』（宏文出版、二〇〇六年）からみると三七八億二一七〇万円とみられる。受験対応型と比較すると一桁少ない数字となる。[9]これは、先の各社の受講者数に対応しており、市場規模の推計の手掛かりとなる。

①　通販・通教実施企業売上高ランキングトップ50にランクインした、通信教育を手がける企業
一　位　ベネッセコーポレーション　売上高一九三四億二二〇〇万円（出版物の売上高を含む）
一三位　日本通信教育連盟（現ユーキャン）売上高五五七億三六〇〇万円　うち、通販部門は一七九億一四三〇万円
二五位　総通　売上高二八四億円（通販新聞社の推計による）
四一位　増進会出版社（現Z会）　売上高一七一億八〇〇万円

②　通販・通教実施企業経常利益額ランキングトップ50にランクインした、通信教育を手がける企業
一　位　ベネッセコーポレーション　経常利益二三二億九九〇〇万円　対売上高比率一二・〇%
九　位　日本通信教育連盟（現ユーキャン）　経常利益六三億円　対売上高比率一一・三%
一八位　増進会出版社（現Z会）　経常利益二一億六九四七万円　対売上高比率一二・七%
二二位　ディー・エム・ジェイ　経常利益一六億二〇〇〇万円　対売上高比率一七・二%
（売上高は九四億円で全体の七二位。ただし、グループ企業の売上高も含む）
三二位　アルク　経常利益六億七八三二万円　対売上高比率八・二%
（売上高は八二億九一〇〇万円で全体の七七位）
四八位　講談社フェーマススクールズ　経常利益一億八四〇〇万円　対売上高比率四・五%
（売上高は四〇億九二〇〇万円で全体の一二五位）

＊売上高二五位の総通は、『通信販売年鑑二〇〇六』の経常利益額ランキングにランクインしている上位七〇社には

含まれていなかった（売上高ランキングは年鑑の一〇八―一一一頁、経常利益額ランキングは年鑑の一一二―一一三頁、また、日本通信教育連盟〔現ユーキャン〕の通販部門売上高はこの年鑑の「会社概要・通販実施企業」二五三頁のデータによる）。

次に民間の調査会社による推計をみてみよう。マーケティング関連の代表的調査会社である矢野経済研究所が刊行した『教育産業白書二〇〇六年版』によれば、学生人口の減少で依然として教育市場全体は縮小傾向であり、若年労働者の減少、資格ブームの一段落もあり、二年連続で市場が縮小しているとみている。そのようななかで二〇〇五年度の社会人向けの通信教育市場は、前年比六・九％減の一一二〇億円。二〇〇一年度の一二一〇億円と比較しても、減少している。国家試験受験者数の飽和、試験の制度改訂などの影響を受け、大幅な縮小傾向にあるとしている。

一方、二〇〇五年度のｅラーニング市場は、二〇〇一年度の二六〇億円から大きく拡大しており、前年比一七・〇％増の六〇〇億円と推計している。大学、専門学校への普及が進み、新規の法令をｅラーニングで学ばせる企業が増加したことが要因としている(10)。

以上、各種データをとりまとめると、受験対応の通信教育は、ベネッセの売上高が全体の八割程度のシェアを占めるとして二四〇〇億円となる。また、ユーキャンがトップである社会人向け通信教育は、矢野経済研究所の推計値を採用すると一一二〇億円である。ｅラーニング市場は同じく六〇〇億円になる。以上、三つの主要市場を合計すると、四一二〇億円程度の市場規模とみられる。したがって、家計調査からみた通信教育関連最大推計値の一兆九六〇〇億円のうち約二割以上を民間通信教育が占めているのではないかと判断される。

参考までに文部科学省が認定している高等学校から大学院までの通信教育に関して、平均年間授業料を一五万円と設定すると市場規模は七〇五億円程度となる。民間の通信教育と正規の学校通信教育を合算しても五〇〇〇億円前後の規模である。必ずしも小規模というわけではないが、これを家計調査の教育・教養娯楽費全体の市場規模二二兆七六三一億円、教育費だけでも五兆三四七六億円と比較すると、まだまだマイナーな存在であることがわかる。

2 通信教育市場の課題と問題点

通信教育市場の課題と対応

現在、大学以上の高等教育に関しては成果主義、キャリア志向にそって多くの教育機会が提供されている。大学院への進学、社会人大学院への進学がかつてないほどブームになっている。また、就職内定者に対して、入社前の資格取得を義務づける企業が多くなっている[11]。大阪商工会議所が二〇〇六年一〇月から開始した「メンタルヘルス・マネジメント検定試験」(管理職がどのようにして部下のメンタルヘルスを守るかを問う)に対応した通信教育も開始されている[12]。大学生の就職、若手社員のみならず、管理職も絶えざる学習、能力形成が求められている。パーソナル・ブランディング化社会(自分のブランド価値を高めることを強制される社会)の進展に対応して自己のブランド価値を高めるための投資を会社、個人を問わず積極的に行なっている様子がうかがえる。また、生涯教育の掛け声にも対応せざるを得ず、教養講座、趣味講座など、学び続けることを社会的に強制されている。行政側も国家的な取組みとして力を入れている[13]。

これらは、一種の教養主義の変形、亜種ともいえる。皮肉にみれば、戦後民主主義の中心であった朝日・岩波的なるものからの離脱によって、アメリカ型のプラグマティックな趣味講座へと殺到しているといえよう。

通信教育は、そのような状況のなかでギャップが顕在化している領域と考えられる。市場としては、メジャーでありながらマージナルな存在であり、最も大衆的な欲望に応えながら、その実質的な機能は幻想の維持・強化にとどまるといえなくもない。

では、実際に生活者の意欲、欲求の強さはどのような状態か、意識面からみてみたい。

『第一三回全国通信販売利用実態調査報告書』(日本通信販売協会、二〇〇六年)によると、二〇〇五年の一年間に購入した商品を、「婦人衣料品」「化粧品・医薬品」などのように分類し、購入商品をカテゴリー分けして回答者に質問した(複数回答)。購入商品ごとの順位を見たところ、「通信教育講座」は全体の二五番目(四・一%)である。また、今後の購入意向がある回答者について、二〇〇六年の一年間にどのような商品を購入したいかについて質問したが(複数回答)、やはり「通信教育講座」は全体の二五番目(五・五%)である。

二つの質問に対する回答を性別・年齢別で見ると、購入商品では三〇－三九歳男性が八・八%で三〇－三九歳男性全体の一六位タイ、三〇－三九歳女性が七・四%で三〇－三九歳女性全体の一八位タイ、二〇－二九歳女性が五・五%で二九歳以下女性全体の一六位タイとなり、この世代では通信教育講座が積極的に利用されていることがうかがえる。また、これらの世代は利用意向のある商品に関する質問からみても、三〇－三九歳男性が八・六%で三〇－三九歳男性全体の二一位タイ、三〇－三九歳女性が五・一%で三〇－三九歳女性全体の二〇位タイ、二九歳以下女性は一〇・八%で二九歳以下女性全体の一八位タイと比較的高い利用意向を示している。だが、それにもまして目を引くのは、現段階で通信教育講座を利用していない高齢者の今後の利用意向の高さである。具体的には、七〇歳以上の男性の利用意向は一一・一%で七〇歳以上男性全体の一三位タイ(購入商品の項目では二・五%で二二位タイ)、七〇歳以上の女性の利用意向は七・五%で七〇歳以上女性全体の一六位タイ(購入商品の項目では一・四%で二四位タイ)といった数字に表われている(図5、6)。

社会教育対応の通信教育のカテゴリー分け

生涯学習あるいは教養・娯楽に対応する代表企業ユーキャンでは、社会教育対応の通信教育を三つのカテゴリー

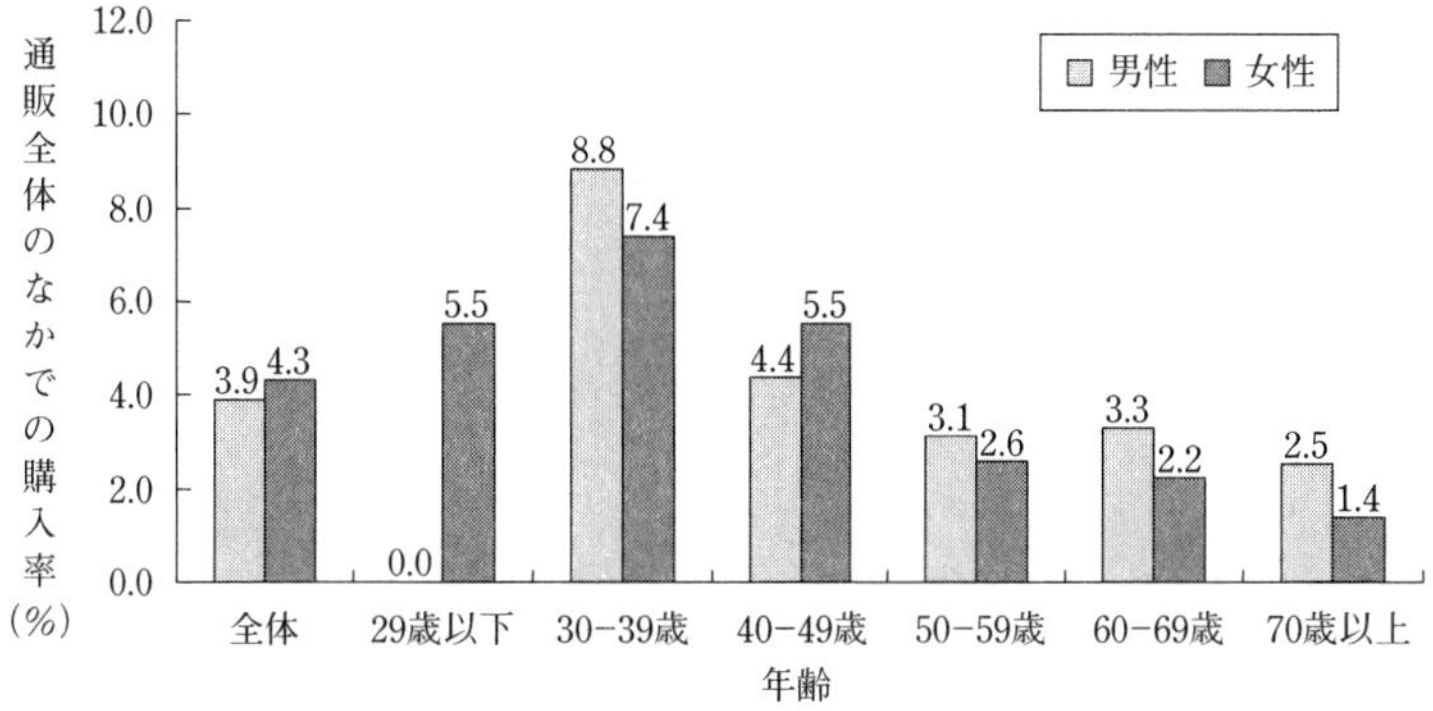

図５　2005年１年間の通信販売での購入商品に占める通信教育関連商品の割合（性・年齢別、複数回答、ｎ＝965）

出典：『第13回全国通信販売利用実態調査報告書』（日本通信販売協会、2006年）32－33頁をもとに作成。

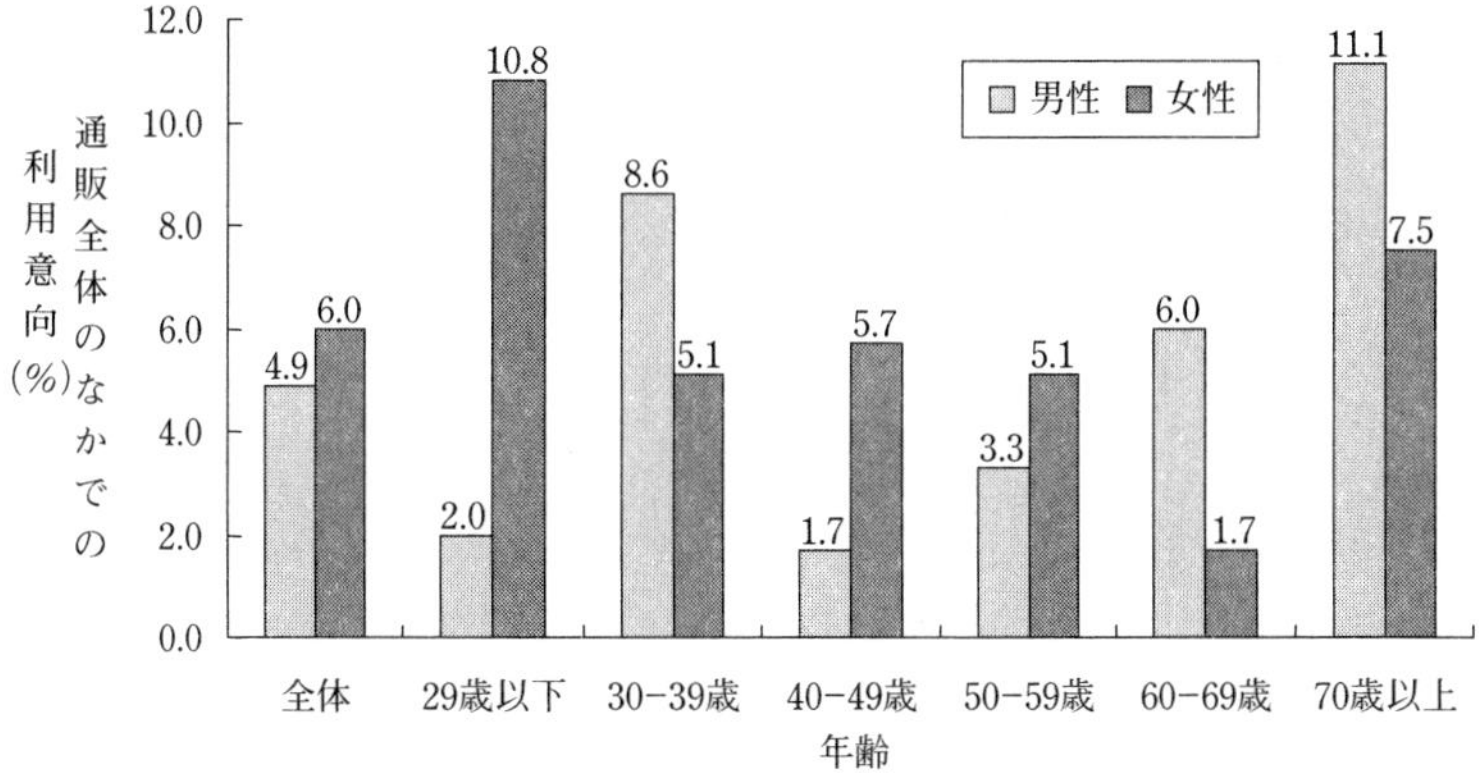

図６　2006年１年間の通信販売で購入したい商品に占める通信教育関連商品の割合（性・年齢別、複数回答、ｎ＝741）

出典：『第13回全国通信販売利用実態調査報告書』（日本通信販売協会、2006年）84－85頁をもとに作成。

に分け、それぞれ「資格」「実用」「趣味」としている。それぞれに、有名タレントを起用しており、一般の生活者には、非常にわかりやすい構造を維持している。以下にあげるのは、二〇〇六年でのそれぞれのタレントと代表的講座である。

表3　ユーキャンの戦略

価値	有用性		テイスト・個性
カテゴリー	資格	実用	趣味
タレント	織田裕二	小西真奈美	野際陽子
代表的講座	ケアマネージャー フィナンシャルプランナー 宅建取引主任者	ボールペン字 ピンズラー・アメリカ英語	絵手紙 ビーズアクセサリー

資料請求による講座人気度をみると「資格」「実用」が上位を占めている。実際には、専門学校に対応した下級資格、補助的業務の資格試験用講座が大半を占める。資格講座に関しては、実際に就職しようとすると現実のメリットに乏しいものもある。

ユーキャンが毎年度実施している『生涯学習アンケート調査』の二〇〇五年の結果では、「今やっている生涯学習は?」という問いに対する回答として、「ＩＴ関連」（三二・五%）、「読書」（二六・四%）、「語学などの習得」（二二・七%）、「資格・検定取得など」（一五・三%）が上位を占めたのに対し、「今後やってみたい生涯学習は?」という問いに対する回答の上位は「英会話など知識・教養の習得」（一五・〇%）、「料理などの趣味」（一一・〇%）という結果になった（図7）。このあたりは『生涯学習に関する世論調査〈平成一七年五月調査〉』（内閣府大臣官房政府広報室）、「趣味的なもの（音楽、美術、華道、舞踊、書道など）」を挙げた者の割合が一八・

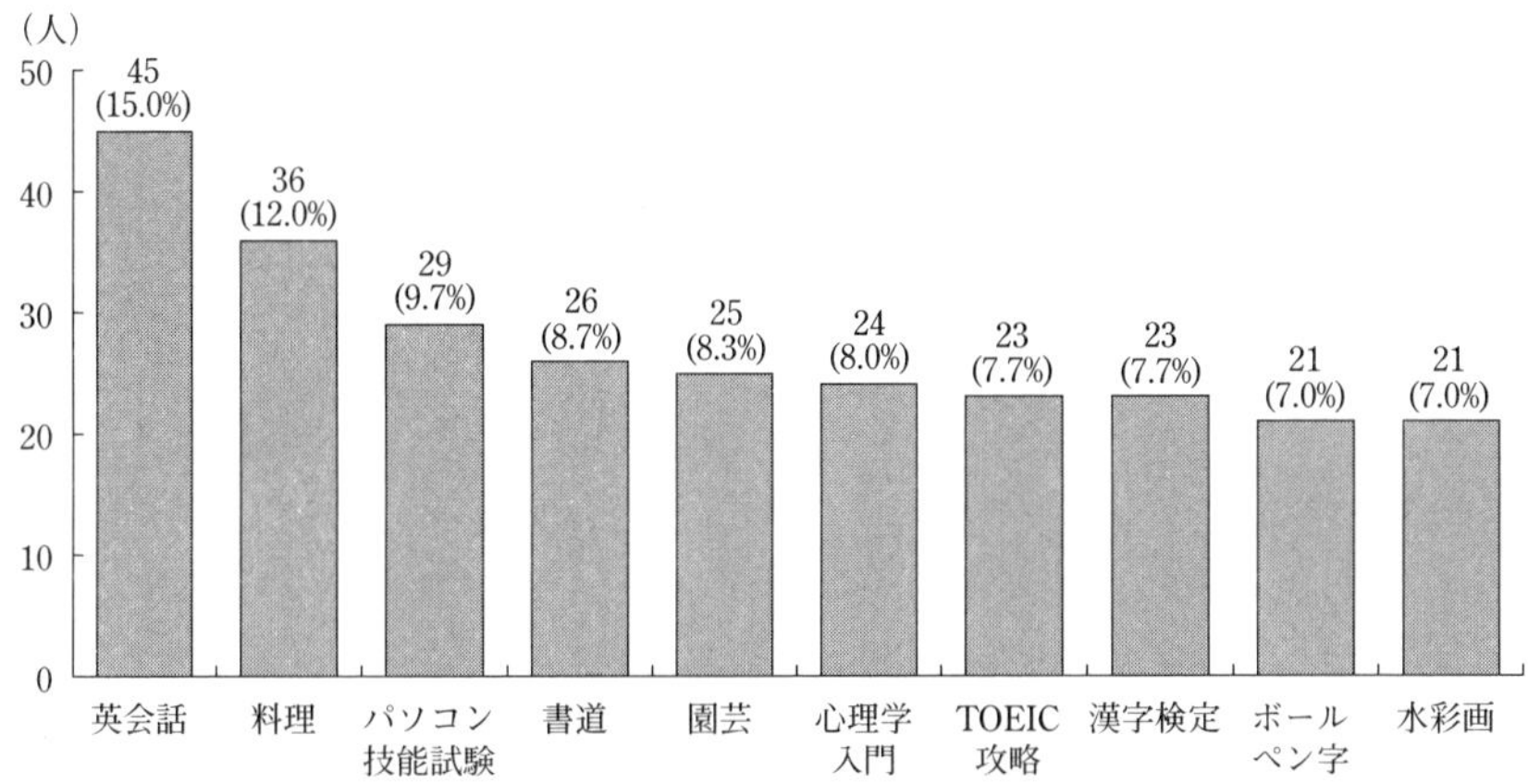

図７　2006年に生涯学習の一環として受講してみたい講座（回答者300人、複数回答、上位10項目を表示）

出典：2005年度ユーキャン「第４回生涯学習アンケート調査」（2005年11／15－11／21にインターネットで実施）
ＨＰ（http://www.u-can.co.jp/company/news/20051215/release051215.pdf）

九%、「健康・スポーツ（健康法、医学、栄養、ジョギング、水泳など）」を挙げた者の割合が二三・一%と高くなっている。「職業上必要な知識・技能」は八・九%とは異なる結果となっている⑭。

3　ブランド化競争に取り組む有力企業

通信教育業界においてはブランド化に成功したところが勝ち組になるといわれ、本格的に取り組んでいるため巨額の広告宣伝費を投入している。ブランドであるかどうかが選択の決め手であるということは、教育もまた、通常の商品、サービスブランドと変わらないことを示している。

ベネッセは、二〇〇四年度の日本の有力企業広告宣伝費で第一〇位の三四二・三億円。対前年比一一・四%の二ケタ増。二〇〇五年度は、七位に躍進、三七四億七一〇〇万円である。多くはＤＭ費であるが、ブランド化に取り組みマスメディアへの投入を増大させている。この取組みを実証するものとしてマスメディア関連広告費の実績が、二〇〇三年度は七七・四億円で対前年比約三割増であり、二〇〇五年度は一一四・六億円と一〇〇億円台をこえた。

ベネッセの近年の動向に関しては、
・インターネットの検索ソフトの上位に表示されるようブランド体系を見直した。
・情報統合戦略、あらゆるメディアへのタッチポイント戦略の推進を行なっている（インターネットの活用、携帯電話によるモバイルプロモーションの展開、ＴＶＣＭの積極出稿など）。
・現実の教室を設置し、受験生に対する細かなフォローを行なう。
・顧客ごとのニーズに合わせたビジネス展開を図る（カスタマイズ）。
・学力や志望校別に個別教材を提供する「Ｍｙ合格プラン」の推進（二〇〇三年－）。
・ハイレベルな学力の会員向けのコースの推進（「進研ゼミ難関中高一貫講座」「進研ゼミ東大特講√T」「進研ゼミ京大特講√K」）。
・コールセンター子会社を自社所有（顧客情報管理〔ＣＲＭ〕システムの完成により、個人の成績に合わせた合格判定のようなナビゲーション機能などを構想）。
・「チャレンジネットコース」（一九九九年四月－）で双方向性を生かした会員同士の情報交換によるコミュニティの形成をＺ会の試みに七年先行して行なう。
・育児支援イベントの開催による通信教育見込み客の獲得への注力。
・Ｗｅｂサイトによる情報提供（就職ｅラーニング＆就職情報）の強化。
・ポイントが利用できる「ベネッセカード」の導入と浸透キャンペーンの展開（二〇〇五年三月より）。
と非常に多彩である。

一方、ライバルのＺ会の動きで特筆すべきことは、二〇〇六年のグループ三社統合である。Ｚ会出版（出版）・増進会出版社（通信教育）・Ｚ会対面教育（対面教育）を「Ｚ会出版」一社に統合し、それぞれを組み合わせて会員のニーズによって多彩なカリキュラムを組むなどといった活用法を模索している。また、ソーシャル・ネットワーキング・グループ「パルティオゼット」をHP上で開設し、双方向コミュニケーションにトライしている。その目的を「誰かに聞いてほしいことがある。先輩のアドバイスを聞きたい。全国には同じ目標を持った人、同じ悩みを持った人、それを乗り越えた先輩達がたくさんいます。パルティオゼットは、そんなZ会員だけでなく、保護者の方や一般の方をつなぎ、学ぶ人を応援するコミュニティ・サイトです。日記、コミュニティなどの機能を利用することで、住んでいる場所、世代を問わず、同じ目標を持った人、目標を達成した先輩などとのコミュニケーションを実現します」としている[15]。

ベネッセ、Z会両社とも通信教育の弱点である、ラーニング・アロンへの有効な対策を打ち始めているといえよう。

一方、ユーキャンの日本通信教育連盟は正式な金額を公表していないが、二〇〇四年度は、先の「資格」「実用」「趣味」カテゴリーごとのブランドCM出稿を展開し、一般の通信販売を含んで約一〇〇億円とみられている。この金額は、日本の有力企業広告宣伝費でおよそ七〇位前後とみられ、大手全国広告主と肩を並べる金額である。

各社は、非常に積極的なブランド戦略を実施している。通信教育業界も他と同じく、上位独占の傾向が強まっている。ブランド化への積極投資ができない企業は、今後の激しい競争のなかで淘汰されよう。

4　教育システムの補完物としての通信教育

通信教育市場の役割

以上、市場の構造、規模、予測、各代表企業の戦略などを述べてきた。学校教育に対応する通信教育は、受験体制のサポート役が最大の役割である。あくまで、補助的な役割を担っているといえよう。ベネッセやZ会では、受験勉強へ最終的に収斂していく。

一方、社会教育における「資格」対応は、正規のルートからはずれた人々への対応が副次的なサービスとして存在している。何らかの技能を持ち、能力の証明を形として獲得したい、また、自分はクリエイティヴで個性的でありたいという欲求に応えている。

これは、脱工業化社会に対応した職種＝カタカナ職種、知的職種へのあこがれをベースとしている。たとえば、ユーキャンでは「フィナンシャルプランナー」講座があるが、実際に通信教育だけで専門のフィナンシャルプランナーとして一本立ちするのは、非常に困難であるといえよう。

かつての「教養主義」は、東京大学を頂点とする「知識ヒエラルキー」にのっとっていたが、現在の「生涯学習」は、個々人の趣味や嗜好にあわせて「等価、フラット」なものとして捉えられている。通信教育で個性、趣味（テイスト）としての学習を幅広く手軽に獲得できる。エントリーは非常に簡単だが、最終的な資格を獲得するコストは結果として安いわけではない。個性を求めて同一化し、職を求めてより競争激化ということになる。

通信教育市場の光と影

これまで、市場の特徴とユーザーの意識、行動を分析し、有力各社の取組みをサーチしてきた。その結果、少子化のなかで右肩上がりの拡大というわけではなく、むしろ格差によって通信教育を積極的に受講する層と教育投資そのものをまったくできない、やる意欲もない層にはっきり分かれていくものと考えられる。通信教育市場とは、体制補完型の市場構造を持ち、これからのグローバル化、格差社会を支えていくものである。

通信教育市場をとりまくマクロ環境は、グローバル経済の侵攻が進むなかで構造改革によって、かつて日本の特質と言われた「戦略的資本主義」（ケント・E・カルダー）[16]が衰退し、企業の激烈なリストラ、教育機能の崩壊、成果主義・能力志向により、社員個々人が就社（日本では、就職ではなく就社とよく言われている）からキャリア・

デザインへ移行せざるを得なくなった。日本では、おくればせながら小泉改革によってレーガン、サッチャー的な小さな政府を実現しようとしているが、それはとりもなおさず、アメリカ型資本主義に近づくということである。アメリカ型資本主義においては、人は精神的にも社会的にも経済的にも「nobody」ではなく「somebody」になることを義務づけられ、絶えざるプレッシャーと戦い続けなければならない。

そのようななかで、リチャード・フロリダが提唱する「日本的クリエイティブ・クラス」[17]が台頭し、勝ち組負け組、ニートが存在する「希望格差社会」（山田昌弘）[18]、「個性浪費社会」（岩木秀夫）[19]、「意欲格差社会」（苅谷剛彦）[20]へと変質していっているといわざるをえない。事実上、戦後教育体制の解体、中間層の解体、文化資本の格差拡大へと移行しているのである。生涯学習という幻想を維持・強化し、社会人学習を強制する社会システムのなかで、ゆとり教育への批判を強めているのである。

教育思想のパラダイムは、戦後民主主義の平等主義から、教育の一周遅れの変形アメリカニズムへとシフトし、現在のパーソナル・ブランディング・システムへ対応するものとなった。国家が平等に教育による文化資本を供給することから、個々人が努力し、自己のブランドデザインにそった形で能力を身につけていくシステムへと変化した。近代的主体として安定的な統合を一貫して継続していくためには、教育における戦略的適応が必須なのである。そこに、正統的な教育体系からはずれた趣味・実用の通信教育産業の存在意義がある。テイストをもった近代的主体になることが、通信教育産業における〈趣味〉と〈実用〉メニューを支えている制度論的な前提なのである。

このようなマクロ動向に対応する通信教育は、さまざまな矛盾の受け皿、解消役であり、ラーニング・アロンのキードライバーでもある。受験に関しては、建前に対する実質的なサポートをひきうけ、日本の大多数を占める文化資本非資産者へのケアを行なう。

山田昌弘がいう高等教育の正規ルート＝パイプラインからもれた大衆の救済であり、教育の自己責任の受け皿になる制度的な装置と言うことができよう。通信教育は、何らかの技能、資格証明を獲得する手段であり、よい趣味を持つことをサポートする。今後も一般大衆のオンリーワン幻想を維持することに大きな貢献を果たすことになるだろう。

5　ラーニング・アロンと通信教育の可能性

通信教育のメディア的側面は、最終的にインタラクティヴ性を実現し、空間・時間的制約を乗り越え、コスト効果をもっと高める可能性が高い。マイナーな体制補完物、かつての消費者金融扱いではない、新しい次元の正当な教育サービスとして認知される可能性がある。

規制緩和による正規単位認定、正規教育との融合も今後進むものと考えられる。有力企業のマーケティング、ブランディング、商品開発は、いっそう進展するだろう。ここで、おそらくCRM（カスタマー・リレーションシップ・マネージメント）の発展による個人データに対応した即時インタラクティヴ、イージーオーダー、オートクチュールのプログラムを実施することができるようになる。これらは、ラーニング・アロンをよりいっそう推し進め、ラーニング・アロンのインフラとなる。今後の日本社会においてラーニング・アロンの流れを押しとどめることはできないだろう。

しかし、その一方で通信教育のユーザーによる社会的ネットワーク形成はありうるのではないだろうか。デジタル、インターネット・メディアによる新たな関係性のもと、これまでとは異なった次元での社会関係資本にそった通信教育の未来があるのではなかろうか。なぜなら、ブランディングに取り組む通信教育各社が、顧客とのリレーションシップに取り組むのと同時にユーザーサイドからの自生的なネット・コミュニティが拡大する可能性があるからである。

先にのべたベネッセの「チャレンジネットコース」（一九九九年四月―）は、双方向性を生かした会員同士の情報交換によるコミュニティの形成を目指し、Z会の試みに七年先行している。Z会は、ソーシャル・ネットワーキングの設立がベネッセに遅れたものの、先にふれた「パルティオゼット」と呼ばれるソーシャル・ネットワーキングを二〇〇六年二月に設立した。参加者は会員だけでなく、保護者や、招待があれば中学生以上の一般の人々も対象としている。全国の学校情報の交換、共通の趣味・関心を持つ人の交流の場を目指し、セルフヘルプ・グループを形成することで、受験の不安を癒し、通信教育などへの参加者の増加を狙うビジネス戦略である。

通信教育の発展にともなって、かつての教育が教師と学生の「縦のきずな」が中心であったのに対して、これからの教育は、保護者、卒業生も含めた学習者同士のネット発の「横のきずな」が中心になるのかもしれない。(21)

註

（1）『平成一七年度　学校基本調査報告書』（文部科学省）における学校区分では、正規の学校の通信教育を除いて、専修学校や各種学校の通信教育に関する報告はなく、『平成一七年度　社会教育調査報告書』（文部科学省）においても、社会教育施設についての調査はあるものの、通信教育についての調査結果はない。

（2）表1、図2は『家計調査年報　平成一七年版《家計収支編》』の一八六―一九六頁をもとに作成。これらのデータは単身世帯や世帯主が非勤労者である世帯も含んだ全世帯を対象としている。また、この全世帯調査における支出額は一ヵ月間の平均支出であるため、消費支出については同一八六頁、教育費と教養娯楽費、教育・教養娯楽の合計は同一九三頁、通信教育に関する支出の計算は同一九三―一九四頁をもとに、年報に載っている一ヵ月間の支出額に一二を掛けて年間支出を算出。なお、通信教育に関係すると思われるカテゴリーは、収支項目分類表のなかで教育費と教養娯楽費それぞれのなかから通信教育が含まれると思われる分野を抽出し、以下のようにその分野ごとの支出を合計したものから算定した。

中分類「9・4　教養娯楽サービス」に属する小分類「9・4・3　月謝類」の内訳で、『家計調査年報』では「家事月謝（874）」という分類があるが、『全国消費実態調査報告』にはない。

①　『家計調査年報』の収支項目分類表の大分類「8　教育」

② 『家計調査年報』の収支項目分類表の大分類「9　教養娯楽」
③ ①と②の合計額
④ 民間社会通信教育を項目別支出に含むと判断できるもの（教育費の区分から抽出）
大分類「8　教育」のうち、中分類「8・2　教科書・学習参考用教材」（小・中・高・大の教程内容をもつ通信教育のテキストを含んでいるため）と「8・3　補習教育」（補修のための通信添削の費用を含んでいるため）
⑤ 民間社会通信教育を項目別支出に含むと判断できるもの
大分類「9　教養娯楽」のうち、中分類「9・4　教養娯楽サービス」に属する小分類「9・4・3　月謝類」のなかで「語学月謝（875）」「他の教育的月謝（870）」「他の教養的月謝（871）」「他の月謝類（879）」
＊小分類「月謝類」のうち、「音楽月謝（876）」「スポーツ月謝（872）」「自動車教習料（873）」「家事月謝（874）」を除いたもの。
⑥ ④と⑤の合計額
世帯数は、総務省自治行政局市町村課がまとめた『住民基本台帳に基づく人口・人口動態及び世帯数』（平成一八年三月三一日現在）、ＨＰ（http://www.soumu.go.jp/c-gyousei/020918.html）の「資料２」から転載したＨＰ（http://www.soumu.go.jp/c-gyousei/pdf/020918_si2.pdf）。
（3）総務省統計局編『全国消費実態調査報告』（日本統計協会）によれば、「勤労者世帯とは、世帯主が会社、官公庁、学校、工場、商店などに雇用されている世帯をいい、勤労者以外の世帯とは、勤労者世帯を除いた世帯をいう。ただし、世帯主が社長、取締役、理事など会社・団体の役員である世帯は、勤労者以外の世帯とする」（『平成一六年全国消費実態調査報告』七頁）。表2、図3については、五年に一回発行されている『全国消費実態調査報告』をもとに割り出したデータを利用しているため、データの年次推移も五年に一度のものとなっている。なお、時系列データが掲載されていなかったところは、各年毎の統計表から年次推移を弾き出した。
表2、図3は、世帯人員が複数の世帯のうち世帯主が勤労者である世帯のみを対象にした調査から引用し、あるいは算出した数字を利用している。実収入、各種支出額共に統計表では一ヵ月間のものしか与えられていないため、各カテゴリのデータに一二を掛けて年間収入および支出を算定した。

世帯数については、表1は総務省統計局編『平成一二年国勢調査　編集・解説シリーズ№5　世帯と住居』（日本統計協会、二〇〇三年）の四六頁から引用した二〇〇〇年の世帯数と、『平成一七年国勢調査　第一次基本集計結果』（http://www.stat.go.jp/data/kokusei/2005/kihon1/00/hyodai.htm）の第6表にある二〇〇五年の世帯数はそのまま使用した。国勢調査は五年に一度の調査であるため、二〇〇一－二〇〇四年の世帯数は、二〇〇〇年と二〇〇五年の世帯数の差を五で割った世帯数の値（小数点以下切り捨て）を二〇〇〇年の世帯数に一年ごとに加えた推計値。なお、『住民基本台帳に基づく人口・人口動態及び世帯数』に掲載されている世帯数が総世帯数であるのに対し、『国勢調査』の世帯数は「一般世帯」であるため、『国勢調査』のほうが世帯数は少なくなっている。

表2は、勤労者世帯数に以下の数字を掛けた推計値である。

一九九四年…『平成一二年国勢調査　編集・解説シリーズ№5　世帯と住居』の四六頁にある、二人以上の世帯が一般世帯数全体に占める割合（一九九五年分、七四・四％）

一九九九年…同じ頁の二〇〇〇年分の同じデータ（七二・四％）

二〇〇四年…『平成一七年国勢調査　第一次基本集計結果』の第6表にある、二〇〇五年の一般世帯数全体に二人以上の世帯が占める割合（七〇・五％）

（4）ＨＰ（http://www.stat.go.jp/data/service/2004/kakuhou/index.htm）、ＨＰ（http://www.stat.go.jp/data/service/2004/kakuhou/zuhyou/z01-2.xls）。

（5）ＨＰ（http://www.benesse.co.jp/IR/japanese/operation/01_04.html）。ＷＥＢで公開されているＩＲ（投資家向け広報）情報をもとにしている。

（6）ＨＰ（http://www.zkai.co.jp/home/about/records/membership.asp）。参考として、矢野経済研究所の『教育産業白書　二〇〇二年版』（二〇〇二年九月）によれば、二〇〇一年度のＺ会受講者数、中学校＝九万人、高校＝一三万人。この点については、「進研ゼミvsＺ会」（http://tsushin.ukaru.info/）を参考にした。

（7）『広告ジャーナル』二〇〇六年三月号三二頁。

（8）ＨＰ（http://www.benesse.co.jp/IR/japanese/financial/01_02.html）。矢野経済研究所『教育産業白書二〇〇二年版』による。ベネッセが大雑把にシェア八割といわれている。

（9）業態の専業・兼業の区分は、通信販売・通信教育を事業主体としている企業が「専業」であり、それ以外（三越、高島屋、サントリーといった通信販売以外の業務が主体となっている企業）が「兼業」である。専業企業のなかには店舗や卸による売上高を含むものがある。兼業企業は通販部門の売上高のみを記載している。また、売上高と経常利益は二〇〇五年決算期の数字である。売上高は連結決算ではなく、単独決算による。

（10）矢野経済研究所『教育産業白書　二〇〇六年版』（二〇〇六年九月三〇日）によれば、教育産業における主要分野（学習塾・予備校、各種資格専門学校、英会話スクール、幼児教育、カルチャーセンター、各種通信教育、教科書、その他教材、企業向け研修、eラーニング）ならびに周辺業態（知育玩具）を対象に、市場動向と主要事業者の業況を調査した。調査期間：二〇〇六年六月－九月、調査方法：面接取材、電話取材、郵送アンケート、企業データベースなどの活用による事業動向調査対象企業：八〇社。

以上、ＨＰ（http://www.yano.co.jp/press/pdf/191.pdf）より。

（11）『日本経済新聞』地方経済面（大阪夕刊）二〇〇六年一月一六日、「夕悠関西」。

（12）『日経流通新聞』二〇〇六年八月一六日。

（13）改正教育基本法第三条（新設）で新たに盛り込まれた生涯学習に関する条文。

（生涯学習の理念）

第三条　国民一人一人が、自己の人格を磨き、豊かな人生を送ることができるよう、その生涯にわたって、あらゆる機会に、あらゆる場所において学習することができ、その成果を適切に生かすことのできる社会の実現が図られなければならない。ＨＰ（http://www.mext.go.jp/b_menu/kihon/about/06121913/002.pdf）より。

生涯学習の定義（文部科学省編『平成一七年度　文部科学白書』国立印刷局、二〇〇六年、九一頁）。

「生涯学習」という言葉は、一般には、人々が生涯に行うあらゆる学習、すなわち、学校教育、社会教育、文化活動、スポーツ活動、レクリエーション活動、ボランティア活動、企業内教育、趣味など様々な場や機会において行う学習の意味で用いられます。また、生涯学習社会を目指そうという考え方・理念自体を表していることもあります。

また、「生涯学習社会」とは、「人々が、生涯のいつでも、自由に学習機会を選択して学ぶことができ、その成果が適切に評価される」（平成四年生涯学習審議会答申）ような社会であるとされています。

厚生労働省の取組みとしては、

通信教育の受講費用の一部が支給される教育訓練給付制度

雇用保険に通算三年以上加入している人が利用可能

加入期間が三年以上五年未満　：受講費用の二〇％を支給
加入期間が五年以上　：受講費用の四〇％を支給
（『ダ・カーポ』二〇〇六年五月三日号の特集記事「いま、通信教育に注目！」五八—五九頁をもとにまとめた）

（14）『生涯学習に関する世論調査〈平成一七年五月調査〉』（内閣府大臣官房政府広報室）。ＨＰ（http://www8.cao.go.jp/survey/h17/h17-gakushu/index.html）より。

（15）『日本経済新聞静岡版地方経済面』、二〇〇六年二月一日。

（16）ケント・Ｅ・カルダー『戦略的資本主義』谷口智彦訳、日本経済新聞社、一九九四年九月。

（17）リチャード・フロリダの「クリエイティブ・クラス」に関しては、文献解題Ⅸ③を参照。

（18）山田昌弘の「希望格差社会」に関しては、文献解題Ⅸ⑤を参照。

（19）岩木秀夫「個性浪費社会」に関しては、文献解題Ⅸ④を参照。

（20）苅谷剛彦『階層化日本と教育危機——不平等再生産から意欲格差社会へ』有信堂、二〇〇一年七月。

（21）『日経流通新聞』二〇〇六年二月一七日付、一八面。

第Ⅲ部　越境の可能性

第九章　イギリス高等教育におけるオープン大学
――エリート主義とオープン性の相克

本田毅彦

1　欧米における遠隔高等教育の歴史

イギリスは、近代における遠隔教育（通信教育）発祥の地とされる。また同国のオープン大学は、遠隔高等教育に関する斬新なアイディアにもとづいて広い地平を開いたと評価され、わが国の放送大学を含む世界各地の遠隔高等教育機関のモデルとしての役割を果たしてきた。

本章では、こうしたイギリス社会における遠隔高等教育の歩みについて、英国オープン大学に焦点を合わせる形で考えてみたい。しかし遠隔教育に関するイギリス社会での動きは、その周辺の欧米諸国における動きと作用しあっていた。従ってまず、イギリス社会も含めた欧米諸国における遠隔高等教育の歴史を概観する。ついで、本章における主要な課題として、多大な成功を収め、世界的な影響力を持つに至ったとされる英国オープン大学が、イギリス高等教育の歴史のなかではどのように位置づけられるのか、という視角から考察を行ないたい。最後に、遠隔高等教育のみならず高等教育の世界全体をグローバルな規模で揺さぶりつつあるeラーニングの激浪のなか、英国オープン大学が今後どのような方向を目指すことになるのかについて考える。

遠隔教育が厳密にいつ始まったのかを言うのには困難がともなう。あらゆる文化で使者などの通信手段を介しての学習が古くから行なわれてきたはずだからである。しかし近代に入り、宗教的自由を求めてヨーロッパから北アメリカへと渡った人びとのなかには、旧世界で彼らを縛ってきたさまざまな拘束から解放され、自らを内面的に高めるために知識を得ようとする意欲が広く見られた。さらに同地では、人びとが広く分散して生活するという条件の下にあったため、既に一七二八年には、ボストンの新聞社が主催する通信講座が行なわれていた(1)。イギリスからの独立を果たし、アメリカ合衆国を名乗るようになった北アメリカ社会では、一九世紀の前半、政治や学問をさらに民主化しようとする意欲が高まり、各種の教育組織・機関が生みだされた。そのなかでも特筆すべきなのが一八二六年にマサチューセッツ州ミルベリーで労働者や職人を主な対象とする相互学習活動として始められた「ライシーアム運動」であり、一八三九年までにはその活動は全国に広まっていた。文化講座の開催が主だったが、自宅学習用のパンフレットも配布されており、これが遠隔教育の先駆になったと考えられている。

しかし明確に組織化された形での遠隔教育は、アメリカではなく一九世紀半ば頃のヨーロッパ社会に現われた。イギリスにおいてアイザック・ピットマンが「ペニー・ポスト」(一ペンスで手紙一通の配達を保証した)を用いて始めた速記術の遠隔教育が嚆矢だった。当時のイギリス社会では、近代的な印刷技術の発展と印刷産業の確立、速く効率的な輸送・コミュニケーション網の構築など、一連の技術的イノヴェーションが生じており、こうした条件がそろったことで組織化された遠隔教育の登場が可能になったのである。新たなアイディアは他のヨーロッパ諸国にも広まっていった。

しかしヨーロッパ社会では、社会的威信を持つ公的な高等教育機関としての大学が、遠隔教育に直接関わろうとする傾向はほとんど現われなかった。そうした活動は、今度は逆にアメリカにおいて、一九世紀末以降開始された。一八七七年、成人教育運動である「ショトーカ運動」(ニューヨーク州のショトーカ湖畔で開かれていた、メソディスト教会の夏期日曜学校の活動が起源だった)のなかで四年間の通信教育コースが設けられた。同運動の指導者の一人としてその企画に関わったのがエール大学へブライ語教授ウィリアム・ハーパーであり、彼はやがてシカゴ大学の学長に転じた。一八九二年には同大学を社会に開くために大学拡張部門を設置し、その一環として通信教育を正規のコースとして開始した。ほぼ同じ時期にアメリカ社会では、シカゴ大学以外の複数の大学でも遠隔教育プログラムが開始されている。

一九二〇年代に入ると、新たなメディアであるラジオが持つ教育機能への期待が高まり、ウィスコンシン大学をはじめとして多くの大学が既存の通信コースのなかでその活用を開始した。しかしこうした動向はやがてアメリカ社会に「通信教育バブル」とも呼ぶべき状況を生じさせる。[2] 既に一九一九年までに七〇以上の大学が通信コースを行なうようになっており、さらに三百ほどの私的な通信教育学校がこれらと競い合うことになった。「バブル」はやがてはじけたが、その理由は、教育内容の貧しさ、中退率の高さ、そして何よりも当時の遠隔教育には「人間的次元」が欠けていたことだった、とされる。

テレビの時代が始まるとNBC、CBSが早速、大学レベルの講座の放送を試みた。[3] アメリカの大学のなかで最初にテレビの利用に乗り出したのはアイオワ州立大学、パーデュー大学、カンザス州立大学だった。一九五〇年代には、ニューヨーク大学の「早朝学期」、ジョンズ・ホプキンス大学の「大陸カレッジ」といった番組が放送された。

これに対しヨーロッパでは、諸大学の遠隔教育への関心は長く低調なままだったが、革命後のソ連において、国民が高等教育を受ける機会を大幅に拡大しようとの意欲が生じ、そのための手段として遠隔教育が活用されるようになった。一九二六年、正規の工科大学に通信教育部を開設する必要性が指摘され、翌年にはモスクワ工科大学、モスクワ繊維大学、チミリアゼフ農業アカデミーなどに一六の通信教育部が設けられて、三万七千名の労働者が学ぶことになった。一九五〇年代後半には、西側との経済競争に勝利するべく、より高度の教育を現職の工業労働者たちに与えることを目的として教育制度の改革が行なわれた。一九五八年に発表された高等教育に関するテーゼのなかでフルシチョフは、工科系の高等教育施設は夜間・通信制教育を中心に発展させるべきだ、と述べている。[4] 一九六〇年に二三九万人だったソ連の大学生総数は一九七〇年までには四五〇万人になり、そしてその半数は夜間あるいは通信コースで学んでいた。[5]

第二次世界大戦後、世界の政治・経済・文化において西欧が占めてきた地位は顕著に低下した。それに取って代わったのが米ソであり、米ソの優位の一端は、高度工業社会の実現・運行に貢献しうる人材の養成システムを両国が保持していることにある、との認識が生じた。かくして、両国における高等教育修学率の高さ、科学技術教育の水準の高さは、一九世紀的な高等教育のありようから脱することが困難な（伝統的な大学は変化することを好まなかった）西欧の側の一部から、羨望の眼差しで見られることになった。袋小路的状況から脱するための方途の一つとして西欧で考案されたのが、たとえばイギリスのオープン大学だった。同大学のプロモーターたちは、多くの資金・時間・労力を要する従来型大学の新設によることなく、米ソなみの高等教育修学率を実現するための手立てとして、入学資格を問わず、遠隔教育に特化した大学を設けることを思いついたわけである。英国オープン大学は一九六九年にバッキンガムシャーのミルトン・キーンズを本拠地として開学した。

「公開遠隔高等教育」（ＯＤＨＥ：Open and Distance Higher Education）という概念の有用性を岩永雅也が提唱している。[6]「遠隔高等教育」とは、対面授業によらず、遠隔媒体を手段として用いる高等教育であり、「公開高等教育」とは、入学選抜がなく、すべての学習希望者に開かれている高等教育である。そして現在、公開高等教育に属する大半の機関は遠隔媒体を用いている。英国オープン大学は、こうしたＯＤＨＥを担う機関のためのモデルを提示することになった。同大学の成功を見て、世界各国でＯＤＨＥ機関が創設されていったからである。一九七〇年代に一〇機関、一九八〇年代には一二機関という具合だった。

しかし、遠隔高等教育に関して西欧に比べてはるかに積極的だったはずのアメリカ社会では、英国オープン大学をモデルとするようなＯＤＨＥ機関は現われなかった。こうした経緯について同大学の副学長だったジョン・ダニエルが興味深い指摘を行なっている。[7] 彼によれば、遠隔教育には二つの伝統が存在した。一つは「個人的な学習に焦点を合わせる通信教育の伝統」であり、もう一つは「離れた教室へのアプローチ」である。英国オープン大学が前者の伝統に沿ったものであることは、それがその創立直後から、テレビの利用に重きを置こうとしなくなったことからも明らかである。これに対してアメリカでは、ラジオ、ついでテレビを遠隔教育に活用しようとする傾向が顕著であり、これらのメディアを通じて「離れた教室」を実現することが意図されていた。英国オープン大学的なありようが世界中で流行するようになった一九七〇－八〇年代において、アメリカでは、新たなテレビ配信技術を用いて「離れた教室」をより現実的なものにする方向での努力が行なわれた。

一九九〇年代以降、インターネットに象徴されるＩＣＴ（Information and Communication Technology）が遠隔高等教育にさらなる展開をもたらすことになった。インターネット上でクラスを提供し、質疑応答をし、試験の出題、解答、採点を行ない、さらには事務上の手続きさえも受け付けるというｅラーニングの出現がそれである。こうした変化は、アメリカ社会の遠隔教育観を、アメリカ以外の社会のそれへと統合する結果をもたらした。一九九六年までアメリカの研究者たちは、遠隔学習とは離れた教室で同時的にビデオ授業を行なうことだと理解していたが、それが今日では、大半の者たちが、遠隔学習とは非同期的な（時間的にずれた形で行なわれる）オンライン教育のことだ、と考えるようになっている。かくして、アメリカにおける遠隔教育のためのテクノロジー戦略は、既にアメリカ以外の国々で共有されていた思考枠組みのなかへ導かれることになり、遠隔高等教育の実践に関する国際共同体を大きく拡張させることになったのだった。

しかしその結果、ｅラーニングの商業的可能性への期待が過度に高まり、二〇世紀末から二一世紀初頭にかけていわゆる「ｅラーニング・バブル」の発生と破裂ももたらされた。ｅラーニングの利用を謳う機関が雨後の筍のごとく登場したものの、十分な数の学生を集めることができず、その多くが次々と姿を消していったのだった。

2　イギリス高等教育における二つの伝統の併存と、遠隔教育

本節では、英国オープン大学の登場を準備した、イギリス高等教育の歴史における二つの伝統について考察する。

ヴィクトリア朝中期（一九世紀の第三・四半期）のイギリス社会では、教育一般への需要の高まりが見られた[8]。イギリス経済は世界の工場・銀行と呼ばれる地位を維持しており、経済的繁栄は成功の機会を生じさせ、この時代のイギリス社会は多くの意味で「可能性」が開かれた社会でもあった。一九世紀のイギリス社会に生きた人びとは際立って野心的であり、大陸からやってきた観察者たちは、イギリスにおける自殺率の高さは「過剰な自由と誇張された人生への期待」のせいだ、と評していた。「成功」を得るための比較的開かれたルートの一つはいわゆる知的専門職に就くことだったが、そのためには高等教育という準備が必要だった。知的専門職が「成功のための開かれたルート」であったとしても、実際には高等教育機関がどの程度「オープン」であったのかがより重要だったのである。

イングランドの伝統的大学であり、ジェントルマン教育の総本山だったオックスフォード大学とケンブリッジ大学は、基本的には地主階級と知的専門職に就いている親を有する子弟たちによって占められ、いわば特権的社会層の再生産を保証する機関になっていた。これに対して一八二六年に設立されたロンドンのユニヴァーシティ・カレッジは、こうした閉鎖的なイングランドの高等教育システムを打破することを建学の目的の一つとしており、同カレッジで提供された講義内容はオックスブリッジの古典主義に比べればはるかに「近代的」だった。また後に見るように、同カレッジとキングズ・カレッジの学位授与機関として誕生したロンドン大学は、やがて受験者の資格を問わず、試験のみに基づいて学位を与える機関となり、多くの独学者たち（そのなかには遠隔教育機関

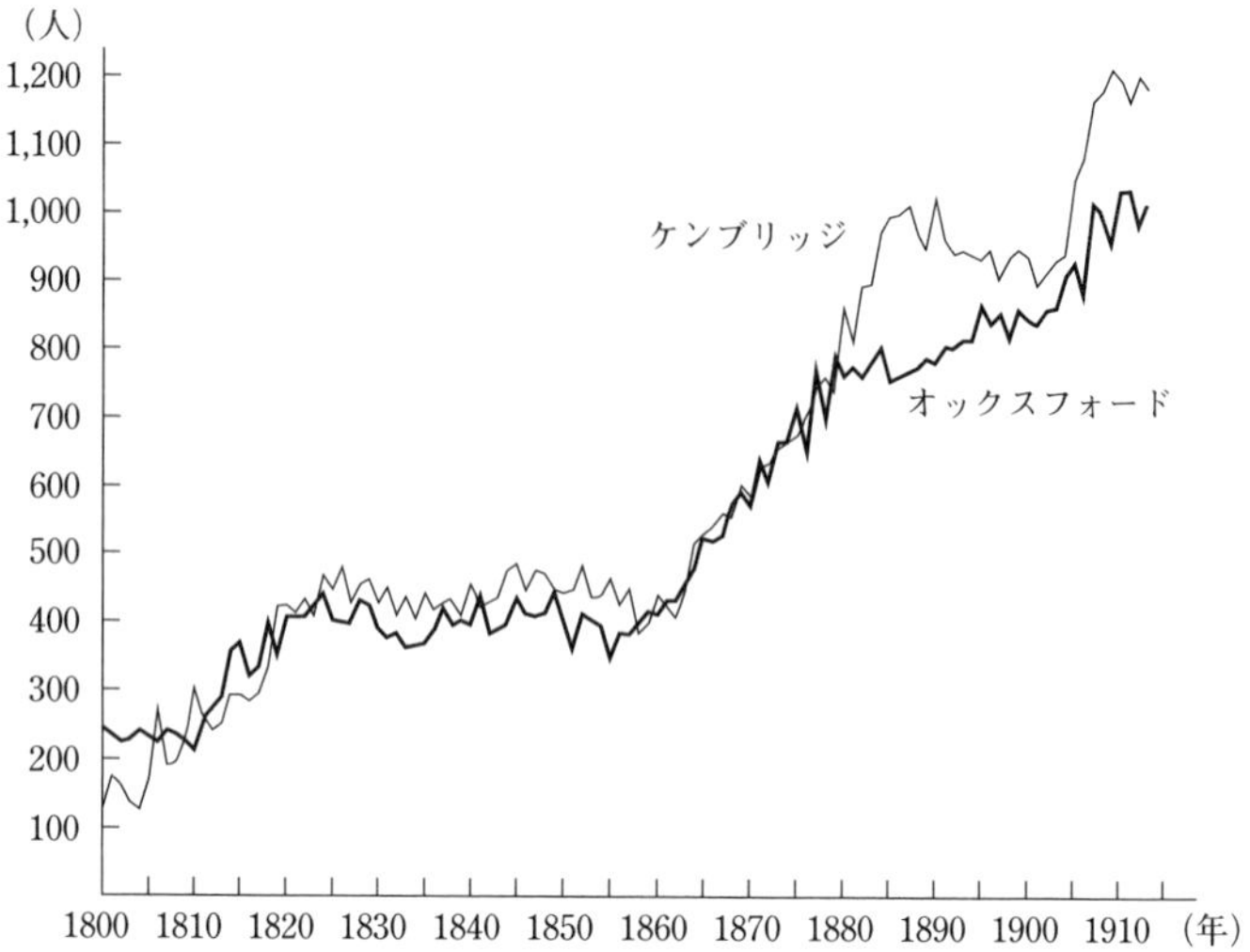

図1　オックスフォード・ケンブリッジ両大学の入学者数

出典：M. C. Curthoys, “The careers of Oxford men”, in M. G. Brock and M. C. Curthoys (eds), *The History of hte University of Oxford, Volume VI, Nineteenth-Century Oxford, Part 1*, Clarendon Press, Oxford, 1997, p.481.

を通じて学ぶ者が多かった）に意欲と展望を与えることになった。さらに一九世紀後半には、いわゆる赤レンガ大学（その建物が装飾にこだわらずに赤レンガを用いて建てられることが多かったため、軽侮の意味をこめてこのように呼ばれた）がイングランドの地方中心都市に次々と現われ、人びとの高等教育修学機会を広げていった。

スコットランドの諸大学はオックスブリッジに劣らない長い歴史を有していたが、伝統的に高等教育の修学機会を広げることに熱心であり、少なくとも一九世紀末までは、オックスブリッジのように古典教養に執着しようとせず、ロンドンのユニヴァーシティ・カレッジが手本としたほどに実践的な講義内容を提供していた。

「エリート主義的教育」の伝統と遠隔教育

しかしオックスブリッジも頑迷なだけの教育機関ではなかった。一九世紀半ばころを境として、両大学が「国民の大学」になるべきだとの意識が、その関係者のなかにも芽生えていた。では、どのようにすれば「国民の大学」になることができるのか？　ごく自然に、両大学で学ぶ者の出身階級を「拡張する」ことが王道だと考えられるようになった。(9) 図1が示すように、一九世紀後半のオックスブリッジでは入学者の数が着実に増加したが、これは新興のビジネス中産階級の子弟のオックスブリッジへの進学意欲が高まった結果だった。しかし「拡張」はこうした程度にとどまらず、さらに労働者階級へと射程を広げなければならないと考えたのが、たとえばオックスフォード大学ベイリオル・カレッジの学寮長ベンジャミン・ジョウェットだった。彼は「学問的な宣教師団」を各地に送り出し、彼らの活動が必要とされるような場所に「入植」させるべきだ、とすら唱えていた。

かくして一九世紀後半のオックスブリッジでは、いわゆる大学拡張運動が一部の教師たちによって熱心に行なわれることになった。また同世紀末には、労働者階級出身学生のための宿泊制教育機関としてラスキン・カレッジがオックスフォードに設立された。さらに、大学拡張運動が当初の目論見とは異なって労働者階級を十分には巻き込めなかったことへの反省から、大学教師たち、労働組合、協同組合の力を結集する形で、「労働者教育協会」の活動が二〇世紀初頭から各地で行なわれ始めた[10]。

こうした運動のなかで行なわれた教育の内容は、いわゆる「リベラル・エデュケイション」だった。つまり、イギリス社会のエリート層の子弟に与えられてきた教育の本質を維持しながら、やや近代的な味つけを施し、社会のより広い部分(労働者階級の指導的部分)にそれを及ぼすことが目指された。そのため、教育の手法も伝統的なそれが採用されることになった。すなわち、テュートリアル(対面的、個別的な教育)が重視され、遠隔教育という手法は敬遠されざるをえなかった。たとえば、大学拡張運動を具体化するための提言を一八七一年に行なったケンブリッジ大学機械学担当教授ジェイムズ・ステュアートは、その提言のなかで通信教育を採用することを明確に排除したが、それは彼が「講師と学生の人格的接触が生み出す教育力を重視したから」だった[11]。

しかし、誰もが現状維持的な教育イデオロギーに従順だったわけではなかった。一九〇九年、ラスキン・カレッジの教育内容がマルクス主義思想を受け入れないことに不満を抱いた一部の教師、学生たちが、同カレッジから離脱して活動を始めた。彼らはオックスフォード市において独自の機関を設立し(オックスフォード大学当局とは絶縁した)、ついでロンドン市内に移って「労働カレッジ」を名乗るようになった。他方、同カレッジの主張に共鳴する者たちが各地に現われ、それぞれが地方の労働カレッジを名乗り始めた。ロンドン市内の労働カレッジは「中央労働カレッジ」と称するようになり、全国各地の労働カレッジは連合して「全国労働カレッジ評議会」と称することになった。

したがって、二〇世紀初頭以降、イギリスにおける労働者教育（成人教育）の主な担い手は、おおまかにいえば「労働者教育協会」と「中央労働カレッジ＋全国労働カレッジ評議会傘下の諸団体」だった。「労働者教育協会」はイギリス政府から財政的支援を受け、イギリスの「エリート主義的教育」の伝統に忠実に「テュートリアル・クラス」（オックスブリッジのテュートリアルをモデルとし、小規模なクラスで指導を行なう）を主眼に置いた活動を続けた[12]。これに対してマルクス主義の立場からイギリス社会の「エスタブリッシュメント」に抵抗する姿勢を鮮明にした「中央労働カレッジ＋全国労働カレッジ評議会傘下の諸団体」は、対面的な授業を行なう一方、通信教育にも依存することになった[13]。通信教育の場合にも、学生のレポートをチェックする「考査者」（examiner）がいたが、テュートリアル・クラスのような濃密な交流は期待できなかった、と宮坂広作は言う[14]。しかし通信教育部学生のために幅広い科目・テーマにわたって独自のテキストが作成されており、それらは執筆者の書いた草稿を多くの関係者が検討した上で完成させたものだった。後年の英国オープン大学における教材の作成方法を彷彿とさせる。

イギリス社会の成人教育運動は、両大戦間期および第二次世界大戦直後の最盛期を過ぎると次第に低調になり、一九五〇年代末にはその政治的意義を失ってしまう[15]。ローレンス・ゴールドマンは、成人教育運動が受講者たちに「学位」を与える方向を選ばなかったことが致命的だった、と指摘する[16]。逆に学位を与える形をとった英国オープン大学が即座に成功を収めた事実は、イギリス社会の成人教育運動が汲み上げようとしなかった潜在的需要がどれほど大きなものだったかを示している。

「オープンな教育」の伝統と遠隔教育

既に触れたように、イギリス社会ではさまざまな遠隔教育機関が一九世紀半ばから活動を始めており、それは、成功の可能性が開かれたかに見えた社会において、野心をヒートアップさせられた者たちの「上昇志向」に応えようとするものでもあった。しかしイギリス社会では、アメリカの場合のように諸大学が正規のコースとして遠隔教育に乗り出してこうした志向に応えることは行なわれず、遠隔教育は成人教育の場で補助的手段として用いられるのにとどまった。そうなった最大の理由は、とりわけオックスブリッジにおいて、対面性・社交性を極度に重視する「エリート主義的教育」の伝統が確固として存在していたからだった。

しかし最近、イギリス社会には実は一九世紀後半の時点から、「オープンな教育」とも呼ばれるべき、遠隔高等教育に関わるもう一つの意義深い伝統が存在していたことを再評価しようとする動きが見られる[17]。具体的には、ロンドン大学、アイルランド王立大学、セント・アンドリューズ大学が保持していた学外試験制度のありようが注目されている(ロンドン大学の学外試験制度は現在も続いている)。

一八三六年、ロンドン大学はユニヴァーシティとキングズの両カレッジの学生に学位を与えるための試験機関として誕生した。しかし一八五八年以降、同大学の学位は、受験料を支払い、試験において必要なレベルに達していることを試験委員たちに納得させることのできたすべての者に開放されることになり、こうしたシステムは後に「学外学位試験」(external degree examination)と呼ばれることになった[18]。

そして独学でこの試験に備えようとする者たちが増加したため、「通信カレッジ」が受験生をサポートするための活動を始める。一九世紀末までには、ロンドン大学の試験を通じて学位を取得した者の六〇%以上が、通信カレッジの一つである「ユニヴァーシティ・コレスポンデンス・カレッジ」で準備した者たちになっていた。同カレッジは一八八七年にウィリアム・ブリッグスによってケンブリッジ市内に創設された。一八九四年には、オックスフォード市にもジョゼフ・ウィリアム・クナイプにより「ディプロマ・コレスポンデンス・カレッジ」が設立され、やはりロンドン大学の試験を目指す者たちのために通信コースを提供した。

一八七九年、ロンドン大学の学外学位試験システムを転用する形で王立アイルランド大学が設けられた。これにより、アイルランドのどこに住んでいようとも、どのような形で受験準備をしようとも、すべての者が学位取得を試みることが可能になった。ここでもやはり受験者たちの多くが遠隔教育機関を活用しており、ヨークシャーのハリファックスに設立された通信カレッジがとりわけ重要な存在だった。しかし二〇世紀初頭、イングランドでの赤レンガ大学の成功をうけ、イギリス政府はアイルランドにおける高等教育の見直しを行なうことになった。結局、王立アイルランド大学は廃止され、コーク、ゴールウェイ、ダブリンで対面型教育を行なっていたユニヴァーシティ・カレッジを統合する形で、伝統的な形態の「ナショナル大学」を一九〇八年に設置した。アイルランドにおいて四半世紀にわたって花開いていた「オープンな教育」の伝統は、あっさりと断ち切られてしまったわけである。

一八七七年、スコットランド最古の大学であるセント・アンドリューズ大学は、試験のみで女性たちに大学学位相当の資格を与える制度を開始した。同試験はやがてスコットランドだけでなく世界の百以上の場所で行なわれるようになり、その地理的範囲はロンドン大学の学外学位試験に匹敵するまでになった。当初、合格者にはLA（Licentiate in Arts）という称号が与えられたが、一八八〇年代初頭、LLAに改められた（つけ加えられたLは取得者が女性たちだけであることを意識して lady を意味したとも言われるが、定かでない）。LLAは正式の学位ではなかったが、要求される学問的水準は学位と同じであり、試験委員全員がスコットランド諸大学の教員であることが強調された。

表1が示すようにLLA試験は急速にその受験者数を増大させた。しかし、一八九〇年代に入り女性たちがスコットランド諸大学に入学し、学位を取得できるようになると、スコットランドの教育当局はLLAを「学位と等価の称号」とみなすことに消極的になった。「本当の」学位は学寮での居住、あるいは少なくとも対面での教

育を含んでいるべきだ、というのがその理由だった。しかし、同システムが提供する機会を評価する顧客層（イギリス国外で居住するイギリス人たちのコミュニティ、イギリス人のガヴァネス（住み込みの女性家庭教師）や女性教師を雇う海外の家族および学校）が存在したため、その後も数十年間にわたりＬＬＡ試験は継続した。だが第一次世界大戦がこうした顧客層を激減させ、一九三一年末をもって同制度は停止された。ＬＬＡ試験を目指す者たちをサポートした通信カレッジとしては、エディンバラの「セント・ジョージズ・ホール・オーラル・アンド・コレスポンデンス・クラスィズ」が有名である。

年	受験者	１つ以上の科目で合格した者	ＬＬＡの称号を得た者
1877—1881	379	320	84
1882—1891	4,752	3,964	928
1892—1901	9,044	6,946	1,189
1902—1911	10,398	8,072	1,166
1912—1921	7,305	5,409	1,024
1922—1931	4,130	2,971	727
計	36,008	27,682	5,118

表１　ＬＬＡ制度の下で学んだ学生の数
出典：Bell & Tight, *Open Universities*, p.79.

次節で見るように、二〇世紀後半、英国オープン大学は、イギリス社会の高等教育で忌避されてきた遠隔教育を基軸に据えて活動を開始した。また、入学希望者の資格を問わないという同大学の方針は、一九世紀末以来、学問上の尺度に基づいて入学資格を制限してきたイギリス社会の高等教育のありようへのラディカルなアンチテーゼであるようにも見えた。しかしイギリス社会の高等教育には「オープンな教育」の伝統がもう一方で存在しており、英国オープン大学はそうした伝統を引き継ぐものであって「突然変異」ではなかった、と考えるべきであろう。他方、同大学は、イギリス全国にくまなく学習センターを設け、遠隔教育に伴いがちだと心配された「非人格化」の危険にも配慮を示した。実はこれは、イギリス高等教育の「エリート主義的教育」の伝統を成人教育の場で実現しようとする努力のなかで考案され、「労働者教育協会」の活動において完成された「テュートリアル・クラス」の哲学を転用したものだった。

「オープンな教育」の伝統は、階級的で硬直的だとみなされるイギリス社会において、勤勉で有能な人びとに「成功」の機会を与え、社会の平準化に何ほどかの寄与をしてきたはずである。しかし、そうした形で個人が「成功」し「抜け出す」プロセスが、教育の非人格化、「ラーニング・アロン」的状態を想起させることも否定できない。他方、学問的共同体のなかでの対面的で親密な接触の価値を称揚する「エリート主義的教育」の伝統は、高等教育ないし教育一般の理想を体現し、「ラーニング・アロン」の対極であるかのようにも見える。英国オープン大学が行なおうとしたのは、これら二つの、一見したところ背馳するような伝統を両立させるという「離れ業」であったのかもしれない。

3　イギリス高等教育史上の英国オープン大学の位置づけ

イギリス社会では、既に第二次世界大戦中から平準化を求める人びとの欲求の高まりが見られたが、そうした傾向は戦争末期の労働党政権の成立に伴って加速した。高等教育への進学意欲も高まり、それに応えるため、とりわけ一九六〇年代以降、大学、ポリテクニック（大学レベルの総合技術専門学校）の新設が相継いだ。ロンドン大学の学外学位試験はどのような状態にあっただろうか。表2に見られるように、同試験を目指して登録する者の数がピークに達したのは一九六九年であり、三万五一九八人だった。しかし登録者の数は一九七〇年代以降ゆっくりと減少した。一九七一年に開講した英国オープン大学の活動が影響を与えた、と考えられている。ロンドン大学自体でも、学外学位試験的事業は、オープン大学のような「より資源に恵まれた組織」に委ねるべきだ、と考えられるようになっていった。他方、諸通信カレッジは、二〇世紀に入ってからも学外学位試験を目指して準備する

年	数
1933	11,296
1936	10,943
1941	8,902
1946	19,257
1951	27,780
1956	24,957
1961	26,953
1966	29,524
1969	35,198
1971	33,359
1976	27,470
1981	20,353
1986	24,498
1990	約24,000

表2　ロンドン大学の学外学位試験制度に登録した学生

出典：Bell & Tight, *Open Universities*, p.105.

年	ロンドンのカレッジ	地方のカレッジ	他の大学	海外のカレッジ	通信教育	独学	計
1926	1,549	2,056	364	242	976	1,352	6,539
1931	1,302	2,304	181	276	1,430	1,020	6,513
1936	1,265	2,513	149	433	1,607	812	6,779
1941	700	2,001	141	750	897	527	5,016
1946	1,376	3,585	141	614	2,478	1,350	9,544
	工科系カレッジ	大学レヴェルのカレッジ	他の機関	海外に居住	通信教育	独学	計
1951	5,882	2,480	1,275	876	3,580	2,154	16,247
1956	3,933	484	1,561	2,033	2,839	1,475	12,325
1961	4,843	—	1,411	3,622	3,432	1,513	14,821
1966	9,319	—	2,421	2,774	4,150	2,270	20,934
	ポリテクニック		他の機関	海外に居住	通信教育と独学		計
1976	3,472		2,758	10,245	9,562		26,037

表3　ロンドン大学の学外学位試験受験者の準備方法

出典：Bell & Tight, *Open Universities*, p.107.

多くの学生たちをサポートし続けていた。通信学習を試験準備のための主要な手段として用いた者の割合が、いずれの年でも一五－三五％であったことを表3は示している。

英国オープン大学の誕生

イギリス社会に「オープン大学」を創設しようとの構想が生じたのは、第二次世界大戦後の教育界に見られた「三つの論調」が統合した結果だった、と鈴木春恵は指摘する[19]。それらは、①成人教育を充実させる必要がある、②マスメディアを教育に活用すべきだ、③教育の機会均等を図らねばならない、というものだった。

①については、そのための努力がイギリス社会の階級的性格に規制されながらも継続的に行なわれてきたことを、既に本章でも見た。②に関して鈴木は、「テレビ時代」の到来を受け、一九六〇年代初頭、高等教育においてテレビを活用する可能性がイギリスでも言及されるようになっていたことに注目する。③については、メリトクラシー概念で知られる社会学者マイケル・ヤングが一九六二年に発表した論文の意義を鈴木は強調している。

ヤングは、ソ連の遠隔教育を観察したことから刺激を受け、『Where?』という教育雑誌で、自宅で学習する成人たちがロンドン大学の学外学位試験を目指すための準備機関として「オープンな大学」を設けることを提案した[20]。それと同時に、ソ連では高等教育修了者の四〇％が通信コースで学んでいることを指摘し、アメリカにおける教育目的のテレビの使用状況についても報告した。翌一九六三年、ヤングは、それまでロンドン大学の学外学位試験受験者たちをサポートしてきたナショナル・コレスポンデンス・カレッジの組織を転用し、「オープンな大学」を実現するためのパイロット版として「ナショナル・エクステンション・カレッジ」を誕生させた。『Where?』でのヤングの提案と、ナショナル・エクステンション・カレッジにおいて彼が行なった実験は、英国オープン大学がやがて具体化することになる姿を予示するものだった。英国オープン大学は、ロンドン大学の制度によって維持されてきた「オープンな教育」の伝統を、ヤングの主張・実践を介して継承することになった、と考えるべきであろう。

ヤングたちのこうした活動を前提にして「オープン大学」の設立に向けて具体的なイニシアティヴをとったのが、時の野党労働党の党首ハロルド・ウィルソンだった。ウィルソン自身も、その個人的な体験にもとづいて、ヤングのアイディアに近いものを独自にイメージしていた。

ウィルソンは、その教育的背景から、イギリス社会における「エリート主義的教育」の伝統へのこだわりを持っていた（グラマー・スクールで学んだ後、奨学金を得てオックスフォード大学へ進み、優秀な成績をあげて経済学者になった）。しかし彼は、世界を主導する存在となった米ソのありようを強く意識し、両国が現代大衆社会への道をそれぞれの仕方で切り開きつつある、と考えていた。彼は自他ともに認めるテクノロジー信奉者であり、新たなメディアとしてアメリカ社会を席捲していたテレビの可能性に強く惹かれていた。他方で彼は親ソ派でもあり、幾度かソ連を訪問するうち、遠隔教育がソ連社会の高等教育を拡大し、強化するのに貢献している、と認識するようになった。かくしてウィルソンは、マイケル・ヤングが提唱するように、新しいメディアと遠隔教育を結びつけることにより、イギリス社会における高等教育の大衆化という課題を一挙に解決することができるのではないか、と考えるに至った[21]。

一九六四年、ウィルソン率いる労働党は政権の座についた。組閣にあたりウィルソンは、党内左派の実力者であるジェニー・リーを教育科学副大臣に任命し、新大学設立プロジェクトを委ねた。リーは予備的調査委員会を設けて新大学の骨組みを検討・報告させた。その報告書は一九六六年に発表され、新大学は「放送大学」ではなく「オープン大学」と呼ばれることになった。一九六七年には「オープン大学企画委員会」が設置され、同委員会は一九六八年に、オープン大学に関する特許状（イギリス社会での大学の設立は、個々に特許状を与える形がとられる）の草案を枢密院に、同大学の内容を説明する報告書（「グリーン・ペーパー」と呼ばれた）を教育科学大臣に、それぞれ提出した。新大学の運営資金については、学生から徴収する授業料と教育科学省からの補助金でまかなうことが決定された。英国オープン大学の放送番組の制作と送信は、同大学企画委員会がＢＢＣ（イギリス放送協会）と契約を結び、ＢＢＣによって行なわれることになった。

特許状は一九六九年六月に発効し、一九七〇年には願書の受付が開始されたが、まさにその年、新大学をプロモートしてきた労働党が総選挙に敗れ、保守党に政権が移行してしまう。しかし新任の教育科学大臣マーガレット・サッチャーは関係者たちからの説得を受け入れ、プロジェクトの続行を承認した。

英国オープン大学の始動

英国オープン大学は、人文科学、社会科学、数学、理学、工学、教育学の六学部で構成され、さらに教育工学研究所がコースの開発、教育効果の評価などを通じてこれらの学部を支えることになった[22]。

同大学の発行する学位のレベルを既存の大学のそれに劣らないものにすることが、プロジェクト全体の成否を分ける最重要のポイントだとみなされた。単位の認定は、学年末に行なわれる一コース（科目）三時間の試験の結果を、コース・チームの委員長、学内の教員一名、学外の委員一名の計三名が構成する委員会が評価したものと、年間を通じて数回から一〇回提出される課題のできばえを評価したものを、総合的に勘案したうえで決定された。学外試験委員制度はイギリスの大学ではごく普通のこととして行なわれてきたが、英国オープン大学がこれを導入し、既存の大学の教員に自校の学生を評価させた意義は小さくなかった[23]。

英国オープン大学の新機軸の一つは、コースの開発がチームによって行なわれたことだった。チームは教科専門家、教育工学者、BBC関係者などにより構成され、多い時には三〇名にも及んだ。異なる立場の人びとの創造的な協働作業の結果、オープン大学の斬新な教材が生み出されることになった。

さらに、放送を利用する大学であることも、オープン大学の革新性を示すはずだった。しかし実際に活動を開始したオープン大学では、放送の効果は限定されたものとして捉えられていた。既にグリーン・ペーパーにおいて、「大学程度の学問的規律ある課程を提供することを意図した仕事を行なう場合には、放送を重要な教授手段あるいは唯一の教授手段としてこれに頼ることは事実上不可能であり、また教育的見地からも正しくない」と述べられ、その結果、学生に対してテレビ・ラジオの視聴にあてる時間を学習時間全体の一〇%に抑えることが推奨されていた。大学の名称が既に一九六六年の段階で「放送大学」から「オープン大学」に改められていたのも、こうした方針転換の反映であり、テレビ・ラジオ番組の役割は、学習の動機づけ、ペースメーカーに限定されることになった。教育メディアとしての印刷物の音声・ビデオに対する優越は、今日では完全に受け入れられているようである。マイケル・G・ムーアとグレッグ・カースリーは、「印刷物は大学のカリキュラムの多くを伝達する最も効果的な手段であることがわかっており、一般的に音声・ビデオ・メディアよりも学生に好まれている」と述べている[24]。

他方、英国オープン大学の作成した印刷教材は国際的に高い評価を受けることになり、同大学が遠隔高等教育機関として成功するに至った最大の理由の一つと考えられている。同大学のコースはいずれも膨大な量の印刷教材を伴っており、同大学の教育システムがリーディングを中心にして構築されていることを裏づけていた。そうした教材から浮かび上がるのは、古典的な文献の読書を基本とし、対面的な指導を重視する、イギリスの伝統的な教授スタイルであるテュートリアル方式だった[25]。

しかし一九六九年の時点で、指導的なイギリス大学史研究者のひとりが、オープン大学構想に関して次のような危惧を述べていた。英国オープン大学が「その名〔「大学」という名〕に値するかは疑問である。（中略）イギリス大学の固有の特色であるべき教師と学生との人間的な接触が欠けるに違いないから、である」[26]。こうした危惧ないし批判に応えるため、英国オープン大学によって採用されたのが、学習センターと夏期学校のシステムだった。学習センターは、教員による個別またはグループ単位での面接指導を行なうため、大学発足の段階でイギリス全土にわたる二三〇カ所に設置され、学生はその希望によりいずれかのセンターに属することになった。夏期学校は初年次必修とされ、「孤独や所属意識の欠如から学業中断に陥りがちな学生に、教員・同級生との接触機会を与える」ことが期待された。初年次のコースの三分の二が終わった段階で、学生たちは泊り込みで一週間、指導・助言を受け、演習・実験などを行なった。

英国オープン大学に入学したのはどのような人びとだったのか。初年度（一九七一年）に関しては、四万三〇〇〇人が応募し、先着順に二万四一九一人が仮登録を認められ、一万九五八一人が正式に入学した。一九七八年には、四万五二九三人が応募し、二万八八二人が仮登録し、一万四六七六人が正式に入学している。その後も、年度ごとに政府が定める定員を大きく上回る数の者たちが応募する状態が続いた。

一九七七年度入学者の男女比は五八対四二だった。一九七四年時点でイギリス社会の大学界全体での女性学生の割合は三二・九%だったから、英国オープン大学が「より女性に開かれた」大学になっていることが示された。また同大学は、設立当初から障害者への学習支援を開始し、オルタナティヴ教材の制作や、関係機関との連携を図っていた。一九九九年時点で同校学生のなかには約六千名の障害者が登録されていた[27]。

当初、英国オープン大学の学生のなかでは小・中学校の教員の比率が目立って高かった（初年度は三八％だった）[28]。これに対して労働者の割合は低く、一九七八年時点で八・五％にとどまっていた。ただし出身階級という点から見ると、同大学学生の八五％は労働者階級の出身だった。一九九〇年までには入学者のなかで教員が占める割合は七％に低下したが、一般的な成人人口に比べると、同大学の学生は入学した時点で既に「よく教育されている」という傾向はその後も続いた。

英国オープン大学とイギリス政府の関係はどのような形に落ち着いたのか。同大学の主要な財源は、他の大学と同様、国（教育科学省）からの補助金だった。しかし、他の大学への補助金が大学補助金委員会を通じて配分されたのに対し、英国オープン大学に関しては、国が大きな発言権を持つ直接配分方式が採られることになった。イギリス政府は、「イギリス最大の大学の設置にあたり、政府の要請によって弾力的かつ迅速に対応できる大学を構想した」ためだった、と解釈されている[29]。

成功裡に活動を開始した英国オープン大学は世界各国の政府・教育関係者から注目を集め、それぞれの国での公開遠隔高等教育機関の設置にあたり、協力と援助を求められることになった。ある国家がその社会を近代化させようとするならば、国民の高等教育修学率を高めることが必須であり、そのためには国家が予算とテクノロジーを投入する形で「オープンな大学」を設立することが早道だ、ということを多くの人びとに気づかせたからだった。わが国の放送大学への影響も顕著なものだった。ただし、日本社会では、既に第二次世界大戦以前から放送による学校教育の歴史があり（第三章参照）、むしろそうした日本での経験が一九六〇年代前半にイギリスへ伝達され、英国オープン大学の設立に影響を与えた、という指摘もなされている[30]。

英国オープン大学とサッチャー政権

一九八五年、英国オープン大学に関する論文のなかで安原義仁は、同大学はサッチャー政権からの圧力を受けて「危機」に直面している、と述べ、同大学のコース内容に対する教育科学省からの干渉をその一例として挙げていた。[31] 具体的には安原は二つの動きに注目している。一つは、教育科学大臣キース・ジョセフが、英国オープン大学の社会科学系コースの一部にはマルクス主義のバイアスがかかっていると批判し、それを検証するための委員会を任命して派遣するという「事件」が起きたこと。もう一つは、教育科学省が同大学に対して「産業発展に役立つような科学・技術の応用研究・教育」を行なうこと、すなわち「実学志向」を強めることを求めたこと、である。これら二つの動きは、英国オープン大学が本来もっていた「ラディカル」さへの、サッチャー政権のアンビヴァレントな意識（懐疑と期待）を反映するものだったと思われる。

サッチャーは「冷戦の闘士」であり、内政においては「強くなり過ぎた」（と彼女には思われた）労働組合組織の力を殺ぎ落とすことを目指していた。英国オープン大学は、労働組合組織をパトロンとする「労働者教育協会」とは制度的に無関係だったが、同大学の学習センターにおける対面教育のありようは「労働者教育協会」のなかで培われてきたテュートリアル・クラスの伝統を受け継ぐものであり、スタッフの面でも、そうした団体で活動してきた人物たちが英国オープン大学でも一定の役割を果たしていた。キース・ジョセフがこれらの教員たちの言動を念頭に置いていたことは明らかである。

他方、サッチャー政権は、イギリス社会の文化的ありようを根本的に「巻き直す」ことも意図していた。サッチャーの理解では、一九世紀半ば以降イギリス社会を支配するようになった「ジェントルマン文化」こそがイギリス社会に衰退をもたらした要因であり、それゆえに打倒すべき対象だった。彼女の目には、既存の諸大学はそうした文化を体現する者たちの巣窟と映じていた。これに対しイギリス高等教育の世界において異端児的存在である英国オープン大学は、「エスタブリッシュメント」に対してイデオロギー上の攻勢をかけるための恰好の舞台とサッチャーによって認識されていたかもしれない。教育科学省は同大学に対し、その継続教育プログラムを「コンピューター工学やビジネス教育などからなる職業再訓練・技能訓練を中心とした内容」にし、企業との提携を強めるように求めた。そして英国オープン大学は、サッチャーからメイジャーへと続いた保守党長期政権のもとで、こうしたサッチャーの期待のいくぶんかを実現させることになった。同大学はビジネス・スクールを設置し、一九九八年の段階で同スクールは、二万一〇〇〇人以上の学生が「資格、ディプロマ、MBA」を目指すような、ヨーロッパ最大級のビジネス・スクールになっていた。(32)

一九九四年時点での、マイケル・ヤングによる英国オープン大学への処方箋

「斬新さ」を喧伝され、世界の高等教育界に大きな影響を与えた英国オープン大学だったが、一九七一年の開講後、その大枠は実は変わっていない、との指摘を森智彦が一九八六年に行なっている。(33) ロバート・ベルとマルコム・タイトも、一九九三年の段階で、同大学の教育・学習プロセスは印刷教材の上にしっかりと基礎づけられており、「オープン大学が、その当初の構造からどれほど少ししか発展していないか、それがどれほど拘束的になっているかを観察し、その実態を知ると失望感を禁じえない」と述べている。(34) ベルとタイトの指摘は、一九八〇年代末頃から聞こえ始めた、ICTの発展にともなう高等教育のあり方の根本的変化への胎動に対して、ややもすれば鈍感であるかのように見えた英国オープン大学関係者の姿勢への、いらだちの表明であったのかもしれない。

一九九四年、英国オープン大学に特許状が与えられてから二五年が経過したことを記念し、同大学設立にあたって基本的アイディアを提供したマイケル・ヤングが、同大学の「将来への課題と展望」について講演した。(35) ヤングが取り上げた論点は多岐にわたるが、本章の課題にとって興味深いのは、①英国オープン大学の国際化、②他大学との競争、③教育の個別化、について彼が論じた部分である。ヤングは、ICTの普及が高等教育のありように根本的変化を生じさせるだろうことを認め、そうした認識にもとづいて考察を行なった。

①に関してヤングは、ICTの利用により「世界のいたるところにイギリスのオープン大学を拡張する」こと

が可能になった、と指摘する。しかし彼はそれが「教育の植民地主義」につながるかもしれない、との懸念を表明し、各国が「独自のオープン大学」をつくっていくことを推奨した。②に関しては、伝統的な大学とＩＣＴを駆使する大学の融合、そして各大学間の競争の激化を見通していた。「大学の将来の発展を考えた場合、従来型のキャンパスを備えた大学教育と、英国オープン大学のような遠隔教育の両面を備えた大学が望ましい」と。

③に関してヤングは、英国オープン大学の意義を文化史的な座標のなかで位置づけようとしており、とりわけ興味深い。科学技術の進歩は人間の生活を個別化の方向へ向かわせており、そうした点から見れば英国オープン大学は時代を先取りしていた。それまで公けの場で集団的に行なわれてきた高等教育を、家庭という私の場で、個人のペースに合わせて行なうという「教育の個別化」を可能にしたからである。本書全体の課題にひきつけて表現すれば、高等教育の世界において「ラーニング・アロン」に初めて市民権を与えたのが英国オープン大学だった、ということになろう。しかしヤングは、「ビデオのさらなる普及とインターネットを介しての授業形態の採用など、個別化の傾向はさらに加速されるだろう」と述べながら、「ラーニング・アロン」の深化を単純に肯定する立場には立たず、「個別化と同時に、他者との一体化も考えていく必要がある」と唱えた。英国オープン大学は全国にくまなく学習センターを設けてそうした必要を満たそうとしてきたが、教育の場は「厳格なものであると同時に憩いの場」でもあるべきであり、学習センターの果たす役割をさらに拡充する必要がある、というのである。

4　英国オープン大学の現況と展望

英国オープン大学をとりまく状況

英国オープン大学は早くから「国際化」された高等教育機関だった。学生が海外で暮らしながら同大学の教育を受けられるという利点を有していたからである。しかし、遠隔教育機関としての同大学の国際化をさらに推し進めると予想されたeラーニングの導入に関しては、アメリカの諸大学ほどには同大学は敏活でなかった。一九九六年になってようやく「学術振興用先駆テクノロジー」という学内組織を設け、ICTを主要なメディアとするコースの開発を行なうと同時に、大学全体の長期的戦略を構築する、という役割を委ねた。

他方、二〇世紀末から二一世紀初頭にかけて、イギリス社会でも「eラーニング・バブル」の発生とその破裂が見られた。

図1　現在の英国オープン大学

典型的な例が「イギリスe大学」（UK e-University）計画のたどった運命だった。これはイギリス政府肝入りのプロジェクトであり、イギリスの多くの大学が連携してeラーニングを提供し、学位を認定しようとするものだった。国内の勤労成人だけでなく、ロシア、東南アジア、中国など、いわゆる「新興経済地域」にいる学生たちをその国籍を問わずに市場として想定し、彼らに高等教育へのアクセスを提供することを目指していた。eラーニングの展開に関して先行するアメリカの諸大学に追いつき、追い越そうとする企てだったと言える[36]。

イギリスe大学がデリバリー・プラットフォームを提供し、それを利用して各大学がコースを作成する。学位はe大学からではなく各大学から出され、オックスブリッジも会員として参加することが予定されていた。しかし、英国オープン大学はなぜかこのプロジェクトに加わらなかった。岩永雅也は、イギリス社会の遠隔高等教育では「オープン大学の存在があまりにも大きく、Web-Based Instruction〔eラーニング〕に関してはある意味で後発的だった」ため、政府が積極的に関与せざるを得なかったのだ、と言う[37]。

イギリスe大学は二〇〇二年に学生の募集を開始する予定だったが、結局挫折した。教育においで不可欠なはずの「人間的なふれあい」を無視する形で最先端テクノロジーを導入しようとしたため、「ヴァーチャルな学習環境」を離陸させることに失敗したのだ、と評されている。しかし、経営コストの削減が計画の主要な目標の一つであったのにもかかわらず、実際には、デリバリー・プラットフォームや新たなコースの開発に要する費用が多額であることが判明したため、多くの大学が同計画の実施をためらった、というのが真相のようである。

他方、英国オープン大学も、こうした「eラーニング・バブル」をめぐる狂騒のかたわらで、手痛い失敗を経験していた。姉妹機関として「アメリカ・オープン大学」を二〇〇〇年春に開校させながら、投下した二〇〇〇万ドルを回収する収益を見込むことができないとの理由から、二〇〇二年七月に閉鎖してしまったのである。[38]

オープン大学の今後の展望

イギリスe大学計画が挫折した後、イギリス政府は、個々の大学のeラーニングに関わる企てを個別に支援するために資金を投入する形へ方針を変更し、英国オープン大学も独自の方針に基づいて援助を要求できるようになった。その結果、二〇〇五年五月時点では、同大学の提供する四五〇のコースのうち半数以上が「eラーニングによって拡張された」(web-enhanced)ものになり、さらに一五八のコースは「eラーニングに焦点を合わせた」(web-focused)状態で、一三のコースは「eラーニングに集中した」(web-intensive)ものになった。[39]

二〇〇〇年代半ば以降、英国オープン大学は「反転攻勢」の姿勢を示し始める。二〇〇六年には、海外の学生およびイギリス国内の「campus-based な学生」(伝統的な大学に在学する学生)に遠隔学習で学位を与えるプログラムを開発するため、マンチェスター大学との間でパートナーシップを締結した。アメリカ・オープン大学失敗のショックから立ち直り、再び海外市場を機会とみなし始めた、ということであろう。しかし、グローバルな高等教育市場を意識した、こうした新たな計画に乗り出しながらも、オープン大学副学長は、同大学のアイデンティティ(高等教育へのアクセスを「オープン」にする)を保持するべく、「グローバルな社会的正義へのコミットメント」も強調している。たとえば、英国オープン大学はアフリカにおける活動を拡大させることを望んでおり、その際には、とりわけ教員養成のような分野で、現地のパートナーが同大学の提示するカリキュラムを「再形成」することになるはずだ、と考えている。マイケル・ヤングが英国オープン大学の「国際化」に関して与えた処方箋に従おうとしている、と言えるのかもしれない。

現時点では、Web 2.0がもたらした新たなテクノロジー（ソーシャル・ネットワーキング、インスタント・メッセージング、オンライン・ディスカッション・フォーラムなど）をどのようにとりこみ、活用するのかが、英国オープン大学を含むすべての遠隔教育機関が直面している課題であろう。遠隔教育で学ぶ学生たちは、インターネットを通じて対話することができれば、学習に対してより積極的になり、コースを中途で断念する可能性も低下することがわかっている。[40] かくして英国オープン大学も、そのＩＣＴ戦略の基軸として、オープン・ソースのeラーニング・プラットフォームである「ムードル」（Moodle）を二〇〇七年二月から全面的に採用することを決定した。[41] これにより同大学の学生は、インターネット上のさまざまなコミュニケーション手段を存分に活用することが可能になった。

また、英国オープン大学は、ＭＩＴのイニシアティヴで始まった「オープン・コースウェア・コンソーシアム」の活動（向学心をもち、ウェブへのアクセスを有するすべての人びとを教育することを目的として、世界でも名の知られた百数十の大学が教育・学習・研究のための資源を無償で提供している）に呼応する形で「オープンラーン」（OpenLearn）と称するサイトを設け、二〇〇八年までには同サイト上に五四〇〇時間分の教材を掲げることを目指している。

以上見てきたように、英国オープン大学は、ＩＣＴの急速な発展にともなって生じた遠隔高等教育の商業的バブル状況に流されかけたことへの反省から、自らの主要なアイデンティティである「オープンな教育」の伝統を再度見つめ直すことになった、と考えられる。そして今後は、そうした伝統と、教師と学生の間の親密な交流を重視するイギリス社会のもう一つの教育上の伝統との接合から生み出され、発展させられてきた「ブレンディッド・ラーニング」（遠隔教育による教材の提示が、現場での学生へのパーソナルなサポートによってバックアップされる）の先駆者・主導者であることの強みをＩＣＴの活用によりさらに増幅させながら、高等教育の普遍化という社会的使命を強く意識する教育機関として、グローバル化した社会のなかで活動の幅を広げていくことを期しているように思われる。

註

（1）Anthony G. Picciano, *Distance Learning: Making Connections Across Virtual Space and Time*, Merrill Prentice Hall, Upper Saddle River, New Jersey, 2001, p. 8.
（2）David F. Noble, *Digital Diploma Mills: The Automation of Higher Education*, Monthly Review Press, New York, 2001, pp. 1-25.
（3）西本三十二「アメリカと放送大学」『ジュリスト』四六八号、一九七〇年、七七頁。
（4）川野辺敏『ソビエト教育制度概説』新読書社、一九七六年、九八―九九頁、一一一頁。
（5）リチャード・B・ドブソン「ソビエト社会と教育機会」（J・カラベル、A・H・ハルゼー編『教育と社会変動――教育社会学のパラダイム展開』下、潮木守一・天野郁夫・藤田英典編訳、東京大学出版会、一九八〇年）一二〇頁。
（6）岩永雅也「遠隔高等教育の展望と課題」『高等教育研究紀要』一九号、二〇〇四年、一三三―一三八頁。
（7）John S. Daniel, *Mega-Universities and Knowledge Media: Technology Strategies for Higher Education*, Kogan Page Limited, London, 1999, pp. 46-50.
（8）西岡幹雄「英米の正統派経済学と大学拡張運動」『経済学論叢』五〇巻二号、一九九八年、一五―一七頁、一九―二一頁。
（9）小池源吾「ジェイムスE・ラッセルの英米大学拡張論」『教育科学』二四号、二〇〇〇年、一三八―一三九頁。
（10）松浦京子「義務と自負――成人教育におけるシティズンシップ」（小関隆編著『世紀転換期イギリスの人びと――アソシエイションとシティズンシップ』人文書院、二〇〇〇年）一二五頁、一二八―一二九頁。

（11）松浦京子「拡張講義運動と労働者教育——統治する者の教養教育」（山本正編『ジェントルマンであること——その変容とイギリス近代』刀水書房、二〇〇〇年）一九五頁、香川正弘「大学拡張の原点——スチュアートの大学拡張構想Ⅱ」（『上智大学教育学論集』二七号、一九九三年）三一頁。

（12）鈴木春恵「Workers' Educational Association について」『東京家政学院大学紀要』三九号、一九九九年、一七—一八頁。

（13）Anne Ockwell and Harold Pollins, "'Extension' in all its Forms", in M. G. Brock and M. C. Curthoys（eds）, *The History of the University of Oxford, Volume VII Nineteenth-Century Oxford, Part 2*, Clarendon Press, Oxford, 2000, p. 686.

（14）宮坂広作『英国成人教育史の研究Ⅱ』宮坂広作著作集6、明石書店、一九九六年、二三七—二三九頁。

（15）リン・チュン『イギリスのニューレフト——カルチュラル・スタディーズの源流』渡辺雅男訳、彩流社、一九九九年、七〇頁。

（16）Lawrence Goldman, *Dons and Workers: Oxford and Adult Education Since 1850*, Clarendon Press, Oxford, 1995, pp. 254-255.

（17）Robert Bell and Malcolm Tight, *Open Universities: A British Tradition?*, The Society for Research into Higher Education & Open University Press, Ballmoor, Buckingham, 1993.

（18）同制度をテーマとするC・K・ジョーンズ（Christine Kenyon Jones）の研究が、二〇〇八年に出版される。タイトルは *The People's University* となることが予告されている。

（19）鈴木春恵「イギリスの放送大学について」『東京家政学院大学紀要』三六号、一九九六年、二六九頁。

（20）Michael Young, "Is Your Child in the Unlucky Generation ?", *Where?*, 10 Autumn 1962, pp. 3-5.

（21）Ben Pimlott, *Harold Wilson*, HarperCollins, London, 1992, p. 514.

（22）坂元昂「イギリスの公開大学」『教育と情報』二六六号、一九八〇年、八頁。

（23）本間政雄「「壮大なる賭け」の一〇年——イギリスのオープン・ユニバーシティの軌跡」『ＩＤＥ』二〇七号、一九八〇年、七二頁。

（24）マイケルG・ムーア、グレッグ・カースリー『遠隔教育——生涯学習社会への挑戦』高橋悟編訳、海文堂出版、二〇〇四年、五五頁。

（25）多田方「遠隔教育における印刷教材の構造——英米の事例を中心に」『放送教育開発センター研究紀要』一号、一九八八年、二一三頁。

(26) ヴィヴィアン・H・H・グリーン『イギリスの大学――その歴史と生態』安原義仁・成定薫訳、法政大学出版局、一九九四年、四一四頁。原著の出版は一九六九年。

(27) 広瀬洋子「メディアを活用した障害学生への学習支援――英国オープンユニバーシティに学ぶ」『大学教育と情報』一〇巻三号、二〇〇二年、三四頁。

(28) ジュリスト編集部「放送大学構想をめぐって（座談会）」『ジュリスト』四六八号、一九七〇年、三五頁。

(29) 本間政雄「「壮大なる賭け」の一〇年」七七頁。

(30) ウォルター・ペリー『オープン・ユニバーシティ』（西本三十二訳監修、創元社、一九七八年）二二頁、岩永雅也「成人教育機関としての放送大学の現状と問題点」（『教育学研究』五六巻三号、一九八九年）五三頁。

(31) 安原義仁「英国公開大学の「危機」的側面」『総合ジャーナリズム研究』二二巻一号、一九八五年、六五―六六頁。

(32) 佐賀啓男「イギリス公開大学にみるメディア利用――研究の蓄積と新たな展開」『URC都市科学』三八号、一九九八年、三九頁。

(33) 森智彦「イギリスのオープン・ユニバーシティと図書館」『図書館学会年報』三一号、一九八六年、一五五頁。

(34) Bell & Tight, *op. cit.*, pp. 138-139.

(35) 鈴木春恵「イギリスの放送大学について」二七九―二八〇頁。

(36) 畠中祥「政府主導で英国流e-大学計画が動き出す」『カレッジマネジメント』一〇八号、二〇〇一年、五六―六〇頁。

(37) 岩永雅也「生涯学習と大学ネットワーク」『日本生涯教育学会年報』二一号、二〇〇〇年、四一―四二頁。

(38) 吉田文『アメリカ高等教育におけるeラーニング――日本への教訓』東京電機大学出版局、二〇〇三年、五一―五三頁。

(39) Stephen Hoare, "Professors turn to podcasting: Downloadable lectures can be music to ears of students who want to learn in their own time", *Guardian Weekly*, 19-25 May, 2006.

(40) Stephen Hoare, "Open for discussion", *Guardian Weekly*, 26 October, 2007.

(41) Tim Clark, "Ask online consultants for a second opinion: From Antarctica to Afghanistan, distance-learning students no longer need to feel isolated", *Guardian Weekly*, 12-18 January, 2007.

第十章　ホーム・スクールの伝統とヴァーチャル・スクールの革新

――アメリカの初等中等教育における通信教育

松下慶太

この章ではアメリカにおける初等中等教育レベルの通信教育の現状について見ていきたい。アメリカにおける通信教育の概況を確認した後、ホーム・スクールとヴァーチャル・スクールとを取り上げ、今後のアメリカにおける通信教育のあり方を考察していく。また、アメリカの状況を受け、日本の初等中等教育における通信教育にも触れる。

1　アメリカにおける通信教育の展開と現状

アメリカにおける通信教育の展開略史

まずはアメリカにおける通信教育がどのような形で展開されてきたのかについて概況を見ていこう。アメリカにおいて通信教育(1)は日本と比べて積極的に研究され、実際に政府レベル、学校レベル、活動家レベルといったさまざまなレベルで数多くの実践がなされてきた歴史を持つ。アメリカにおいて通信教育研究・実践が盛んな背景には歴史的要因・地理的要因の二つが挙げられるだろう。

まず歴史的な要因として、一九世紀半ばに「フロンティア」への移住が進んだこと、産業革命によって農村から都市へと人口が流入したこと、旧大陸からの移民が増えたことなどの理由から、教育の必要性が高まり、学校教育が急速に拡大したことが挙げられる。また、こうした要因に付け加え、アメリカの広大な土地が地理的要因として挙げられる。都市への人口流入があったものの、アメリカの広大な国土において学校教育を遍く普及させるには限界があった。このような地理的背景のなかで教育を拡大させるためには、通信教育を利用することが有効な解決策の一つだと考えられていた。

こうした背景のもと、アメリカで最初の通信教育は大学レベルにおいて始まったとされている。一八七三年までにマサチューセッツ州ボストンでアンナ・ティックナーが「在宅学習を支援する協会」(The Society to Encourage Studies at Home)を設立した。[2] また翌年、イリノイ・ウエスレヤン大学が遠隔教育による大学学士号授与のコースを開始した。その他にもいくつかのコースがこの頃から通信教育として開始された。このように始まった通信教育が初等中等教育にまで拡大するのは一八九〇年の義務教育法の成立以降であった。

二〇世紀に入った頃からラジオ、テレビなどの放送メディアがアメリカの各家庭に普及していった。それに伴って、従来の郵便などを利用した方法に加えて、これらの放送メディアが通信教育においても重要な役割を果たすようになった。特に第二次世界大戦期に軍人教育として通信教育が注目されたことから、放送メディアによる通信教育の研究・実践が盛んに行なわれた。さらに、戦後はベビーブームによって増え続ける生徒にどう対処するか、学校・教育関係者が頭を悩ませていたことからも、通信教育の研究・実践は引き続き盛んに行なわれた。

一九七〇年代、イギリスでオープン大学が開校したのと同じ頃、北米大陸では、カナダ版オープン大学とも言えるアサバスカ大学が設立された。アサバスカ大学は個人のための在宅学習と「集団の中での個別学習」の二つの方法を取り入れていた。そして、郵便やラジオ、テレビといったさまざまなメディアを組み合わせるだけでなく、カナダ各地に学習センターを設置し、各地に散らばっている学生たちの学習をサポートした。

このようにラジオやテレビなどの放送メディアを使った通信教育はどうしても大規模なものになってしまい、

大学において、あるいは大学主導による実践が中心となった。

アメリカにおける通信教育の現状

初等中等教育における通信教育の現状について、アメリカの教育省から出された報告書のデータを参照しながら見ていこう[3]。

調査によると、二〇〇二―〇三年の段階で約三六%の学校区が通信教育で学ぶ生徒がいると回答した。通信教育を実施しているのは、大きい学校区の方が小さい学校区よりも、田舎の学校区の方が都市型・郊外型の学校区よりも、それぞれ比率が高かった[4]。

また、通信教育に参加している生徒のうちの六八%が高校生で総合・一貫校が二九%と続き、以下中学校では一%、小学校では二%となっている。また、通信教育に参加している生徒が在籍している学校の割合を見てみると七六%が高校で、以下一五%が総合・一貫校、七%が中学校、二%が小学校であった。以上からも分かるように、初等中等教育における通信教育の中心は高校レベルにあると言える。このことは高校レベルになると、各科目の内容がそれまでと比べてより幅広く、専門性が高いものになっていることに加えて、生徒の能力も大きな差ができてくるといった背景があると考えられる。

実際に通信教育において生徒が参加しているコースの内訳を見てみよう。受講生全体の二三%が「社会」、一九%が「(英)文学」、一五%が「数学」、一四%が「理科(物理)」、一二%が「外国語」、一四%が「その他・総合領域」であった。「社会」のコースに参加している割合がやや高く、また小学校内容、コンピュータに関するコースがそれぞれ三%、四%と割合が低いものの、おおまかには平均的に分かれていると言えるだろう。

高校生対象のコースは大きく高校レベルと大学レベルに分類することができる。地方の高校において教師数が不足しているなどの理由でその教科が開講できない、あるいは開講されているが補充したいといったニーズが存在する一方で、高校レベルの学習内容では満足できない一部の親や生徒がより高度な大学レベルの教育を受けたい（受けさせたい）というニーズも存在しているのである。例えば、各学区が通信教育を開講している理由としては、「その学校では開講されていないコースを提供するため」が八〇％と一番多く、続いて「特別なグループの生徒への対応」が五九％、「大学レベルのコースを開講するため」が五〇％、「スケジュールの都合をつけるため」が二三％となっていた。

学校区単位で見ると、約半数の学校区が、大学レベルの通信教育を受けている生徒がいる、と回答している。その一方で、生徒数単位で見ると、通信教育を受けている全生徒数のうち、大学レベルのコースを受けているのは一四％にとどまっている。このことから、大学レベルのコースに参加する生徒がいるのは約半数の学校区であり、その人数は比較的少数であることが分かる。逆に言うと、受講生の多くは高校レベルのコースに参加しているということが分かる。

また、現在通信教育を開講している七二％の学校区が将来は通信教育を拡大したいという意志を持っていることから、各学校区とも通信教育に可能性を見いだしていることが分かる。しかし、その拡大のための課題として挙げられたのが「資金」の問題であり、三六％の学校区が「コースを開発、あるいは購入する資金」を「最も大きな課題」と回答しており、「それなりの課題」（三二％）と合わせると七〇％近くの学校区が通信教育の拡大において資金面をどのようにクリアしていくかが、今後の課題と言えよう。

2　ホーム・スクールの伝統

ホーム・スクールの復活

「ホーム・スクール」とは、既存の学校に通わずに家庭で教育を受ける、という教育形態である。北米では近代的な学校教育制度が整備される一八七〇年代までは両親、あるいは家庭教師によるホーム・スクールは比較的普及していた。近代教育制度が整備され、義務教育が普及するとホーム・スクールはごく一部の家庭でなされるだけになった。

一九六〇年代から七〇年代にかけて、アメリカは市民権運動、女性解放運動、ヴェトナム戦争など、既存の社会体制への反発が活発になり、またそれと同時にパブリック・スクール（公立学校）に対する疑問の声が湧き上がると、ホーム・スクールへの見直しが行なわれた。また、この時代にはジョン・ホルト（John Holt）やイヴァン・イリッチ（Ivan Illich）などをはじめ多くの教育家・批評家たちが既存の教育体制を批判し、「教育の自由」や「脱学校」を唱えた伝統的に、パブリック・スクールを避けてホーム・スクールを選択するのは思想や宗教など信念的な理由が多かった。特にキリスト教右派と左派自由主義（Libertarian Left）がこれらの時代のホーム・スクール活動を積極的に行なってきたとされている。しかしながら、こうした運動を背景にホーム・スクールはオルタナティヴ教育としての可能性を萌芽させたものの、同じ理由からそれが教育のメインストリームになることはなかった(5)。

しかし、一九九〇年代になるとホーム・スクールは増加の機運を見せ始める。一九八〇年代にはホーム・スクールはアメリカの多くの州で合法なものと認められていなかったが、一九九〇年代に入るとホーム・スクーラー（ホーム・スクールで学習している者）やホーム・スクーリング法律擁護協会（HSLDA：Home School Legal Defense Association）など関係者・関係団体の積極的な活動によってすべての州で合法と認められるようになった(6)。こうした動きにアメリカ政府も注目し、教育省はホーム・スクールに関する調査を進め、統計資料として「アメリカにおけるホーム・スクール」を一九九九年度、二〇〇三年度に発表した(7)。

ホーム・スクールはその形態ゆえに、実態数を把握するのが困難であるが、報告書によると九〇年代に入ってホーム・スクーラーは年々増加しているとしている。一九九九年の段階で約八五万人と推定されていたホーム・

スクーラーは二〇〇三年度には約一一〇万人と二五万人も増加している。こうした増加傾向は現在も続いていると考えられる。これらのなかには学校教育にも参加しているホーム・スクーラーも含まれているが、その割合は両年度とも一八%であり、八割以上の子供がホーム・スクールのみで教育を受けている。

それでは一体どのような理由からホーム・スクーラーが増加したのだろうか。先にも見たように、自分たちの信念的な理由から自ら教育を子どもに施すためにホーム・スクールを選択する家庭はこれまでも一定の割合で存在していた。しかし、表1から分かるように、ホーム・スクールを選択した親は必ずしも信念的な理由だけということではなく、むしろ、ドラッグやいじめ、あるいは教育レベルなど学校教育に対する不安・不満を大きな理由として挙げている。特に「学校環境の問題」を理由として挙げた親は八五・四%にものぼり、ホーム・スクールを選んだほとんどの親が学校環境について問題だと考えている。このように九〇年代以降のホーム・スクール増加の理由は、宗教や思想といった信念的な理由だけでなく、学校教育への不信感も大きな理由となっているのである。

学校環境の問題	85.4
宗教的・道徳的な教育をしたい	72.3
学校の教育レベルに満足できない	68.2
子供に特別な支援が必要	28.9
子供の身体的・心理的問題	15.9
その他	20.1
	(%)

表1　ホーム・スクールを選んだ理由
＊複数回答可のため合計100%にはならない。
出典：U.S. DEPARTMENT OF EDUCATION, “Homeschooling in the United States 2003” より松下が作成。

ホーム・スクールで育った子供が学力的、社会的に教育されているかどうかは、当然、ホーム・スクールを選択しようとする家庭にとっては大きな関心事である。また、近年では既存の学校以外にも、コミュニティ・スクールやフリー・スクール、チャーター・スクールなど新たな形態の学校の可能性が探られだしたこともあり、ホーム・スクールについても研究がなされるようになってきた。例えば、一九九七年に全米家庭教育研究所のブライアン・レイによって行なわれた調査によると、学力テストにおいて、ホーム・スクーラーは公立学校の生徒と比べて三〇－三七%学力が上回っていることが明らかになった[8]。また、一九九二年のトーマス・スメッドレイの研究などによって、ホーム・スクーラーは幅広い社会活動に参加しており、社会性の面でも、むしろ既存の学校の生徒よりも成熟していることが示された[9]。こういった研究によって、ホーム・スクーラーは、学習面や社会性において、既存の学校よりもむしろよい傾向が見られることが明らかになった。このような研究によるホーム・スクールへの積極評価もホーム・スクーラー増加の一因となっている。

イリッチの思想

ホーム・スクールの理論的背景の形成に大きく影響を与えたのはイヴァン・イリッチとジョン・ホルトの二人であろう。ホルトは一九八一年に『なんで学校へやるの?』(大沼安史訳、一光社、一九八四年)を出版し大きな反響を得たが、本書のひとつのテーマである「社会関係資本《ソーシャル・キャピタル》」が示唆する「つながり」を考えた場合、むしろイリッチの考え方のほうが興味深い。ここではイリッチの学習についての主張と現代の学習における「つながり」との関連を見ていきたい。

イリッチは一九七〇年に出版された『脱学校の社会』(東洋・小澤周三訳、東京創元社、一九七七年)で、学校化されている現代社会と社会の脱学校化を主張した。イリッチの主張の要点は次のとおりである。現在の教育改革は、突き詰めると、どれも結局は学校化した社会の維持のためであり、本当の改革とは言えない。そのため、本当の改革を目指すのであれば、既存の学校システムそのものから脱して「学校制度の廃止」を目指すべきであるというものであった。イリッチの主張は、多くの批判を浴びたが、既存の学校制度の自明性への問いかけという意味では注目に値するものであった。こういったイリッチの「脱学校論」は、既存の学校に適応できなかった子どもたちにホーム・スクールへの道を開いたと言える。

その後の一九九〇年代におけるホーム・スクーラーの増加には、家庭におけるメディア、特にインターネットなどの普及も背景にあったと考えられる。以前までは、ホーム・スクーラーとその家庭には、孤立しているというイメージがつきまとっていたが、現在ではさまざまなメディア、特にインターネットの普及によって、そういった状況は変化してきている。例えば、ホーム・スクールを支援しているホーム・ページ「Homeschool World」では電子フォーラムが開設されており、ホーム・スクールを始めるにあたっての相談、あるいは、使っている教材やカリキュラム、引越しの多い軍人の家庭のための相談など、さまざまなテーマで情報交換がなされている。(10) このように、電子メールやチャット、掲示板などによってホーム・スクーラー、あるいはホーム・スクールの家庭同士の連携や情報交換が可能となった。また学習に関しても、非常に多くのコースや教材がオンライン上で販売されている。

このように、ホーム・スクーラーがCD－ROMやDVDといった教育メディア、インターネットを利用して、連携をとったり教材を手に入れたりするのは、ホーム・スクールを支える理論からすれば当然の成り行きであった。前述したイリッチは『脱学校の社会』のなかで、既存の学校システムを脱し、「本来」の学習を形成するための具体的な方法として、四つの「学習経路」を挙げている。イリッチのいう「学習経路」とは、「学習したことを伝授しあう機会」のことであり、それは「事物、規範、仲間および年長者」である。

子供は、技能や価値のある者の規範として役立つ人々に取り囲まれながら事物の世界の中で成長する。子供は、自分の議論を挑み、自分と競争し、自分に協力し、あるいは何かを理解することに関して自分に挑む仲間を見出す。そして、もしも運がよければ、子供は本当に自分のことを心配してくれる経験豊かな年長者からの対決や批判を受ける。（イリッチ『脱学校の社会』一四二頁）

そして、イリッチはこれら四つの資源（＝学習経路）を利用可能にするための基盤としてのネットワークを、敢えて「ネットワーク」以外の言葉で表わそうとした。

私は、相互に利用できるそのような網状の構造を示すものとして、〔ネットワーク以外の〕別の言葉があればいいと思う。つまり、誤解を生み出すようなことがより少なく、現在の用法によってあまり品位を下げられたものではなく、また、そのような資源の取り合わせには、法律的、組織的、および技術的側面があるという事実をもっとよく示す言葉があればよいと思う。（イリッチ『脱学校の社会』一四二―一四三頁、〔 〕内は引用者）

イリッチが用いた言葉は、「ネットワーク」ではなく「ウェブ」（web 網）、特に「機会の網《ウェブ》」（opportunity web）という言葉であった。イリッチの『脱学校の社会』が書かれたのは一九七〇年代であり、その段階で彼が「機会の網」を構築するために想定していたメディアはテレビやテープレコーダなどであった。しかしこのような発想は、まさしく「ＷＷＷ」（World Wide Web）と呼ばれる電子の「ウェブ」が普及している現在において、より可能性が開けている、と言えるだろう。

このようなホーム・スクールにおける「ウェブ」によるホーム・スクーラーあるいはその家庭の「つながり」は学習とソーシャル・キャピタルの蓄積との関連を考える上で示唆に富んでいる事例と言えるだろう。つまり、ホーム・スクールは孤立する学習者のモチベーション維持のための「つながり」だけではなく、「学習」という活動そのものをどのように捉えるか、を考える上でも今後の動きに注目していくべき事例であろう。

3　ヴァーチャル・スクールの革新

ヴァーチャル・スクールの台頭

二〇世紀末になりインターネットが登場すると、それまでの郵便などの印刷・ラジオやテレビなどの放送メディア中心の通信教育に少しずつ変化が見られるようになった。その象徴的とも言えるのが「ヴァーチャル・スクール」である。ヴァーチャル・スクールには未だはっきりと定まった定義はない。ここでは「通信教育資源ネットワーク」からの委託研究の報告書であるトム・クラークによる「ヴァーチャル・スクール：動向と問題——アメリカにおけるヴァーチャル・スクールの研究」（"Virtual Schools : Trends and Issues A Study of Virtual Schools in the United States"）による「K-12（幼稚園から高校までの一二年間を一括して捉える考え方）のコースをインターネット、あるいはウェブによって行なう教育機関」という定義を採用したい[11]。報告書では、ヴァーチャル・スクールはその主催者、レベル、目的などによってさまざまな分類がなされている（表2）。

ヴァーチャル・スクールの歴史は一九九六年の「ヴァーチャル・ハイスクール」（The Virtual High School）の設立にまでさかのぼることができる。「ヴァーチャル・スクール」はその名の通り、いくつかの高校が協力しあってオンラインのコースを提供するというコンソーシアム（共同運営）型のヴァーチャル・スクールであった[12]。一九九六年に五年間で七五〇万ドルの助成金をもとに設立され、初年度である一九九七—九八学期には約五〇〇人の生徒に対して三〇のコースが提供された。その後はさらに拡張され、二〇〇〇—〇一学期には約三〇〇〇人の生徒に対して一五五のコースを提供するようになった。

一九八〇年代から九〇年代初めにかけて、インターネットを利用した教育開発の一環としてヴァーチャル・スクールは研究・実践が進められ、徐々に認知され始めている。しかし、大学では積極的にインターネットを利用した通信教育の道が探られていたのに対し、初等中等教育、いわゆるK-12では導入に消極的な意見も根強かった。なぜなら、大学では通学せずとも学位が取得できるというメリットからキャリア・アップを図る社会人などの需要が見込めるという背景があったのに対し、初等中等教育ではそうしたメリットが少なく、教師と生徒が面

タイプ	説明
州運営タイプ	州が運営。少なくとも14州が運営している。
大学運営タイプ	大学が運営。大学レベルのコースを高校生にも提供。
コンソーシアム（共同運営）・地域タイプ	コンソーシアム（共同運営）型。国家・州・地域などをまたいで運営。
地方教育機関運営タイプ	各学校が運営。補助的・オルタナティヴな教育、ホーム・スクールも対象に。
ヴァーチャル・チャーター・スクール	公立学校、非営利・営利団体などがチャーター・スクールとして運営。チャーター・スクールに関する法に影響。
プライベート・ヴァーチャル・スクール	私立学校が運営。補助的ホーム・スクール対象など。
営利団体によるカリキュラム・コンテンツ・ツール・インフラ	各営利団体・企業がヴァーチャル・スクールのツールを提供。

表２　ヴァーチャル・スクールの分類
出典：Tom, Clark "Virtual Schools: Trends and Issues. A Study of Virtual Schools in the United States", pp. i－iii より松下が作成。

と向きあって教育するという伝統的な教育観が支配的であったためである（第九章参照）。

しかし、そのような根強い反発があったにもかかわらず、国家レベルでの指導によるインターネットの普及を背景にヴァーチャル・スクールも確実に広まっていった。設立年度を見てみると半数近くが二〇〇〇—〇一年に設立されている。一九九五年以前が二五％、一九九六年以降一九九九年以前が三二％であることから、二〇〇〇年以降ヴァーチャル・スクールは急速に拡大していると言えるだろう。

また報告書では、正確な統計は難しいものの、二〇〇一—〇二年の段階で四万人から五万人の生徒がヴァーチャル・スクールに参加していると推定している。

フロリダ・ヴァーチャル・スクール

ここではフロリダ・ヴァーチャル・ハイスクール（以下、ＦＬＶＳ）を取り上げ、ヴァーチャル・スクールについてより具体的に見ていきたい[13]。ＦＬＶＳは一九九七年に設立されたアメリカで最も歴史のあるヴァーチャル・スクールのひとつである。設立当初はたった七七人しか参加しないフロリダ州の二つの学校区間におけるプロジェ

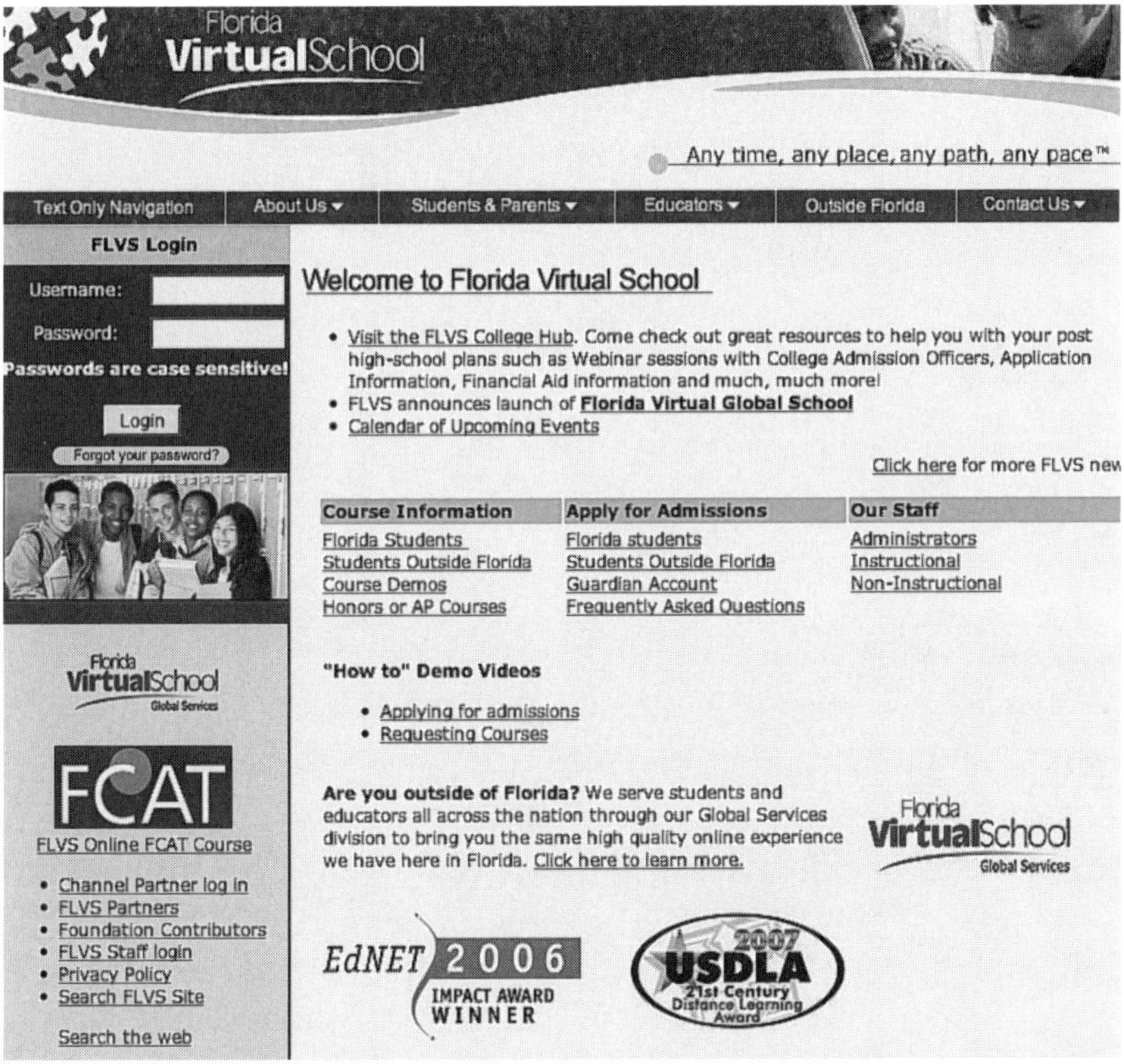

図1　FLVSのトップページ

クトであり、その予算も研究費ベースであった。一九九九年、「ワン・フロリダ」計画が実施されるなかでそのような状況は変化した。「ワン・フロリダ」計画は、フロリダ州知事と評議会が大学入学における人種や性別での区別を廃止するなど、教育の平等と多様性を目指したものであった。「ワン・フロリダ」計画には、いわゆる「効果の出ていない」学校にオンライン・コースへアクセスするのに必要なコンピュータやインターネットを整備する資金的援助も盛り込まれていた。FLVS側もそうした学校の生徒を優先的に受け入れ、その後、他の公立・私立の学校、ホーム・スクールの生徒を受け入れていった[14]。さらに、州立大学はFLVSから上位二〇%を入学させるといった項目も盛り込まれた。二〇〇一年にはＦＬＶＳに大学レベルの講座を設置するために「ワン・フロリダ」計画の一環として二四〇万ドルの予算が計上された。二〇〇一年度はその他にもさまざまなビジネス・パートナーからの出資などで六二〇万ドルの予算が使えた。

ＦＬＶＳのモットーは「いつでも、どこでも、どのようにでも、どのペースでも」（Any time, any place, any path, any pace）である。そのために基本的にはどのようなペースで学んでいてもよいのであるが、コースを修了するために通常の学校の学期と連動するように、学習の進度について「速習」（accelerated）、「標準」（standard）、「延長」（extended）といったペース配分を推奨している。

・カリキュラムについて

二〇〇一年までに高校カリキュラムのすべてをオンラインで行なうコースを提供することを目指した。二〇〇一年の段階で、高校のコア・カリキュラムに加え、大学レベルの講座も含めて六〇のコースを設置している。また、七五のコースはＦＬＶＳの正課生だけではなく、すべての人に無料で提供されている。

・生徒数

ＦＬＶＳの設立当初、参加した生徒数は七七名であった。しかし、二〇〇三―〇四年には約一万三〇〇〇人の生徒が参加し、二〇〇四―〇五年になると、それが約二万一〇〇〇人にまで膨れ上がった。また、科目履修の参加者についても、二〇〇三年以降急激に伸び、二〇〇五―〇六年度においては六万人を超えている。

ただし、これらの数字や傾向からヴァーチャル・スクールの未来を楽観的に見るのはやや早計であろう。増え続ける生徒に対して、これまでと同じ、あるいはそれ以上の教育を行なうためにはハード・ソフト両面の整備、ヴァーチャル・スクールのコースに適応している教師の確保などに多くの予算が必要になってくる。その一方で、ここ数年は教育関係の予算が各行政レベルで減額されており、そのためにヴァーチャル・スクールの淘汰が起きるという可能性もありうる。

・生徒の出身

生徒の出身比率を見てみると、二〇〇一―〇二年の段階ではパブリック・スクール（チャーター・スクールも含む）が五五％、ホーム・スクールが三七％、プライベート・スクール（私立学校）が八％であった。それが二〇〇五―〇六年になるとそれぞれ六四％、二八％、八％、二〇〇六―〇七年になるとそれぞれ七二％、二一％、七％となっている（図2）。このように、二一世紀に入り、六年間でホーム・スクールの比率が減少し、パブリック・スクールの比率が増えている。また先にも述べたように、生徒数自体が六倍近くも増加しているということから考えると、パブリック・スクールの生徒数は急増していると言えるだろう。そういった意味では、ＦＬＶＳはパブリック・スクールに通う生徒を主なターゲットとしていることが分かる。

また、アジア系、アフリカ系などマイノリティの参加の問題もある。二〇〇六―〇七年における人種別内訳を見ると、白人系が六五％、ヒスパニックが一四％、アフリカ系が一一％、アジア系が三％、混血（Multi-Ethnic）が四％、その他が三％であった[15]。これらの数字を見ると、白人系が主流をなしていることが分かる。両親の経済力の指標はＦＬＶＳの発表している資料からは伺い知れないが、ヴァーチャル・スクールがすべての人に開かれているという主張はアクセスの平等性が前提となる。

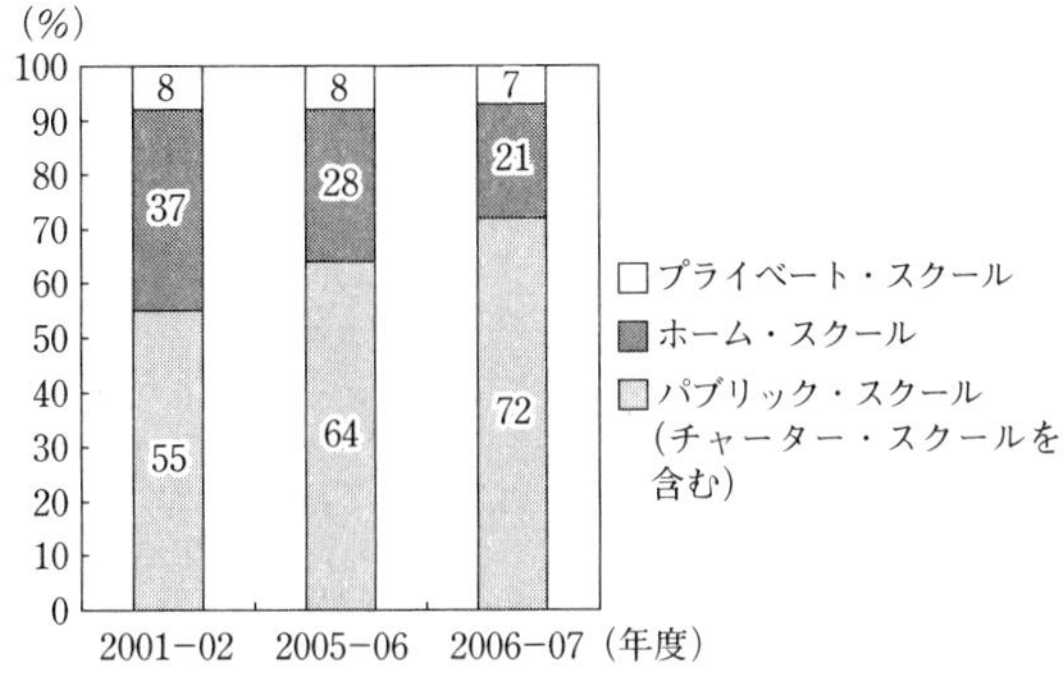

図2　FLVS 在籍生徒の内訳

＊FLVS の web ページ内

出典：http://www.flvs.net/general/school_data.php を参考に松下が作成。

しかし、同時に時間・空間を開放するための機能がデジタル・デバイド（情報通信技術のもたらす格差）という障壁を新たに設けることにもなりかねない。このように、教育を等しく受けられない人へも教育の門戸を開くというヴァーチャル・スクールの目的は経済格差によるデジタル・デバイドという新たな課題を引き起こす可能性があり、今後さらなる研究と対策が求められるべきだろう。

4 日本の初等中等教育における通信教育

周辺としての通信教育

ここまで、アメリカの状況を中心に見てきたが、アメリカとの比較として日本の初等中等教育における通信教育の状況についても少し触れておこう。

日本における初等中等教育レベルにおける通信教育は講義録として、特に旧制中学校、高等女学校レベルを中心に明治・大正時代からなされていた。しかしながら、それは日本の初等中等教育において正式な課程としてではなく、同じレベルの学力を身につけるというものであった。学校教育の中心は全日制であり、通信教育はあくまで補助的な役割であった。通信制の学校が正式に初等中等教育レベルにおいて学校システムに組み込まれたのは第二次大戦後を待たねばならなかった。

戦後、通信制の学校が正式な課程として教育システムに組み込まれた背景には、戦前の教育システムで育った世代に対する高校レベルの教育の提供、また経済が復興していくなかで、いわゆる「勤労少年」に対する教育の補助的役割への期待があった。日本で最初に正式な課程として設立された通信制高校のひとつにＮＨＫ学園がある（第三章参照）。一九六三年に設立されたＮＨＫ学園はすべての授業をテレビ・ラジオといった放送メディアで行なう通信制高校であり、当時、世界でも珍しいタイプの通信制高校であった。修了すれば正式な高校卒業資格が得られるということで初年度から一万人以上の生徒が入学した。

　高校進学率も上昇し、「勤労青年」が稀少な存在となった現代の日本において、通信制高校は徐々にその性格を変えていった。通信制高校は全日制高校に適応できない生徒のための受け皿という意味合いが強くなった。いじめや不登校などが問題視され、中退も多くなっている現在の教育状況において、通信教育高校はひとつの選択肢として考えられている。しかしながら、多くの生徒にとって通信制高校はいまだに積極的な選択肢とはなっていないと言えるだろう。

　日本においてホーム・スクールは通信制学校よりも認知されていない。もともとアメリカにおいての位置づけも既存の教育システムへの疑問が出発点となっているだけに、文部科学省を頂点とする教育システムが行きわたっている日本ではホーム・スクールはアメリカ以上に特殊なものと考えられている。アメリカではホーム・スクールを選択する家庭は宗教や人種などさまざまな文化的背景の占める割合が少なくないということに対して、日本ではそうした文化的背景が占める割合は高くないこともホーム・スクールの土壌が育たなかった理由の一つとしてある。とはいえ、近年の教育を取り巻く問題に呼応して、ホーム・スクールも徐々にではあるが広まっている。しかしながら、アメリカと比べてホーム・スクールの土壌がなかった日本では、各家庭がホーム・スクールで子どもを育てたいと思ったとしても教育方法、教材などさまざまな情報が圧倒的に少なく、さまざまな問題を抱えている。

アットマーク・インターハイスクール

　先ほども述べたような日本のホーム・スクール事情から、ホーム・スクールを推進する機関として「アットマーク・インターハイスクール」がある。[16] アットマーク・インターハイスクールは二〇〇〇年四月に設立された。ここでは日本の指導要領は採用せず、その代わりにアメリカ・ワシントン州の指導要領を採用し、卒業するとワシントン州の高校卒業資格がもらえるというシステムをとっている。また、インターネットに基づく授業を採用することでバーチャル・スクールとしての性格も持っている。

アットマーク・インターハイスクールの創業理念として次のような言葉が挙げられている。

・「教育」は権威主義、学校中心主義時代の言葉である。——だから私たちは学習者主体の学校をつくろう。
・「教育」はレッテルを重んじる時代の言葉である。——だから私たちは創造を中心にした学校をつくろう。
・「教育」は国家主義の時代の言葉である。——だから私たちは国際主義の学校をつくろう。
・わが社は「教育」を死語にし、メディアやテクノロジーを道具に使い、人間が学ぶことの原点に忠実に立ち戻る活動をたった今始める。

ここからも分かるように、アットマーク・インターハイスクールは日本の学校システムとは一線を画したものとして設立された。アットマーク・インターハイスクールの学習においてはさかんに「コーチング」という言葉が使われているように、教師は、学校のように生徒に知識を教えるという役割ではなく、主体的に学ぶためのサポート役としての役割が強調されている。そして、生徒は主体的に学ぶことが求められている。

アットマーク・インターハイスクールは確かに、このように既存の学校システムに対してオルタナティヴな立場を表明している。しかしながら、その一方で、ワシントン州の高校卒業資格を得られるというように、制度的な保証をしていることは、日本における教育システムのなかでそこから逸脱し、ホーム・スクールを実行することの難しさを物語っている。実際に、二〇〇四年には、アットマーク・インターハイスクールの経営母体であるアットマーク・ラーニング社によって、石川県の美川教育特区にアットマーク国際高等学校が開校されたが、そこではアメリカと日本の両方の高校卒業資格を取れることが同校の特徴の一つになっている。

以上のように、日本においては厳密な意味でのホーム・スクールを実践することは難しいが、今後はアットマーク・インターハイスクールやアットマーク国際高等学校のように、ヴァーチャル・スクールとホーム・スクールの両方が融合した形態が主流になることが予想される。結局、ホーム・スクールは本来の意味から外れ、既存の教育システムの補完的なものとして機能していくことになるだろう。

5　インターネット時代の通信教育

両者のクロス・オーバー

ここまでアメリカの初等中等教育レベルにおけるヴァーチャル・スクールとホーム・スクールの登場と展開について概観してきた。両者をおおまかに区分すると、現在の学校をより高い密度で実践しようとするヴァーチャル・スクールに対し、既存の学校教育に対するオルタナティヴとしてのホーム・スクールという図式になる。両者はその立場が全く相反するものでありながら、インターネットによる「つながり」という点においてクロス・オーバーしている。そういった意味で、今後の通信教育においてインターネットは無視できない存在から、むしろ不可欠な存在になりつつある。

インターネットの登場と普及によって既存の通信教育をより高度な形で実現するという技術面での影響は大きいが、むしろ、既存の学校教育自体が再考を迫られていることが問題であろう。時間と空間を限定して行なう伝統的な教育活動は、インターネット時代においてその自明さは低下しているのである。

生涯学習社会の到来

現代では学校で学んだ知識もすぐに時代遅れとなる。むろん、陳腐化しない知識を選択して教えるべきだというアプローチもあるだろうが、それ以上に学び続ける体制をどのように作っていくかが重要になるだろう。また、学校から社会に出るという言い方がなされるが、現代では両者はそれほど隔絶したものではない。むしろ、この両者の往復を積極的に行なうことが求められている。

その背景には知識創発型の学習への転換がある。情報化された社会において知識伝達型の教育だけでは限界を迎えている。伝統的な教育観では、知識を客観的なものとして捉え、それを教師から生徒に伝達するということが教育の基本であった。こうした形の教育は一定の役割を持ちながらも、現代においては特にインターネットの発達により、知識を「いかに覚えるか」というよりも「どのように利用するか」が重視されるようになった。そして、その知識そのものも客観的なものというよりも、グループやネットワークによって新たに紡ぎ出されるものであると見られるようになっている。このように、大きな意味で、「教育」から「学習」へのパラダイム・シフトが起こっている。

オルタナティヴ or メインストリーム?

ホーム・スクールにせよ、ヴァーチャル・スクールにせよ、以上のような社会変化に対応して、これまでオルタナティヴと考えられてきた通信教育がメインストリームとなる日は来るのだろうか。

通信教育がメインストリームになるには「つながり」の問題をクリアできるかどうかが最大の焦点となるだろう。特に初等中等教育レベルで見た場合、学校では、学習における「つながり」と同時に、あるいはそれ以上に教師と生徒、生徒同士の「つながり」を持つこと自体が社会的スキルとして重要な教育目標となっている。この点が高等教育レベル、あるいは日本のベネッセなどのような知識補充型の通信教育と大きく異なる点である。

パットナムも『ボーリング・アロン』(『孤独なボーリング――米国コミュニティの崩壊と再生』柴内康文訳、柏書房、二〇〇六年)で指摘するように、電子的な「つながり」を従来の「つながり」と同一視することができるか、は「社会関係資本《ソーシャル・キャピタル》」の議論のなかでも大きな問題である。もし、電子的なネットワークにおける「つながり」を従来と同様に捉えることができるのであれば、そして、それを可能にするようなシステムが開発されるならば、将来、通信教育がメインストリームとなる可能性もあるだろう。そうでなければ、オルタナティヴな学習手段として、あるいは、対面での教育・学習を至上とする学校教育を補完する役割にとどまることになろう。

いずれにせよ、初等中等教育レベルにおける通信教育の将来には今後、教育・学習における「つながり」をどのように捉え、位置づけていくか、が大きく影響すると言える。

註

（1）アメリカでは通信教育は Distance Education（Learning）あるいは Correspondence Education（Learning）と呼ばれている。本章では英語の資料に依拠して述べる場合、特に断わりを入れない限り、いずれも「通信教育」で訳語を統一した。

（2）Harriet F. Bergmann, "The Silent University : The Society to Encourage Studies at Home, 1873–1897" *The New England Quarterly*, Boston, 2001 に詳しい。

（3）この報告書 "Distance Education Courses for Public : Elementary and Secondary School Students : 2002–03" は公立学校に関するアンケート調査であるので、私立学校は含まれていないが、アメリカにおける初等中等教育における通信教育のおおよその概況をつかむことはできると考えられる。

（4）大学区の方が、中・小学区よりも多くの通信制で学ぶ生徒がいた（それぞれ五〇%、三二%、三七%）。また、田舎の学区の方が、都市型・郊外型の学区よりも比率が高かった（それぞれ四六%、二八%、二三%）。

（5）ホーム・スクールの歴史と発展に関しては、Patrick Basham, Cato Institute, "Home Schooling : From the Extreme to the Mainstream", *Public Policy Sources*, Number 51, The Fraser Institute, 2001 を参考にした。さらに第二版として、Patrick Basham, John Merrifield, and Claudia R. Hepburn, "Home Schooling : From the Extreme to the Mainstream", 2nd edition, *Studies in Education Policy*, October, 2007 が刊行されている。またホーム・スクールの概況に関しては Kurt J. Bauman, "Home Schooling in the United States : Trends and Characteristics", Population Division U. S. Census Bureau,

Working Paper Series, No. 53, 2001（http://www.census.gov/population/www/documentation/twps0053.html）も参考にした。報告書の最後にはホーム・スクール関連の参考資料も挙げられている。

（6）地区の学校が両親に子供の教育課程についての報告書やテスト結果を求めるなどの条件を課すことで、ホーム・スクールを合法と認めている場合もある。ホーム・スクールの合法化に関するホーム・スクーリング法律擁護協会（HSLDA：Home School Legal Defense Association）については、ＨＰ（http://www.hslda.org/Default.asp?bhcp=1）を参照。

（7）これらの資料は以下のＨＰでも確認できる。U. S. DEPARTMENT OF EDUCATION, "Homeschooling in the United States：1999", 2001（http://nces.ed.gov/pubs2001/Homeschool/）; U. S. DEPARTMENT OF EDUCATION, "Homeschooling in the United States：2003", 2006（http://nces.ed.gov/pubs2006/homeschool/）.

（8）Brian D. Ray, *Strengths of Their Own–Home Schoolers Across America：Academic Achievement, Family Characteristics, and Longitudinal Traits*, National Home Education Research Inst., 1999 を参照。

（9）ラドフォード大学に提出された修士論文、Thomas Smedley, "Socialization of Home Schooled Children：A Communication Approach"（未公刊）では、ホーム・スクールの子供たちは通学している生徒よりもボランティア活動への参加に積極的であるなど、むしろ社会性が高いことを示している。

（10）Homeschool World のＨＰ（http://www.home-school.com/）。

（11）Tom Clark, "Virtual Schools：Trends and Issues A Study of Virtual Schools in the United States", Distance Learning Resource Network 2001, p. 1（http://www.dlrn.org/virtualstudy.pdf）も参照。

（12）"Virtual Schools and E-Learning in K-12 Environments: Emerging Policy and Practice", Policy Issues, Issue 11, North Central Regional Educational Laboratory, 2002, p.5（http://www.ncrel.org/policy/pubs/pdfs/pivol11.pdf）. また The Concord Consortium のアーカイブ・サイト（http://archive.concord.org/publications/）も参照。

（13）開講科目など最新情報はフロリダ・ヴァーチャル・スクールのＨＰ（http://www.flvs.net/）に詳しい。

（14）Tom Clark, "Virtual high schools：state of the states", Center for the Application of Information Technologies, Western Illinois University, 2000, pp. 3-5（http://www.imsa.edu/programs/ivhs/pdfs/stateofstates.pdf）; Tom Clark, "Virtual Schools：Trends and Issues, A Study of Virtual Schools in the United States", Distance Learning Resource Network 2001, pp. 12–

14（http://www.dlrn.org/virtualstudy.pdf）などを参照。

（15）ＦＬＶＳのＨＰ（http://www.flvs.net/general/school_data.php）を参照。

（16）アットマーク・インターハイスクールにおける学習の方法、最新情報などはＨＰ（http://www.inter-highschool.ne.jp/）などに詳しい。

第十一章　テクノロジーは孤独な学習を可能とするか
――「eラーニング」の登場とその展開

柴内康文

1　新たな通信教育・eラーニング

eラーニングの現在

二〇〇七年は、日本の通信・遠隔教育にとって、また一つの重要な節目の年と呼びうるものになるかもしれない。この年の四月には対面授業がなく、「日本で初めてすべての授業をインターネットを通じて行う正規の四年制大学」とうたう「サイバー大学」(http://www.cyber-u.ac.jp) が開学した。[1] また八月には国内最大手ポータルのヤフーが「ウェブトレーニング」(http://webtraining.stepup.yahoo.co.jp) として、開始段階では「コンピュータ」「ビジネス」「趣味と教養」「親子でいっしょに」の四分野で、eラーニング・サービスでは最大級の約三〇〇講座を開講、年内には二〇〇〇講座の提供を目指すという。[2]

本書でここまで論じられてきた各種の通信・遠隔教育の最新の進化形と言えるのが、そのインターネット版である「eラーニング」であろう。放送と通信の融合が語られるようになって久しいが、インターネット上でまさに急速に発展普及したマルチメディア配信、双方向コミュニケーション機能を通じて、通信教育で用いられてきたメディアである書籍雑誌、郵便、電話、テレビ・ラジオ放送などの果たしてきた役割をすべて包含しうるから

図１　サイバー大学（左）とYahoo!「ウェブトレーニング」（右）のＨＰ

である。語学や情報分野の資格試験ではコンピュータ上で回答し、採点するCBT／WBT（Computer / Web-Based Testing）の利用も拡大しており、eラーニングは教育や学習の成果・出口にまでその射程を広げている。また既存の伝統的な通信・遠隔教育がインターネットというインフラを組み込んでいくことは当然のように行なわれており、いわば通信教育全体のeラーニング／インターネット化が進行しているとすら呼ぶことが可能である。例えば放送大学はその講義のインターネット配信を、ラジオ放送科目については二〇〇七年度（三八科目）から開始し、また同年度よりテレビ放送科目についても配信実験に着手している。NHK学園高等学校もレポート提出や質疑、ホームルームをオンラインで行なう「ネット学習」を、従来の郵送型レポート学習と並ぶ選択肢として二〇〇三年より提供している（NHK高校講座のラジオすべて、テレビの一部のインターネット上の再放送も二〇〇七年度より開始された）。また大手通信添削の進研ゼミ（ベネッセ）も、二〇〇八年度の中一講座からウェブ教材やオンラインのクラスコーチなどを取り入れた「進研ゼミ中学講座＋ｉ」を開始するという[3]。

さらにeラーニングの範疇で語られるものには、これまでの通信教育に相当するものが存在しなかったものまでもが含まれている。最近の展開でいえば、携帯電話、あるいはiPodなどへのポッドキャストなど携帯端末を通じた講義配信やニンテンドーDSなど携帯ゲーム機による学習などがあり、これらに対しては特に「m（モバイル）ラーニング」や「u（ユビキタス）ラーニング」などの専用の用語もすでに与えられている。三次元のヴァーチャル世界（メタバース）である「セカンドライフ」（http://jp.secondlife.com/）がごく最近大きな注目を集めたが、ここも当然教育利用の可能性が追求される対象となった。(4)

一方でeラーニングの振興に関わる動きも、現在に至るまで非常に盛んである。二〇〇一年以来毎年刊行される大部の『eラーニング白書』（オーム社）は、二〇〇三／二〇〇四年度版以降は経済産業省商務情報政策局情報処理振興課によって編集もしくは監修されている。(5) 内閣に置かれた高度情報通信ネットワーク社会推進戦略本部（IT戦略本部）は情報化推進のための重点計画を毎年発表しているが、最新の「重点計画二〇〇七」においては「インターネット等を用いた遠隔教育を行う学部・研究科の割合を二倍以上にすること」が目標に掲げられている。文部科学省も「現代的教育ニーズ取組支援プログラム」（現代GP）において、二〇〇四（平成一六）年度から「ITを活用した実践的遠隔教育（e-Learning）」というテーマを立て、その後もeラーニングや情報通信技術（ICT、Information & Communication Technology）を活用した教育に対しては現在に至るまで、高等教育における現代的教育ニーズの重要領域の一つとして重点的な補助支援が続けられている。eラーニングに関わる人材育成のための制度作りが進行中であることも、通信教育の歴史から考えれば画期的なことであるだろう。熊本大学にはeラーニングの専門家を育成する大学院修士課程が二〇〇六年度に開設され、それ自体もeラーニングを通じた教育が行なわれているほか、青山学院大学にもeラーニング人材育成研究センターが設けられ、やはり二〇〇六年度より専門家育成のための科目が開講された。同センターや日本eラーニングコンソシアムは、eラーニングの各種専門家資格の認定に向けたプログラムを相互に連携しながら現在推進中である。

eラーニングへの期待

このようにeラーニングは、産官学を巻き込んだ現在進行形の大きな運動であり続けており、単に新たな通信教育の一形態が登場した以上の期待を集めている。そこからは、これまでの通信教育につきまといがちであった正規教育の背後の「代替」や「補完」といったニュアンスは感じ取りにくくなっている。『eラーニング白書』の初刊行である二〇〇一年度版によれば、eラーニングとは「何らかの形でネットワークを使う学習形態の総称」であり、またその中核を占めるウェブによる教育方式WBT（Web-Based Training）は、「双方向性があり自由な時間に学習可能」な特徴がある「何時でも、何処でも、誰でも」利用できるネットワークによる遠隔教育の仕組みであるという。また二〇〇〇年に設立され同書の編者となったeラーニング普及のための団体である先進学習基盤協議会（ALIC）の目指すものは、そのような「個人並びにグループの目的、ペース、興味、理解度に合わせた学習が、安価で効率よくできる環境の構築」と紹介されていた［2001：2-3］。二〇〇二年度版白書に掲載されたeラーニングの定義は、表現の多少の変化はあれ最新版でも大きく変わらないが、以下のようなものである――「eラーニングとは、情報技術によるコミュニケーション・ネットワーク等を使った主体的な学習である。ここではコンテンツが学習目的に従い編集されており、学習者とコンテンツ提供者との間にインタラクティブ性が提供されていることが必要である。ここでいうインタラクティブ性とは、学習者が自らの意志で参加する機会が与えられ、人またはコンピュータから学習を進めていく上での適切なインストラクションが適時与えられるものである」［2002：53-54］(6)。これらからはeラーニングが個人一人一人の主体性を重視した学習を可能とするという期待が強く込められていることが感じられる。

eラーニングが従来の通信教育と異なるのは、デジタル・デバイド（情報通信技術のもたらす格差）をめぐる問題からも考察可能であろう。従来の通信教育は正規教育を受けることが難しい、いわば「持たざる者」がその主なターゲットとなっていたことが少なくないと考えられるが、eラーニングに関していえば、コンピュータと高速回線、またスキルの必要性から、持たざる者の側の学習機会が失われるといういわば逆転の構造が存在すると言えるからである。eラーニングにおいて学習機会の拡大が得られるのは、学習機会の欠落が少なくとも経済的な理由にはよらないものが中心であろう。しかし初期の白書では、eラーニングが「デジタル・デバイドをなくすために重要な役割を担うと考えられる」とすらされており［2002：2-3］、eラーニングに対する大きな期待はここにもうかがえよう(7)。

本章では、この「何時でも何処でも誰でも」一人《アローン》で自分に合った学びが可能となるという新たな通信教育形態を取り上げる。もちろんeラーニングそのものに関しては、教育工学などを中心として基礎・応用研究は現在も盛んに行なわれ続けており、特に、コンピュータによる共同学習支援（ＣＳＣＬ、Computer-Supported Collaborative Learning）や、効果的な教育設計のためのインストラクショナル・デザイン（ＩＤ）技法の研究やその紹介も進んでいる。本章で検討される中心はむしろ、現象としての「eラーニング」であり、それがどのような文脈のなかで登場し、現在に至るまで国内でどのように受容された（またされなかった）のか、それが浮き彫りにするメディア論的テーマは何かという問題である。なおeラーニングは先ほども触れた定義からも、また論者によってもその指すものは非常に多様であり、場合によっては教室のＩＴ化も衛星中継もすべてeラーニングの範疇に入りうるが、以下では本書の趣旨もあり暫定的に、eラーニングの登場以降その中心であり続けたいわゆるホームページを通じた個人別学習であるＷＢＴ、および学習過程をネットワーク上で管理するシステムであるＬＭＳ（Learning Management System）などをその主たる関心としていく。

2　eラーニングの登場と展開

「eラーニング」の登場

まず、「eラーニング」という言葉自体の登場はいつごろのことになるだろうか。「eデモクラシー」「eコマース」など、社会のさまざまな領域におけるインターネット化を通じた変化・革新について、「e」という接頭辞をつけて表現することは、およそ一九九五年以降のインターネットの普及拡大期、「ドットコム」時代とともに始まる。朝日新聞記事データベースによると、紙面に「eデモクラシー」が初出したのは一九九六年八月一五日、そして「eコマース」のそれは一九九九年一二月六日となっている。また政府によって「E-ジャパン」構想が発表されるのは二〇〇〇年九月二一日の森喜朗内閣所信表明演説でのことであった。インターネットの爆発的な普及とそれに対する過剰なまでの期待は、二〇〇〇年頃に崩壊が始まったと言われる「ネットバブル」に最終的には至ることになるが、教育に関連して「接頭辞e」を冠した代表語の「eラーニング」という言葉が語られるようになるのもまさにインターネットに対する期待が頂点に達したころであった[8]。

吉田文は、アメリカにおいて「eラーニング」という言葉がいつ頃から登場したかについて、社会現象としての登場を『*Chronicle of Higher Education*』紙、研究対象としての登場をERICデータベースのそれぞれの記事検索結果から示している[9]。それによると、前者の初出が一九九九年九月―二〇〇〇年八月の五件、後者が一九九九年の二件であり（次年度にはそれぞれ一二、一〇件）おそらくはeラーニングの発祥国であるアメリカにおいて、それが言葉として成立したのは二〇〇〇年前後であったと考えられる。ちょうどこの頃、アメリカでは教育こそがインターネットの次なる「キラーアプリ」（ハードウェアやサービスを大きく普及させるきっかけとなるソフトやコンテンツ）であると語られるようになった[10]。また、eラーニングを題名に冠する書籍としてよく知られ引用頻度の高い、マーク・ローゼンバーグによる『eラーニング戦略』の原著が刊行されたのも二〇〇一年のことである[11]。

言葉としての「eラーニング」が日本国内において登場するのもこのようなアメリカの流れとほぼ時期を同じくしている。やはりeラーニングを題名に冠した著作の刊行をたどると、最初期のものとしては坂手康志『Eラーニング――教育のインターネット革命』（東洋経済新報社）や吉村克己『eラーニング――成長する「個人」発展する「組織」』（エイチアンドアイ）があるが、どちらの刊行も二〇〇〇年末のことであり、まさにインターネット時代の恩恵か、日米での関心の高まりにほぼ時差は存在していなかった。『朝日新聞』紙面に「eラーニング」という言葉が登場するのは、この直後二〇〇一年二月二三日の夕刊のことであった。同記事によれば「インターネットの利用者増と、ネット情報の充実とともに、いつでもどこでも、好みの分野と先生を選んで学ぶeラーニング（ネット学習）の環境が整ってきた。旧来の先生と生徒の間の限られた世界を、飛躍的に広げる可能性を秘めている」という、やはり時間と空間を超えて、個人の特性に合わせた双方向の学習が可能となるという期待の下に紹介がなされている。業界もまた同時に動き始めており、二〇〇〇年には先進学習基盤協議会（―二〇〇五年）、二〇〇一年には日本eラーニングコンソシアム（eLC）が設立され活動が開始された。二〇〇一年五月には前者によって『eラーニング白書』の刊行が開始され、そのなかでは二〇〇〇年が「eラーニング元年」であったと宣言された［2001：2］。

eラーニング前史――CAI・CBT・WBT

もっともeラーニングはその言葉こそ新ミレニアムとともに注目を集めはじめたものであるが、ルーツを探るとおよそ一九六〇年代前後から続く教育工学の系譜に、一九九〇年代以降の情報通信技術の発展が融合することによって誕生したと言える。まず、eラーニング以前に最も普及し、また同様の広い社会的関心を集めたのは、一九八〇年代を中心に広く注目を集めることとなったCAI（Computer-Assisted Instruction）であろう。もともとCAIは、行動主義で知られる心理学者B・F・スキナーを中心としたプログラム学習理論をその主要な背景として誕生している。これは学習目標を小さなステップに分け、各ステップで学習者による積極的反応と即時フィードバックを行なう、また一斉学習ではなく個々人のペースに基づく学習を進めるといった原理を持つものだが、これに基づいて開発された「ティーチングマシン」をコンピュータ上で実現すべく一九六〇年代以降開発研究が進められたのがCAIであった。[12] 当初のCAIは大型汎用機上でその研究・開発が行なわれていたが、国内では特に一九八〇年代以降のマイコン・ブームの登場とその教育現場への浸透のなかで広範な関心を集め、研究・実践が盛んに行なわれるようになる。中曾根康弘内閣の臨時教育審議会（一九八四−八七年）答申に見られるように、教育における生涯学習と情報化への対応に加えて、画一的な学校教育という問題に対して個性を重視し個別教育・学習を推進することの重要性が主張されていたということも、当時の時代背景として見逃せないように思われる。この時期、CAIに関連した団体としては日本教育工学振興会が一九八二年に、日本教育工学会が一九八四年に発足する。[13] 朝日新聞社主催の「朝日CAIシンポジウム」第一回が開催されたのは一九八五年のことで、このイベントは記録をたどるとその後インターネット時代に入る直前、一九九四年まで続いた。コンピュータの教育利用に関する代表的な専門誌の一つである『NEW教育とマイコン』（学習研究社、その後『NEW教育とコンピュータ』に改題ののち二〇〇七年一二月に休刊）も一九八五年に創刊されるなど、やはり当時の大きな期待を察することができる。

しかしCAIはその派生領域として語学教育におけるCALL（Computer-Assisted Language Learning）として研究開発や実践が積み重ねられる、また当時開始された学研による個別指導塾「CAIスクール」（一九八八年−）などといった形で現在もeラーニングの重要な一部として連なってはいるものの、全体としては急速に停滞し「壁に突き当たる」（『NEW教育とコンピュータ』二〇〇七年一二月号、八頁）ことになったとの評価が一般的であるるようである。原因については当時のコンピュータの処理能力の不足や普及の低さ、また各システムの互換性のなさなどにもよるソフトウェア開発の困難さなどに加え、学習者の積極的反応を引き出すシステムであったにもかかわらず、実際にはその能動性を理論上無視していたなどの根本的指摘がなされている。[14] もっとも九〇年代に入ると、パソコンの処理能力が急激に向上し、ハードウェアやオペレーティング・システムの標準化を通じて互換性の問題なども次第に改善されていく。一九九〇年前後にはＣＤ‐ＲＯＭを標準搭載したパソコンが発売され始めるなど大容量データの扱いが容易になり、また Windows 3.0 / 3.1 がリリースされるなど、本格的なマルチメディア時代の到来がうたわれ始めた。ＣＡＩの持っていた技術的限界の一部が解決されつつあったこの頃から、その指していたものは、ＣＤ‐ＲＯＭなどに記録された個別学習のためのシステムであるＣＢＴ（Computer-Based Training）という新たな名前で呼ばれるようになった。

コンピュータの処理能力向上と重なる時期に、コンピュータのネットワーク化も動き始めることとなる。その嚆矢であるパソコン通信は一九八〇年代後半から九〇年代前半に最盛期を迎えたが、インターネット元年とされる一九九五年頃を境にウェブや電子メールなどの利用が一般化しはじめ、またパソコンの普及自体も急増していった。この時期、初等中等教育における「一〇〇校プロジェクト」や「こねっとプラン」などをはじめとして、諸学校にインターネットを導入し協調学習などに生かす実践がさまざまに行なわれた。一方でネットワーク化は、個別学習を主たる目的とするＣＢＴにも変化をもたらした。すなわちＣＡＩ専用のソフトウェアではなくウェブを情報提示やフィードバックのための汎用のインターフェースとして採用し、教材などの配信をインターネットを通じて行なうことで、ＣＤ‐ＲＯＭなどによる物理的で容量制約のある事前教材配布が不要になると同時に教材内容の随時アップデートが可能となり、また受講者からの反応など各種情報をネットワークで収集し双方向性を高めたシステムが実現できるようになった。このようなシステムに対してはＷＢＴという名前が次第に一般化するが、二〇〇〇年前後からのブロードバンド化の進展によりマルチメディア・データの大量・高速伝送が現実のものとなり、ＣＡＩでかなえられたとは言えなかった、学習者にとっての「何時でも何処でも誰でも」が、双方向性を加味して実際に技術的にも実現できる環境が整った。かくして「ｅラーニング元年」が幕を開けることとなったのである。

eラーニングの受容

では「何時でも何処でも誰でも」「個人に応じた」をうたい文句としたeラーニングは、その本格的な実用化の目処の立った二〇〇〇年以降、社会のなかにどの程度受容されていったのであろうか。二〇〇一年以降その記録を現在に至るまで収録し続けている白書の時系列データもふまえながら検討していこう(15)。

現在、狭義のeラーニングの主要な導入分野は、企業内教育および（高等）教育機関の二つに分かれており、白書においても事例にとどまらない統計データはこの二つに関して重点的に調査されている。前者においてeラーニングは、各種の研修、とりわけ集合研修を代替・補完するものとしての利用が行なわれているが、その背景としては景気低迷期の教育訓練コスト削減という目的とともに、特にIT技術を中心として、その教育訓練内容がeラーニングと親和的であったということがあった。二〇〇七年度版白書に報告された上場企業・非上場売上げ上位企業を対象とした最新の調査によれば、回答社の五四・六%がeラーニングを導入しており、特に従業員五〇〇〇人以上の大企業に限れば八二・八%、また業種別では情報サービス・情報通信業の八〇・〇%が導入済みと回答している［2007：23-24］。一連の白書データによれば、eラーニング導入企業の比率は二〇〇三年調査で一六・一%、二〇〇四年調査で三七・〇%、二〇〇五年調査で四六・九%という結果となっており、企業内での一貫した導入の伸びが示されている。二〇〇六年調査でeラーニング導入済み分野として回答されるもので最も多いのが、サービス（営業・販売など）の五六・二

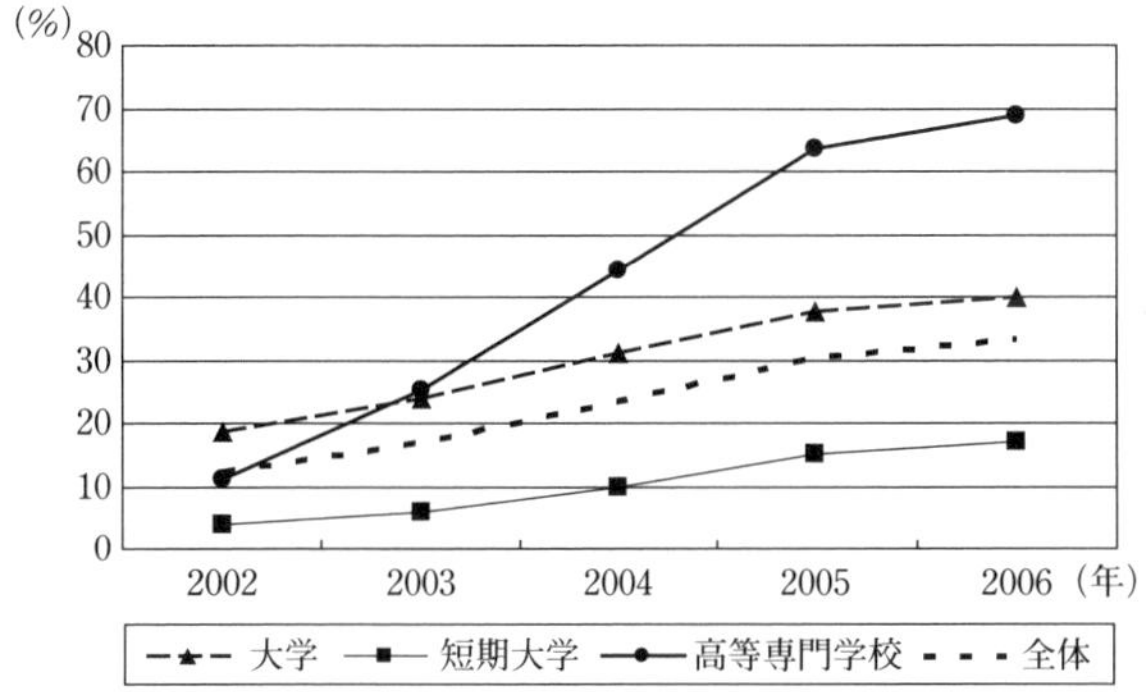

図2　高等教育機関におけるeラーニングの普及

出典：「eラーニング等のITを活用した教育に関する調査報告書（2006年度）」（放送教育開発センター）より作成。

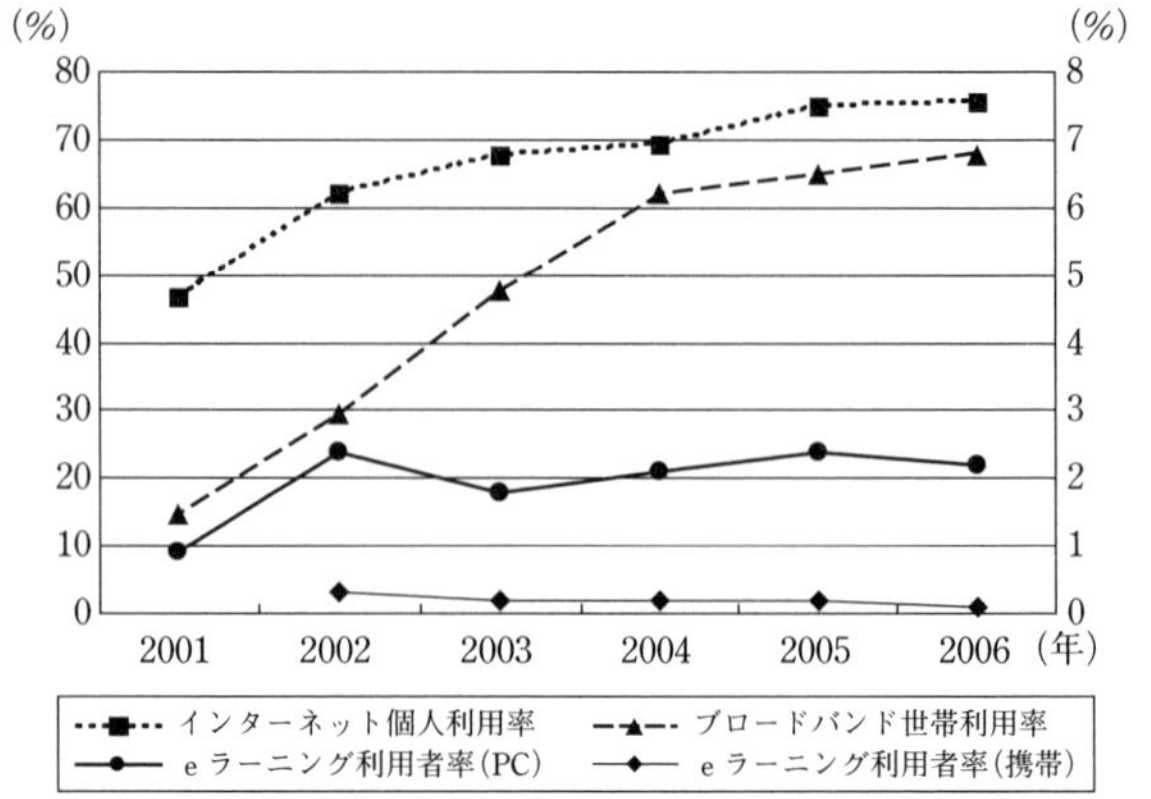

図３　インターネットとｅラーニングの利用率
出典：「通信利用動向調査」（総務省）より作成。

%、ＩＴ・コンピュータの五〇・六%となっている［2007：27–28］。

一方で、高等教育機関においては、ｅラーニングは教育の情報化と密接に関連づけて論じられることが多い。また背景として大学全入時代を迎えて各教育機関における改革が大きく進行していることや、それとも相まって社会人に対する専門教育や生涯教育への各機関の関心が高まっていることも挙げられよう。メディア教育開発センターによる「ｅラーニング等のＩＴを活用した教育に関する調査」（二〇〇六年度）によれば、全高等教育機関数に対するｅラーニング実施機関数の割合は、二〇〇二（平成一四）年度の一二・二%から二〇〇六年度の三三・一%へと増加している。[16] 実施機関における授業の提供形態については、対面授業とのブレンド型が八四・八%である一方で、ｅラーニングのみで修了できる講義授業があると回答したものは二三・二%であった。

企業、高等教育機関の調査結果から見ると、ｅラーニングは少なくとも教育手法としては一定の確立をしており、それを通じた学習を望む者に対しては受講機会が整えられつつあると言うことができるかもしれない。一方でユーザー、学習者がどの程度実際にｅラーニングを活用しているかという角度からデータを見ると、異なる構図も浮かび上がることとなる。

ｅラーニングが個人によってどの程度利用されているかについて、ランダムサンプリングを用いて実態を検討するようなデータはほとんど見られない。[17] 例外的なものの一つとして総務省による通信利用動向調査があり、世帯内個人を対象としてインターネットの利用用途を尋ねるなかで、選択肢として二〇〇一年以来「ｅラーニング」

という項目を継続的に取り上げている（二〇〇二年からは携帯電話による利用も合わせ質問している）。それに基づくインターネットの個人利用率および、自宅でパソコンからインターネットを利用する世帯に占めるブロードバンド利用率（左軸）、パソコンおよび携帯電話を通じたeラーニング個人利用率（右軸）の推移を図３に示す[18]。

グラフの期間中インターネットの利用率は順調に高まり、とりわけブロードバンド化の進展は著しくeラーニング利用のためのインフラ整備は確実に進んでいる。しかるにこの期間eラーニング利用に関しては、ほぼ二％前後で推移しあまり変化を見せることはなく一定しており、携帯電話を通じたそれも〇・二％前後に一貫して留まっている。eラーニング利用者率は六歳以上の世帯構成員がすべて対象となった割合であるので、教育・学習の対象となる世代の全体についてeラーニング利用は全く増大していないか、少なくとも自分がインターネットでeラーニングを行ない、またはそれを目的としてインターネットを利用しているとは認識していないことをこの結果は示唆している。なお二〇〇五年度の内閣府「生涯学習に関する世論調査」によれば、過去一年間の間に何らかの生涯学習を行なったと回答した者（一五歳以上）の割合は四七・六％に上る。

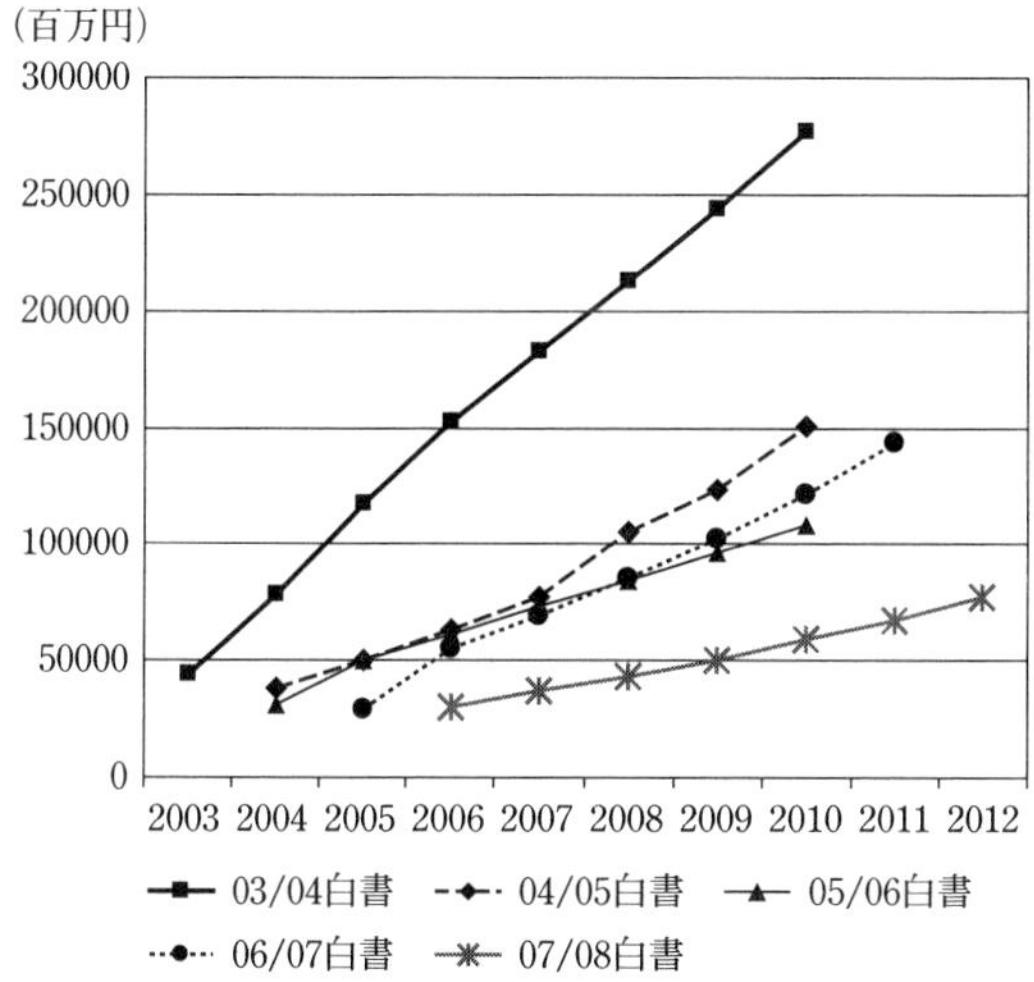

図４　eラーニング市場規模の長期予測
出典：『eラーニング白書』各年版より作成。

普及が期待通りには進んでいないことは、『eラーニング白書』に報告された企業内教育におけるeラーニング市場規模予測からもうかがうことができる。図４には、市場規模の連続的な長期予測の掲載が始まった二〇〇三年度版以降の各年度版における予測グラフをまとめて示した[19]。

それぞれの数値は、各企業を対象にした調査から今後のｅラーニング導入率を普及曲線（ロジスティック関数）に当てはめて推定し、さらに今後の従業員一人あたりの研修費とｅラーニングがそれに占める割合の増加見通しに関する回答結果を用いて、全企業のｅラーニング研修費の推移を予測するという手法に基づいている。推定に用いた個々の値は企業を対象とした毎回の調査結果に依存するので推定結果も安定しない可能性があるが、それにもかかわらず、各年度の予測の開始値は毎年ほぼ変化することなく一定でおよそ三〇〇億円程度を示しており、長期予測が開始されて以来ほぼｅラーニング市場全体としては期待された大きな成長に到達していない可能性が示唆される。これは先述の通信利用行動調査に基づく個人ベースの結果とも符合する結果である。成長予測の傾きの低下からは、二〇〇三―〇四年度頃までは今後も大きな成長が見られるという期待がおそらく維持されていたが、二〇〇四―〇五年頃を境に大幅な期待の落ち込みがあり、その後も成長期待は維持されながらも見通しは徐々に縮小傾向にあることが読み取れる。

3　ｅラーニング観の転換と教育

ｅラーニング観の転換

高い期待を（現在まで至るまで）持たれ、またシステム的にもある程度の完成を見たｅラーニングであるが、これまでの期間を二分すると大きな期待を持たれていた前半期に対し、必ずしもその期待通りに進まなかったことを意識しながら、今後のあり方を模索する後半期へと二〇〇四―〇五年を境に大きく転換したことがうかがえる。ｅラーニングへの高い期待と失望というサイクルは、その先進国アメリカでも同様に起こった事態ではあるが[20]、この時期には国内でもｅラーニングの失敗や、その不振を前提に語る言説が登場するようになった[21]。同時にｅラーニング自体を捉え直そうとする動きが、この頃からに盛んになっていった様子をさまざまな形で読み取ることができる。後半期以来の白書では、eラーニング元年以降二〇〇四年までの五年間は「黎明期」であり、これ以降は「発展期」であると規定されており［2005：2］、当初の「熱狂的」雰囲気から「地に足をつけた状態で確実に運営している」ようになったと語られる［2006：225］。しかし二〇〇五年度版白書からはそれまでeラーニングユーザーの動向として取り上げられていた初等中等教育、専修・各種学校、生涯学習などが省かれ記述・分析の焦点は企業内教育と高等教育の二大領域に絞られるようになり、またこの年度版からそれまで掲載されていたeラーニングの教育効果に関する章も省略されるようになった。これはeラーニングが当然の教育手段として確立している一方で、「誰でも」学べるというよりもその利用が企業もしくは高等教育機関以上の広がりをそれほど示していないという実態の反映でもあるのだろう。

この頃を契機に、eラーニングの研究・実践において重視されるようになった特徴的なことがらがいくつか存在する。その一つとして「ブレンディッド・ラーニング」（blended learning）が挙げられよう。これはさまざまな学習形態、メディアを混合させて行なう学習ないし教育であるが、特にeラーニングに従来からの集合・対面授業を組み合わせる形態のことを指す。概念としてはeラーニング以前から存在したものではあるが、まさに二〇〇五年版白書を境にそれが大きく取り上げられるようになり、「実際の学習の現場ではeラーニング単独で利用される以上に（中略）一般的になっている」とまで記述されるようになった［2005：7］[22]。これとともにeラーニングの過程においては「メンター」や「チューター」の役割が非常に重要であるという指摘がなされるようになり、先述の資格化のなかでもメンターを専門家の一つとして位置づけていることもこれに関係するものだろう[23]。二〇〇七年度版白書の調査結果によれば、eラーニングのデメリットとして受講者に最も感じられているのは「受講継続のモチベーション維持が困難」であること（三三・一％）と「講師や他の受講生とのインタラクティブ性がないため淡泊に感じる」こと（二九・四％）であった［2007：47］。ブレンディングやメンターは、eラーニングにおけるドロップアウト率の高さにもつながるこのような現状に対する有力な解決策であると考えられてい

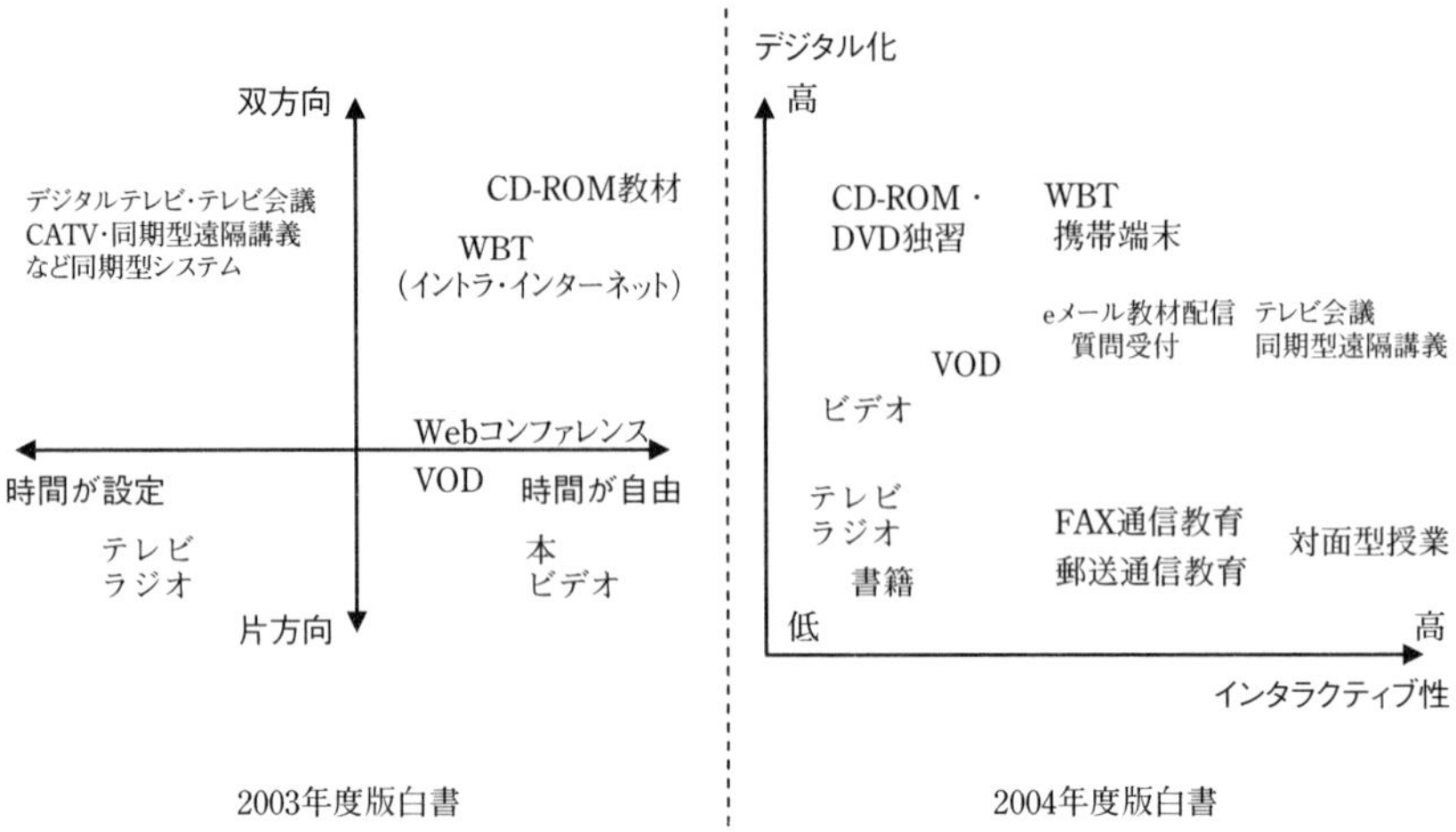

図５　eラーニングの分類次元と布置の変化
出典：『eラーニング白書』2003年度版および2004年度版を基に抜粋して作成。

るが、模索される解決策が技術的なものではなく、（人間）関係性に回帰していくという方向性は、eラーニングを当初期待されていたような「何時でも何処でも誰でも」を実現可能な新たな教育とすることが非常に困難であることを一方で示しているようにも思われる。

　このことは、白書においてeラーニングの特徴を理解するための軸がこの間大きく変化していることにも現われている。二〇〇一年度版白書においては、eラーニングを既存の教育手法（メディア）と比較して理解するための軸として「時間的な自由度」と「双方向性《インタラクティビティ》の有無」の二次元が設定されていた。そこでは特に、後者の双方向性が高いものがeラーニングと定義され、そのなかで時間的自由度の高いものとして当時eラーニングの代表と考えられていた（インターネット／イントラネットにおける）ＷＢＴが、また時間的自由度の低いものとしてＴＶ会議などが布置されていた［2001：21–23］。同様の図式はその後も続くが、そこでは時間の自由度が高いメディアとしてＷＢＴと並んでＣＤ‐ＲＯＭ教材も挙げられ、ＷＢＴよりも高い双方向性があるものと位置づけられていた［2002：53–55，2003：57–58］。この分類枠組みはやはり転換期にさしかかった二〇〇四年度版から大きく変化する。eラーニングを理解するための主要な軸は、「インタラクティブ性」と「デジタル化」の二つであると設定され直し、「時間的な自由度」は各種メディア、学習方法を整理するための軸ではこれ以降なくなった。ここでは、デジタル化度の高いものが広義のeラーニングであると定義されるようになる。WBTは当然デジタル化度の高い学習手段であるが、対面型授業よりはインタラクティヴ性の劣るものであるとされ、デジタル化度が低い（すなわちeラーニングではない）ものではおよそファックスや郵送による通信教育と同程度のものであると位置づけられた。またCD‐ROM／DVD教材「独習」の位置づけは大きく変わり、デジタル化という観点からはeラーニングの範疇に入るものの、放送や書籍と並んでインタラクティヴ性が最も低いものに布置され直されることとなった［2004：2-5］。

ここにはeラーニング後半期における、先ほどと同根の大きな変化が二点現われている。その一つはインタラクティヴィティ（双方向性）の捉え方の変化である。CD‐ROM教材やCBTのような事前にプログラムされた形でのソフトウェア（や背後の教授者）との相互作用は、もはやeラーニングを特徴づけるインタラクティヴィティとは（少なくとも実践上）見なされなくなりつつあり、対人的な相互作用こそが重要であると考えられるようになった。この点を別の側面から表わしているのは、後半期の白書において「時間的自由度」がもはやeラーニングを捉える上での分類軸としては用いられなくなったということであろう。これはもちろん、インターフェースの共通化や発達から、各種システムを（時間的制約のある）同期、あるいは（「何時でも」を実現しやすい）非同期、という軸で分類することの意味があまりなくなってきたという実態の反映でもあるかもしれない。しかし対人的な双方向性こそが教育・学習において重要であると考えられるようになった現状では、程度はあっても時間的自由度と双方向性にはトレードオフが発生せざるを得ない。完全に自分のペースで「何時でも」学べるのであれば、一方で他者との十分なインタラクションを取ることは困難を極める。一定の時間的制約を背景としたコンテクストの共有がコミュニケーションには不可欠だからである。それゆえにCD‐ROM教材のようなCB

Tは、時間的自由度と双方向性を兼ねたものであるという理解から、（時間的自由度はあるかもしれないが）双方向性が極小のものであると位置づけ直されたのであろう。WBTなどのeラーニングにおけるコミュニケーションにはしばしば非同期メディア（電子掲示板、メールなど）が使われ、その点では時間的自由度の比較的高いコミュニケーションが実現されていると言えるが、一方で実際のeラーニング・コースにおいては、各回の教材学習期間を定め一定の期間内に学習が求められることも多い。これはペースメーカーとしてドロップアウトを防ぐという意味もあろうが、教員やメンター・チューター、他の学習者との双方向性を維持するためには、一定の時間的制約が不可欠であることの現われでもあろう。[24]

eラーニング現象が示すもの

eラーニングはその登場より、「何時でも何処でも誰でも」、一人《アローン》であっても（あるいはそれゆえに）個人の特性やペースに合わせることができ、またそれと同時に双方向性を持つという新たな学習システムとして、教育に大きな変革をもたらす可能性を期待されてきた。もっとも、個人個人に合わせた教育をオンデマンドでという希望は、一九七〇–八〇年代にかけてCAIに対して寄せられた期待と非常に近いようにも思われる。eラーニング現象をめぐりそのごく初期に、情報化社会論の系譜とも関連づけながら批判的に論じた木村忠正は、この時期CAIについて寄せられた期待は、執筆時点の二〇〇〇年に読み返すと「デジャ・ヴュ」の感覚に襲われると述べている。[25] CAI時代に教育の情報化をめぐって抱かれた理想像は、実際には技術的限界もあり直後にさまざまな壁に直面することになった。その後eラーニングの初期にCBTからWBTへと展開していく過程で行なわれたことは、ICTに支援された、個人に合わせた「何時でも何処でも誰でも」の学習が真に可能かという当初の理想が実現できるかの試行ではなかっただろうか。

もっともそのような試行はスムーズに展開したとは言いがたく、それをふまえeラーニングの転換期に強調されたことは、指導者やメンターの教育への関与の重要性であり、また集合教育や研修と組み合わせてこそeラーニングの効果が最も高まるのではないか、という認識であった。そしてeラーニングが目指すべきインタラクティヴ性とは、単なるマン―マシン間のそれではなく、対人的相互作用であるという点が意識されるようになった。近年注目される社会関係資本《ソーシャル・キャピタル》論における出発点となった論文の一つは、教育、人的資本形成における社会関係資本の重要性を指摘するものである。[26] このような点から考えれば、eラーニングの転換点において教育における対人関係的側面がますます重視されるようになったのは、至極当然のことであるとも言える。

　しかし、ブレンディッド・ラーニングが実践のなかで一般化し、それによって最もeラーニングの効果が高まるということは、eラーニングのような「教育の情報化」も結局それ自体として教育の変革を引き起こすきっかけになるようなものではなく、あくまでも効果的な教育手法の一つとして、既存の教育・学習やカリキュラムのなかに組み込まれていくということでもあるだろう。実際、「eラーニング」そのものの普及が十分に進まなかったとはいえ、この間教育や学習の情報化は圧倒的なまでに進んでいる。二〇〇六年に行なわれた「第五回情報化社会と青少年に関する意識調査」（内閣府）によれば、「パソコンによるインターネットでしていること」について、小学生の間で最も多いのは「学校の宿題などの答えを調べたり、探したりする」の六七・二％であり、この項目については中学生（五一・〇％）、高校生（四八・五％）についても高率を占めていた。すなわち、教育・学習においてインターネットを活用することは生徒児童の間でももはや特別なことでは全くなくなっている。ICTの教育活用を最広義のeラーニングと考えるのであれば、それが広く普及しまた今後も発展することは疑いない。しかしそれは同時に、何か特殊な「eラーニング」ではない。

　情報化が教育を変化させるのではなく、むしろ教育のなかに情報化が組み込まれていくのであり、eラーニングもここまでの短い歴史のなかでそれを示しているのではないか、ということからは、より広い文脈では佐藤俊樹による情報化社会論批判を自然と思い起こさせるものである。[27] 彼は、情報化社会論が何十年にもわたって繰り返し語ってきた情報化が社会を、また個人を変革するという物語を神話として強く批判し、社会のあり方こそが技術の使われ方、そして技術の進歩の方向を決定するとする（前述の木村忠正も、この議論をふまえて教育に特化した考察を深めている）。eラーニングの実践から現われてきた構図も結局は同様のものであり、メディア現象をめぐり技術決定論に陥ることの陥穽と社会的文脈の重要性を再確認させる。

この一〇年間の情報通信環境の変化を考えれば、現在進行形で変化の続くeラーニングについて何かを語り、また予測することは非常に困難である。しかし集合教育 対 個別教育という歴史の長い対立軸をふまえ、今後も新たな「eラーニング」技術が登場し、個人を重視した教育が今度こそ実現されると再び語られる可能性もあるだろう。実際、最近の「web2.0」の流れのなかで、「eラーニング2.0」も必要であると語られるようになっている[28]。そこで登場するのは、「CGM」（Customer Generated Media）や「ロングテール」などのキーワードで彩られた、そしてやはり学習者中心の、パーソナル性を強調した将来像である。しかし、eラーニング元年以降の経験が求めているのは、そもそも教育、ないし学習という営為がどのような営みであるのか、個別の、孤独な学習《ラーニング・アローン》は可能なのかという根本的な問題を考察することの重要性であろう。eラーニングによって引き起こされる教育の変化よりも、むしろ社会における教育・学習のあり方が今後どのように変化する可能性があるのか、そこにどのように情報通信技術が適用されていくのか、今後も注意深い観察が必要である。

註

（1）福岡市の構造改革特区を利用してソフトバンクおよび地元企業が中心となって開設された。大学ホームページによると二〇〇七年五月末での学生数は五二五人、その時点までの授業の受講率は八七－八九％であるという。なお、通信教育の全課程をインターネット履修可能にした最初の大学は、二〇〇四年に開学した八州学園大学（http://study.jp/Univ/yashima/）である。これはテキスト履修とスクーリングという通信制大学のシステムをとるが、テキスト履修の指導はインターネットを通じて行なわれ、またスクーリングも対面以外にメディアスクーリングというネット受講が選択できるため、すべての履修をオンラインで行なうことが可能である。

（2）ヤフー株式会社二〇〇七年八月一五日プレスリリースより（http://pr.yahoo.co.jp/release/2007/0815c.html）。

（3）もっとも、これに先立ち同社は二〇〇四年九月よりオンラインでの個別指導、添削指導を行なう「ベネッセｅ‐受験サービス」（http://e-juken.jp）を開始したが、二〇〇五年度には新規募集を停止している。「進研ゼミ中学講座＋ｉ」は、このサービスのように通信添削をオンライン化するものではない。

（4）アップル社はiTunes Store内で、ＭＩＴ、東京大学などの講義のポッドキャストを配信しているほか、二〇〇七年からは「iTunes U」という専用エリアも設けている。セカンドライフの教育利用の一例として、国内のものでは慶應義塾・電通のヴァーチャル・キャンパスなどに関する共同研究が挙げられる（http://www.keio.ac.jp/pressrelease/070731.pdf）。

（5）『ｅラーニング白書』については二〇〇一年の発刊以降現在に至るまで毎年、二年度にまたがり「二〇〇一／二〇〇二年度版」「二〇〇二／二〇〇三年度版」などとして刊行されているが、以下の記述では適宜その前半の年度（すなわち刊行年）を用いて略記し、また引用において［刊行年：頁］という表記をとることがある。

（6）なお二〇〇四年度版白書（五―六頁）には、それまでに国内で刊行された書籍などにおけるｅラーニングの定義が網羅的に収録、比較されている。

（7）ｅラーニングとデジタル・デバイドをめぐる議論は少ないが、例えばアメリカの事例を中心に論じた下記を参照。吉田文『アメリカ高等教育におけるｅラーニング――日本への教訓』東京電機大学出版局、二〇〇三年、一七六―一八六頁。

（8）インターネットの捉え方の二〇〇〇年ころを境とした変化については、下記拙論を参照。柴内康文「私論と輿論の変換装置――「ネット世論」の行方」佐藤卓己編『戦後世論のメディア社会学』柏書房、二〇〇三年、二四三―二六五頁。

（9）吉田『アメリカ高等教育におけるｅラーニング』。なお吉田によると、「バーチャルユニバーシティ」また「オンライン教育」という言葉の同様の初出は、一九九三年ころのことであった。

（10）シスコ社のジョン・チェンバースによる、「インターネットにおける次の大きなキラーアプリは教育となろう」（The next big killer application for the Internet is going to be education.）という一九九九年の発言は、ｅラーニングを語る際によく引用される（http://query.nytimes.com/gst/fullpage.html?res=9E0DEED8113DF934A25752C1A96F958260）。

（11）M. J. Rosenberg, *E-Learning: Strategies for Delivering Knowledge in the Digital Age*, McGraw-Hill, 2001. 邦訳、マーク・ローゼンバーグ『Ｅラーニング戦略』中野広道訳、ソフトバンクパブリッシング、二〇〇二年。

（12）なお一九七〇（昭和四五）年度『科学技術白書』には、「すべての人がその適性に応じた職業につき、その能力を有効に発揮することができるようにするためには、従来の教育技術をもってしては不十分な面も多いので、これに対応する新しい教育技術の開発が強く要請されている」として、プログラム学習理論やティーチングマシン、CAIシステムの確立が紹介されており、当時から繰り返し現われる情報化による教育改善志向の萌芽がうかがえる。

（13）CAIをはじめとするeラーニング以前の諸研究を日本教育工学会の大会論文集を中心としてレビューしたものとして下記の報告がある。田口真奈「eラーニングをめぐる高等教育研究の現在」（吉田文・田口真奈編『模索されるeラーニング――事例と調査データにみる大学の未来』東信堂、二〇〇五年）四〇―五六頁。

（14）eラーニングに先行するCAIの登場背景とその盛衰について経緯を学術的にまとめたものは非常に少ないが、石田晴久、佐伯胖らによるスタディボックス社での座談会記録が当時の様子や問題点を率直に議論していて興味深い（http://www.studybox.co.jp/wel/studytalk/st/st.html）。CAIからeラーニングに至る時系列的な展開については、菅原良『eラーニングの発展と企業内教育』（大学教育出版、二〇〇五年）も参照。

（15）eラーニングについての基礎データについては、『eラーニング白書』以外に以下のようなものがある。まず産業面では、矢野経済研究所が各年刊の『教育産業白書』や各種マーケットレポートなどでeラーニングの市場概況などを報告している。高等教育関係ではメディア教育開発センターが「全国高等教育機関IT利用実態調査」（一九九九―二〇〇四年度、http://www.nime.ac.jp/itsurvey/pub/it-use/）、「eラーニングに関する実態調査」（二〇〇四年度、http://www.nime.ac.jp/itsurvey/pub/e-learning/2004/）、「eラーニング等のITを活用した教育に関する調査」（二〇〇五年度―、http://www.nime.ac.jp/reports/001/）などを継続的に実施しており、これらが『eラーニング白書』および吉田・田口『模索されるeラーニング』の記述の基礎データとなっている。

（16）ここでのeラーニングとは「コンピュータやインターネット、モバイル端末等の情報技術を用いて、学習者が主体的に学習できる環境による学習形態」と定義されている。なおメディア教育開発センターは、一九七八年設置の国立大学共同利用機関「放送教育開発センター」を前身とし、この間メディア利用教育、最近ではeラーニングの調査研究の中心の一つであり続けてきたが、二〇〇四年の独立行政法人移行後の整理合理化計画のなかで独立行政法人下での事業実施の必要性が薄れたとして、二〇〇九年度以降の放送大学への移管が現在計画されている。

（17）インターネットをテーマとして行なわれる調査は、オンラインのパネルサンプルを用いて行なわれることが非常に多い。比較的稀少な該当者を効率的にスクリーニングする上では手法上有用だが、一般にはネット利用などに関しアクティヴなユーザーが対象となることになり、結果にバイアスが混入する可能性がある。参考までに最近のＮＴＴレゾナント・三菱総合研究所による goo リサーチモニターを利用した「第七回ブロードバンドコンテンツに関する調査」(http://research.goo.ne.jp/database/data/000538/) では、ｅラーニングの利用経験率は一八・六％（現在利用している者は四・六％）という結果が報告されている。

(18) 総務省情報通信統計データベース (http://www.johotsusintokei.soumu.go.jp) 所収結果より作成。二〇〇一年のｅラーニング利用率（この年度の質問項目は「通信教育の受講」）のみ、世帯主を対象とした結果であり、その後に比べて若干低い理由はそれに起因すると考えられる。

(19) 二〇〇四年度版までは、初等中等教育・高等教育・専修各種学校等・生涯教育などの市場規模予測もそれぞれ算定されていた。ここでは二〇〇五年度版以降もほぼ同じ手法で唯一予測が行なわれ続けた企業内ｅラーニング市場規模予測の部分のみを用いて比較する。

(20) ケヴィン・クルーズ (Kevin Kruse) によるウェブ記事は、ｅラーニングの「誇大宣伝」(hype) の頂点は二〇〇〇年であり、その後一気に衰退に向かっていったとする (http://www.e-learningguru.com/articles/hype1_1.htm)。「かげりを見せた」「金にならない」オンライン教育といったアメリカの動向を解説する記事も見られる（坂元昂「ｅラーニングの国際動向」『ＩＤＥ――現代の高等教育』二〇〇二年七月号）。

(21) 近年ｅラーニングについて刊行される著作は、その前提としてｅラーニングの不振を問題意識に掲げることも少なくない。またこの時期、「ｅラーニングの失敗」をタイトルに直接掲げる論文・書籍の刊行が以下のように見られることも印象的である。宮川繁「なぜ E-Learning プロジェクトは失敗することが多いのか」(『日本教育工学会論文誌』二九巻三号、二〇〇五年、一八一―一八五頁)、和田公人『失敗から学ぶｅラーニング』(オーム社、二〇〇四年)。

(22) 同様の指摘は、ｅラーニングに関する放送大学大学院テキストにも見られる。野嶋栄一郎・鈴木克明・吉田文編著『人間情報科学とｅラーニング』放送大学教育振興会、二〇〇六年、一二頁。

(23) 「ブレンディッド・ラーニング」「メンター」については、近年相次いで重要な邦語文献が出版されている。J. Bersin, *The blended learning book : best practices, proven methodologies, and lessons learned*, Pfeiffer & Co., 2004. 邦訳、ジョシュ・バーシン『ブレンディッドラーニングの戦略――ｅラーニングを活用した人材育成』(赤堀侃司監訳、東京電機大学出版局、二〇〇六年）、松田岳士・原田満里子『eラーニングのためのメンタリング』（東京電機大学出版局、二〇〇七年）。

（24）なお従来より情報技術はＩＴ（Information Technology）と国内でも呼ばれていたが、その指すものはＩＣＴ（Information & Communication Technology）と表記されることが現在は多い。総務省の「ＩＴ政策大綱」が「ＩＣＴ政策大綱」と変更されたのは二〇〇四（平成一六）年発表からであり、本章で論じたeラーニング理解の転換期にもちょうど符合する。

（25）木村忠正『オンライン教育の政治経済学』ＮＴＴ出版、二〇〇〇年、五〇－五一頁。新たなメディアは常に大きな期待とともに教育現場に登場し、常に限定的な利用に留まってきておりコンピュータも例外ではないという指摘は下記。Cuban, L., *Oversold and Underused*, Harvard University Press, 2001. 邦訳、ラリー・キューバン『学校にコンピュータは必要か』小田勝己・小田玲子・白鳥信義訳、ミネルヴァ書房、二〇〇四年。

（26）Coleman, J. S., "Social Capital in the Creation of Human Capital", *American Journal of Sociology*, 94, 1988, S95-S120.

（27）佐藤俊樹『ノイマンの夢・近代の欲望——情報化社会を解体する』講談社選書メチエ、一九九六年。

（28）web2.0を受けた「eラーニング2.0」に関しては、一例として、日本イーラーニングコンソシアムのウェブ連載記事が欧米で現在進む事情を詳しく伝えている（http://www.elc.or.jp/kyoutsu/kaigai/n_kaigai_lp16.htm）。

あとがき

佐藤卓己先生から「通信教育の研究をやりませんか」と共同研究のお誘いをいただいたのは、二〇〇四年の四月を過ぎてからだったと思う。佐藤先生はちょうど国際日本文化研究センターから京都大学大学院教育学研究科・生涯教育学講座に職場を移られたばかりだったが、教育現象へのメディア学的アプローチは、すでに『言論統制――情報官・鈴木庫三と教育の国防国家』（中公新書、二〇〇四年）から本格的に試みられていた。戦時中の厳しい言論統制で知られた陸軍将校・鈴木庫三《くらぞう》は、高等小学校卒業ののち農作業のかたわら帝国模範中学会通信会員として講義録で独学し、任官後も日本大学の夜学に通って勉強を続け、陸軍派遣学生として東京帝国大学で教育学を学んだ。彼の勉学への執念は異様な迫力をもって「孤独な学習者」のひとつの到達点を示したが、その延長上に機会格差なき「教育の国防国家」が構想されたことは、現代のわれわれに複雑な感慨を抱かしめた。

通信教育をめぐる問題系に関して佐藤先生がつかんだ感触は、ロバート・パットナム『孤独なボウリング――米国コミュニティの崩壊と再生』（柏書房、二〇〇六年）を翻訳中だった柴内康文氏と、博報堂から同志社大学に着任された青木貞茂氏との意見交換を経てある確信に至り、研究会を組織することになった。通信教育という対象をメディア学的に捉える視点として、独学（学習形態）とメディア（学習媒体）に、社会関係資本《ソーシャル・キャピタル》、さらには市場と欲望といったマクロな枠組みを重ね合わせる発想は、実に研究会発足時から胚胎していたのである。

――と書くと、あたかもこの共同研究がある着地点を目指して予定調和的に進められてきたかのようだが、全然そんなことはない。まず、招集されたメンバーは私も含めて通信教育の研究は初めての者ばかりだった。それどころか教育学の専門家すらいない（辛うじて私が教育社会学専攻だったぐらいだ）。メディア論、西洋史、歴史社会学、知識社会学、社会心理学、女性学、新聞学、宗教学、広告学……「多様なディシプリンを結集した学際的な共同研究」といえば聞こえは良いが、メンバーたちはとにかく佐藤先生の「確信」を頼りに、手探りで準備したレジュメをもとに議論を始めた。

ところが始めてみると、意外にも噛み合った議論ができるのである。その理由を考えてみると、思い当たる節が二つある。ひとつは、「メディアが教育をよくする」という命題に対しては全員一致で懐疑的だったことだ（「はじめに」参照）。私自身のことをいえば、当時大学のメディアセンターという部署におり、「夢の技術」eラーニングに対する素朴な期待の大きさと同時に活用にともなう困難さを痛感していたところだった。教育現場のニーズとは関係なく、開発途上の技術や設備が次々と大学に売り込まれ、国から補助金が付く。一八歳人口の減少にともない大学は「冬の時代」を迎え、授業料収入が減少する一方で情報機器関連の設備投資額は増加する。いったんシステムを導入すると維持するための保守費用が発生し、さらに数年毎に最新機種に入れ替えねばならない。誰か、教育機関に対する情報通信技術導入の費用対効果（経済効果と教育効果）を検証してくれないだろうか。

もうひとつの理由は、皆似たような「孤独な学習《ラーニング・アロン》」体験を持っていたことではないかと思う。研究会の場で各自の受験時代が披露されることがあった（大学入学以来封印されていた記憶だ）。そのとき受験生的公共圏の手触りが蘇っただけでなく、こうした体験は学校を離れて社会人（研究者）になってから発揮される能力や構えの有力な説明変数になるのではないか、と考えたりもした。ちなみにメンバーのなかでは増進会がポピュラーだったように思うが、佐藤先生だけは中学時代から『螢雪時代』を愛読し、高校時代は増進会と双璧を成すオリオン社の通信添削を利用していたという（オリオン社については資料がほとんどなく第七章では割愛せざるをえなかった。現在、育文社から『思考訓練の場としての英文解釈』シリーズなど添削問題を用いた参考書が刊行されている）。

こうした共通前提も幸いしてか、約二年間、ほぼ毎月の研究会で刺激的な報告をもとに活発な議論を続けることができた。とはいえ、先述のように教育学部出身者は私だけだったので、期せずして、メンバーの報告や質問に対して「教育史の上では」「教育社会学的には」などと教育学界を背負った立場からコメントをする役回りになった。もしも本書の内容で教育学者からみて看過しがたい偏向があるとすれば、そのうちの幾分かは私も責任を負っている。もちろん、あの手この手でメンバーの議論を煽った佐藤先生の責任も明記しておかねばなるまい。そのため議論が錯綜しメンバーが方向性を見失いそうにもなったが、そんなときは柴内康文氏の存在感がアンカーの役割を果たしてくれた。

本書を読んでこのテーマに興味を持たれた方には、巻末の文献解題を手掛かりにするとともに、本書が詳しく扱わなかった領域についても注意を向けていただきたい。例えば学習方法とその効果に関しては、教育方法学や教育心理学に分厚い研究蓄積がある。戦後の学校通信教育については、学校教育法・学習指導要領その他関連する教育法規、および学校基本調査などの基礎データをきちんとフォローしてほしい。

この共同研究「通信教育のメディア学的研究」(代表・佐藤卓己)に対しては、サントリー文化財団の研究助成(二〇〇四―〇五年度)を受けた。いつも暖かいご支援をいただく同財団には、心より御礼を申し上げたい。また研究会の事務は、福間良明氏(総務担当)と河崎吉紀氏(会計担当)にお骨折りいただいた。共同研究の遂行にはメーリングリストなどの情報通信技術が大いに活用されたが、それも福間・河崎両氏による物心両面のメンテナンス(社会関係資本の保守管理)がなければ効果半減だったに違いない。

最後に、これほどスムーズに成果が刊行できたのは、新曜社編集部・渦岡謙一さんのおかげである。ありがとうございました。

二〇〇八年新春

井上義和

索　引

アルファベット

あ　行

か　行

さ　行

た　行

な　行

は　行

ま　行

や　行

ら　行

わ　行

通信教育関連年表

西暦	和暦	通信教育・教育一般（日本）	通信教育（欧米）	国内外一般
1826	文政 9		（米）マサチューセッツ州でライシーアム運動開始	
1836	天保 7		（英）ユニヴァーシティとキングズ両カレッジの学生に学位を与えるための試験機関としてロンドン大学設立	
1840	11		（英）アイザック・ピットマンが郵便による速記教育を開始	
1856	安政 3		（独）トゥーサンとランゲンシャイトが通信による語学教育開始	
1858	5		（英）ロンドン大学の学外学位試験制度開始	
1859	6		（英）スマイルズ『自助』刊行	
1862	文久 2		（米）モリル法が制定され、州立大学の設立開始	
1868	明治 1			
1869	2			
1870	3			
1871	4			・スマイルズ『西国立志篇』刊行
1872	5	・学制頒布		・福沢諭吉『学問のすすめ』初編刊行
1873	6		（英）ケンブリッジ大学で大学拡張運動開始 （米）「在宅学習を支援する協会」設立 （南アフリカ）最古の遠隔大学である南アフリカ大学設立	
1874	7		（米）メソディスト教会の夏期日曜学校が組織化されてショトーカ運動に発展	
1875	8		（米）イリノイ・ウェスレヤン大学で通信教育コース開始	
1876	9			
1877	10	・東京開成学校と東京医学校を合併して東京大学と改称	（米）ショトーカ運動のなかで4年間の通信教育コース開始 （スコットランド）セント・アンドリューズ大学、試験のみで女性に大学学位相当の資	・西南戦争

			格を与える制度を設置	
1878	明治11		（英）ロンドン大学が女性への学位授与を開始	
1879	12	・医師試験規則	（アイルランド）ロンドン大学の学外学位試験制度を転用し、王立アイルランド大学設立	
1880	13	・代言人規則改正（代言人試験） ・明治法律学校設立（以後、法学系私学専門学校ブーム）		
1881	14	・小学校教育免許授与方心得		・国会開設の詔発布
1882	15			・軍人勅諭発布
1883	16		（米）イサカ通信教育大学開設	・徴兵令改正（学卒者に特典）
1884	17	・中学校師範学校教員免許規程		
1885	18	・英吉利法律学校が講義録刊行（以後、講義録ブーム）		・坪内逍遙『当世書生気質』刊行
1886	19	・帝国大学令、師範学校令、中学校令、小学校令 ・東京大学を帝国大学に改組		
1887	20	・文官試験試補及実習規則（帝大卒に無試験任用特権）	（英）ケンブリッジ市でユニヴァーシティ・コレスポンデンス・カレッジ設立	
1888	21	・特別認可学校規則（特定私学への特権付与）		
1889	22		（カナダ）通信制高等教育機関クィーンズ大学設立	・大日本帝国憲法公布
1890	23		（米）ペンシルベニア州の炭鉱技術学校が鉱山保安に関する在宅学習コースを設置（翌年、国際通信制学校へ改組）	・第一回総選挙、帝国議会開会
1891	24		（米）ウィスコンシン大学が通信教育を開始	
1892	25		（米）シカゴ大学が通信教育を正規のコースとして開始	
1893	26	・文官任用令公布（無試験任用特権の廃止）		
1894	27	・高等学校令公布 ・第一～第五の各高等中学校を高等学校と改称	（英）オックスフォード市でディプロマ・コレスポンデンス・カレッジ設立	・日英通商航海条約調印、治外法権撤廃（1899施行） ・対清宣戦布告（日清戦争）
1895	28			・下関講和条約調印、三国干渉

1896	明治29			
1897	30			
1898	31			
1899	32		（英）オックスフォード大学にラスキン・カレッジ設立	
1900	33			
1901	34			
1902	35	・大日本国民中学会設立		
1903	36	・専門学校令公布 ・専門学校入学者検定試験（専検）が制度化	（英）労働者教育協会設立	
1904	37			・対露宣戦布告（日露戦争）
1905	38	・牧口常三郎、大日本高等女学会設立、『高等女子講義』創刊（－'08）		・ポーツマス講和条約調印
1906	39	・早稲田中学講義録開始	（米）ウィスコンシン大学が成人向け教育番組のラジオ放送を開始	
1907	40	・小学校令改正（義務教育年限4年を6年に延長）		
1908	41	・日本女子大学通信教育会設立、『女子大学講義』創刊（－'11）	（アイルランド）王立アイルランド大学に代え、対面教育を行なうナショナル大学設立	
1909	42		（英）ラスキン・カレッジから一部の教師・学生が離脱し、労働カレッジ設立	
1910	43			
1911	44			
1912	45			
1913	大正2			
1914	3			・第一次世界大戦始まる
1915	4	・吉野作造ら大学普及会設立、『国民講壇』創刊		
1916	5			
1917	6	・『受験と学生』『考へ方』創刊		・ロシア十月革命（ソビエト政権樹立）
1918	7	・高等学校令改正（尋常科＋高等科の七年制を本体とする） ・文部省、高等教育機関の拡張計画を発表		・第一世界大戦終結
1919	8	・帝国大学令改正（分科大学を学部に改める）		
1920	9	・森本厚吉ら文化生活研究会設立		

		・内務省に社会局設置		
1921	10	・日本女子大学通信教育会の講義録再開		
1922	大正11			
1923	12		（英）BBC がラジオ放送を開始	・関東大震災
1924	13			
1925	14	・日本産業能率研究所設立	（米）アイオワ州立大学が正規の履修単位としてラジオコースを開始	・ラジオ放送開始（東京放送局） ・大日本雄弁会講談社より『キング』創刊
1926	15			
1927	昭和2		（ソ連）モスクワ工科大学、モスクワ繊維大学、チミリアゼフ農業アカデミーなどに通信教育部設置	
1928	3			
1929	4			
1930	5			
1931	6	・旺文社創業 ・増進会創業	（米）ウィスコンシン大学がテレビ放送を実施	・満州事変
1932	7			・5・15事件
1933	8	・学校向け放送開始（大阪中央放送局） ・旺文社『受験旬報』創刊		・国際連盟脱退
1934	9	・学校外のラジオ集団聴取運動開始	（米）アイオワ州立大学がテレビ放送を実施	
1935	10	・全国学校放送開始（日本放送協会） ・西本三十二『学校放送の理論と実際』刊行		・貴族院で美濃部達吉の天皇機関説問題 ・国体明徴運動
1936	11			・2・26事件
1937	12			・盧溝橋事件（日中戦争）
1938	13			・国家総動員法公布
1939	14			・ドイツ軍、ポーランド進撃開始（第二次世界大戦）
1940	15	・戸田城聖『小学生日本』創刊		・日独伊三国同盟成立
1941	16	・国民学校令 ・旺文社『受験旬報』を『螢雪時代』に改題 ・講義録の業界団体として通信教育研究会設立（用紙確保のため）		・日本軍、南部仏印進駐 ・12.8対米英宣戦布告（太平洋戦争）

1942	17	・日本能率協会設立		
1943	18			
1944	昭和19			
1945	20	・戸田城聖、日本正学館設立		・8.15玉音放送 ・第二次世界大戦終結
1946	21	・講義録の業界団体として日本通信教育協会設立（用紙確保のため）		・日本国憲法公布
1947	22	・教育基本法・学校教育法公布 ・大学基準協会設立、大学基準および大学通信教育基準を制定 ・文部省、通信教育認定規程を制定 ・秋田鉱山専門学校「採鉱学科・冶金学科」開講（社会通信教育） ・法政大学、通信教育部開設	（仏）パリ大学がラジオによる講義を開始	・日本国憲法施行
1948	23	・大学設置委員会設置（'49より大学設置審議会） ・新制高等学校発足 ・高等学校通信教育規程制定 ・日本放送教育協会設立 ・ラジオ教育研究所「ラジオ工学講座」、日本電気協会「電気工事講座」、日本英語協会「英語カレッジ科」が開設（社会通信教育） ・NHK「ラジオのつどい」		
1949	24	・大学設置委員会、新制大学79校を決定答申（3.18追加により計94校） ・文部省設置法・社会教育法公布（社会通信教育が社会教育局社会教育課の所管となる）		
1950	25	・電波三法施行（放送法・電波法・電波監理委員会設置法） ・東京私立６大学（法政・慶應・中央・日本・日本女子・玉川）が正規の大学教育課程として通信制の認可を受ける ・NHK テレビ実験放送開始 ・エドガー・デール『学習指導における視聴覚的方法』翻訳刊行 ・産能短大設立		・朝鮮戦争 ・NHK テレビ実験放送

1951	26	・日本通信教育研究会設立（'54日本通信教育学会と改称）		・サンフランシスコ講和条約調印
1952	昭和27	・社会教育局内に視聴覚教育課設置 ・文化放送にて「旺文社大学受験ラジオ講座」開始 ・増進会、添削指導再開		・占領終結
1953	28	・ラジオ「NHK 高等学校講座」開始 ・佛教大学、通信教育課程開設 ・「高等学校の定時制教育及び通信教育振興法」制定	（米）第一回全米教育テレビ会議、ワシントンで開催 （米）ヒューストン大学、KUHT を通じてテレビ講座を実施	・NHK テレビ本放送開始 ・日本テレビ放送開始
1954	29	・NHK 委嘱青年学級		
1955	30	・福武書店創業 ・文部省社会教育局『通信教育の問題点と振興策——社会通信教育研究協議会資料』刊行 ・高等学校学習指導要領一般編昭和31年度改訂版		・ソニー、日本初のトランジスタ・ラジオ（TR–55）発売
1956	31	・大学設置基準制定 ・高等学校通信教育規程（'48）の全部改正→高等学校通信教育の教育課程が、全面的に学習指導要領の基準によることとなった ・高等学校学習指導要領一般編昭和31年度改訂版（昭和31年12月再訂版）で、通信教育の実施科目の添削指導と面接指導について規定　→通信教育のみで高等学校卒業が可能に（最短４年）		
1957	32	・高等学校学習指導要領一般編昭和31年度改訂版（昭和32年12月再訂版）で、通信教育の面接指導または特別活動について、ラジオ放送により３割以内の時間数を免除可能に ・日本通信教育学会『日本の通信教育——十年の回顧と展望』刊行	（米）ニューヨーク大学と CBS が共同でテレビ講座を放送開始	
1958	33	・高等学校学習指導要領一般編昭和31年度改訂版（昭和33年12月再訂版）で、通信教育の職業科目の拡充について規定　→職業の現場実習等によ	（ソ連）高等教育に関するフルシチョフのテーゼ（「工科系の高等教育施設は夜間・通信制教育を中心に発展させるべき」）	

		り面接指導または特別活動の3割以内の時間数を免除可能に ・早稲田大学講義録廃止		
1959	昭和34	・NHK 婦人学級開始		・NHK 教育テレビ、日本教育テレビ開局 ・皇太子御成婚
1960	35	・NHK 教育テレビ「高校講座」開始（'63より NHK 学園高校向け「通信高校講座」へ） ・高等学校学習指導要領の全部改正（'60.10施行） →通信教育の面接指導または特別活動について、ラジオ放送により3割以内、テレビ放送により5割以内の時間数を免除可能に（ただし免除時間は合計6割を超えない）		・新安保条約阻止の運動盛り上がる ・国民所得倍増計画を閣議決定
1961	36	・文部省、高校生急増対策の全体計画を発表 ・NHK ラジオ大学通信講座 ・学校教育法の一部改正により、全日制・定時制と並び「通信制の課程」が独立の課程となり、同時に「広域」の通信制や技能連携制度が規定される（第45条） ・文部大臣、社会教育審議会に対して「社会教育における通信教育の拡充の諸方策について」諮問、同年答申		
1962	37	・高等学校通信教育規程（'56）の全部改正 ・通信教育認定規程（'47）に代えて社会通信教育規程を制定		
1963	38	・埼玉県立浦和通信制高等学校、私立日本放送協会学園高等学校（NHK 学園高校）、東海大学附属望星高等学校（通信教育部が独立）が設立 ・産業能率短期大学、通信教育課程を開設 ・文部省認定技能審査制度が創設、第一回実用英語技能検定（英検）実施		・舟木一夫「高校三年生」が大ヒット（この年の高校進学率68%）
1964	39	・科学技術学園工業高等学校設立	（米）ウィスコンシン大学で AIM 計画（Articulated Instruc-	・ベトナム戦争始まる（－'75）

		・日本科学技術振興財団テレビ事業本部（通称・東京12チャンネル）開局 ・NHK「くらしに生かす放送利用運動」開始	tional Media Project）開始	・東海道新幹線開通 ・東京オリンピック
1965	昭和40	・ユネスコのポール・ラングランが「生涯教育」を提唱		・中国、文化大革命始まる
1966	41	・NHK 教育テレビ「大学講座」開始（－'81）		
1967	42	・文部大臣、社会教育審議会に対して「映像放送及び FM 放送による教育専門放送のあり方について」を諮問、'69答申		
1968	43	・『文部省認定社会通信教育20年の歩みと将来』刊行		・東大紛争、日大紛争始まる
1969	44	・福武書店「通信教育セミナ」開講（'73「進研ゼミ」と改称） ・NHK 第３波による「放送市民大学」構想 ・文部省、「放送大学」構想を発表	（英）英国オープン大学設立 （米）スタンフォード大学がスタンフォード教育テレビ・ネットワークでコース提供開始	・東大安田講堂落城 ・アポロ11号、月着陸
1970	45	・高等学校学習指導要領（'60）の全部改正（'73.4施行）　→通信教育の面接指導または特別活動について、ラジオ放送またはテレビ放送によりそれぞれ５割以内の時間数を免除可能に（ただし免除時間は合計６割を超えない） ・経済協力開発機構（OECD）が「リカレント教育」を提唱（'73報告書『リカレント教育――生涯学習のための戦略』刊行）	（米）イリッチ『脱学校の社会』	
1971	46	・産業能率短期大学、社会通信教育部を開設	（英）英国オープン大学開催	
1972	47			・浅間山荘事件 ・沖縄返還 ・田中角栄『日本列島改造論』出版
1973	48	・日本教育テレビ（現・テレビ朝日）、東京12チャンネル（現・テレビ東京）の一般局化　=民間テレビ専門局による学校放送終了		・石油ショック
1974	49		（米）中西部９大学が衛星通信を用いる教育コンソーシア	

			ムとして中部アメリカ大学設立	
1975	昭和50	・NHK 学園、社会通信教育にも進出 ・文部省「放送大学創設準備に関する調査研究会議」が「放送大学の基本計画に関する報告」を発表、放送大学構想の具体化へ		
1976	51	・創価大学、通信教育部開設		・ベトナム統一 ・ロッキード事件
1977	52	・イリッチ『脱学校の社会』邦訳が刊行（原著'70）		
1978	53	・高等学校学習指導要領（'70）の全部改正（'82.4施行）　→通信教育の面接指導または特別活動について、ラジオ放送またはテレビ放送によりそれぞれ6割以内の時間数を免除可能に（ただし免除時間は合計8割を超えない） ・国立大学共同利用機関「放送教育開発センター」設置、放送大学の実験番組を制作、予備的な調査を開始		・成田空港開港 ・日中平和友好条約調印
1979	54	・共通一次試験開始 ・国会に放送大学学園法案提出		・スリーマイル島原発事故
1980	55			・校内暴力、家庭内暴力急増
1981	56	・放送大学学園法（旧法）施行、放送大学学園設立 ・大学通信教育設置基準→'82.4施行 ・NHK 教育テレビ「大学講座」終了、「NHK 市民講座」「NHK 教養セミナー」へ	（米）ホルト『なんで学校へやるの』	
1982	57	・日本教育工学振興会設立 ・NHK 教育テレビ「通信高校講座」が「高校講座」と改称（'91より「教養セミナー NHK 高校講座」） ・ユネスコ「グルンバルト宣言」（生涯にわたるメディア教育の提唱）		・東北、上越新幹線開業
1983	58	・放送大学学園、「放送大学」開設	（米）ホームスクーリング法律擁護協会設立	・パソコン、ワープロ普及
1984	59	・文部省社会教育局、視聴覚		・浅田彰『構造と力』、

		教育課を学習情報課に改組 ・日本教育工学会設立 ・ホルト『なんで学校へやるの？』邦訳が刊行（原著'81）		中沢新一『チベットのモーツァルト』刊行、ニューアカ・ブーム
1985	昭和60	・放送大学、放送による授業開始 ・第1回「朝日CAIシンポジウム」(–'94) ・『NEW教育とマイコン』（学研）創刊	（米）修士課程の授業を衛星通信で実施する全米工科大学設立	・つくば市で科学万博 ・日航機墜落事故
1986	61			・チェルノブイリ原発事故
1987	62		（米）ケーブルテレビと衛星放送を利用した公開大学開始	・国鉄分割民営化
1988	63	・文部省の社会教育局が生涯学習局に改組、筆頭局へ ・学研の個別指導塾「CAIスクール」		
1989	64／平成1	・高等学校学習指導要領('78）の全部改正（'94.4施行）	（米）フェニックス大学がホスト・コンピュータに接続して受講するコースを開始（ヴァーチャル大学の起源）	・消費税スタート ・中国、天安門事件 ・ベルリンの壁崩壊
1990	平成2	・社会教育審議会が生涯学習審議会に改組		・バブル崩壊始まる
1991	3			・湾岸戦争 ・ソ連邦解体
1992	4			・国際平和協力法(PKO協力法）成立
1993	5	・労働省、「ビジネス・キャリア制度」開始（'07「ビジネス・キャリア検定試験」)		・クリントン政権、NII構想
1994	6			
1995	7	・「旺文社大学受験ラジオ講座」放送終了 ・福武書店が「ベネッセコーポレーション」に社名変更	（米）eラーニングを提供するウェブ大学としてジョーンズ国際大学設立 （米）スタンフォード大学がeラーニングの提供を開始 （カナダ）教育用プラットフォーム・ソフトのWebCT登場（'97年に事業化）	・阪神・淡路大震災 ・地下鉄サリン事件 ・マイクロソフト、WINDOWS95発売
1996	8		（米）ヴァーチャル・ハイスクール設立	・携帯電話急増
1997	9		（米）フロリダ・ヴァーチャルスクール設立	・温暖化防止京都会議
1998	10	・放送大学、パーフェクTV！を通じた全国放送開始 ・大学設置基準改定（通学制課程で「遠隔授業」可能に	（米）大量のオンライン大学やコンソーシアム開設、ニューヨーク大学、NYU Online（営利組織として設置、–2001)。	

		〔同期双方向のテレビ会議等〕、30単位まで）	西部知事協会運営のウェスタン・カヴァナーズ大学。カリフォルニアの112の高等教育機関が参加したカリフォルニア・ヴァーチャル大学（'99年にカリフォルニア・ヴァーチャル・キャンパスに改名）	
1999	平成11	・高等学校学習指導要領（'89）の全部改正（'2003.4施行） ・「Eジャパン」構想発表 ・4大学が日本初の通信制大学院開設（日本・佛教・明星・聖徳） ・大学設置基準改定（「遠隔授業」上限60単位まで）		・日の丸・君が代を国旗・国歌とする法律成立
2000	12	・アットマーク・インターハイスクール設立 ・『放送教育』休刊	（米）アメリカ・オープン大学開設（'02年に閉鎖） ・4大陸にまたがる10大学のコンソーシアムとしてグローバル大学連合設立	・改正少年法公布、厳罰化
2001	13	・放送大学大学院開設 ・『eラーニング白書』刊行開始 ・大学設置基準改定（非同期双方向〔インターネットなど〕授業の60単位まで認定可能に）		・米国、同時多発テロ ・アフガン戦争
2003	15	・NHK学園高等学校「ネット学習」提供開始 ・地上デジタル放送開始 ・放送大学学園法（新法）施行、旧法は失効して新法にもとづく放送大学学園設立 ・高等学校学習指導要領（'99）の一部改正 →通信制課程の面接指導または特別活動について、インターネット等の多様なメディアの利用により、各メディアごとにそれぞれ6割以内の時間数を免除することができるようになる（ただし免除時間は合計8割を超えない）		・イラク戦争
2004	16	・石川県美川教育特区にアットマーク国際高等学校設立		
2005	17			
2006	18	・増進会が通信教育部門・教室部門・出版部門を統合して		

		「株式会社Z会」となる		
2007	平成19	・サイバー大学開学 ・放送大学がラジオ講義のインターネット配信開始 ・NHK高校講座の再放送をインターネット配信 ・メディア教育開発センター廃止を閣議決定	（米）アップル、i-TuneU提供	

参考文献：『学制百年史』『学制百二十年史』

文献解題

以下では読者が通信教育の理解をさらに深めるために、自主的な研究の手引きとなる基本文献を紹介する。通信教育の総論に続いて、各章の執筆者が順に「必読文献」５点を挙げ、さらに「その他の参考文献」を列挙している。各章末の註に挙げた文献と併せて参照されたい。

I　通信教育史全般

①天野郁夫『学歴の社会史——教育と日本の近代』平凡社ライブラリー、2005年

講義録は学歴（教育資格）がなくても試験（職業資格）による社会的上昇移動が可能な時代における、強力な独学メディアであった。本書では近代化の要請で試験と学歴という二元的な世界が成立してから、学校教育の整備・拡大とともに、試験の世界が学歴の世界に従属して日陰の存在になっていくまでのプロセスが、さまざまな角度から立体的に再構成される。姉妹編の『[増補] 試験の社会史——近代日本の試験・教育・社会』（平凡社ライブラリー、2007年）と併読すれば、そうした意味での学歴社会の原型が明治30年代には出来上がっていたことがわかる。仕上げには『教育と選抜の社会史』（ちくま学芸文庫、2006年）で理論・比較・歴史の大きな分析枠組みから俯瞰しておこう。

②竹内洋『立志・苦学・出世——受験生の社会史』講談社現代新書、1991年

学歴社会が成立した明治30年代はその後昭和40年代まで続く「受験のモダン」の幕開けであった。本書はこの70年間をひとつの時代をとらえる。最近は少子化の影響で受験競争が緩和され「蛍雪体験」がない大学生が増えているが、講義録ブームを支えた野心的な若者たちの刻苦勉励のリアリティが実感できない人なら、なおさら本書を読んで歴史的想像力を養ってほしい。姉妹編の『立身出世主義［増補版]』（世界思想社、2005年）と併読すれば「近代日本のロマンと欲望」がどこから来てどこに向かっていくのかがわかる。また本書で講義録の潜在的機能として喝破された「冷却」（cooling-out）は、『選抜社会——試験・昇進をめぐる〈加熱〉と〈冷却〉』（メディアファクトリー、1988年）以来のキー概念であるが、社会学的分析の道具としてこれに注目する論者は大村英昭（『臨床社会学のすすめ』有斐閣、2000年）の他は実はあまり多くない。

③大門正克『民衆の教育経験——農村と都市の子ども』青木書店、2000年

第一次世界大戦による景気拡大は農村から都市へ青少年の人口移動を促した。都市部では職場にも学歴主義的秩序が浸透しつつあったから夜学校や講義録の普及が進んだ。1920年代の民衆の都市熱と教育熱を分析した論文として、同じ著者の「学校教育と社会移動——都会熱と青少年」(中村正則編『日本の近代と資本主義——国際化と地域』東京大学出版会、1992年)、「農村から都市へ——青少年の移動と「苦学」「独学」」(成田龍一編『近代日本の軌跡９　都市と民衆』吉川弘文館、1993年)も参照。『明治・大正の農村』(岩波ブックレット、1992年)は同じ時期のダイナミズムを農村側から描く。戦前期の非エリートの世界を研究対象とする人には、国有鉄道の詳細な事例研究を中心とする吉田文・広田照幸編『職業と選抜の歴史社会学——国鉄と社会諸階層』(世織書房、2004年)も必読。

④田中征男『大学拡張運動の歴史的研究——明治・大正期の「開かれた大学」の思想と実践』野間教育研究所、1978年

講義録は蛍雪青年の勉強立身の手段としてだけでなく、学問知識の啓蒙普及の手段としても活用されたという側面も見落としてはならない。19世紀後半にイギリスから始まり欧米に広がった University Extension Movement が、近代日本の大学拡張運動としてどのように展開していくのか。本書ではその歴史的系譜を明治10年代に遡り、通信講学会(明治18年発足24年終了)の通信教授活動から、東京専門学校(早稲田大学)の校外教育運動、「大学拡張」という訳語の成立過程、キングスレー館の大学普及講演活動、吉野作造の大学普及会、その他多様な自由大学運動を取り上げ、大学拡張が大学批判の系譜に連なっていく過程を辿る。

⑤白石克己『生涯学習と通信教育』玉川大学出版部、1990年

1970年代に登場した「生涯学習」論から「学校式教育」の意義と限界を指摘する。その上で、学習の開放に向けて「通学方式から遠隔方式へ」の転換を提唱している。著者は日本通信教育学会会長(佛教大学教授)であり、第７章「通信教育のあけぼの」では、消息(書簡)による鎌倉仏教の布教から本居宣長の「通信教授」まで歴史を遡っている。一方、笹井宏益・山本慶裕編著『メディアと生涯学習』(玉川大学出版部、2000年)は、国立教育研究所生涯学習部を中心とした研究者が、主にテレビからコンピュータ導入期の生涯学習とメディア・リテラシーを論じている。中国や韓国を含む世界の放送大学事情なども紹介されている。

(井上義和)

Ⅱ　講義録・受験雑誌・通信添削

①『近代化過程における遠隔教育の初期的形態に関する研究』放送教育開発センター研究報告67号、1994年、「第Ⅰ部　講義録の世界」

遠隔教育（distance education）の日本的な原初形態として「講義録」を再発見する試み。天野郁夫「大学講義録の世界」（30頁）は明治期の主要な私立専門学校を取り上げて大学史などをもとに講義録・校外生制度の実態を分析し、大学講義録の歴史的な意義と限界を評価する。菅原亮芳「中学講義録の世界」（60頁）は少年雑誌の掲載広告から中学講義録の位置を測定し、主要な出版団体の沿革や専門学校入学者検定試験の実態から、その内実を浮かび上がらせる。西野（吉田）文「実業講義録の世界」（18頁）も少年雑誌の掲載広告から実業講義録の位置を測定し、雑誌の読者欄もみながら商業・航海員・鉄道・逓信・普通文官といった職業世界ごとに講義録の果たした機能を検討する。田代和久「女子講義録の世界」（３頁）は明治20年代前半に『女学雑誌』から企画刊行された『通信女学』を紹介する。講義録に関する本格的な共同研究としてはこれが最初（で最後？）。その後この水準を超える研究はなかなか出てこない。各領域の方法と分量は、今後この分野を研究しようとする人にとって大きなヒントを与えてくれるはずだ。

②天野郁夫『日本の教育システム』東京大学出版会、1996年、「６　独学と講義録」

講義録の歴史に関する見取り図としては最も簡便で、最初に読むべき文献。『教育と近代化――日本の経験』（玉川大学出版部、1997年）には前項①の「大学講義録の世界」が「Ⅳ　講義録と私立大学」として再録されている。両者を併読すれば、大学講義録の盛衰のプロセスがよく分かる。『○○大学××年史』という題名で刊行されている校史は各地の図書館に寄贈されて眠っている場合が多いが、とりわけ私立専門学校は激動の近代化過程のなか生き残るために適応進化してきた歴史を持っているので、官立学校以上に面白かったりする。少なくとも自分の大学がもともと何の専門学校だったのかぐらいは知っておこう。

③菅原亮芳「「独学」史試論――中学講義録の世界をめぐって」寺崎昌男・編集委員会共編『近代日本における知の配分と国民統合』第一法規出版、1993年

中学講義録の出版動向の特徴と変化、読者の学習動機や将来像などを、広告や受験記などの資料を駆使して実証的に分析する。苦学・独学情報に焦点を当てた「近代日本私学教育史研究（６）――苦学・独学情報・「私学」情報の実証的分析」（『日本私学教育研究所紀要』37巻１号、2002年）のほか、『螢雪時代』を含む受験雑誌に関する共同研

究の成果として菅原亮芳編『受験・進学・学校——近代日本教育ジャーナリズムにみる情報の研究』（学文社、2008年）がある。また文部省教員検定試験（文検）については寺崎昌男・「文検」研究会編『「文検」の研究』（学文社、1997年）、苦学・独学については、事例研究として儀同保『独学者列伝』（日本評論社、1992年）、資料集として『近代日本青年期教育叢書　第４期　苦学・独学論』（１-16巻、日本図書センター、1992年）がある。

④赤尾好夫「私の履歴書」『私の履歴書47』日本経済新聞社、1973年

講義録と異なり、通信添削に関するまとまった研究はまだない。通信添削の歴史を調べる手掛かりのひとつが、回顧録や社史である。本書には、大衆路線の代表格・旺文社の創業者である赤尾好夫（1907—85）の回顧が収録されている。旺文社の社史がないのは残念だが、その代わりに同社編『日本国「受験ユーモア」五十五年史』（旺文社、1985年）、赤尾好夫追憶録刊行委員会編『追憶　赤尾好夫 IN MEMORY OF YOSHIO AKAO』（旺文社、1987年）を読めば雰囲気がよくわかる。他方、エリート路線の代表格・増進会出版社の社史として『新生——Z 会60年の歩み』（増進会出版社、1991年）がある。『理想・前進・調和——五十周年によせて』（増進会出版社、1986年）は社員の文集として編集されている。

⑤『ベネッセコーポレーション1955—2000』ベネッセコーポレーション、2000年

生徒手帳、模試、通信添削と常に学校教育とともに歩み続けた福武書店＝ベネッセコーポレーションの社史はそのまま興味深い教育史となっている。創業者・福武哲彦（1916-86）の生い立ちから学校時代、福武書店の草創期から高度成長期までを辿るには『福武書店30年史』（福武書店、1987年）のほうが詳しい。現代日本の教育への影響力を無視できないほどの巨大企業にもかかわらず、これを研究するのは経営学者やマーケティング関係者ばかりで、教育学者はほぼ皆無といってよい。

（井上義和）

Ⅲ　女子通信教育

①通信教育施設50周年記念事業委員会編『日本女子大学通信教育の50年』日本女子大学通信教育課程、1999年

日本女子大学における通信教育の歴史が概観できる。日本女子大学校の創立者・成瀬仁蔵による通信教育事業前史としては、田代和久「女子講義録の世界——『女学雑誌』の一点描（近代化過程における遠隔教育の初期的形態に関する研究）」（『放送教育開発

センター研究報告』67号、1994年）も参照のこと。また、戦前から通信教育を実施した伝統をもつ学校系通信教育史として、文化服装学院通信教育部編『文化服装学院通信教育三十年のあゆみ』（文化服装学院、1987年）がある。

②日本女子大学女子教育研究所編『婦人と社会教育』（女子教育研究双書シリーズ６巻）国土社、1983年

日本女子大学女子教育研究所編集によるこのシリーズはこれまで９巻刊行されており、日本の女子教育を考察する上で欠かせない双書となっている。本巻には、竹中はる子「日本女子大学における通信教育」や、山本和代「日本における婦人の生涯教育の課題」などが収められている。また、同双書３巻『女子の生涯教育』（1968年）には、1945年から1965年の日本女子大学卒業生調査があり、高等教育経験のある女性たちの、通信教育を含めた再教育状況の調査データがある。

③藤井治枝編著『日本の女子高等教育――共学大学女子卒業生の追跡調査報告』ドメス出版、1973年

真橋美智子編『現代日本女子教育文献集　第３期「男女平等からの提言」』（日本図書センター、2005年）シリーズの第25巻に納められている。中嶌邦監修、真橋美智子編集の『現代日本女子教育文献集』シリーズは、第１期「男女共学への転換」（全10巻）、第２期「思想と職業の自立を求めて」（全10巻）、第３期「男女平等からの提言」（全10巻・別巻１）からなり、敗戦から1970年までに刊行された女子教育に関する多数の文献のなかから、特に時代を反映した主要著作を収録している。本書では、共学大学女子卒業生の卒業後の再教育状況を調査し、通信教育の利用状況を明らかにしている。

④依田静女『かぎろひの記――私と通信教育』近代文藝社、1982年

著者は、敗戦後、女手ひとつで子どもを育てながら、法政大学文学部日本文学科の通信教育部での苦学をへて高校教員となった。その後は日本放送協会学園高等学校（NHK学園）のスクーリング協力校をはじめとして、通信制高等学校教諭としての経験をもつ。本書は、著者の自伝ながら、女性が独学で教員資格を取得する過程、子どもをかかえながらの通信教育を受講する苦労、またスクーリングなどを通じた教育と学生たちとの交流という、当時の女性と通信教育の関係を知ることができる。

⑤岡原都『アメリカ占領期の民主化政策――ラジオ放送による日本女性再教育プログラム』明石書店、2007年

日本占領期（1945―52）年に、連合国軍最高司令官総司令部内にCIE（民間情報教育

局）が設立された。CIE は日本の民主化を進める「日本人再教育・再方向付け」プログラムなる教育政策を実施し、日本の学校教育、メディア、宗教など文化の全領域における変革のイニシアティヴをとった。本書は、女性のための社会教育として展開された、CIE 指導のラジオ番組「婦人の時間」を中心に、戦後における女性の社会教育の検討を行なっている。

（石田あゆう）

Ⅳ　ラジオとテレビの通信教育

①西本三十二『教育の近代化と放送教育』日本放送出版協会、1966年

「放送教育の父」西本三十二が東京大学に提出した博士論文。特に第７章「ラジオ・テレビと通信教育」が重要。1988年の死去まで日本放送教育協会機関誌『放送教育』（1949―2000）には毎号のように西本論文が掲載されている。膨大な関連著作があるが、戦前の活動については『放送教育の展望――放送教育二十年』（東洋館出版社、1953年）、自伝としては『放送五〇年外史』上下（日本放送教育協会、1976年）が必読だろう。西本の放送教育を「教室メディア」論から考察した文献として、佐藤卓己「『放送教育』の時代――もう一つのテレビ文化史」（NHK 放送文化研究所編『現代社会とメディア・家族・世代』新曜社、2008年）も参照。

②白根孝之『教育テレビジョン』国土社、1964年

白根孝之（1905―81）は、戦前にナチ教育学を紹介した教育哲学者で、戦後は日本教育テレビ（NET、現在のテレビ朝日）教育部長を務めた。その後、大学で放送論を講義したが、放送教育に関する重要な著作が多い。『テレビの教育性―― 映像時代への適合』（法政大学出版局、1965年）、『テレビジョン――その教育機能と歴史的使命』（アジア出版社、1959年）、『ヒューマン・コミュニケーション――エレクトロニクス・メディヤの発展』（以文社、1971年）、「通信教育とテレビジョン」（『視聴覚教育』1960年１月号）、「CATV による放送教育の拡充について」（日本放送教育学会編『放送メディアと教育革新』日本放送出版協会、1972年）などが重要。

③藤岡英雄『学びのメディアとしての放送――放送利用個人学習の研究』学文社、2005年

生涯学習時代における最新の放送教育論。日本における放送講座の始まりから、職業技能学習、語学講座から教養番組まで NHK の調査データで詳しく分析している。なお、語学講座については、ラジオ時代について山口誠『英語講座の誕生――メディアと教養

が出会う近代日本』（講談社メチエ、2001年）、ラジオ学校放送については磯辺武雄『わが国の学校放送史の研究』（北樹出版、1999年）も参照。

④古田尚輝「教育テレビ40年　学校教育番組の変遷　その２　通信講座番組」『放送研究と調査』1999年８月号

NHK 教育テレビの編成を「教育波から文化・生涯学習波へ」の展開として分析した同じ著者による「教育テレビ40年」論文シリーズの一つ。放送時間や番組の変遷が詳細に分析されており、教育テレビ研究に不可欠な先行研究。他に「編成の分析」（同1998年12月号）、「障害者向け番組の系譜」（同1999年３月号）、「学校教育番組　その１　学校放送番組」（1999年７月号）、「生涯学習番組の変遷」（同1999年11月号）がある。同時代資料という点では、文部省と CIE が共催した教育指導者講習会 IFEL の第一回参加者である教育学者・渡辺彰の『現代 TV 教育論――現場実践の立場から』（新光閣書店、1969年）も参考になる。

⑤全国放送教育研究会連盟・日本放送教育学会編『放送教育五〇年――その歩みと展望』日本放送教育協会、1986年

放送教育の発展を番組製作、教室での教育活動、技術革新など多様な視点から総括した記念論集。同じ編者・発行者の『放送教育大事典』（1971年）は「通信教育と放送利用」「通信教育番組」「通信制高等学校と放送教育」の大項目もあり便利。資料は日本放送協会編『学校放送25年の歩み』（日本放送教育協会、1960年）が充実している。なお、機関誌『放送教育』は2000年休刊したが、『視聴覚教育』（日本視聴覚教育協会、1980年までは日本映画教育協会）は現在も刊行されている。メディア教育運動の比較として、日本映画教育協会編『視聴覚教育のあゆみ』（同、1978年）が役に立つ。

（佐藤卓己）

Ⅴ　通信教育の学校と制度

①日本通信教育学会編『日本の通信教育――十年の回顧と展望』日本通信教育学会、1957年

1947年から10年間の歩みを記録している。占領期の政策立案をはじめ、中学校、高等学校、大学、社会通信教育のそれぞれについて、制度化の過程を描き、当時の争点を回顧する。また、関連する学会や組織についても詳しい。資料として通信教育実施機関、関係団体、文献リスト、学会役員名簿や年表などを収録する。

②日本放送協会学園『20年のあゆみ――NHK学園』日本放送協会学園、1982年

NHK学園の開校から20年を豊富な写真を交えて紹介する。教育内容について、課程、スクーリング、課外活動や学習グループ、同窓会などを取り上げ、卒業後の進路については各種のデータを収録する。また、全国の協力校を一覧できるほか、学園誌や研究紀要の題目も掲載され、資料には学則、役職員名簿、生徒数の推移などが掲載されている。松下慶太「放送メディアと教育――最初期（1963―1967）のNHK学園における意義と問題点」（『二十世紀研究』7号、2006年）も参照。

③奥井晶『教育の機会均等から生涯学習へ――大学通信教育の軌跡と模索』慶応通信、1991年

慶應義塾大学を中心に、職員としての経験を交えながら大学通信教育の歴史、機構、教材などを紹介する。1947年の設立過程は、法解釈や教授方法についてアメリカと比較を行ない、当時の課題を明確にするなど、大学側から見た詳細な記録として貴重である。「新しい潮流」として生涯学習を取り上げ、時代の変化にあわせ「就学の機会を広げる努力」を訴える。

④全国高等学校通信制教育研究会編『高等学校通信制教育五十年のあゆみ』日本放送出版協会、1998年

通信制課程が成立する前史を含め、学習書と放送テキストの分離や、校長会の発足、新学習指導要領の実施、生涯学習など50年の歩みを記録する。また、通信教育研究会の活動についても詳しい。後半は通信制高等学校の紹介にあてられている。資料として年表のほか、研究会の会則や規程、生徒数の推移、役員名簿などを収録する。

⑤放送大学二十年史編纂委員会編『放送大学二十年史』放送大学学園、2004年

第一章で放送大学創設までの歴史がふり返られ、第二章で全国化にいたる過程を描き、第三章で大学院設置を含めた展開を記している。第四章は設置形態や事務組織、予算、広報活動など組織を扱う。資料には年表、番組表、入学生・在学生・卒業生・教員の推移、図書や研究費のほか、全国化や大学院設置に関する審議会答申、役員名簿などを収録する。

（河崎吉紀）

Ⅵ　宗教の通信教育

①井上順孝監修・國學院大学日本文化研究所編『宗教教育資料集』鈴木出版、1993年

國學院大学日本文化研究所プロジェクト「宗教と教育に関する調査研究」(1990—92年)の成果。日本にある宗教系の大学、高等学校、中学校、小学校につき関係宗教、所在地・電話、宗教教育・行事、沿革、関連学校の基本情報が網羅され、宗教別学校一覧、年表、文献一覧・解題も付く。本書の情報に基づき、㈶国際宗教研究所が運営する宗教情報リサーチセンターのホームページが「宗教系学校リンク集」という欄を設けている。

②江原武一編著『世界の公教育と宗教』東信堂、2003年

世界11カ国(米・英・仏・蘭・中・フィリピン・レバノン・タイ・トルコ・インドネシア・マレーシア)の公教育における宗教教育について共同研究を試みた日本初の成果。日本の公教育と宗教の関係を一度相対化して考える上で多くの示唆を与えてくれる労作である。通信教育がテーマではないが、本書の各事例から得られる多宗教共存のための工夫は、通信教育によって一般人対象の宗教教育を実施する際などには大いに参照されてよいだろう。

③財団法人私立大学通信教育協会編『大学通信教育50周年記念　50年の歩み——明日をめざす大学通信教育』財団法人私立大学通信教育協会発行、1999年

戦後の大学通信教育50年の歩みを制度創設期(1946年頃—)、制度改革期(1969年頃—)、制度展開期(1996年頃—)に分けて概観。詳細な年表の他、入学者数・在籍者数・卒業者数・年齢別在籍者数の推移を示す統計、大学・短期大学・大学院の通信教育設置基準や文部事務次官通達などの資料を収録。さらに、今後の展望、在学生・卒業生の言葉、通信制のある大学・短期大学案内などを掲載。大学通信教育の全体像をつかむのに便利である。

④塩原将行「創立者の大学構想についての一考察(1)　通信教育部開設構想とその沿革」『創価教育研究』5号、創価大学創価教育研究センター、2006年

創価学会の歴史と創価大学通信教育部構想の関わりを、牧口常三郎、戸田城聖、池田大作という三人の教団指導者の実践と思想に照らし合わせながら詳細に解き明かすユニークな論考である。学術論文のため一般に入手困難であるが、大学通信教育中最大在籍者数をほこるまでに拡大した同大学通信教育部の原動力を探る上で有益。また、創価学会研究にとっても新しい材料を提供している。

⑤佛教大学通信教育課程開設50年記念誌編集室『共生——佛教大学通信教育課程開設50年記念誌』2002年

宗教系大学のなかで通信教育を逸早く導入してきた佛教大学の記念誌。歴代通信教育

部長の回顧と展望、通信教育課程50年史、年表を掲載。また、10年間（1993—2002年度）の在籍者数・前期入学者数・卒業者数・年齢別地域別在籍者数の推移などの資料を収録。他に20周年、30周年、40周年記念誌があり、これらを合わせて概観すれば、宗教的理念と通信教育現場の実情をいかに整合するかなど、宗教系大学固有の課題を見て取ることができる。

（濱田陽）

Ⅶ　職業と技能の通信教育

①社会通信教育協会編『文部省認定社会通信教育30年の歩み』社会通信教育協会、1978年

文部省の視点での認定社会通信教育の通史を知ることができるほか、本間晴や城取直巳など、戦後初期の社会通信教育関係者による回顧・座談会記事も掲載されている。また、文部省は1969年から「社会通信教育の改善に関する研究」を実施してきたが、過去８回の調査報告書から、受講動機・教材に対する印象・課題提出回数などに関する分析も行なわれている。なお、社会通信教育協会編『文部省認定社会通信教育20年の歩み』（社会通信教育協会、1968年）には、受講者の手記、および戦後初期の社会通信教育行政に携わった二宮徳馬・新井喜世子の論考（「社会通信教育の特質」「社会通信教育の沿革」）も掲載されている。

②産業能率短期大学編『上野陽一伝』産業能率短期大学出版部、1967年

現・産業能率大学の創始者で「能率の父」と呼ばれた上野陽一の伝記。第一部（上野の生誕から1920年まで）は上野陽一自身が執筆したが、それが絶筆となったため、第二部（1921年から上野の死去まで）は、上野の著作をもとに、その伝記が綴られている。通信教育に関する記述は見当たらないが、戦前—戦後における「改善の知」の社会的位置づけを考えるうえで、貴重な資料である。産業能率大学の経営は、その後、長男の上野一郎が引き継いだが、彼の回想をもとに編まれた産業能率大学編『産業能率大学のあゆみ——主観的三十年史』（産業能率大学、1980年）も、日本能率学校（1942年設立）に端を発する産業能率大学の歴史を知るうえで、参考になる。

③上野陽一『新能率生活』光文新書、1945年

上野陽一の「能率思想」が平易に書かれた一書。生産現場から事務、官庁業務、家庭生活に至る幅広い分野での「改善」の重要性や方法が説かれている。しかも、戦争末期から戦後にまたがる時期に書かれており、「能率向上」の戦時—戦後の連続性がうかがえる。また、上野陽一『能率概論』（同文館、1938年）では、その思想をより体系的に

把握することができる。いずれも、産業能率大学の「改善の知」の系譜を理解するうえでは、必読の文献である。

④株式会社日本能率協会編『経営と共に——日本能率協会コンサルティング技術40年』社団法人日本能率協会、1982年

産業能率大学とともに「改善の知」の普及にあたった日本能率協会の年史。日本能率協会の設立経緯やその戦前—戦後の活動内容が詳しく書かれている。それに加えて、大正期から戦後にかけて、生産工学の知が日本でどのように受容されていったのかを俯瞰することもできる。戦前期の生産工学における鉄道省・商工省・陸海軍工廠の役割やそこでの人的ネットワークに関する記述も充実している。

⑤高橋雄造「戦後のラジオ・エレクトロニクス技術通信教育の歴史——ラジオ教育研究所の通信教育」『科学技術史』第5号、2001年

ラジオ教育研究所のラジオ工学講座は、戦後初期の文部省認定社会通信教育のなかで受講者数が圧倒的に多かった。そのラジオ教育研究所を科学史の観点から扱った論考。未公刊に終わった『ラジオ教育研究所　通信教育30年の歩み』(1968年ごろ)の校正刷や『本間晴功績調書』など、入手がきわめて難しい資料からの引用も多く、ラジオ教育研究所を支えた人的ネットワークや戦後の受講者層の分布、その戦前期の活動なども詳述されている。高田稔・高橋雄造「ラジオ教育研究所の足跡」(『電気学会研究会資料』98—7、1998年)ともに、戦前—戦後のラジオ工学通信教育を知るうえできわめて貴重な研究である。

(福間良明)

Ⅷ　趣味・ライフスタイル講座

①平出裕子「森本厚吉の『文化生活運動』——生活権の提唱と講義録発行」『日本歴史』697号、2006年

文化生活運動における講義録が果たした役割を考察した論文。女性にとっての意義を論じたものではないが、女性も関与した社会事業の展開に、講義録が利用された経緯がわかる。太田雅夫「吉野作造と大学普及運動」(『大正デモクラシー研究』新泉社、1975年)は、やはり文化生活運動に関わった吉野作造が、大学普及運動を展開するなかで講義録の発刊をおこなっていたことを明らかにしている。

②山尾美香『きょうも料理——お料理番組と主婦　葛藤の歴史』原書房、2004年

料理番組の歴史をジェンダー論の視点から考察し、女性にとっての放送メディア教育の実態にふれることができる。飯田深雪・江原由美子・土井勝・長山節子『NHK「きょうの料理」きのう・あす――食卓が変わる　女性が変わる　家族が変わる』(有斐閣、1988年)もあわせて参照のこと。

③酒井寛『花森安治の仕事』朝日文庫、1992年

『暮らしの手帖』編集長の花森安治は、雑誌内には広告を一切掲載せず、「商品テスト」を敢行し、「賢明な消費者を育てる」ことを目標に掲げた。消費者としての女性とメディア教育を考える一冊。消費者教育と通信教育の可能性を論じたものとしては、松浦さと子「政策提言可能な消費者育成を目指す21世紀の消費者教育――情報社会における消費者のメディア・リテラシー」(『消費者教育』第21冊、2001年)、広島市の「物価啓発通信講座」事業を例に消費者問題を論じた、白澤恵一「消費者教育の展望――社会教育としての消費者教育の発展のために」(『消費者教育』第5冊、1986年)がある。

④飯田記子「家庭教育・生涯学習における遠隔講座への新教育メディアの適用」『国立婦人教育会館研究紀要』2号、1998年

1995年度から3年間、文部省生涯学習局から委託を受けた国立婦人教育会館(NWEC、略称ヌエック)が、家庭教育・生涯教育に関する遠隔講座の適用可能性をさぐる実証実験を行なった、その報告論文。『キャリア形成に生涯学習をいかした女性たち』(ヌエック・ブックレット3、2004年、以後も改訂版発行)には、生涯学習をキャリア形成に活用した女性たちの通信教育の受講経験インタビューが掲載されている。国際比較調査としてはヌエック『女性の生涯学習とエンパワーメント――日本・韓国・ノルウェー・アメリカの4ヵ国比較調査から』(2004年)に通信教育への言及が多少ある。『生涯学習事典』(東京書籍、1990年)にもわずかながら、通信教育と女性に関連する情報が掲載されている。

⑤岡崎いずみ『あの素晴らしい日ペンの美子ちゃんをもう一度』第三文明社、2004年

日ペンは「美子ちゃん」というキャラクターを生み出し、彼女がボールペン講座に勧誘するマンガ広告で、誰もが知る通信教育講座となった。本書は、1972年に初登場した初代美子ちゃんから、1999年までの四代目美子ちゃんを通じて、女性の流行や意識を読み解く異色の「通信教育」本である。日ペンの教育についてはほとんど触れられておらず、どちらかといえば女性向けサブカルチャー研究本となっている。日経産業消費研究所「日経消費者総合調査シリーズ」、日経広告研究所編『広告に携わる人の総合講座――理論とケース・スタディー 広告のすべてがわかる』(日本経済新聞社、1989年)、

第１号の「雑誌」分析欄によれば、雑誌には通信教育、通信販売広告が多く、人々の通信教育受講のきっかけを作り出してきた。

（石田あゆう）

Ⅸ　通信教育ビジネスと広告

①神野由紀『趣味の誕生』勁草書房、1994年

通信教育における〈趣味〉の領域の意味や歴史的形成を考察するのに必読の文献である。生涯教育がライフスタイルのなかに取り込まれ、習い事やお稽古事の現代的形態に変形したのも、近代的主体として消費生活のスタイルを自己の選択的意思によって強制的にかつ自由に選ばなければならないからである。ここから、消費者として個々の「個性」や価値観を作り出すためのメディア、百貨店などの仕掛けが発展していく。

②飽戸弘『売れ筋の法則――ライフスタイル戦略の再構築』ちくま新書、1999年

通信教育は、消費者に向けた商品でもある。とくに「第５章　仕事と余暇の新しいバランス」のデータから、男女の学習意欲の差が「知・遊」と「学習・趣味・スポーツ」に存在していることがわかる。学習や趣味の志向性に顕れるジェンダー・バイアスは、通信教育の受講者層にも反映されている。通信教育の消費者行動が、投資というよりもレジャーや余暇を目的とすることを指摘したものとして、岩佐善也「ハイ・ソーシャル・マーケット――情緒・知性を再開発する“高めあい”の商品施設」（『第三欲望市場の発見――これから10年に何が売れるか』ダイヤモンド社、1972年）も参照されたい。

③リチャード・フロリダ『クリエイティブ・クラスの世紀』井口典夫訳、ダイヤモンド社、2007年

脱工業化社会においては、大企業の安定したものづくりの現場で工員として働くよりも、美容院で将来のカリスマを夢見ながら大都会の片隅で不安定で厳しい労働条件に耐える若者が増えている。自分をクリエイティヴな存在にするため、デザイン・センスや専門知識・ノウハウを身につけようと努力する。これらの社会的階層を「クリエイティヴ・クラス」と命名し、実証データを活用して明らかにした Richard Florida, *The Rise of the Creative Class : And How It's Transforming Works, Leisure, Community and Everyday Life*, Basic Books, New York, 2002の続編である。このようなクリエイティヴ・クラスを惹きつけることができない国家、地域、都市は衰退するという。魅力のない国家、地域、都市からは、有力なアーティスト、クリエイター、技術者などが海外に流出し始めているという。アメリカですらそれは例外ではないと警告している。同様の研究書と

して Paul H. Ray, Sherry Ruth Anderson, *The Cultural Creatives: How 50 Million People are Changing the World,* Three Rivers Press, New York, 2000 がある。

④岩木秀夫『ゆとり教育から個性浪費社会へ』ちくま新書、2004年

現代において通信教育への欲望が生まれる日本社会の教育価値観・パラダイムを論じて秀逸である。教育の大前提である〈個性〉が、さまざまな教育への欲望を生み出すインフラとなっている。一般大衆にとって無意識に強制される「オンリーワン」幻想が、どのように社会に埋め込まれ教育に影響を与えているのかを明快に分析している。趣味や実務技能を身につけることが、〈個性〉獲得の手段であることがうかがえる。

⑤山田昌弘『希望格差社会――「負け組」の絶望感が日本を引き裂く』筑摩書房、2004年

初等教育から高等教育、そして社会人へと続く、スムーズなパイプライン型構造があったからこそ、日本の戦後社会は、安定的な高度経済成長を達成することができた。それが日本型資本主義にとって安定的な人材育成・供給システムであった。現在、このパイプラインがガタガタになりつつあり、そこから漏れた人間がどうなっていくのか、その問題点を非常に説得的に分析している。

（青木貞茂）

X　イギリスの通信教育とオープン大学

①マイケル・D. スティーヴンス『イギリス成人教育の展開』渡邊洋子訳、明石書店、2000年（原著の出版は1990年）

イギリス社会における成人教育の歴史・現状について広く論じ、遠隔教育に関しても要所要所で言及している。成人教育のために試みられたさまざまな企ての一つとして遠隔教育が発展したことが示される。他方、イギリス社会の成人教育と遠隔教育の関係について根本的な再評価を迫ったのが Robert Bell and Malcolm Tight, *Open Universities: A British Tradition?*, The Society for Research into Higher Education & Open University Press, Ballmoor, Buckingham, 1993であり、イギリス社会では遠隔教育を通じ、「オープンな教育」の伝統が高等教育レベルでも長く培われてきた、と主張する。

②岩永雅也「遠隔高等教育の展望と課題」『高等教育研究紀要』19号、2004年

「公開遠隔高等教育」という概念を提起し（英国オープン大学はその代表例である）、そうした役割を担う諸機関がどのような経緯で、どのような形をとりながら世界規模で

現われ、今日に至っているのかを説明している。遠隔高等教育に関して岩永は多様な視角から研究を行なってきたが、その成果は、「マルチメディア時代の高等教育」(佐伯胖ほか編『変貌する高等教育』岩波講座 現代の教育 10巻、岩波書店、1998年)、「多様化するメディアと教養」『教育学研究』(66巻3号、1999年)、「生涯学習と大学ネットワーク」『日本生涯教育学会年報』(22号、2000年) などでたどることができる。

③ウォルター・ペリー『オープン・ユニヴァーシティー——英国放送大学の歩み』西本三十二訳監修、創元社、1979年(原著の出版は1976年)

ペリーは英国オープン大学の初代副学長であり、その体制固めに大きく貢献した。同大学の設立に至る背景・経緯、設立直後の状況、そして1970年代半ば時点での展望を論じている。同大学についてのイギリスにおける近年の研究としては、John S. Daniel, *Mega-Universities and Knowledge Media: Technology Strategies for Higher Education,* Kogan Page Limited, London, 1999が注目される。ダニエルも同書刊行の時点で同大学の副学長であり、遠隔教育とICTが結びついたことで現在高等教育は世界規模で未曾有の挑戦に直面している、と指摘し、彼が「メガ大学」と呼ぶ諸オープン大学の現状と将来について論じている。

④矢口悦子『イギリス成人教育の思想と制度——背景としてのリベラリズムと責任団体制度』新曜社、1998年

イギリス社会の成人教育の展開を自由主義との関連から読み解いている。遠隔教育については直接論じられないが、ラスキン・カレッジから派生し、通信教育をメディアとして活用したことで知られる労働カレッジ、また英国オープン大学が論及されている。矢口にごく近いテーマを扱いながら、Lawrence Goldman, *Dons and Workers: Oxford and Adult Education Since 1850,* Oxford University Press, Oxford, 1995は、イギリス社会の成人教育が内包した「限界」についてより意識的であり、豊かな成果をもたらしながらもそれがやがて大きな壁に突き当たったメカニズムを解き明かしている。

⑤川野辺敏『ソビエト教育制度概説』新読書社、1976年

遠隔教育は西欧の高等教育界では長く片隅に追いやられていたが、共産主義革命後のソ連で、高等教育を遠隔教育を通じて普及する試みが熱心に行なわれた。川野辺は、1970年代半ば時点のソ連の教育制度の実態を総合的に論じつつ、そこへ至った史的背景にも目配りを施し、夜間教育・遠隔教育が極めて重要な役割を果たしたことを示した。こうしたソ連社会の状況について教育社会学の立場から分析を行なったのが、リチャード・B.ドブソン「ソビエト社会と教育機会」(J.カラベル、A.H.ハルゼー編『教育と

社会変動——教育社会学のパラダイム変換』下、潮木守一・天野郁夫・藤田英典編訳、東京大学出版会、1980年）である。

（本田毅彦）

XI　アメリカ初等中等教育と新しい通信教育

①赤星晋作『アメリカ教育の諸相　2001年以降』学文社、2007年

21世紀以降のアメリカの教育事情がまとめられているものとしては最も新しい部類に入る。アメリカ教育の現状、2002年に制定されたNCLB（No Child Left Behind）法、教師教育、学校と地域の連携などのテーマを取り上げて論じている。また連邦、州、区それぞれ異なるレベルでの具体的な事例を取り上げているので、アメリカにおける教育の実情がうかがえる。それ以前の時代に関しては佐藤三郎『アメリカ教育改革の動向——1983年『危機に立つ国家』から21世紀へ』（教育開発研究所、1997年）、稲垣忠彦『アメリカ教育通信』（評論社、1996年）などが参考になる。また情報化という視点からは日本教育工学振興会『第14回海外調査　アメリカ教育事情視察団報告書』（2005年）も参考になるだろう（調査は1991年から複数回行なわれている）。

②マイケル・G. ムーア、グレッグ・カースリー『遠隔教育』海文堂出版、2004年

1990年代後半においてハーヴァードの大学院でも教科書として使われてきた。アメリカにおける遠隔教育の歴史、発展、効果、その理論的枠組みなどあらゆる部分を広くカバーした内容となっている。インターネットが本格的に普及する前に書かれたものであるために、技術面においては若干事情が異なるものの、遠隔教育そのものの内容は今でも充分通用する内容となっている。そのため、アメリカ以外の国における遠隔教育を見ていく上でも非常に有益な書であろう。アメリカの初等中等教育におけるヴァーチャル・スクールに関しては邦語による先行研究は未だ少ないが、渡辺恵子「初等中等教育におけるeラーニングの役割と機能——アメリカ州運営バーチャルスクールを例として」（『国立教育政策研究所紀要』136集、2007年）がある。

③ジョン・テイラー・ガット『バカをつくる学校 』高尾菜つこ訳、成甲書房、2006年

アメリカの公立学校教師によって1992年に出版された*Dumbing Us Down: The Hidden Curriculum of Compulsory Schooling*の翻訳（邦訳は2005年に出版された最新版の翻訳）。義務教育は政府の都合に合わせた人的資本の生産を行なっていると批判して、一人一人に合わせた本来の教育を取り戻すための教育制度改革、さらには脱学校を主張する。公立学校では当たり前のクラス分けやチャイムなどさまざまな制度が見えないところで

子供たちに悪影響を与えていると指摘する。1990年代以降のフリー・スクール、ホーム・スクール運動にも大きな影響を与えている。

④イヴァン・イリッチ『脱学校の社会』小澤周三・東洋訳、東京創元社、1977年

ジョン・ホルト『なんで学校へやるの？』（大沼安史訳、一光社、1984年）、ポール・グッドマン『不就学のすすめ』（片岡徳雄監訳、福村出版、1979年）などと並んで、ホーム・スクールの理論的背景をなしている。学校化された社会を批判的に分析し、そこから脱した教育への展望を語る。ホーム・スクールの実践・実情はマラリー・メイベリーほか『ホームスクールの時代——学校に行かない選択：アメリカの実践』（泰明夫・山田達雄訳、東信堂、1997年）が参考になる。また日本における動きに関してはアットマーク・インターハイスクール理事長である日野公三の『ティーチンングからコーチングへ』（BNN 新社、2002年）がある。

⑤南新秀一『アメリカ公教育の成立——19世紀マサチューセッツにおける思想と制度』ミネルヴァ書房、1999年

アメリカにおいて公教育がどのように成立したかについて、特にマサチューセッツ州ボストンを事例に上げながら歴史的に分析した書。ホーレス・マンの教育費思想、都市・田舎の比較、教育長の位置づけなどを取り上げて詳細な歴史的史料に基づきながら論じている。事例として取り上げているのはマサチューセッツ州であるが、アメリカ公教育の成立史として有益な書と言える。

（松下慶太）

XII　e ラーニングと通信教育の未来

① 木村忠正『オンライン教育の政治経済学』NTT 出版、2000年

高等教育にインターネットが登場し大きな期待を持って語られていたちょうどその時期に、情報化によって教育が変革されるという議論がこれまでも繰り返されてきたこと、そしてそれは、「情報化社会論」が同様に繰り返してきた言説と同じ構造を有していることを鋭く指摘している。e ラーニングが本格化する以前にまとめられた著作でその指すものを「オンライン教育」としているが、その議論は今後登場する e ラーニング後の新たなメディア技術に対しても適用可能であろう。

②吉田文『アメリカ高等教育における e ラーニング——日本への教訓』東京電機大学出版局、2003年

アメリカの高等教育におけるｅラーニングの実態について、それが与えたインパクトを組織形態・構成員・教育活動・評価の４領域を取り上げながら論じる。アメリカの高等教育の特性からｅラーニングがどのような意味を持つのかが理解できるほか、失敗やトラブル事例も多く紹介される。『カレッジ・マネジメント』誌連載などをまとめたものだが、事例を織り込んで読みやすく書かれている一方で、基本データもよく盛り込まれている。なお本書を踏まえる形で同著者らによって、日本における高等教育とｅラーニング論である『模索されるｅラーニング』が執筆されている。

③吉田文・田口真奈編著『模索されるｅラーニング――事例と調査データに見る大学の未来』東信堂、2005年

メディア教育開発センターによって行なわれた、国内の高等教育におけるIT利用の実態調査をもとにした著作。各大学における13の実践事例を中央に据え、2000年前後のマルチメディアによる遠隔教育制度化の経緯と高等教育機関におけるIT利用の実態データ、高等教育におけるメディア活用の研究レビューによる第一部と、ITが大学教育に与える影響を論じた第三部で挟んでいる。日本国内におけるｅラーニングの実態をIT利用という点から大きくとらえた総合的著作として重要。データは2003年度までだが、その後のデータおよび事例のフォローアップとしては、毎年刊行されている『ｅラーニング白書』（東京電機大学出版局）で行なわれている。

④鄭仁星・久保田賢一編著『遠隔教育とｅラーニング』北大路書房、2006年

遠隔教育のなかにｅラーニングを位置づけた総合的テキスト。遠隔教育の定義に始まり、ｅラーニングの登場に至るその歴史を概説した上で、各国の動向を解説する。特に日韓の比較が中心となっており、それぞれ各一章を割いて二国の通信教育・ｅラーニングの現状を論じるほか、それに関する日韓の研究動向にもさらに一章ずつ割かれる。最終部では開発上の原理となるインストラクション・デザイン、また各メディアの特性も論じられる。

⑤和田公人『失敗から学ぶｅラーニング』オーム社、2004年

スクーリングもｅラーニングによって学修できる日本初の通信制大学八州学園大学を理事長として創立した著者が執筆したｅラーニング論。基本的に開発者側の視点に立った書籍が大半を占めるこの分野で珍しく利用者・管理者側の視点から論じており、中心となる第２部「ｅラーニングの失敗に学ぶ」は、「管理面」「コミュニケーション」「授業」「使い勝手」についての既存のｅラーニングの抱える欠陥を詳細に解説しており貴重。最終部では八州学園大学の設立までの手記をまとめる。

（柴内康文）

執筆者紹介（執筆順）

石田あゆう（いしだ　あゆう）
1973年、大阪府生まれ。京都大学大学院文学研究科博士課程修了。京都大学博士（文学）。現在、桃山学院大学社会学部専任講師。
主要業績：『ミッチー・ブーム』（文春新書、2006年）、「1931―1945年化粧品広告にみる女性美の変遷」（『日本マス・コミュニケーション研究』65号、2004年）、「広告メディアとしての戦時期婦人雑誌――『主婦之友』の流行案内を中心に」（津金澤聰廣・佐藤卓己編『現代のメディアとジャーナリズム第6巻　広報・広告・プロパガンダ』ミネルヴァ書房、2003年）など。

河崎吉紀（かわさき　よしのり）
1974年、奈良県生まれ。同志社大学大学院文学研究科博士課程退学。同志社大学博士（新聞学）。現在、同志社大学社会学部メディア学科専任講師。
主要業績：『制度化される新聞記者』（柏書房、2006年）、ウォルター・リップマン『幻の公衆』（柏書房、2007年）など。

濱田陽（はまだ　よう）
1968年、徳島県生まれ。京都大学大学院人間・環境学研究科博士課程修了。京都大学博士（人間・環境学）。国際日本文化研究センター講師などを経て、現在、帝京大学文学部日本文化学科講師。
主要業績：『共存の哲学――複数宗教からの思考形式』（弘文堂、2005年）、『現代世界と宗教の課題――宗教間対話と公共哲学』（共著、蒼天社出版、2005年）、「内なる環境、未知との共存」（山折哲雄編『環境と文明――新しい世紀のための知的創造』NTT出版、2005年）など。

福間良明（ふくま　よしあき）
1969年、熊本県生まれ。京都大学大学院人間・環境学研究科博士課程修了。京都大学博士（人間・環境学）。現在、香川大学経済学部准教授。
主要業績：『辺境に映る日本』（柏書房、2003年）、『「反戦」のメディア史』（世界思想社、2006年、内川芳美記念マス・コミュニケーション学会賞受賞）、『殉国と反逆』（青弓社、2007年）など。

青木貞茂（あおき　さだしげ）
1956年、長野県生まれ。立教大学経済学部卒業。広告会社勤務のかたわら早稲田大学大学院商学研究科客員助教授などを経て、現在、同志社大学社会学部メディア学科教授。
主要業績：『文脈創造のマーケティング』（日本経済新聞社、1994年）、「ブランド広告の理論」（津金澤聰廣・佐藤卓己編『広報・広告・プロパガンダ』ミネルヴァ書房、2003年）、「アカウントプランニングとトランス・インサイト」（小林保彦編『アカウントプランニング思考』日経広告研究所、2004年）など。

本田毅彦（ほんだ　たけひこ）
1961年、愛知県生まれ。京都大学大学院文学研究科博士課程退学。オックスフォード大学より博士号取得。現在、帝京大学文学部史学科准教授。
主要業績：『インド植民地官僚――大英帝国の超エリートたち』（講談社、2001年）、ロバート・スキデルスキー『共産主義後の世界――ケインズの予言と我らの時代』（柏書房、2003年）、『大英帝国の大事典作り』（講談社、2005年）など。

松下慶太（まつした　けいた）
1977年、兵庫県生まれ。京都大学大学院文学研究科博士課程中退。フィンランド・タンペレ大学ハイパーメディア研究所を経て、現在、目白大学外国語学部専任講師。
主要業績：『情報メディア社会へのアクセス』（共編著、八月書館、2007年）、『てゆーか、メール私語』（じゃこめてい出版、2007年）、「高い質を保証するフィンランドの教育システム――情報化・高齢化社会における学校教育のすがた」（『BERD（Benesse Educational Research & Development Center）』第10号、Benesse教育研究開発センター、2007年）など。

柴内康文（しばない　やすふみ）
1970年、千葉県生まれ。東京大学大学院人文社会系研究科博士課程単位取得。同志社大学文学部専任講師、同助教授を経て、現在、同志社大学社会学部准教授。
主要業績：ロバート・パットナム『孤独なボウリング』（柏書房、2006年）、「社会関係資本・メディア・コミュニケーション」（『InterCommunication』58号、2006年）、「神戸市内の地域ソーシャルキャピタルに関する実証分析」（『都市政策』127号、2007年）など。

編者紹介

佐藤卓己（さとう　たくみ）
1960年、広島県生まれ。
京都大学大学院博士課程単位取得退学。京都大学博士（文学）。
東京大学新聞研究所助手、同志社大学文学部助教授など経て、
現在、京都大学大学院教育学研究科准教授。
主要業績：『「キング」の時代』（岩波書店、2002年、日本出版学会賞受賞、サントリー学芸賞受賞）、『言論統制』（中公新書、2004年、吉田茂賞受賞）、『8月15日の神話』（ちくま新書、2005年）など。

井上義和（いのうえ　よしかず）
1973年、長野県生まれ。
京都大学大学院教育学研究科博士課程退学。
京都大学大学院教育学研究科助手、関西国際大学メディアセンター講師を経て、
現在、関西国際大学人間科学部准教授。
主要業績：『日本主義と東京大学』（柏書房、2008年）、「旧制中学校進学機会における長男優先度の分析」（『ソシオロジ』157号、2006年）、『日本主義的学生思想運動資料集成Ⅰ　雑誌篇』解題（柏書房、2007年）など。

新曜社

ラーニング・アロン
通信教育のメディア学

初版第1刷発行　2008年3月28日©
初版第2刷発行　2010年1月28日

編　者　佐藤卓己・井上義和

発行者　塩浦　暲

発行所　株式会社　新曜社
〒101-0051 東京都千代田区神田神保町2-10
電話（03）3264-4973・FAX（03）3239-2958
e-mail info@shin-yo-sha.co.jp
URL http://www.shin-yo-sha.co.jp/

印刷　三協印刷
製本　イマヰ製本所
Printed in Japan

ISBN978-4-7885-1091-3　C1037

好評関連書

岡田直之・佐藤卓己・西平重喜・宮武実知子 著
輿論研究と世論調査
輿論とは何か。輿論と世論調査をめぐる公共性〈神話〉に切り込むスリリングな論考。
Ａ５判２４４頁
本体３２００円

Ｐ・バーク 著／井山弘幸・城戸 淳 訳
知識の社会史 知と情報はいかにして商品化したか
人類が知識と情報を発見し、分類し、管理し、商品化してきた歴史を鮮やかに展望。
四六判４１０頁
本体３４００円

Ｒ・ダーントン 著／近藤朱蔵 訳
禁じられたベストセラー 革命前のフランス人は何を読んでいたか？
哲学的ポルノや誹謗文書がいかに革命の気分を醸成していったかを生き生きと描出。
四六判４００頁
本体３８００円

林 香里 著
マスメディアの周縁、ジャーナリズムの核心
ジャーナリズムの精神のありかをルーマン、ハバーマス、デューイを手がかりに探る。
Ａ５判４６４頁
本体５５００円

吉見俊哉 著
メディア時代の文化社会学
生活意識や感覚を無意識に変容させるメディアと、交響する情報空間のドラマ。
四六判３３６頁
本体２８００円

平井雷太 著
新版 **セルフ・ラーニング・どの子にも学力がつく**
子どもがすすんで学び、学力がつく「らくだ学習法」、その革新力の秘密とは？
四六判２４８頁
本体１８００円

（表示価格は税を含みません）

新曜社